PLATO
SYMPOSIUM

プラトン

饗宴

訳と詳解

山本 巍［訳・解説］

東京大学出版会

The Symposium of Plato,
with commentary and notes
Japanese translation by Takashi YAMAMOTO
University of Tokyo Press, 2016
ISBN 978-4-13-010129-5

まえがき

その昔、恋（エロス）をめぐって、大の大人が飛びっきりの己が思いを忌憚なく語った酒宴があった。プラトンが『饗宴』で伝えるところの出来事である。

所は古代ギリシアのアテネ。時は悲惨な敗戦に終わる第二次ペロポネソス戦争が始まる前夜ともいうべき紀元前四一六年。悲劇コンクールに若き作家アガトンが優勝した翌々日のことである。そのアガトンの自宅で優勝祝賀の宴会（シュンポシオン）が開かれた。後世「討論会」と訳されるシンポジウムの原語「シュンポシオン（συμπόσιον (symposion)）」は、文字通り「共に（σὺν (syn)）酒を飲むこと（πόσιον (posion)）」である。飲み会とも訳せようか。成人男子自由市民が、夕刻に家庭の「男の間」と呼ばれた一室に集って円形に席取り、身体の左側を下に寝椅子に横になりながら、あまり酔わないように水で割ったワインを大皿に入れて右回りで順次回し飲みしながら議論を楽しんだ、という。飲み会とはちと違う。

昼の広場の集会で公的・政治的に発言するのとは違って、私的空間で酒を共にしながら寛いで自由に議論を楽しむことが、男性社会のギリシアで、中でもエリート層で一般的な社会習慣だった。お喋り民族ギリシア人の文化サロンであり、青年教育の一斑でもあった。それとリンクしていたのが、アテネに見られた男の同性愛である。この年長の大人と青年の愛情関係も、社会教育の一部と考えられたのである。この『饗宴』でもその同性愛は一般常識として前提されている。

あの夜、招かれたのはソクラテス、喜劇作家アリストパネス、医者エリュクシマコス、パウサニアス、パイドロス、その他の人である。そして選ばれた話題が「恋の神エロス」であった。一人一人がそれぞれ自分の立場から恋の思いを託してエロスの神を賛美した。そして最後に酔っぱらって闖入した「招かれざる客」政治家アルキビアデスが、熱情溢れるソクラテス賛美を披露した。しかしそのアルキビアデスが、翌年アテネをシケリア島大遠征に駆り立てた本人であった。十年にわたる第二次ペロポネソス戦争は悲惨な敗戦に終わり、アルキビアデスとの関係がソクラテス裁判の遠因とも見なされたのである。『饗宴』の背景にはソクラテスの裁判と死が視野に置かれている。それは『饗宴』冒頭の第一行目に仄めかされていた。

こうして『饗宴』は、哲学と芸術と政治、酒とエロスと暴力、美と作品創造、善と幸福、永遠と時間、人間悲劇と喜劇などの要素が複雑に絡み合っている。プラトンの芸術的想像力も冴えて、性と死と生をめぐる筋が真面目と笑い、皮肉とユーモアを取り混ぜて明るく劇的に展開するのである。

とはいえ二千数百年前のギリシアのこと。二十一世紀に生きるわれわれには遥か遠い昔のことである。歴史状況も文化も生活も大いに違う。読者はその強い男性中心主義社会にも奴隷制社会にも違和感を覚えることがあろう。何よりも人口ほんの数万の小さなポリスは消え、巨大な国民国家と凄まじいグローバリゼーションの現代世界と違いすぎるかもしれない。

しかし昔に今に、人は美に憧れ、人を愛し、性を挟んで死と生の間で揺れている。エロスはいのちの喜び、いのちの悲しみの源であって、世界の中の特定事実の経験というより、世界を経験する根源様式である。人は男と女から生まれるのである。そこに、個人であると同時に個人の関係そのものである人生のあらゆる事実の根があるからである。生と死が取り囲んでいる性とは、いつの時代にもどんな生活環境でも文化状況でも、人間の生き方の重要な一部、いやむしろ人間存在の根源に直結する謎である。恋（ἔρως（erôs））は問いかけ（ἐρώτησις（erôtêsis））であった。人生そのものの問い、そしてむしろ人生からの挑戦なのである。異性は、彼方の存在、あるいは存在の彼方の徴なのだから。

*

本書の特色は、小品に当たる『饗宴』に対して、詳細な訳註と訳者解説に多くの頁を割いたことにある。

理由の第一、プラトンの作品はすべて対話篇である。生涯一行も書かなかったソクラテスを自らの哲学の核心に見たプラトンが採用したのは、ソクラテスが、徳や勇気など特定の具体的問題についてアテネ市民相手に実践していた問答を活かした対話篇であった。

しかし対話篇というドラマの登場人物は著者プラトンではない。プラトンは自分の作品に一度も登場しない。名前は三度言及されるが（『弁明』34A, 38B、『パイドン』59B）、一度も発言を許していない。従って対話篇の登場人物の発言は、どれも著者プラトンの「自分の言葉」ではないし、プラトンの考えでもない。ソクラテスの発言は、プラトンの考えにもっとも近いとはいえるであろうが、それでも同じではない。プラトンはプラトンの対話篇のどこにもいないのである。

しかし著者プラトンとして沈黙のまま、対話篇の最初の一行から最後の一行まで立ち会っている。読まれることを徹底して意識して書いているからである。言わば舞台の上（表脈絡）で演じているドラマの役者に対して、舞台の影にいる演出家のような立場（裏脈絡）である。あるいは決して事件現場に姿を見せない黒幕のようにも見える。まるで完全犯罪者といってみたくなる。こうしてプラトンの対話篇を読むことは、プラトンへの挑戦といった趣がある。ある思索の高さは、それに挑戦して倒れた敗残兵の数で知られる、という。プラトンの周りは二千数百年この方死屍累々、といっても過言ではない。

こうして『饗宴』で、演出家プラトンがなぜ舞台としてある場所と時と状況を設定し、七人の出演者を選び、ある順番でそれぞれ個性ある独特のエロス賛美を語らせたか、という分析が『饗宴』というドラマを鑑賞するために不可欠な要素である。『饗宴』を読むことは、書かれた言葉の余白ともいうべき演出家プラトンの裏脈絡にも視力を凝らし、表裏両脈絡を合わせて初めて全体なのである。

加えて第二に、他の対話篇と際立った相違がある。他の対話篇は、ソクラテスが特定個人を相手に短い一問一答で言葉の吟味を遂行する対話問答のドラマである。ところがこの『饗宴』は、酒も入った宴会という劇的空間で楽しまれる、エロス神賛美（とアルキビアデスによるソクラテス賛美）の話である。問答を展開するソクラテスを除いて、六人がそれぞれ特有な「自分の言葉」で賛美の演説をするのである。

そこにはスピーチする個人の思い入れ、性格、趣味、仕事、人間関係などの傾向性つまり偏向が取り巻いており、色濃く反映している。整合的な理解を求めて議論に次ぐ議論という対話篇とはいくらか違ったアプローチが必要な所以である。他の対話篇は議論のドラマであるが、『饗宴』は多彩な個性的人物が次々とエロス賛美を熱く歌い上げるショーのドラマである。

そして役者の台詞として述べられたエロス賛美のスピーチは、すべて言いっぱなしである。それぞれのスピーチにおいて、何が問題で、何が重要か、他のスピーチとどんな関係があるのか、といったことはすべて覆い隠されたままである。これを掘り起こして吟味と批判の場を作り、われわれ読者自身のための議論の空間を広げる必要があった。

第三に、いやが上にも盛り上がるドラマ『饗宴』において、プラトンがギリシア語を細部に至るまで豊かに使っていることである。ギリシア語は接続詞、副詞といった小辞のきめ細かな使い方が多数あり、スピーチする人のその時々の情緒的反応と思考の流れの曲折を仄めかすように使われている。そしてギリシア語は複雑な意味を表情豊かに表現する文法構造がしっかりしており、その文法をプラトンは子細に活用して、スピーチに意味の強弱、陰影をつけている。そこで一つ一つの言葉の使い方にどのような意味空間と構造が凝縮されているか、を掬い取り、原典のギリシア語のもつゴツゴツして立体的な使用法を可能な限り丁寧に説明しようとした。

第四に、ギリシア語の今一つの特徴で、プラトンは異なる意味の単語の音声が共鳴する語呂合わせをしている。新しい表現を試みる『饗宴』では、随所で登場する語呂合わせもその重要な一環であるが、そのまま日本語に翻訳できない。例えば主人公の一人、芸術家アガトンは、その名がギリシア語で「善いもの（アガトン）」と響く（固有名は「アガトーン」となって、母音の長短の違いはあるが）。それはアガトンの若者らしいナルティシズムを示唆しつつ、この対話篇が善美を探究する根本動向にあることを繰り返し仄めかしている。随所に登場する語呂合せにかこつけて、関係ないと見えることの間にも関係の筋を発見するように連想を誘うわけである。ヘラクレイトスの言う「隠しもせず、露わに語ることもしない」プラトンの、真剣な遊びともいうべき手法をできるかぎり収集し解説した。

＊

全篇に張られた裏脈絡が湛える沈黙といい、余白というテキストの外部といい、それは読者であるわれわれ自身が著者プラトンと自由の内に対話するために開けた空間である。事の真実と明瞭な理解を求めて、われわれは

「テキストとともに、テキストを超えて」問わなければならない。プラトンを読むとは、何故プラトンはそう書いているのか、書かざるを得なかったのか、と言葉の襞にも分け入り、表裏皮膜の間に絶えず問う問いの反復の道である。「プラトンよ、語れ」と問いの現場にプラトンを呼び出すことになる。対話は自他の間に適切な距離という「間」が必要だからである。そうしてこそ読者は書かれた文字を通して、書かれていない、それだけ未知のことを著者に対して自分の責任で問いかけながら読むことになる。

読んですぐ分かるような本は読書とはいわない。「読書百遍　意自ずから通ず」である。プラトンの対話篇ほど文字通り「行間を読む」が重要な作品はないといってよい。本書の訳註そして訳者解説という言葉の過剰も、その「間」を埋めるよりはむしろ広げるためのものである。完全犯罪者さながらに自らを隠すプラトンに対して、その足跡を追う捜査範囲を広げることになる。訳註も訳者解説も、現在までの捜査資料とその分析である。

最後に付け加えておこう。プラトンと呼んできたが、「プラトン」とは肩幅が広かったからついた渾名である。本名は「アリストクレス」。完全犯罪者の如く、プラトンは自らを隠し続けたのである。本名まで隠し、自ら自身を不在と化して沈黙に沈むプラトンの、対話篇という言語空間に立ち現れるのが、ソクラテスその人であった。曰く「美しくなったソクラテス」（174A）と。

饗宴　訳と詳解——目次

II

凡　例

一、底本は、Oxford Classical Texts の中の John Burnet が校訂したプラトン全集（*Platonis Opera*）第二巻（1964（1st ed. 1901）所収の *Symposium* である。これと違う読みをした場合は訳註で示した。

二、訳文上欄の数字と ABCDE は、通例の通り、ステファヌス版プラトン全集の頁数と段落記号を踏襲したものである。プラトンからの引用はすべてこれによる（例えば『パイドン』90B）。なお『饗宴』自体は書名を省略した。また『ソクラテスの弁明』は『弁明』と略した。

三、訳文の章分けと表題は、訳者による。

四、『饗宴』の翻訳である第Ⅰ部の訳註は、文末に、章ごとに分けて配し、章と註番号のセットで示した。例えば、訳註3・12は、第Ⅰ部の3章「宴会の始まり――恋の神エロスを賛美して」訳註12、を表す。

五、訳者解説である第Ⅱ部の詳解の註は、文末に、章（および節）ごとに分けて配し、章（節）と註番号のセットで示した。例えば、詳解註［4］10・4は、第Ⅱ部の［4］章10節「アガトンの話――恋は人を詩人にする」註4、を表す。

六、重要な単語はギリシア語を表記し、括弧でラテナイズして付記した。

七、訳者による語の説明は括弧で示したが、最小限にした。文中のハイフンは底本にあったものである。

八、ギリシア語のカタカナ表記は、子音の帯気音（th, ch, ph）は無声音（t, k, p）と区別しなかった。母音は原則として長短の区別をせず、短母音と同じにした。文脈で区別した方がよいと見えた時はその限りではない。

登場人物

ソクラテス：五五歳頃。
ディオティマ：マンティネイアの女予言者。ソクラテスが自分の話の中で紹介する唯一の女性登場人物。ただし実在の人ではなく、ソクラテスが「先生」とした空想の人物。ディオティマは「ゼウス（ディオス）の名誉（ティメー）」を思わせる。
アガトン：若く眉目秀麗な悲劇作家。悲劇コンクールで優勝し、その私邸で祝賀の宴会を開く。「アガトン」という名前は「善いもの」という意味のギリシア語である。
アリストパネス：喜劇作家。ソクラテスを主人公とする喜劇『雲』を書き、その痛烈な批判が、アテネ社会にソクラテスがいかがわしい人物という噂を広めた。裁判の原因の一つと見られている。その名前「アリストパネス」は「もっとも良く輝くもの」という意味になる。
アルキビアデス：ペリクレスに縁続きの名門貴族の出で、若さと美貌と傑出した才能に恵まれ、そして野心を燃やした政治家。アテネ社会に絶対的影響力を及ぼしつつ（シケリア島大遠征を主導）、ソクラテス個人に強い親愛感をもつ。名前は「アルケ（腕で）ビアゾ（強制する）」と響く。
パイドロス：今日の宴会の話題を愛の神エロスにする切っ掛けを与える。そして最初のスピーチとして、エロスの神の輝くような働きを熱く語った。その名「パイドロス」は「輝く（パオ）」と同根である。
パウサニアス：アガトンとの同性愛関係にあったとされる人物。名前は「パウオマイ（止める）」と響く。
エリュクシマコス：医者で、パイドロスとパウサニアスの対立を調停する。アルキビアデスが巻き込まれた紀元前四一五年の瀆神事件にパイドロスともども連座する。名前は「争い（マケー）を治める（エリュコー）」と響く。

アリストデモス：ソクラテス個人の圧倒的な影響を受けた弟子。今日もソクラテスを真似て粗末な服を着て裸足であった。ソクラテスに誘われて宴会に出席し、宴会の話をアポロドロスに伝えた。アリストデモスという名前は、「人々（デモス）の中で最善（アリストン）」という意味になる。

アポロドロス：ソクラテスと交流を始めてまだ二、三年の青年。ソクラテスの哲学に夢中になった熱血漢で、ソクラテスの裁判では罰金の支払いを申し出、ソクラテス臨終の際には号泣した。この『饗宴』は、アリストデモスから聞いた宴会の話をアポロドロスが知人にした内容となっている。名前は「アポロンの贈り物（ドロス）」と響く。

グラウコン：プラトンの兄弟で、自分が聞いた昔の宴会の話をアポロドロスに確かめたのがことの始めで、本人はすぐ消える。

I　饗宴　訳

1 昔の宴会の噂

172A アポロドロス 「君たちがお尋ねのことについて、僕が関心をもたないで準備してない(1)とは思わないね。とい
うのも、先日ちょうどパレロン(2)の家から市中へ出かける時のことだ。知り合いの一人が僕の後ろ姿を見かけ、遠
くから呼びかけたのだ、『おーい、パレロンの住人、そこのものアポロドロス、お待ちあれ』と戯れて召喚する
ように(3)ね。

B そこで僕も立ち止まって待った。彼の言うことには、『アポロドロス、さっきから君をずっと捜していたのだ。
アガトンとソクラテスとアルキビアデス(4)そして他にもいたという宴会がどんな集まりだったか、君からたっぷり
聞きたいと思ってね。その恋の神エロスの話は何だったのかね。というのはある人がその話をピリッポスの息子
ポイニクス(5)から聞いて僕にしてくれたのだ。でその時、君も知っていると言っていたからだよ。ところが彼ははっきりしたことを言えないものだから、君が僕に話をしてくれないか。君が話をしてくれれば、もっとも理に適ったことになるだろう。君の親しいお仲間（ソクラテス）の話をするのだからね。がその前に言ってもらいたいのだが』と彼が言った、『君自身がその集まりに出ていたのかね、どうだった?』。

そこで僕が言った、『もし君がお尋ねのその集まりが最近あったと考えているようなら、それで僕も出ていた
C と考えるようなら、その話をした人は、君に確かなことは全く何も言わなかったらしいね』。『僕はそう考えてい
るのだがね』と彼が言った。

それで僕が言った、『どこからそういうことになるのかな、グラウコン(6)。アガトンがこのアテネからいなくな
ってもう何年にもなるし、僕はといえば、ソクラテスと一緒に議論しながら時間を過ごし、ソクラテスが言った
りしたりすることは何でも知ろうと日々心掛けるようになって、まだ三年にもならないことを知らないのかね。
173A それまでは勝手気ままにうろついて一角の働きをしていると思っていたが、本当は誰よりも惨めだった、今の君
に劣らずね。哲学以外なら何でもすべきだと思っていたからだけど(7)』。
『からかわないで、その宴会がいつあったのか教えてもらいたいな』と彼が言った。それで『僕らがまだ子供
だった時で、アガトンが処女作の悲劇でコンクールに優勝した時のことだ。アガトンと合唱隊が祝賀の会をした
翌日だ』と僕が言った。『それでは随分昔のようだね。で誰がその話をしてくれたのかな。ソクラテス自身かい』
B と彼が言った。『いやとんでもない。ポイニクスに語った人だよ。アリストデモスと言ったな。キュダテナイオ
ンの人で、いつも裸足の小柄な人だ。その彼が宴会に出ていたのでね。その当時の誰よりもソクラテスを愛して
大事にする人だと思うな。それで彼から聞いたことをいくつかソクラテス本人に尋ねてみたが、彼の言う通りだ
と保証してくれたよ』と僕が話した。『それでは僕に話してくれないか。これから町へ行く途中でする話にぴっ
たりだ』と彼が言った。
C こうして歩きながらその時の宴会について話していたので、始めに言ったように(8)、僕は準備ができてないわけ
ではないのだよ。それで君たちにも話さなければならないとあれば、それは話さなければなるまい。何といって
もこの僕は哲学の話なら、自分でするにしろ(9)、人から聞くにしろ、損得勘定抜きでとても楽しみだからね(10)。それ
D が他の話なら、特に君たち金持ちや商人の話ときては、僕は自分で気分が落ち込むし、君たちとお仲間が哀れに
もなるんだ。本当は意味あることは何もしていないのに、一角の働きをしていると思い込んでいる(11)、とね。それ

とは逆に君たちは多分僕のことを悪い霊に憑かれたと思うだろうし、本当にその通りだと思っているだろう。しかし僕は君たちが間違っていると思っているわけじゃないぞ。本当に間違っていると知っているんだからな」[12]。

「君はいつも同じだなあ、アポロドロス。いつも自分や他の人のことを悪し様に言って[13]、ソクラテス以外の人は、君を始めとして例外なくみんな惨めだと考えているらしい。どこから君に『穏やかな人[14]』なんていう呼び名が付いたのか、全く知らないが、君は確かに議論になるといつもあんな調子で過激になって、ソクラテス以外は自分にも他人にも嚙みついているんだからね」。

E　「ねえ君たち、僕は明らかに頭がおかしく常軌を逸しているというのだね、自分についても君たちについてもこんな風に考えているのだから、と」。

「その点は今争わなくていいよ、アポロドロス。それより先に頼んだことを話してくれないか。あの時の宴会の話はどうだったのか」。

174A　「そうそう、それはこんな風なものだった。いや、アリストデモスが話してくれたように、僕も始めから君たちに話すとしようか[15]」。

2　「美しくなったソクラテス」の誘い

アリストデモスの話では[1]、ある日湯浴みしてサンダルを履いたソクラテスに会ったということだ。そんなことはソクラテスに珍しいことでね[2]。そこで、「そんなに身綺麗になってどこへお出かけですか」と聞くと、ソクラテスが答えて、「食事のためにアガトンの家に行くところだが。昨日はあまりに大勢だろうと思って[3]、お祝いの会を避けたからな。明日は出席すると約束していたのだ。『美しい人、美しい人の許に行く』ということで、B 綺麗にしてみたのだ。ところでどうだろう、君は招かれてないと思うが、食事に出かけてみたくないかね[4]」と言ったのだ。

「それでわたしも言った」（とアリストデモスが言ったのだが）、「貴方がお命じになるなら」。

「じゃあ一緒に行こう[5]」（とソクラテスが言った）。「諺も変えて台無しにするためだな。『アガトンの所にも食事のために善き人たち（アガトイ）が招かれもせず自分から行く[6]』とね。ホメロスは諺を台無しにしただけでなく、C 傲慢にも踏みにじっているからな[7]。アガメムノンを戦について極めて優れた男にしながら、メネラオスを弱い槍使いにした上で、アガメムノンが犠牲を捧げる宴会を催した時、メネラオスがその宴席に出てくるようにしたからだ。劣った男がより優れた人の宴席に出るなどというようにね」。

それを聞いてアリストデモスは言った、「いやソクラテス、わたしは仰ったようにはなりますまい。むしろホメロスの言うように、劣ったものが招かれもせず自分から知恵のある人の宴会に行くことになりましょう。そん D なわたしを連れて行って、何と弁解するおつもりですか。わたしは招かれなくても行くと同意したわけではなく、貴方に呼ばれて行くのですからね[8]」。

ソクラテスが言うには、「諺の通り『同行二人しながら[9]』、何と弁解して言ったものか一緒に考えよう。まあ行こう」。

そんな話を二人でしながら足を進めた、とアリストデモスは言った。ところが道々ソクラテスは何か自分自身のことに考え浸って遅れ始めた[10]。アリストデモスが待っていると、先に行くように命じた[11]。

3 宴会の始まり――恋の神エロスを賛美して

E

というわけでアガトンの家にやってくると、門が開いているのに気がついた。そのときおかしなことがあった、[1]とアリストデモスは言った。門で待っていた召使いの子の一人が現れたアリストデモスに気づいて迎え、他の客が席に着いていた宴会の部屋にすぐ連れて行ってくれたからだ。で行くと、ちょうど食事が始まるところだと分かった。それでもアガトンはアリストデモスを見てすぐ言った、[2]「やあアリストデモス、一緒に食事するのにいいところに来ましたね。もし他のことで来たのなら、それはまたの時にうっちゃっといて。昨日もあなたを招こうと探したが、見つからなかったのですよ。ところでしかしソクラテスを連れてきてくれたのではないのかしら」。

それで僕は（とアリストデモスが言った）後ろを振り返ったが、ソクラテスが続いてくるように見えない。で僕は言った、「自分もソクラテスと一緒に来たんだ、ソクラテスに呼ばれてここでの食事にね」。

175A

「それはいい。それでソクラテスはどこ？」とアガトンが言った。

「後からおいでだったが。今はどこにおいでか、僕も驚いているんだ」。

「これ召使い、ソクラテスを探してお連れしろ。アリストデモス、あなたはエリクシュマコスの隣にどうぞ」とアガトンが言った。

そこでアリストデモスが横になれるよう、召使いの一人がその足を洗ってくれた、[3]と言った。もう一人の召使いが戻ってきて、「ソクラテスさまは隣の家の玄関先に引き下がって立ったきりです。わたしがお入りになるようにお呼びしても、お入りになりません」と伝えた。

「おかしなことを言う奴だな。お呼びしろ。お帰しするでないぞ」とアガトンが言った。
B　それでアリストデモスが言った、「何も言わないでそのままにしてさし上げるように。それがソクラテスのい
つものことでね。(4) 時々ところ構わず立ち止まって佇み続けるから。間違いなく、おっつけおいでになりますよ。
だから動かさないでそのままそのまま」。それでアガトンが「あなたがそうおっしゃるなら、そうしなければね。
しかしそれではこれ召使いたち、お前たちが他の皆さんをおもてなししなさい。お前たちにあれこれ指図するも
のがいないと思って――わたしはそんなに自由にさせたことはないがね――何でも自分でいいと思うようにお世
C　話するように。(5) 今日はお前たちがわたしとこの他の皆さんを食事に招いていると思って、僕らに褒められるよう
におもてなししなさい」と言った。
　アリストデモスが言うには、その後、みな食事を始めたが、ソクラテスはこなかった。それでアガトンは何度
もソクラテスを呼びにやろうとしたが、アリストデモスが引き留めた。ソクラテスがやってきたのは、いつもの
ように長い時間がたってからということではなかった。みんなが食事をちょうど半ば終えたところだった。(6) そこ
でアガトンが偶々端の寝椅子に一人で座っていたので、「こちらへ、ソクラテス、わたしの側にお座り下さい。
D　あなたに触れていれば、玄関先であなたの脳裏に浮かんだその知恵も楽しめるというものです。あなたが知恵を
発見してお持ちだということは間違いありませんからね。発見する前に立ち去る方ではないでしょう」。
E　ソクラテスは腰をかけて言った、「アガトン、もし知恵が、二人が互いに触れてさえいれば、コップの水が毛
糸を伝ってもう一つのコップに流れるように、一方の豊かなものから他方の足りないものへ流れるのであれば、
大いに結構だ。(7) もし知恵もそうしたものなら、君の側に横になることはとても有り難いと思うからね。僕は君か

ら流れ出る沢山の美しい知恵で満たされることになるだろうからな。僕の知恵なんか取るに足らないものだろうし、あるいは夢みたいに怪しいものだろうが、しかし君の知恵は素晴らしいし、これから大いに伸びるものだ。そんな君の知恵には証人がいるぞ。一昨日三万人以上のギリシア人の前で、若い君から知恵がまあ見事に輝き出て明らかになったからね」。

「ソクラテス、ひどい侮辱ですね(8)」とアガトンが言った。「まあそのことは少し後で僕とあなたの間で知恵について判定をつけましょう、ディオニュソス(9)を裁判員にしてね。しかし今はまず食事をして下さい」。

176A アリストデモスの話では、その後でソクラテスは座って食事をした、ということだ。そしてみんなの食事が終わると、神に御神酒を捧げ、犠牲やその他の決まり事を果たして、いよいよ酒に進んだ。そこでパウサニアスが次のようなことを言って口火を切った。

「さて諸君、どうしたらもっとも楽に酒が飲めるかね。本当のことを申し上げると、僕は昨日の酒が過ぎて二日酔いなので、一服したい。お見うけすると多くの人もそうらしい。昨日ご出席だったからな。というわけで楽に飲むにはどうしたものかね」。

B そこでアリストパネスが言った、「よくぞ言ってくれた、パウサニアス。楽に酒が飲めるように取り決めようとはね。実は僕もご同様に昨日浴びるほど飲んだもので(10)」。

アクメノスの息子、エリュクシマコスがそれを聞いて言った、「お二人とも結構結構。でもう一人から聞いてみたい。たくさん飲んで大丈夫かね、アガトン」。

「いいえ、わたしも全然駄目です」と答えた。

C　エリュクシマコスが言った、「それでは僕にもアリストデモスにもパイドロスにもここにいる人にも助かるな、
酒に強い君たちが今日は控えてくれるとなればね。われわれはいつも飲めないたちだから。しかしソクラテスは
数に入れてないんだ。飲んでも飲まなくてもどちらでもいいからな[11]。でわれわれがどちらにしてもこの人は十分
こなせるだろうよ。それではご出席の皆さんは誰もたくさん酒を飲む気にならないらしいので、僕が酒の酔いに
D ついて本当の話をしても敬遠されることはないですな。僕が思うに、飲酒は人に害となるということは、少なく
とも医学の見地から明らかになっていることです。それで自分でもたくさん酒を飲まないようにすすんで避けて
いるし、他の人にもそう勧めている。とりわけ前日の酒で二日酔いの人にはね」。

ミュリヌシオン区の人、パイドロスが話を引き取って言った、「賛成賛成。僕は君の言うことをいつも信じて
ますよ、とりわけ医学の話にはね。が今日は他の人もよくよく思案すれば賛成するでしょう」。それを聞いてみ
E んな、今日の宴会は酔っぱらうまで酒を飲まずに、楽しみ程度にすることに賛成した。

エリュクシマコスが続けた、「それで決まった。各自が好きなだけ飲むことにして、それ以上強制しないこと[12]。
さてその次だが、さっき入ってきた笛吹の女[13]はなしにしよう。吹くなら自分のためか家の女たちのために吹いて
もらおう。われわれは今日はお互いに言葉を交わしながら一緒に過ごすとしよう。でどんな話かというと、お望
みなら僕がご紹介してもよいのだが」。

177A　全員が望むと言い、エリュクシマコスに話すように命じた。それでエリュクシマコスが言うには、「エウリピ
デスの『メラニペ』から引用することで話を始めたい、『我が言葉にあらず』とね[14]。僕が言いたいのはこのパイ
ドロスの話だ。彼はいつも腹を立て僕に言うのだよ、『とんでもないじゃないか、エリュクシマコス。詩人たち
は他の神々には賛歌と祝歌を作っているのに、恋の神エロスがこれほど古くそれほど素晴らしい神であるのに、

B こんなにたくさん生まれてきた詩人たちの誰一人として一つの賛歌も作ったことがないなんて。それ以外にも有能なソフィストのことも考えてもらいたい。ピカ一のプロディコスを始め、みなヘラクレスや他の英雄の賛歌は散文で書いている。まあそれはそれほど驚くに足りないが、僕は知恵のある男の一冊の本に出会ったよ。その本
C では塩が役に立つということで驚くほど褒められているのだ。その他にもそうした類の褒め言葉はごまんと見つかりますよ。そんなものについてはいくらでも熱中して書いているのに、エロスの神については、今日の今日までそれに相応しい賛美を捧げようと敢えてする人がいない。それほどの神がかくほどに蔑ろにされてきたのだ』、と言ってね。

　パイドロスがこう言ったのはまことにもっともだと僕は思う。そこで僕は一つにはパイドロスにサーヴィスして喜ばせたいと思うし、一つにはエロスの神をここにいるわれわれが栄誉を捧げて美しく飾るのが今日は相応し
D いと思う。もし君たちもそれでいいというなら、たっぷり時間をかけて賛美の言葉を語ることができるだろう。僕の考えでは、パイドロスから始めて右回りで一人一人が、できるだけ美しく(15)エロスの神を賛美する言葉を語るべきだな。彼は一番の椅子に座っているし、今日の話の生みの親でもあるしね」。

　ソクラテスが言った、「誰も君に反対投票はしないだろう、エリュクシマコス。僕も反対しないよ。エロスのこと以外は何も知らないと公言している僕だからな(16)。アガトンとパウサニアス(17)もそうだろうし、もとよりアリス
E トパネスは反対しない筈だ。アリストパネスといえば、一緒に話をするといったらいつでもディオニュソスとアプロディテ(18)についてだからね。そしてここで見かける他の人も誰も反対しないだろう。しかし左から右回りということなら、右の端っこに座っているわれわれは不利になるな。がまあ前の人が十分に、そして美しく話をしてくれるならば(19)、それをもってよしとしよう。ならパイドロスが幸運に一番を引き当てたということで、エロスの

神を褒め称えてもらおうか」。
178A それに他の人もみな賛成し、ソクラテスが言ったようにパイドロスに話すように命じた。しかし一人一人が話
したことをすべてアリストデモスが覚えていたわけではないし、僕も彼が言ってくれたことすべてを記憶してい
るのでもない。それでアリストデモスがもっともよく覚えており、そして僕が記憶しておく価値があると思った
ことの中から、一人一人の言葉を君たちに語ろうと思う(20)。

4　パイドロスの話——恋の神エロスは偉大なり

僕が紹介しているように、アリストデモスによれば、最初にパイドロスが次のように話し始めた。「偉大な神
です、エロスの神は。人々の間でも神々の間でも驚嘆すべき神です。あれやこれや色々な意味ですが、分けても
B その生まれの点です。エロスはもっとも齢古き神であって(1)、それは敬い崇めるに相応しいことです。その証拠が
あります。エロスの神には両親がおらず、また散文家も詩人も歌っていない。むしろヘシオドスが『初めに混沌
生まれり』と言って、『次に幅広き胸の、万物とこしえの礎えたる大地、そしてエロスの神』と続けています(2)。
アクシレオス(3)もヘシオドスに従って、混沌の後に二つのもの、大地とエロスの神が生まれた、と言っているし、
パルメニデスはエロスの誕生について、生成（ゲネシス）が『エロスの神をあらゆる神々のなかでももっとも初
めに作られた』と言っているんですね(4)。
C このようにエロスの神はもっとも齢高きものだということは、多くの人が一致しています。でエロスの神はも

っとも齢高い方であるので、(5) われわれにとって最大の善きものの原因であられるのです。というのも若い時にすぐにももたらされる善としては、自分を愛してくれる(6)有益な人以上に善いものはありませんし、愛する者にとってはそのお相手の子以上に善いものはいませんからね。美しく生きたいと願う人にとって、これからの全人生の
D 導きとなすべきものを、エロスの神ほど美しく植え付けることのできるものはありません。血縁でも名誉でも富でもその他どんなものでもないのです。それは何か、僕が言ってみましょう。醜いことに際しては恥の感覚、美しいことに際しては名誉愛ですよ。これなしでは国も個人も美しく大きなことはできませんからね。誰かを愛している人は、もし何か醜いことをしてばれるとか、人からやられて自分の意気地のなさから抵抗もできないこと
E が明らかになるとすれば、父親や仲間やその他のものに見られても、自分が愛する相手に見られて苦痛を感じるほどではない、ということです。愛される者の側にも同じことが見て取れます。自分の醜いさまを見られたら、自分を愛してくれている人に対してことのほか恥じ入るのです(7)。

そこでもし何らかの工夫によって愛する者と愛される者による国や軍隊が誕生すれば、あらゆる醜いことを避け、互いに名誉を愛するこの人たちですから、それ以上立派に自分の国や軍隊を運営するなんてことはありえ
179A ない(8)。そういう人たちなら、いざ戦争となれば手を携えて一緒に戦い、たとえ数は少なくても、言わば全人類を相手にしても勝つでしょう。というのも愛する男には、持ち場を放棄したり武器を捨てたりするのを自分が愛する相手に見られるようなことは、他のどんな人に見られるよりも耐えがたいですからね(9)。そんなことになるくらいなら何度でも死を選ぶでしょう。そして自分が愛する者を見捨てたり、危機に陥っているのに助けなかったりするような悪者――愛の神自身が徳を吹き込んで神憑りのようにさせて、生まれつき最善の人に似たものにでき
B ないような、そんな邪悪な人は一人としていないのです。愛の神エロスが何人もの英雄に『力を吹き入れたも

う』とホメロスが言ったように[10]、愛の神が愛する者たちに、ご自身から生まれてくる力を与えますからね[11]。

さらに加えて愛する人だけが、自分が愛する相手のために喜んで死ぬことを厭わないのです、男だけでなく女もね[12]。ギリシア人にとっては、ペリアスの娘アルケスティスがその主張の十分な証人になります[13]。彼女だけが愛
C する夫のために死ぬことを望んだのです、夫には父親も母親もありながらね。こうして彼女はエロス故に愛することにかけて両親を凌駕したのです。両親は名前では親ですが、息子にとって他人に過ぎないことを証明するようなものです[14]。そうして愛する者のために自らを犠牲にした彼女の行為は、人間のみならず神々にも美しい行いと思われたのです。神々は、沢山の美しい行為をした多くの人の中から数えるほど僅かなものに、死の国から魂
D を連れ戻すという贈り物を与えましたが、彼女の行いを喜ばれてその魂を連れ戻されました。このように神々も愛故の熱意と徳を特に大事にされるわけです。

ところがオイアグロスの息子オルペウスが妻を訪ね求めて死の国へ行った時、神々はオルペウスにその姿を見せただけで妻自身を与えず、オルペウスが目的を達しないまま死の国から送り返しました[15]。というのもオルペウスは竪琴弾きであって柔弱であり、アルケスティスのように愛のために敢えて自ら死のうとはせず、生きて死の国へ行こうと図ったと思われたからです。そんなわけでオルペウスには罰を定められて、女たちに殺させました。
E それはテティスの息子アキレウスの場合と全然違います[16]。神々はアキレウスを褒めて『至福者の島』[17]へ送られたからです。というのもアキレウスは母親から『ヘクトルを殺せば[18]、自分も死ぬであろう。しかしそんなことをしなければ故郷へ帰って年取るまで長生きをするであろう』と聞くにおよんで、自分を愛してくれるパトロクロス
180A の助勢に打って出て仇を取り、パトロクロスのために死ぬだけではなく、死んだパトロクロスの後を追うことさえ敢えて選んだからです。それで神々はアキレウスにいたく感心し、自分を愛してくれる人のことをこれほどま

で大事にした、とことのほか褒めたのです。

　ところがアイスキュロスは、アキレウスがパトロクロスを愛しているなどと馬鹿なことを言っていますが(19)、アキレウスはパトロクロスだけではなくすべての英雄より美しく、まだ髭も生えておらずずっと年若であること、ホメロスが言っている通りです。神々はエロス故の徳を尊びますが、愛する人が自分の相手の少年を大事にする
B よりも、愛されている者が自分を愛してくれる人のことを大事にする方が、神々はもっとずっと驚嘆し喜んで大事にするのです。というのも愛する人の方が愛される少年よりももっと神的だからです。神懸かりになりますからね。それで神々はアルケスティスよりもアキレウスを褒められて『至福者の島』へ送ったのです(20)。

　そこで僕は、愛の神が神々の中でもっとも齢高く尊ぶに値し、人間が生きている時も死んでからも徳と幸福を得ることについてもっとも強い権限をお持ちなのだ、と主張することにしよう」。

C 　以上がパイドロスが語った話だ、とアリストデモスが言った。パイドロスの後でいくつか話があったが、アリストデモスは全く覚えてなかったので、それを端折ってパウサニアスの話を続けた。

5　パウサニアスの長い話――二つのエロスの神と法律

　でパウサニアスが言うには、「課題が上手く立てられてないと見えるね、パイドロス。愛の神エロスを単純に賛美するよう命じているということならばね(1)。というのももし愛の神が一人であれば、それならご立派。しかし

D 実際は一人ではないのだ。一人でないのだから、どのような愛の神なら称賛すべきか、あらかじめ語っておくの
が正しいだろう。それでは僕が課題を訂正しよう、初めにどの愛の神を讃えるべきかを話し、次にその神につい
て相応しく讃えるべきだ、とね。

愛の神抜きではアプロディテ（美の女神）は存在しないことは誰でも知っている。だからアプロディテが一人
なら、愛の神も一人だったろう。しかしそのアプロディテが二重であるのだから、エロスの神も二重でなければ
ならん。アプロディテがどうして二人の女神でないことがあろうか。一人は年上で天空（ウラノス）の娘で母な
E し子[2]。そこでウラニアという名前もある。もう一人はゼウスとディオネの娘で、パンデモスと呼ばれている[3]。そ
こで必然的に愛の神も、一方のアプロディテのパートナーとしてパンデモスと呼ばれるのが正しいし、他方はウ
ラニアという名前なのだ。

すべての神を賛美すべきであるし[4]、それぞれの神が自分のこととして分け持っていることを語るようにしなけ
ればならない。というのもあらゆる行為はこういう風になっているのだ。つまり行為はそれ自身としては、美し
181A くもなければ醜くもない[5]。例えば現にわれわれがしていること、それが飲むことであれ歌うことであれ話し合う
ことであれ、それはそれ自身としては美しいということはないが、どのようにするかということから行為に美し
いということが結果することになる。美しく正しくなされれば、美しくなり、正しくなされなければ醜くなる、
とね。ことほどさように愛することも愛の神もすべてが美しいわけでも賛美に相応しいわけでもなく、美しく愛
するように向かわせるものだけだ。

B それでパンデモスなるアプロディテのエロスは、本当にすべての人に亘って広く働き、行き当たり次第で何で
もすることになるんだね。この神こそが愚かな人たちが愛するエロスの神なのだ。そういう人たちは、第一に、

少年に劣らず女たちも愛するし、次にその相手のこころよりも身体を愛するという次第だ。更にできるだけ考え
の足りない者を愛して、何をしてでも思いを遂げることだけに集中して、それが美しいかどうかにはとんと関心
C がない。そういうことだから彼らは手当たり次第にやってしまうということになる、良い時も悪い時も同じよう
にね。というのはもう一方のアプロディテよりずっと年若の女神であり、その誕生の際に女（ディオネ）と男
（ゼウス）の両方の神に与っていたアプロディテから出てくる愛の神だからだ。

　それに対してウラニアのアプロディテから生まれる愛の神は、第一に、男（ウラノス）の神だけが関わって、
女は与っていない[6]。それでこのエロスは少年たちへの愛なのだ。次に年も上のアプロディテなので、若者に対す
る度を超えた劣情は与り知らない。そこでこの愛の神に駆り立てられる人は男に向かうので、生まれつき力が強
D いもの[7]、より知性の働くものを愛するからね。少年愛の場合でさえも、この愛の神に純粋に駆り立てられた人を
認めることができるだろう。彼らが愛するのは幼い年の子ではなく、すでに知性をもち始めた時期の、そろそろ
髭が生え始める頃の少年だ。こういう時期から愛し始める人は、生涯に亘ってその子と一緒に過ごし共に生きる
ように、こころの準備も覚悟もできているものと思う。まだ物の道理を弁えない少年を欺して自分の物にし、飽
きたらそんな子のことを『あれは駄目だね』などと笑いものにして、他の少年の方へ向かうなんてことはしない
からね。

　しかし少年に熱く夢中になっても、その熱意がどんな結末になるか分からないまま消費されてしまわないよう
E に、少年は愛さないようにする法律もあって然るべきだね。というのも少年たちの行く末は、その身心が徳へ向
かうのか悪徳へ進むのか、分からぬからだ。だから善い人は自ら進んでその法律を自分に立てるが、パンデモス
182A の世俗の愛の連中はそういう法律で強制されて然るべきだった。ちょうど彼らにできるだけ自由人の女を愛さな

いように命じるようにだね。[8] 彼らこそ恥ずべきことをしでかして、その結果、愛する人に身を委ねて楽しむことは恥ずべきなり、と一部の人たちが敢えて言うようなことになったからだ。それも、連中を見て、その時期を弁えぬ振る舞いと不正を眼にしたからだ。[9] 何ごとであれ、秩序と法律に従ってなされるならば、非難を招く謂われはないわけだから。

B その上にだね、エロスに関する法律は、他の国では簡単に見つけることができる。単純に決められているから。しかしここアテネとラケダイモン（スパルタ）[10] では複雑だよ。エリスとボイオティア[11] のような、人が話すのにあまり知恵が回らない国では、『自分を愛してくれる人に身を委ねて楽しむことは麗しい』と単純に法律が定めているので、老いも若きも身を委ねても見苦しいとは言わない。僕が思うに、うまく話す知恵がないので、言葉で若者を口説こうとする厄介なしで済ませたいということだろう。

イオニア地方[12] や外国人[13] 支配の下にある他の地方では広く、『愛してくれる人に身を委ねることは醜い』と法律
C で定められている。というのも外国人にあっては、少なくともそのエロスのことと哲学（愛智）[14]、そして体操愛好[15] は醜い、と独裁制によって定められていた。それは支配されるものに大きな野心が生まれたり、強い友愛と絆が生まれたりすることは、支配者にとって不利になるということだと思うよ。恋する人も友愛と絆、その他あらゆるものを生み出すことをとりわけ愛し求めるからね。ここ、アテネの独裁者も事実によってそのことを学んだのだ。アリストゲイトンの愛とハルモディオスの友愛が確固としたものになって[16]、独裁者たちの支配を崩壊に導
D いたからね。それで『愛してくれる人に身を委ね喜ぶことは醜い』と法律で定めたところでは、それは法を定めたものたちの悪徳の故にそうなったが、つまり一方では支配者の貪欲のせいであり、他方では支配されるものの勇気のなさということだ。それに対して、『愛してくれる人に身を委ねることは麗しい』と単純に法律で定めた

ところでは、定めたものたちのこころの怠惰のせいだった。
　ここアテネではそれよりもっと美しく法律で定めているんだ。しかし先に言ったが、それは見て取ることが易
しくはない。思い出してもらいたい。第一に、公然と愛することの方が隠れて愛するより美しいと言われている。
他の人より見た目が劣っても、生まれがよく最も優れた人を愛すればとりわけ美しい。そして次に、愛する人に
E 向けては、あらゆる人から喝采があり、目を見張るものがある。そんなことは醜いことをした人に対してはない
わけ。愛を手に入れたら美しいと思われ、失敗すれば醜いと思われるのだ。『愛する者が相手から愛を手に入れ
183A ようと、どんなに驚くようなことをしても称賛されて然るべし』と法律が決めているからね。愛以外のためにや
ったりすれば、哲学から最大の非難[17]を受けるようなことであっても、愛なればこそ称賛されるのだ。もし人が相
手から利益を得ようとしたり、公職の権限や他の力を自分のために行使してもらおうと、愛する者がその相手の
少年に対してするようなことをすれば、つまり相手に依頼するに際して膝をついて嘆願して祈ったり、誓いを述
B べたり、相手の家の門前で一晩過ごしたり、と奴隷でさえ決してしないような隷従の振る舞いをすれば、そんな
ことはしないように友人でも敵でもとがめるだろう。友達ならそんなお追従と不自由を屈辱とするからであり、
敵ならそんな奴隷のような奴に負けたと思い出して恥ずかしくなるからだ。
　ところが愛する者がそうしたことをすれば、人々から祝福もされるし、したとしても非難されることがない、
と法律によって定められている。実に美しいことをしていると見なされるのでね。そしてもっとも恐るべきこと
は、多くの人たちが言うには、愛する者が誓いを破っても、その場合だけは神々から赦されるということだ。愛
する者の誓いはもともと誓いなぞではないと言うのだから。
C 　このようにして神々も人間もエロスにあらゆる権限を付与しているんだ[18]。そうこのアテネの国では法律によっ

て定められているのでね。という次第でこの国では愛すること、そして自分を愛してくれる人の親しい友になることが麗しく美しいことだ、と認められていると分かるだろう。

ところが父親は息子に養育係をつける頃になって、息子が誰かから愛されることになると、息子に相手と話を
D させないようにするし、養育係にもそう命じている。息子と同じ年頃の仲間や友達が息子のそうした現場を目撃したら非難するし、年長の者も非難させないようにしたり非難は間違っているなどと文句を言ったりしない。こうしたことをかえりみると、ここアテネではそうした愛し愛される仲は、逆にもっとも恥ずべきことと見なされているように思うかも知れないな。

しかし僕が思うに、これは次のようなことにある。エロスは単純ではないのであって、初めに言われたように、それ自体で美しいとか醜いというのではなく、美しく行われれば美しく、醜く行われれば醜いのだ。その醜くというのは、劣悪な者と邪な仕方で楽しむことであり、美しくというのは、優れた者と優れた仕方で楽しむことだ。
E その邪悪な人とは、地上の愛（パンデモス）によって愛する人であり、こころより身体を愛し求める人のことだ。安定して揺るがないものを愛し求めているのではない限り、その人自身も安定して揺るがない者ではないのだから[19]。自分が愛してきた相手の少年の身体が花の盛りを過ぎると同時に、これまでの沢山の言葉と恥ずかしい約束を『後に残して飛び去る[20]』からね。

それに対して、相手の優れた性格を愛する人は、揺るがず留まるものに堅く結ばれている限り、生涯を通じて
184A その愛に留まるだろう。そこでわれわれの法律は、その両者を適切かつ上手く試金石にかけることを願っているわけだ。愛されている少年が、一方の相手には喜んで交わり、他方の相手からは避けることが目的なんでね。以上の次第で一方では愛を追求することを命じ、他方では愛から逃れることを命じているという次第だ。愛する人

が天上地上どちらの愛の神のものであり、愛される者がどうであるか、競争のように競わせ試金石にかけるためだよ。

B そこで以上の理由から、第一に、すぐに恋の虜になることは醜い、と法律で定めている。誰にとっても格好の試金石になる時間が経過するためにね。第二に、富や政治権力のために恋に囚われるのは醜い。相手の富や政治権力によって酷い目にあわされて恐ろしくなり耐えられないにせよ、富や政治活動の力でよくしてもらった相手を無視できないにせよ、それは醜い。富や権力からは友愛が本来生まれてくるものではないことを別にしても、富も権力も何一つとして確実でも堅く留まるものでもないと思われているからだ。

それで愛されている少年が、愛してくれる相手に自らを喜んで委ねて美しいとすれば、われわれの法律には一つの道が残されていることになる。われわれには法律があるが、それによれば、愛する人が相手の少年に自らす
C すんで奴隷のように仕えても、お追従にもならず非難もされないように、同じように決して非難されない隷従がもう一つある。それは徳をめぐる隷従だ。もし世話をする相手が何か知恵か他の徳の点で一層善いものになると思って、人が自分からすすんで誰かの世話をしたいと思う時、そう世話をしてくれる人に自由に隷従しても醜いことにも追従ともならない。われわれの国ではそう法律で定められているからだ。

それで二つの法律、つまり少年を愛することの法律と、哲学と他の徳をめぐる法律は、愛される少年が相手の人に喜んで自分を委ねることが美しくなるのであれば、必ず一致する筈だ[21]。愛する人と愛される少年がそれぞれ法律に従うと、つまり愛する人は、喜んで自らを委ねてくる少年のためなら、何をしても正しい奉仕になるし、
D 他方で愛される少年の方は、自分を導いて知恵のある善い人間にしてくれる相手の人に、どんなサーヴィスをしても正しいという法律だね。その二つの法律をそれぞれもっている、一方は思慮と他の徳の点で役に立つ人と、

E 他方は教育と他の知恵の点で相手から教えてもらう必要がある者が結びついて一つになる時に、二つの法律も一致して結合して、そこでだけ愛される少年が自分を愛してくれる人に自らを委ねることが、美しいことになる。しかしそれ以外のところでは決してそんなことはあり得ない。そしてこの場合には、たとえ欺されることがあっても、恥ずかしいことにならない。しかしそれ以外の場合では、欺されるにしろ欺されないにしろ、恥はつきまとうことになる。というのは自分を愛してくれる相手が金持ちだと思って、金目当てで相手に自分を委ねたのに、

185A その人が貧乏だということが露見して欺された結果、何も金を得ることがなかったとすれば、欺されなかった場合に劣らず恥ずかしいことです。なぜならそういう人は、金のためならどんな人に対してもどんな奉仕でもするような人だ、と自分の人品骨柄を示すことになると思われるからです。しかし金のためということは美しいことでもなんでもありはしない。

それと同じ道理で、ある人を善い人だと思い、自分を愛してくれるその人の友愛によって自分自身も善いものになれると思って、その人に自分を委ねたのに、その人が邪な人で徳なぞなかったことが明らかになって欺され

B たとしても、それでもその欺されたことは美しい。金の場合のように今度もその人は自分自身のことを明らかにしたと見えるから。つまり少なくとも目標は徳のためだということであり、自分がより善いものになるためであるなら、あらゆる人に対してあらゆることを熱心にするような人間だということだ。しかし今度はすべての中でもっとも美しい徳のことだ。こうして少なくとも徳のために相手に自らを委ねることは全部、あらゆる意味で少なくとも美しい(22)。この愛が天上の女神の愛、天上のエロスである。それは国にも個人にも大いに価値があり、愛

C する人も愛される者も、自分で徳について自分に大いに気を遣うべきだ。それ以外の愛はすべてもう一つの地上の女神のエロスだということになる。パイドロス、以上がこの場でエロスの神について君に申し上げることので

きる話だよ」とパウサニアスが言った。

6　アリストパネスのしゃっくり——芸術家の野心

パウサニアスがこうして話を終え（パウサメノス）——知恵のある人たち（ソフィスト）が僕（アポロドロス）
に似たような語呂合わせを教えてくれるのでね[1]——アリストデモスの言うところではアリストパネスが話をする
番だった。ところが彼は満腹になったためかそれとも他の原因でちょうど起きたしゃっくりのために話せなかっ
D た[2]。そこで下座に医者のエリュクシマコスが座っていたので、アリストパネスが話しかけた、「君が僕のしゃっ
くりを止めてくれるか、それとも止まるまで僕の代わりに話をするか、どちらかやってもらいたい」。でエリュ
クシマコスが答えて言った、「いやいや両方やってあげよう。僕が君の代わりに話すから、治まったらその時、
君が僕の代わりに話せばいい。僕が話している間、よかったらしゃっくりが止まるまでずっと息を止めておいて
ごらん。もしそれでも止まらなければ、水でうがいをしなさい。それでも治らないほど強いなら、鼻を刺激でき
E るようなもので鼻をくすぐってくしゃみをしなさい[3]。それを一度か二度やれば、たとえどれほど強いしゃっくり
でも止むだろうよ」。それでアリストパネスが「さあそれでは話してくれ。僕は君の言ったようにやってみるか
ら」と言った[4]。

7　エリュクシマコスの話——エロスの統一科学

186A
そこでエリュクシマコス(1)が次のような話をした。「パウサニアスは議論へ美しく乗り出したのに、十分には完成しなかったので(2)、やむなく僕が話を最後まで完成させるべきだということらしい。まずエロスの神が二重であること、これは美しく語られたと思う。しかし愛の神エロスは、人のこころが美しい人に向かう場合だけではなく、人間以外のものが他のものに向かう場合も沢山あり、あらゆる動物の身体、地面に生えるもの、そしてほとんどすべての存在するものにおいても成り立つということを、僕は医術、われわれの技術ですがね、その医術の
B
立場から見て知っていると思う。エロスは偉大で驚嘆すべき神であり、人間のことも神々のこともそのすべてに亘って関係しているのだよ。

技術に敬意を払うためにも、医術から話を始めたいと思うが、身体の本性にはあの二重のエロスの神があるのだね。身体の健康なところと病気のところは、これは誰でも同意するように異なっており類似していない。ところで似てないものはそれぞれ違ったものを欲求し愛するのだから、健康な身体に宿るエロスの欲求と病気の身体に宿るエロスの欲求は別々のものだ(3)。さっきパウサニアスが言ったように、善い人に自らを委ねることは美しい
C
ことであり(4)、他方で節度のない人に委ねることは醜いが、それと同じで身体自身の場合でも、健康でよい身体に委ねるのは美しく、また是非そうしなければならない。そうすることが医術に適ったことだと言われるのだ。他方で病気で悪い身体に委ねたら醜く、また人が技術の心得があるものたらんとすれば、委ねたりしてはならない。

まとめて言えば、医術は身体の充足と欠乏をめぐる愛の欲求に関する知識だということだ[5]。その中に美しい愛の
神と醜い愛の神を分別できる知識のある人、その人がもっとも医術に長けた人ということだね。一方の醜いエロ
スの愛に代えて他方の美しいエロスの愛をもつように変えることができ、美しいエロスの愛のない人には生まれ
D るべきエロスの愛を生み出し、醜いエロスの愛がある人からはそれを除去する術を知っている人、その人がよい
医の技術者だろう[6]。医術は、身体の中にある敵対要素を親しい仲にし、互いに愛し合うようにさせることができ
なければならないからな。
　ところでもっとも反対の関係にあるものがその敵対要素だが[7]、冷たさと熱さ、苦さと甘さ、乾燥と湿り気、そ
E うしたすべてのものだね[8]。その敵対要素の中にエロスの愛と一致を生み出す術を知っていたので、われわれの先
祖アスクレピオス[9]は、それはここにいる詩人たちが言っていることで、また僕も信じるのだが、われわれの技術
187A を編み出したのだ。僕が言いたいのは、医術もすべてこのエロスの神によって導かれているということであり、
そして体操術も農業も同じだということだ[10]。音楽はといえば[11]、多少なりとも知性を働かせる人には誰でも明らか
なことだが、それも同じ仕方で成り立っている。それが多分ヘラクレイトス[12]も言おうとしたことだと思う、言い
方は必ずしも見事というわけではないが。
　彼が言うには、一つのものが『自分と異なりながら、自分自身と一致している』とか『弓や琴の調和の如し』
と言っているからね。しかし調和が異なっているとかまだ異なっているものから成り立っている、なんて言うこ
B とはとても不合理だ[13]。そこでヘラクレイトスの言わんとしたことは多分、高音と低音が初めは異なって対立して
いたのだが、その後で音楽の技術によって同調して調和が生まれた、ということだろう。というのは、少なくと
も高音と低音がまだ異なったままでは調和になるまい。調和は和音（シュンポーニア）であって、和音は一種の

C 同調（ホモロギア）だ。しかし異なったものが異なったままでは、同調は不可能で、それで異なっていて同調し
てないものは調和することが不可能だということだ。リズムも、早い音と遅い音とが最初は異なっていたが後で
同調して生まれるのと同じだ。先には医術が、ここでは音楽が、あらゆる場合に同調を生み出すが、それは互い
の間にエロスの愛と一致（ホモノイア）を生み出すことによってだ。医術と同じで、音楽は調和とリズムをめぐ
るエロスの愛のことを理解する知識だということでね。

　少なくとも調和とリズムの組成自体にエロスの愛が含まれていることを知るのは難しくないし、ここにはまだ
D 二重のエロスなぞないのだ[14]。しかしそのリズムと調和を人間に適用する際には、そのリズムと調和を作り出す作
曲と呼ばれる場合であれ、その作られた曲と旋律を正しく使う場合であれ、それは教育と呼ばれたが[15]、いずれの
場合にもそれは困難であり、よい技術のある人を必要としている。というのはもう一度パウサニアスと同じ議論
に戻るからだ。節度のある人にこそ自らを委ねるべきであり、そして節度のない人はもっと節度あるものになれ
E るようにそうすべきであって、その人たちのエロスの愛は守るべきなのだ。それが美しいエロス、ウラニアとい
う名の音楽の女神（ムーサ・ウラニア）に由来する天上のエロスの神だ。

　他方のポリュムニアという名の音楽の女神（ムーサ・ポリュムニア）[16]に由来するのが、地上のエロスだ。その
神がどんな人のところへ導いていくか[17]、よくよく注意しなければだめだな。その快楽の実りは上がっても、不摂
生を生み出したりしないようにしなければならないからね。われわれの技術でも、病気にならないように工夫し
ながら食べる楽しみを実らせるように、料理法で食欲を美しく使うことは大変厄介な仕事だというのと同じこと
だ。

　こうして[18]音楽でも医学でもその他あらゆる人間のことでも神のことでも、許される限り双方の愛の神エロスを

188A 注意して見守らなければならない。この二つのエロスの神が万事においでになるのだから。季節の成り立ちもその両方のエロス神に満ちているのだから、僕が先ほど言った熱いものと冷たいもの、乾いたものと湿ったもの同士が秩序正しい愛の神エロスに触れ、このエロスの神が調和と節度ある混合を支配する時には、それが人間にも
B 他の動物や植物にも相応しいよい季節と健康をもたらすからね。過去に不正などなさらなかった。しかし傲慢無法なエロスの神が季節のめぐりについて力をもつようになると、その時は多くのものを破壊したし不正を働いた。そうしたことから疫病やその他色々な病気が獣にも植物にもよく発生するんだ。というのも星の運行や季節をめぐるエロスの欲求（熱冷、乾湿などの反対の力）が互いを侵し合う貪欲と秩序のなさから、霜と霰とカビが生まれ
C てくるからだ[19]。そうしたことについての知識が天文学と呼ばれているのだがね。その他にも神々に捧げる犠牲や予言術が指導する行事——これらはすべて神々と人間の間の交流のことだが——それはエロスの神を守護しまた癒すこと以外ではない[20]。というのはもし秩序のある愛の神エロスに自らを委ねず、何ごとにつけそのエロスの神を尊重し大事にしないで、両親が生きていても死んでいても、その両親と神々にかかわりのあることであのもう
D 一つの秩序なき地上のエロスの神を尊重するようなことになれば、あらゆる不敬虔な事態がいつも生まれてくるからだ[21]。予言術にあてがわれていることは、愛する人たちを調べて治すことであって、こうして再び予言術は神々と人間の間の友愛を作り出すものだ。それは人間に相応しい愛のことを知っていることによるが、それは神的な正義と敬虔にまで拡がっているのだよ。

以上の通り沢山の偉大な力、いや、あらゆる力をまとめてもっているのだ、エロスの神全部がね[22]。しかしわれわれの許でも神々の許でも、節制と正義をもって善いことを完成してくれるこの愛の神エロスこそ最大の力をもち、われわれのためにあらゆる幸福を準備してくれ、われわれがお互いの間でも、またもっと優れた神々に対し

E ても親しく交わり友であることを可能にしてくれるのだ。以上で僕もエロスの神を賛美したが、多分語り残したことが沢山あると思う。まあ自分で意図してそうしたわけではないがね。しかしもし僕が何か語り残したとすれば、アリストパネス、それを補うのは君の仕事だ(23)。それともエロスの神を何か違う仕方で賛美しようとお考えなら、そうしたまえ。しゃっくりも治まったようだから。

189A アリストデモスの伝えることでは、それを引き取ってアリストパネスが言った、「治った治った。しかししゃっくりに少なくともくしゃみをお見舞いするまでは治らなかったな。それで僕は驚いたね、身体の品のいい(24)部分（鼻）が、そんなくしゃみなどという騒がしい音とくすぐりを求めようとはね。というのも鼻にくしゃみを一発お見舞いしたら、すぐしゃっくりは治まったからな」。

それでエリュクシマコスが言うには、「優れた人、アリストパネス。自分が何をしているのかよく見なきゃ。
B 君は平和に話すことができるのに、笑い話を言って、僕に自分の言葉を監視させようとしているんだから、何かおかしなことを言いはしないか、とね」。

それでアリストパネスは笑いながら答えた、「それはよく言った、エリュクシマコス。僕の言ったことはなかったことにしてくれ。しかし監視はなしにしてくれないか。僕はこれから何かおかしなことを言うのではないかと恐れているのではなく、自分が笑い物になるのではないかと恐れているのだ。おかしなことを言うことなら、われわれの芸術(25)の成果であり習慣でもあろうからね」。

「アリストパネス、君は槍を投げつけておいて逃げられると思っているようだ。まあそれはさておき、こころ
C して収支決算をつけるように語りたまえ(26)。うまくつかなくても、僕次第で解放してあげるけれどね」とエリュク

シマコスが言った。

8　アリストパネスの話——人間本性の切断事件と性愛の秘密

「さてそれでは(1)エリュクシマコス」とアリストパネスが言った、「僕は君とパウサニアスの話とは違う仕方で話
そうと思う。というのは人々は恋の神エロスの力を全く知らないように僕には思えるからだ(2)。もし知っていれば、
その神のために最大の神殿や祭壇を造ったろうし、最大の犠牲も捧げただろうからな。しかし今のところエロス
の神についてそんなことは何も起きていない、もっと起きてしかるべきだのにね。エロスの神は神々の中でもっ
D とも人間を愛しており、人間の助け手であり、その病気が癒されたら人類に最大の幸福が生まれることになる病
を治す医者なのだ。

それでは僕が(3)君たちにエロスの神の力の奥義を話そう(4)。君たちは他の人に教えてもらいたい。先ず初めに君た
ちは人間の本性とその蒙った受難を学ばなければならない。というのはわれわれの昔の本性は現在と同じではな
く違っていたのだからな。つまりこういうことだ。人間には最初三つの種族がいた。今のように男と女の二つで
E はなくてね。その両者に共通の第三のものが加わっていた。今はその名前が残っているだけで、そのもの自体は
消えてしまったがね。その昔、一つの種族として男女《おとこおんな》(5)がいたのだ。その姿と名前は男と女の両方に共通なも
のだったが、しかし今は存在しない。人を軽蔑するための名前としてあるだけだ。

次に、昔は人間それぞれの全体の姿は球形だったことだ。背中と胴体が丸く円形になっており、手は四本、足

190A は手と等しく四本、そして目・鼻などどこも等しい二つの顔が丸い首の上にあった。頭は反対向きにおかれた二
つの顔の上に一つあった。耳も四つあり、生殖器は二つであり、その他すべて以上から想像できるだろう。そし
て今と同じように真っ直ぐ立ったままでどの方向でも望みのまま歩いて行けた。速く走ろうと急ぐ時には、宙返
りをする人が、体を真っ直ぐ伸ばして足で蹴り回してくるっと一回転するように、その時は八本ある手足で身体
を支えてくるくる回りながら急いで進んだものだ。[6]

B 以上の次第でそのような三種類のタイプの人間がいたのだよ。その初め、男は太陽の子であり、女は大地の子、
そして男女両性に与っているものは月の子だった。月もその両性に与っているからな。あらゆるタイプの人間は、
それ自身の形もその前進する姿も、天空の親に似て円形だったのだ。

それでその強さも力も恐ろしいほどであり、野心も大きく、神々にも手出しした。ホメロスがエピアルテスと
C オトスについて言ったことがあの人間たちにも言われることになった。神々を攻撃しようと、天の高みへ駆け上
がろうとしたのだ。[7]それでゼウスと神々はこれに対してどうすべきか思案を重ねたが、解決が見つからなかった。
神々は巨人族を雷で打って絶滅させたように、人間を絶滅はできなかった。人間から神々に捧げられる誉れと犠
牲も絶えてしまうからだ。しかし他方で人間を放埒なまま許すこともできなかった。ゼウスは苦心考慮の果てに、
D 『いい手を思いついた』と言った。『人間どもがいて、しかももっと弱くなって放埒な真似ができなくする手だて
がな。[8]まず人間を』と言って、『それぞれ二つに切り分けよう。そうすれば力が弱くなるし、同時にその数が増
えてわれわれには一層役に立つことになろう。そうすれば人間は二本の足で立って歩くことになろう。それでも
まだ放埒な振る舞いをするように見え、大人しくしようとしないなら、もう一度半分に切ってしまおう。そうす
れば一本足で踊りながら歩くことになろう』と言った。[9]

E それだけ言うと、干すためにナナカマドの実を切るように、あるいはゆで卵を髪の毛で切るように、ゼウスは
人間を二つに切断した。そして切ったものをアポロンに命じて、その顔と首の半分の向きを変えて切り口のある
方に向け換えさせた。人間が自分の切断された切り口を見て、もっと品良くなるように、ということである[10]。そ
してその他のところも治療するように命じた。

191A それでアポロンは顔の向きをぐるっと回して換え、切り口になった皮膚をあらゆるところから現在腹と呼ばれ
ているところに引き寄せて、その切り口を一つにまとめて腹の真ん中、言うところの臍のところで、閉じた袋の
ようにぎゅっと結びあげた。その他に皺も沢山あったがすっかりツルツルにし、靴職人が型に合わせて皮を伸ば
す時に使う道具のようなものを使って胸の形も仕上げた。そして腹と臍の周りの若干の皺を昔の受難[11]の記憶のた
めに残した。

B それで本性が二つに切断されたために、それぞれが失われた自分の半身を求めて一緒になり、手を相手に回し
て抱き合い、ぴったりとくっついていることを求めて、互いに離れては何もしようとしないものだから、飢えと
他の無為のために死んだのだ。半身の内どちらかが死に、他方が生き残った時でも、生き残った方が更に別の半
身を探して一緒になった。それが原初の女の本性全体の半分のもの——これが今われわれが女と呼んでいるもの
だが——これに出会ったのであれ、あるいは男の本性の半分であれだね。こういうふうにしても滅んだのだ[12]。

C ゼウスはこれを憐れに思い、別の仕組みを与えて、人間の生殖器を前に移した——それまではこれも背後にあ
ったので、互いに交わって相手の中に生むことをせず、蝉のように大地に生んだのだよ[13]。こうして生殖器が前に
移されて、その生殖器を通して互いの中に、つまり男によって女の中に生むようにしたが、その理由は、もし男
が女に出会って交わったなら、子を生み種族が誕生するし[14]、同時に男が男と出会っても交わりから充足感が生ま

れ[15]、終わったら仕事に向かい、性的関係以外の生活のことに気を配ることができるように、というわけでね。
D　こうしてお互いを愛し求めるエロスは、人間にとって生まれつきのものであり、原初の切断された本性を結集
して二から一を作り、人間本性を癒そうとするものだ[16]。われわれ一人一人は、一つの全体であったものから、ヒ
ラメのように二つに切り分けられたという点で、人間の割り符（シンボル[17]）だよ。だから一人一人がいつも自分
の割り符を探し求めているのだ。

それで男の中で、先に男女共通の全体（両性具有）と呼んだものの半身であれば、女好きであるし、姦通する
男の多くはこの種族から生まれてきた。また女の中で、それが両性具有体の半身であれば、男好きで、姦通する
E　女はこの種族から生まれる。女の中で、原初の全体としての女から切断された半身であれば、男にほとんど関心
がなく、むしろ女に向けられており、女仲間がその種族から生まれる[18]。そして全体としての男から切断されたも
のは、男を追いかけ、自分が少年の時は男のかけらでしかないので、大人の男を愛し、男に身を委ねて一緒に喜
192A　ぶものだ。そしてこの者たちが生まれつきの性質からしてもっとも男らしく勇敢なので[19]、青少年の中でもっとも
優れているのだよ。

彼らを恥知らずだと言う人もいるが[20]、それは間違いだ。羞恥心がないからそんなことをしているのではなく、
自分の大胆さと勇気と男らしさから自分に似たものを歓迎しているのだからな。それには立派な証拠がある。そ
B　ういう少年たちだけが長ずれば男として政治に進出することだ。そして大人になれば、少年を愛するようになり、
結婚や子作りには生まれつき関心がなく、結婚も法律によってやむなくするに過ぎない[21]。彼らにとって独身のま
ま男だけで一緒に生涯を送るので十分なのだ。だからそういう生まれつきの人は本当に、自分に愛情をかけてく
れる男の人を愛するものとなり、そしてまた長じて少年を愛するものとなるのだ、いつも自分と同類同族の者を

愛しているのでね。
C 少年を愛する者もその他の者もすべて、自分のあの半身に出会ったら、その時は友情と親しみと恋心に驚くほ
ど引きつけられ、言わば一時も互いに離れたくないと思うようになるよ。この人たちが一緒に生涯を過ごすのだ。
しかし彼らはそれで互いに相手から自分に何が生まれてくることを求めているか、言うこともできない。性の交
わりが望みだとは誰にも思えないだろう[22]。そんなことなら他の人と一緒に大いに盛り上がって楽しむだろう。そ
D うではなくて一人一人、こころでは何か別のことを願っていることは明らかだが、それが何であるかが言えない。
自分が望んでいることは、予言や謎かけのように朧気な徴を与えられるだけなのだ[23]。

もし鍛冶の神へパイストスが道具をもって、同じ床で横になっている二人の側に立ち、『人間ども、お前たち
が相手に求めるのは何だ』と聞いたとしよう。そして人間が答えられないので、もう一度『それはできるだけ同
じところで一緒にいたい、夜も昼も互いに離れたくないということではないか。もしそれが望みなら、お前たち
E をふいごで吹いて熱して溶かし、二人を同じ一人の人間になるようにしてやるぞ。それで生きている間は両人が
一人の人として一緒に生き、死んだら再び死後の世界で二人である代わりに、一緒に死んで一人でいられるよう
にしてやろう[24]。しかしそのことをお前たちが愛し求め、そういうことで十分と思うかどうか、よく考えて見るが
いい[25]』と言ったとすれば、分かっていることだが、それを聞いて誰一人として否定する者はいないだろうし、他
のことを望むようにも思えない。むしろかつてより求めつづけていたことをついに聞いたと思うだろう。愛する
193A 者と一緒になって二人から一人になることだ、とね[26]。その理由はというと、われわれの昔の本性がそうしたもの
であり、われわれは全体だったからだ。そこで全体の欲求と追求に恋（エロス）という名前があるというわけさ。
繰り返すが、昔われわれは一つであった。今は不正のために神によって切断されて生きているが、アルカディ

アがラケダイモン人によって分割されたようなものだ(27)。それで神々に対して品よく節度を保っていなければ、また再び切り裂かれるかも知れないという恐れがある。半分に割ったサイコロみたいに鼻筋に沿って左右二つに切られて、墓石に彫られた片面の顔（レリーフ）の人のようになって歩き回ることになるという恐れがね。しかしそんなことにならないように、そして両人一致の回復に恵まれるように、神々に対してあらゆる点で敬虔である
B ように、とすべての人に教え諭さなければならない。エロスの神はわれわれの指導者であり将軍だからね。でこの神には誰も逆らってはならぬのだ。逆らうようなことをするのは、神々に嫌われている者だ。――神々と親しい仲になり和解すれば、われわれはそんな人々の中にわれわれ本来の恋人を見つけ、これに出会うことになるだろう。今いる人たちの中でそんなに恵まれているのはごく僅かだがね。

C 　エリュクシマコス、この話はパウサニアスとアガトンのことを言っているのだなどと茶化してくれるな(28)。――多分二人ともその少数の中に入るだろうし、ご両人とも生まれつきの男だからね――しかし僕はあらゆる男と女について話をしているのであって、われわれ人間の種族は、もしエロスを完成させ、各自が自分の愛する恋人に出会って原初の本性に戻るならば、幸福になれるということだ。もしそれが最善の恋だとすれば、今の世の恋愛の中でそれにもっとも近いものが最善ということが必然だろう。でそれは、生まれつきの本性が当人自身のここ
D ろに適う恋人に出会うことだ。だからその幸福の原因たる神を崇めるなら、エロスの神を正しく崇めることになるだろう。エロスの神は、この世ではわれわれを自分固有のもの(29)へ導いてくれてもっとも役に立ち、次の世では最大の希望を約束してくれる。われわれが神々に敬虔なこころを捧げるなら、われわれをその原初の本性に到達させて癒してくれ、そして恵みに満ちた幸福にしてくれるという希望をね。

これが僕のエロスの神の話だ、君のとは違ってね、(30) エリュクシマコス。先に君にお願いしたように、この話を喜劇か何かのように茶化さないでもらいたい。(31) 残りの人たちがそれぞれ何と言うか聞かなきゃならないからな。

E

いやそれぞれでなく、二人だ。残りはアガトンとソクラテスだからね」。そうアリストパネスは言った。

9　封じられたソクラテスの問答

アリストデモスが伝えるところによると、エリュクシマコスが次のように言った、「いや、君の言う通りにしよう。君の話は僕にも面白かった。もしソクラテスとアガトンがエロスについて恐るべきものだと僕がよく知らなかったら、アリストパネスが色々と山ほど話したので、二人とも言葉に窮するのではないかと心配しただろう。が二人は大丈夫だ。そう思うね」。

194A

それでソクラテスが言うには、「これはまあ見事に競争をけしかけたものだ、エリュクシマコス。(1) しかしもしも君が、今の僕と同じ立場になれば、恐ろしくなるだろうなあ。いや多分むしろ、アガトンも善く話すだろうから、その後で話す僕のような羽目に君がなれば、もっと恐ろしくなるだろうし、今の僕と同じようにまったくお手上げになると思うね」。

「わたしに毒を盛ろうとお考えですね、ソクラテス。わたしが善く話すだろうと観客(2) が大いに期待する、と思って怯むようにね」とアガトンが言った。

それでソクラテスが言った、「もしもそういうことなら僕は本当に物忘れもいいところだろうね、アガトン。

君が自分の言葉を披露しようと役者と共に舞台に登場し(3)、あれほどの大観衆を目の前にして全然動揺しない君の
B 勇気と大きな志を見ていながら、もし今たったこれだけのわれわれのせいで君が怯むと考えるとすればだね」。
「何ですと、ソクラテス。心あるものにとっては、思慮ある人は少数でも思慮なきその他大勢より恐るべし、
ということをわたしが知らないほど、大観衆に満足して喜んでいるとでもお考えですか」とアガトンが言った(4)。
C 「僕が君について不躾なことを考えているとすれば、実にみっともないことになるだろうな、アガトン。しか
しもし君が知恵があると思う人に会えば、君がその他大勢よりその人の方に重きを置くだろうってことぐらいよ
く知っているよ。ところがここにいるわれわれは生憎そういう知恵のある人間じゃないのでね(5)――われわれはあ
の場にいたし、思慮なきその他大勢の側だったからな――しかしもし君がわれわれとは違って知恵のある人に出
会って、もし君が何か恥ずべきことをして恥ずかしいと多分感じるとすれば、おそらくその人に対してこそ恥ず
かしく思うだろうなあ。それとも君はどう言うかね」とソクラテスが言った。
「本当に仰るとおりです」とアガトンが言った。
「ではもしも君が何か恥ずべきことをしていると思ったとすれば、その他大勢に対しては恥としないのだろう
ね」。
D そこにパイドロスが割り込んで(とアリストデモスが言った)、「親しい友のアガトン(6)、もし君がソクラテスの質
問に答えたら、ソクラテスにとってはここでのことはもうどうでもいいことになるね、もしソクラテスと問答す
る相手さえいればということだ、特に美しい人ならばね。僕はソクラテスが問答するのを聞くのは楽しみだが、
エロスの神への賛歌に気を配らなければならないし、君たち一人一人からその賛美の言葉を頂戴しなければなら
ないのでね。だからお二人それぞれがエロスの神へ賛美の言葉を捧げてもらいたい。そうしてから問答したま

え」と言った。
E 「いやご立派、パイドロス。わたしが話すのはいっこう構わない。ソクラテスとはまた何度でも対話する機会
があるでしょうからね」とアガトンが言った。

10 アガトンの話——恋は人を詩人にする

「さてわたし[1]が最初に言いたいことは、どのように話すべきかということです。次にそれに沿って話したい。
というのはこれまで話した人はみな、愛の神エロスを賛美するのではなく、エロス神が原因となって人間が善き
ものに恵まれて幸福になる、という話をしているように思います。エロスの神がどのような性質のものであるか
195A らそれだけの贈り物をされたか、これは誰も話していない[2]。およそどんなものについて称賛するにしても、あら
ゆる称賛の正しい唯一のやり方は、称賛の対象について『どのようなものがどのようなものの原因であるか[3]』、
を言葉で言い表すことです。そこでエロスの神についてわれわれも、第一にその神がどのような性質のものであ
るかを語り、次にその贈り物を賛美すれば正しいことになります。
　そこでわたしの主張では、神々はすべて幸福ですが、エロスの神はもっとも幸福でもっとも美しくそしてもっ
とも善いものです。もし非難されない正しい言い方をすれば[4]、ですね。ところでもっとも美しいとはこういうも
B のだからです。第一に、神々の中でもっとも若いということです、パイドロス[5]。神自身がその証明を与えていま
す。足早い老いを逃亡して逃れていることです。老いの足の速いことは明らかで、われわれには老いは必要以上

に早く訪れますからね。エロスの神はこの老いを本来の性として憎み、遠く距離を取って近づこうとはされませ
ん。でいつも若者と一緒におり、ご自身が若者なのです。昔の諺がよく当てはまります、『似たものはいつも似
たものに近づく[6]』とね。わたしはパイドロスに他の多くの点では同意するのですが、『エロスはクロノスとイア
C ペトスより古い[7]』というこれだけは同意しません。わたしの主張は、エロス神は神々の中でもっとも若くそして
永遠に若いということです。ヘシオドスとパルメニデスが言っている神々の故事は、もし彼らが本当のことを言
っているとすれば、『エロスによってではなく必然によって起きた』ということです。もしもエロス神が神々の
中にいたとすれば、無理矢理去勢したり鎖で縛ったりとか[8]、その他沢山の暴力沙汰は神々の間には起きなかった
はずです、エロスが王として神々を支配したもう時以来、今のように友愛と平和があったはずでね。

D こうしてエロスの神は若々しいのですが、若さに加えて繊細でもあります。エロスの神の繊細さには、これを
証明してくれるホメロスのような詩人に欠けています[9]。ホメロスは、アーテー（忘失の女神[10]）が繊細――その足
ず、人々の頭を踏みたもうから[11]』と。アーテーの繊細さを明らかにする美しい証言だと思います。硬い土の上で
が繊細ということですが――と言っているからです。こういう風に言っています、『その足は繊細。地面を歩ま
E はなく、柔らかい頭の上を歩かれますからね。そこでわれわれも同じ証言を、エロスの神が繊細ということのた
めに使うことにしましょう[12]。というのもエロスの神は土の上も頭の上も歩まれないからです。頭は全く柔らかい
というわけではないですね。エロス神はおよそ存在するものの中でもっとも柔らかいものの中に住み、そこを歩
まれます。神々と人間の心情とこころ[13]に住まいを定められるのです。といって次々とあらゆるこころにというわ
けではなく、硬い[14]心情の持ち主に会ったら去りますし、柔らかく敏感な心情の場合に住まいます。そこでエロス
の神は、もっとも柔らかいものの中でもっとも柔らかなもの[15]に足と全身でいつも触れているので、必ずや神ご自

196A
身ももっとも柔らかいものであるわけです。従ってエロスの神は、もっとも若く、もっとも柔らかく繊細なのです。

それに加えて、そのしっとりしなやかな姿があります。もしも硬かったら、全く包み隠されるということはできないし、どんなこころにも入って行ったりまた出て行ったりしても気づかれない、ということもあり得ないですからね。均整がとれてしなやかな姿ということの大きな証拠は、その優美さということです。これはエロスの神が際立っていると誰からも同意されていることです。見苦しさとエロスの間にはいつも争いがありますからね。

B
この神が人の花の盛りの時に降臨したもうことは、肌の美しさにおいて現れています。[16] 花の盛りを過ぎて枯れたものは、身体であれこころであれ他の何であれ、エロスの神が留まることはありません。しかし美しい花盛りで芳しい香りの場所には訪れて留まられるのです。[17]

エロスの神の美しさについては以上で十分であり、また他にも言うべきことは沢山ありますが、次はその徳について言わなければなりません。最大のことは、エロスの神は、神に対しても人間に対しても不正をせず、神か

C
らも人間からも不正を受けることがありません。というのもエロスの神がもし何かをさせられるとすれば、暴力によってさせられることはありませんし――暴力はエロスの神に触れることはありませんから。また自分で暴力的に働きかけるということもありません――誰でもエロス神のためには自分から進んであらゆる奉仕をするのですから。[18] 一方が自ら進んで主張することに他方が自ら進んで同意することが正しいことだ、と『国家の王たる法[19]』が言っている通りです。

正義に加えて、エロスの神は節制の徳を最大限もっています。というのは快楽と欲望に打ち勝つことが節制であり、そしてエロス神以上に強力な快楽はないと同意されているからです。もしエロス神より弱ければ、エロス

神によって抑え込まれ、エロス神の方は抑え込むことができ、こうして快楽と欲望を抑えるエロス神は格別に節制あるものたりうるのです[20]。

D　さらに他でもない[21]勇気の点で恋の神エロスには『軍神アレスでも対抗できません』[22]。アレスがエロスを摑んでいるのではなく、エロスがアレスを摑んでおり――物語ではそのエロスとは女神アプロディテですが――摑んでいるものの方が摑まれているものより強力だからです。他の力の中でもっとも勇気があるものよりさらに強力なものは、あらゆるものの中でもっとも勇気があるでしょう[23]。

　エロスの神の正義と節制と勇気の徳については言われたが、知恵について残っています。賛歌はできる限り取 E り残さないようにすべきです。それで先ず第一に、エリュクシマコスが自分の技術を尊んだように、今度はわたしもわれわれの技術を誇りとするために言いますが[24]、エロスの神は他のものも詩人にするほど知恵のある詩人です。だから『以前は芸術の分からぬ俗物でも[25]』、エロス神がその人に触れれば[26]、誰でも少なくとも詩人になるのです[27]。これを証拠とすればいいでしょう。まとめて言えば、エロスの神は、芸術という形のあらゆる詩作に関して善い詩人であるということです[28]。自分がもっていないことや知らないことを他に与えたり教えたりはできませんからね。

197A　ましてや他ならぬあらゆる動物の誕生に関して、エロス神に知恵があることに反対できるものはおりますまい。動物はみなその知恵によって生まれ育つのですから[29]。

　しかし技術の業に関して、この神が教えた人は有名で輝かしいものになり、エロスの神が触れなかった人は暗く乏しいことを知らないものがいるでしょうか[30]。弓術も医術も予言の術もアポロンが発明したものですが、欲求 B と愛のエロス[31]が導いたからで、その意味でアポロンもまたエロスの神の弟子になりましょう。同じようにムーサイは音楽について、ヘパイストスは青銅器細工について、アテナは機織りについて、そしてゼウスは神々と人間を操縦することについて[32]、エロス神の弟子です。

そこから神々の厄介なトラブルがエロスの神が生まれることで治まったのですが、それは明らかに美を愛するエロスだからです。エロスの愛は醜いものには宿りません[33]。その以前の世界では、初めにも言いましたが[34]、沢山の恐るべきことが神々に起きたのです。必然が王だったからという話です。しかしこのエロスの神が誕生すると、神々も人間も美しいものを愛するようになってそこからすべて善きものが神々にも人間にも生まれたのです。

C このようにわたしには思われるのですよ、パイドロス。愛の神エロスは、第一に、その神自身がもっとも美しくもっとも善い方であり、その次にその他のものの美しさ、善さの原因でいらっしゃる、とね[35]。ところがいま何か詩の言葉がこころに浮かんできましたよ。このエロスの神は、

『人には平和を、海には凪を、風にはそよがぬ静けさを、憂いの中には寝床と眠りをもたらしぬ[36]』、

D とね。この神はわれわれから異質なものを消し去り、馴染み深い固有のものを満たしたまう。宴や踊り、そして犠牲を捧げる祭礼の際に導きの神となって、こうしたみんな一緒の集まりをすべて取り仕切りたもう、上品さを生み、野蛮を除きながら。情けをもたらすことを好み、悪意を望まず、かくも慈悲深く善きお方[37]。知者には見るべきもの、神々には褒め称えるべきもの。不運なものには妬みの種、幸運なものには豊かな富。優美さ、上品さ、豪奢、恵み、憧れ、そして渇望の父。善き物事を気遣いたまい、悪しきことは見向きもされぬ。苦労の中、

E 恐れの中、渇望の中、そして言葉の中[38]、その際の舵取り、戦闘員、同志そして最善の護り手。ありとある神々と人間の品よい飾り[39]にして最美最善の導き手。人はすべてこの神に美しい祝歌を歌いながら従うべし[40]、なべての

神々と人の思いを熱くさせてエロスの神が歌うその歌に与りながら。

わたしからは以上の言葉を、パイドロス、エロスの神の賛美として捧げるとしましょう。戯れとわたしにできる限り相応しい真剣さを幾分か兼ね備えたものだと思いますね[41]」。

11　ソクラテスとアガトンの対話——賛美の言葉の虚実

198A
アガトンがそう言い終えると、その場にいた全員が、若者らしく自分にも神にも相応しく話したと拍手喝采した、とアリストデモスが言った。そこでソクラテスがエリュクシマコスを見つめて、「アクメノスの息子よ[1]、君には僕が先ほど恐れる意味もない恐れを恐れてい[2]たと思うかね。それともさっき言ったこと[3]、つまりアガトンが驚くような話をするだろうし、僕はそれで言葉に窮して困り果てるだろう、と言ったことは予言になってなかったかね」と言った（とアリストデモスが語った）。

エリュクシマコスが答えて言うには、「半分は予言になっていたと思う、アガトンがよく話すという点はね。しかしあなたが困り果てるというのは当たらないと思いますよ」。

B
そこでソクラテスが言った、「お目出度いね君は、こんなに美しく百花繚乱の話があった後で語ろうとすれば、僕であれ誰であれ困ることにならないわけがない。他の話も同じように驚くべき話というわけではないが、最後
C
の美辞麗句の話は聞いてこころ騒がぬ人はあるまい。僕は自分ではあれに近い美しい話はとてもできまいと思っ

て恥ずかしさの余り、できたらほとんど家に逃げ帰りたかった。というのはゴルギアスの言葉が思い出され、ホメロスの言うような目に手もなく遭ってしまったからだ(4)。つまりこのアガトンが話の最後に、言葉で語ることにかけては恐るべきゴルギアスの頭を僕の言葉に投げつけて、僕自身を話せない石にしてしまうのではないかという恐れに取り付かれたのだ。それではその時(5)、自分がとんだ笑い物(6)だと思ったのだ。エロスの神を君たちと順番に賛美しようと同意し、自分ではエロスのことにかけては恐るべきものだと言った時(7)、それなら何であれどのように賛美すべきであったか自分では何一つ知らなかったのだからな。ところが僕は賛美するにはその対象それぞれについて真実を語るべきだ、と愚かにも考えていた。そして真実を述べることを基礎に定め、その真実の中からもっとも美しいことを選び出し、これをもっとも相応しい仕方で並べるべきだ、と思っていたのだ(8)。実際善く語れるなどと大それたことを考えていたものだ(9)。どんなことでも賛美するとはどういうことか、という真理を知っているつもりになっていたからね。ところがそれでは、思うに、何であれ美しく賛美することは、真実を語ることではなく、対象となる物事に『もっとも大きい』と『もっとも美しい』という言葉を貼り付けることらしい(10)。それが本当かどうか関係なくね(11)。もしも間違ったことを言ったら、それならそんな物事もなかったという次第だ。というのも先に言われたのは(12)、われわれ一人一人がエロスの神を賛美しているように見えることを求めてであって、エロスの神が本当に賛美されることを求めてというわけではなかったからだ。

D

E

以上の理由から、君たち(13)はあらゆる言葉を引っ張ってきてエロスの神にあてがったのだ。そしてエロスの神がもっとも善いもの、もっとも美しいものとして現れるように、このような性質のものであり、これほどのことの原因であると言っているのだ。だからその賛美はエロスを知らない人には、少なくとも美しくまた厳かなものであることは明らかだ——少なくとも知っている人にはとてもそうはならないだろうからね。

199A

しかしそれで僕はと言えば、賛美の仕方がずっと分からなかったのだ。知っていて自分でも順番にエロス神を
賛美しようと君たちに同意したのではなかったのでね。『だから舌が請け合ったけれど、心はさにあらず[14]』とい
うことだ。というわけでご勘弁願おう。もうその仕方で賛美はしないことにする——できもしないしね——その
やり方は決してしないのだが[15]、もしよければ、笑われないために君たちの話に対抗したりしないで[16]、自分の身の
B 丈にあったやり方で少なくとも真実を話してみたいのだが。でパイドロス、何か次のようなことも言う必要があ
るかね、つまりエロス神について真実が語られて聞くことになるということだ[17]、単語や句の配列はその時に浮か
んで来るに任せるということだが[18]」。

パイドロスも他の人も、ソクラテスが自分でそうすべきだと思うやり方で話すように勧めた[19]（そうアリストデ
モスが言った）。

ソクラテスが言った、「ねえパイドロス、アガトンから同意を得てその上で話したいので、アガトンに少しだ
け質問してもいいかね」。

C 「いいでしょう、お尋ねなさい[20]」とパイドロスが言った。それでソクラテスはこれから次のような話を始めた、
とアリストデモスが言った。

「確かに、親しい友のアガトン[21]、君は美しく見事に話を展開していったと思う。君は、最初にエロスの神がど
のような性質であるかを明らかにし、次にその働きを示すべきだ、と言ったからね。その始め方は大変いいと思
う。君はエロス神がどのような性質のものであるかについて、他の点でも美しく壮大に話して見せたのだから、
D 僕に次の点も言ってくれないか。エロス神は何かのエロスであるといった性質なのかね、それとも何のエロスで

もないのかね。僕の質問は、誰か母親のか、あるいは父親のかということではなく——エロス神は母親のエロスか、あるいは父親のかと問うたら、(22)おかしいだろうからね——そうではなくもし父親それ自身について問うて、父親とは何かの父親かどうか、と聞いたら、君が美しく答えたかったら、父親とは息子か娘の父親だと答えただろう。そうではないかね」。

「全くその通りです」とアガトンが答えた。

「そして母親についても同じだね」。「それも同意します」。

E 「それでは僕が願っていることを君にもっと分かってもらうために、もう少しばかり答えてくれたまえ。もし僕が、でどうであろうか、兄弟がまさに兄弟であるそのこと自身とは、何かの兄弟であることなのか、そうでないのか、と聞いたら」とソクラテスが言った。「そうです」とアガトンが言った。

「それは兄弟のか姉妹の、だろうか」。「同意します」。

「ではエロスについても言ってみてくれ。エロスは何のエロスでもないのか、それとも何らかのもののエロスであるのか」とソクラテスが言った。

「そりゃあ何らかのもののエロスです」。

200A 「それならエロスが何らかのもののエロスであることを自分でこころに保っておいてもらいたい、それが何のエロスであるかを記憶してね。でこれだけは答えてもらいたい。エロスはそれのエロスであるそのものを欲求するのだろうか、それともしないのか」。

「それはします」(23)とアガトンが答えた。

「欲求し恋しているそのものをもっていて、その上で欲求し恋したりしているのだろうか。それとももっていなくてか[24]」。

「もっていなくて、ということがもっともらしいですね」とアガトンが言った。

「『もっともらしい』ということでなく、そうあることが必然的かどうかを是非とも考えてもらいたい[25]。欲求す
B るものは、それが欠いているものを欲求するのだろうか、それとも欠けていなければ欲求しないのだろうか。アガトン、僕には驚くほど強い必然性に見えるのだが[26]、君にはどうだね」。

「わたしにもそう見えます」とアガトンが言った。

「うん、それでいい。それでは誰か実際に大きい人が大きくあることを願うだろうか、あるいは実際に強い人が強くありたいと」。

「今まで同意してきたことからすれば、不可能です」。

「少なくとも実際に大きい人、強い人はそうした大きいこと、強いことを欠くことはないからだね」。

「本当にそうです」。

ソクラテスが言った、「もし実際に強い人が強くありたい、また実際に足の早い人が早くありたい、そして実際に健康な人が健康でありたい、と望むようなことがあるとすれば——今の例や似たケースすべてについて、実
C 際にそうであり、またそれをもっている人が、自分のもっているものを欲求することがある、と考える人が多分いるだろうから、間違えることがないように、そのために言っているのだが——その人たちには、アガトン、よく考えてもらいたいが、自分がもっているそのものは、望もうと望まなかろうと現在もっていることは必然的であって、誰がそれを欲求したりするだろうか。もし誰かが、『僕は健康であるが健康であることも望み、裕福で
D あるが裕福であることも望み、そして自分がもっているものを欲求もするのだ』と言えば、『ねえ君[27]、君は富と

健康と強さをもっているが、それすべてを未来にももっていたいと望んでいるのだ、少なくとも今現在は、望もうと望むまいと関係なくもっているのだがね』と言うだろう。『さてそれでは考えてくれ、君が現にそなわっているものを欲求すると言う時、それは現に今そなわっているものを次の未来でもそなわっているように望む、と
E
いうこと以外の意味だろうか[28]』と問えば、彼ははたして同意しないだろうか」。「同意します」とアガトンが言った[29]。

　そこでソクラテスが、「従って愛することは、本人の手元にまだないしもってもいないそのものを愛することであり、未来にそれが本人に確保されそなわることを欲求することだろう[30]」と言うと、アガトンが「その通りです」と答えた。

「それではその人でも他の誰でも欲求するのは、手元にないしそなわってもいないものを欲求するのであり、自分がもっていないもの、自分がそれでないもの、そして自分に欠けているもの、こうしたものが欲求とエロスが対象とするところのものであるのかな」。

201A
「全くその通りです」とアガトンが言った。

「それでは先に進んで、今まで言われたことをまとめて同意しようか。エロスの神は、第一に何らかのものを対象にしてこれのエロスであり、第二にエロスの神自身にとって現に欠けているもの[31]をその対象にする、ということではなかろうか[32]」。

「はい」とアガトン。

「それに加えて、君が自分の話の中でエロスの神が何のエロスと言ったか、思い出してもらおうか。もしよければ、僕が思い出させてあげよう。君は何かこう言ったと思う[33]。神々にとって幸いなことに厄介なトラブルが美

しいものを愛するエロスによって治まった、とね。醜いものにはエロスはないだろうからね。そう言わなかったかな」。

「言いましたよ」とアガトンが答えた。

「結構結構、仲間よ」とソクラテスが言った、「もしそういうことなら、エロスの神は他でもない美を愛するエロスだろう、醜さのエロスではないよね」。

アガトンは同意した。

B 「それでエロス神は欠けていてもっていないものを愛する、ということは同意されていたね」。

「その通りです」とアガトンが言った。

「それではエロスの神は美を欠いており、美をもっていないということだ」。

「必然的にそうですね」とアガトンが言った。

「ではどうだろう、美を欠いており、美しさを決してもっていないものを君は美しいと言うだろうか」。

「いいえ、確かに」。

「それではもし以上の通りだとすれば、君はまだエロスの神が美しいということに同意するのかね」。

アガトンも「ソクラテス、わたしはさっき自分で言ったことを何も知らなかったようですね」と言った。

C 「いやいや、君は少なくとも美しく見事な話しぶりだったよ、アガトン。[34] それはさておき、もう少し言ってくれないか。善いものは美しいものでもある、と君は思うかね[35]」とソクラテスが言った。

「そう思いますよ」。

「それならもしエロスの神が美しいものを欠いているとすれば、そして善いものは美しいものであるとすれば、エロスの神は善いものも欠いていることになるだろう」。

「わたしは、ソクラテス、あなたに反論できそうにありませんから、仰る通りにしておきましょう」とアガトンが言った。

「真理に対してだよ、君が反論できないのは、愛するアガトンよ。[36] ソクラテスに対してなら別に難しいことではないね」とソクラテスが言った。

12 ディオティマとソクラテス1——エロスは神と人間の中間者

D 「さて君をもう解放しよう。その代わりかつて僕がマンティネイアの女性、ディオティマ[1]から聞いた話をしてあげよう。彼女はエロスのこともその他沢山のことについても知恵があったが、アテネの人たちがかつてペストのために犠牲を捧げた時、疫病を十年間遅らせてくれたことがあった。[2] その彼女が僕にはエロスのことを教えてくれたのでね。そこで彼女が語ってくれた言葉を、僕とアガトンの間で同意したことを前提にしながら、できる限り自分の力で君たちに紹介してみよう。

E それではアガトン、君が詳しく話してくれたように、[3] 先ず初めに、恋の神エロス自身が何であり、[4] どのような性質のものであるかを語り、次にその働きをしっかり話さなければなるまいね。それであの異国の女性が僕に質問しながら進めていったように、話をするのが一番易しいと思う。今アガトンが僕に対して言ったようなことを、僕も彼女に言ったからね。エロス神は偉大な神であり、美しいものである、とね。[5] そして僕が、僕の論理に従えばエロス神は美しくも善くもない、とアガトンを論駁したように、ちょうどそのような言葉で彼女は僕を論駁したものだ。

それで僕も言ったのだ、『どういうことですかそれは(6)、ディオティマ。ならエロス神は醜く悪いということですか(7)』。

彼女も言った、『お静かになさいな。それとも美しくないものは必ずや醜いとでも考えているのですか』。

202A 『全くその通りで』。

『では知恵がないものは無知でしょうか。それとも知恵と無知の間に何か中間があると思わないのですか』。

『それは何ですか』。

『正しいことを信じているが、なぜ正しいか、その理由の説明(8)ができないこと、それは知識ではないということが分かりませんか——理由の説明がないことが(9)どうして知識でしょうか——しかし無知でもありません——あるがままのこと（存在）にぴたりと当たっていることがどうして無知でしょうか——というわけでそうした思慮と無知の中間にあるのが正しい想い込みです』と彼女が言った。

『仰る通りです』と僕が言った。

B 『それでは美しくないものは醜いとか、善くないものは悪である必然性はないということです。エロスの神も善でも美でもないと、あなた自身が同意しているのだから、善美である以上に醜く悪であるというわけではなく、その両者の中間でなければならない、とお考えなさい』と彼女が言った。

そこで僕が言った、『いえいえ(10)エロスは偉大な神だ、とみんな同意していますが』。

『あなたがみんなと言っているのは、知識のない人みんなですか、それとも知識のある人も入れてですか』と彼女が言った。

『入れて全員ですよ[11]』と僕が答えた。

C
彼女は笑いながら、『ソクラテス、エロスを神でもないと言っている人たちから、どうしてエロスが偉大な神だなどと同意を期待できたりしますか』と言った。

『誰ですかそれは』と僕が言った。

『一人は』と彼女は言った、『あなた。もう一人はわたし』。

それで僕も思わず声を上げたよ、『それはまたどういう意味ですか』と言った[12]。で彼女が言った、『それは簡単ですよ。答えてもらいたいのですが、すべての神々が幸福[13]で美しいとあなたは言いませんか。それとも神々の中には美しく幸福であるわけではない神もいる、などと言いますか』。

『とんでもない』と言った。

『幸福とは、善いもの、美しいものを所有しているもののことを言うのと違いますか』。

『全くそのとおりで』。

D
『しかしエロスの神は、善、そして美を欠如しているので、欠如しているまさにそれらのものを欲求する、と少なくとも同意していましたね』。

『ええ同意しました』。

『少なくとも美しく善いものに与らないものがどうして神たり得るでしょうか』。

『決してないでしょう、そう思います』。

『これであなたもエロスが神ではないと考えていると分かるでしょう』と彼女が言った。

『それではエロスは何でしょうか。死すべきものですか』と僕は言った。

『それはありません』。

『ではさて一体何でしょうか[14]』。

『先ほどの場合と同じように、死すべきものと不死なるものの中間です』と彼女が言った。

『何ですと、ディオティマ』。

E 『大いなる神霊（ダイモン）ですよ[15]、ソクラテス。神霊の力をもつもの（ダイモニオン）はすべて神と死すべきものの中間ですからね』。

『どんな力をもっているのですか』と僕が聞いた。

『人間のことを神々に、また神々のことを人間に、解釈し伝えるものです。人間からの嘆願と犠牲、そして神々からの命令と犠牲のお返しですね。神と人間の両方の中間であるので、その両方を満たし、その結果、宇宙
203A 全体が一つに結びつくことになります[16]。その神霊を通してあらゆる占いもそして神官たちの犠牲、神事、呪い、あらゆる予言術[17]と魔術に関する技術も発展します。神は直接人間と交わりませんからね。神々と人間の間のあらゆる交流と会話は、目覚めている時でも眠っている時でも[18]、この神霊を通して行われるのです。そうしたことについて知恵のある人は神霊の力に充ちた人（ダイモニオン）であり[19]、その他の技術や手作業に関して知恵のある人は世俗の人です。この神霊は数も種類も沢山いますが、エロスはその一人なのです[20]』。

『どの父親と母親の子ですか[21]』と僕が言った。

B 『詳しく話せば長くなります。しかしあなたには話しましょう。アプロディテが誕生した時、知恵の女神メテ

ィス(22)の息子、工夫の神ポロス(23)は他の神々と祝宴を開きました。神々が食事をしていた時、貧窮の女神ペニアが乞
食のようにお相伴を求めてやってきて、門のところにいました。ポロスは神酒に酔ってしまい――当時まだワイ
ンがなかったので――ゼウスの庭園に入って、瞼が重くなって眠ってしまいました。そこでペニアは、自分の無
力さ（アポリア）のためにポロスの子をもうけようと思案を図り、ポロスの側で横になってエロスを妊娠しまし
C た。(24)こうしてエロスは、アプロディテの誕生日に生まれたので、そのお付きの従者となったわけです。そして同
時にアプロディテが美しいから、エロスは生まれつき美にかかわって愛するものでもありますね。(25)

　エロスはポロスとペニアの息子であることから、巡り合わせで次のような性質のものとなっています。(26)第一に、
D いつも困窮して途方に暮れ、多くの人が考えるのと反対に繊細さも美しさも大変欠いており、乾燥して固くて汚
れて裸足であり、そして帰る家もなく、いつも大地の上で生活して寝床もない有様です。そして空の下にあって
門の側や路上で寝るというように、母親ペニアの本性をもっていて、いつも欠乏を住まいとしているのです。(27)

　しかし他方、今度は父親ポロスに従って、美しいもの、善いものを狙い、勇敢でがむしゃらに進むものであり、(28)
E 恐るべき狩人で、いつも何か工夫を凝らし、思慮を求めて機略に富み、生涯を通して哲学し、恐るべき魔術師、
秘薬使いそして知者（ソフィスト）なのです。(29)

　本性からして不死というのでも死ぬべきものというのでもなく、同じ一日でも上手くいった時は花盛りのよう
に生き生きと生き、また別の時には死に、(30)しかし父親の本性のために再び生き返り、工夫しながら道を開いてい
つも少しずつ進むことになります。こうしてエロスは術がなくて途方に暮れる（アポリア）ということも豊かに
恵まれるということもありません。(31)もう一度言えば、知恵と無知の中間なのです。それはこういう次第です。

204A 　神々は誰も知恵を愛しませんし、知恵あるものになりたいと欲求もしません――すでに知恵があるからです

――もし神以外に知恵のあるものがいたとすれば、そのものも決して知恵を愛しません[32]。また他方、無知なものも知恵を愛しませんし、知恵のあるものになりたいと欲求しません。美しく善いものであるわけではなく、思慮あるわけでもないものは、自分にはそれで十分と思ってしまうこと、それが無知の厄介なことなのです。自分が欠けていると思わない人は、欠けていると思わないものを欲求したりすることはないのです』。

『それでは誰ですか、知恵を愛する（哲学する）人とは。ディオティマ、もし知恵のある人でも無知な人でもないとすれば』と僕が言った。

B

『それはすでに子供にも明らかでしょう、その両者の中間のものであって、エロスもその一人だということは。知恵はもっとも美しいものの一つであり、エロスは美にかかわるエロスだからです。従って必然的にエロスが哲学者であり、哲学者は知恵あるものと知恵のないものの中間だということです。エロスにとってこうしたことの原因はその出生にあります。知恵があり工夫して道を開く父親と、知恵がなく道を開けず困惑する母親の子供だからです。これがエロスという神霊の本性[33]ということです、親しい友のソクラテス。

C

あなたが別のものをエロスだと考える羽目になったのも驚くことではありません。あなたが言っていることから判断して、わたしが思うに、愛されるものがエロスだと考えたのです、愛するものでなくてね[34]。そのためにエロスがいとも賢く美しいとあなたに見えたと思いますよ。実際、愛されるものは本当に美しく優雅、そして完全で至福のものですからね。しかし少なくとも愛するものの方は、わたしが先ほど言ったような別の姿をしているのです』。

そこで僕が言った、『そのようです、外国のお方、見事なお話だから。エロス神はあなたが仰ったような性質だとして、それで人間にどのような利益をもたらしてくれるのでしょうか[35]』。

13

ディオティマとソクラテス2――人間は身心ともに妊娠中

D 『では次にそのことをあなたに示すようにしてみましょう、ソクラテス。エロス神は以上のような生まれのものであり、以上のような性質のものですが、他方であなたが言うのは、エロス神は美しいもののエロスですね[1]。でもし誰かがわれわれに、エロス神は美しいものの何ですか、ソクラテスとディオティマ、と聞いたらどうでしょうか。こういう風に言えばもっとはっきりします。恋する人は美しいものに恋している[2]。何を恋しているのですか』。

で僕が、『美しいものが自分に生まれることですね』と言った。

『しかしその答はこんな質問[3]をさらに要求することになりますよ。美しいものが生まれてくることは、その人にとって何であるのでしょうか』と彼女が言った。

『その質問は僕の手に余ります』と言った[4]。

E 『ではもし美しいものの代わりに善いものを使って質問したらどうですか[5]。さあソクラテス、恋する人は善いものを恋しているのですが、何を恋しているのでしょう』と彼女が言った。

『善いものが自分に生まれることです』と言った。

『善いものが生まれてくることはその人にとって何になりますか』。

『それなら答えるのが易しい[6]。幸福になることです』と僕は言った。

205A
『幸福な人は善いものを所有することで幸福だからですね。幸福であることを望む人が何のために幸福を望むか、とさらに問う必要はないですね。答は終わりに達していると思いますから(7)』と彼女が言った。

『本当に仰る通りです』と僕が言った。

『それではその望みとその恋は、万人に共通だとお考えでしょうか。すべての人が善いものが自分にいつもあることを望むのでしょうか(8)。それともどうでしょうか』。

『その通りです。万人に共通です』と僕が言った。

B
『それでは、ソクラテス、少なくとも万人がいつも同じものを恋しているなら、どうして万人が恋していると言わないで、ある人は恋していると言い、ある人はしてないと言ったりするのでしょうか』と彼女が言った。

『どうしてそうなのか、自分でも驚いています』と僕が言った。

『しかし驚かないで下さい。恋の一種類を取り上げて、その全体の名前をあてがって「恋」と名付けているのです。他のものには他の名前を使ってですね』と彼女。

『例えばどんな風にですか』と僕が言った。

『こんな風です。創作（poíēsis）には色々沢山あるということはご存じでしょう(9)。実際、存在しないことから
C
存在することへ変化することの原因は、どんな場合でもすべて創作です。従ってあらゆる技術による仕事も創作ですし、その職人もすべて創作者（poiētēs）ですね』。

『本当にその通りです』。

『しかしそれにもかかわらず、お分かりのように、すべての人が創作者とは呼ばれず(10)、別の名前があります。そしてあらゆる創作の中から音楽と韻律に関わる部分だけが取り出され、全体の名前で呼ばれています。それだ

けが創作と呼ばれ、創作のその部分に当たるものが創作者（詩人）と呼ばれています』と彼女。

『本当ですね』と僕が言った。

D 『恋についても同じ次第です。まとめて言えば、善と幸福を求めるあらゆる欲求は、誰にとっても巧妙に誘う(11)最大の恋なのです。しかし人は色々違った仕方で、ある人はビジネスで儲ける点で、ある人はスポーツ好きの点で、ある人は知恵を愛する哲学の点で恋に向かうのですが(12)、誰も恋しているとか愛する人だなどとは呼ばれません。しかし他方で一つの種類に従って突き進み熱中した人は、全体の名前をもっていて、恋とも恋しているとも恋している人とも呼ばれるのですよ(13)』。

『本当にそうだと思います』と僕は言った。

E 『自分の半身を探し求めるなら、その人が恋しているのだ、という何かそういう話がありますね(14)。わたしの話では、恋は半分を求める恋でも全体を求める恋でもないということです、親しい友よ、まさしくそれが善いということでなければですね。人は自分の足でも手でも、もし自分にとって悪いものだと本人が思えば、切り捨てた
206A く思うものです(15)。もし善いものを「自分固有のもの」、悪いものを「他のもの」と呼ぶのでなければ、誰でも自分のものを喜んで受け入れるということではないとわたしは思っていますから(16)。人間が愛し求めるのは善いものに他ならないという理由からです(17)。あなたは違うと思いますか』と彼女が言った。

『ゼウスに誓って違うとは思いません』と僕は言った。

『それでは単純に言えば、人間は善いものを愛求しているということですか』と彼女。

『ええ』と僕。

『では、善が自分にあることを愛求している、と付け加えるべきでしょうか』と彼女。

『加えるべきです』。

『ただあるということではなく、常にあることを、ということでしょうか』と彼女。

『それも加えるべきです』。

『それではまとめると、恋のエロスは善いものが常に自分にあることの愛求です』と彼女。

『もっとも真実にかなったことを仰っしゃいました』と僕が言った[18]。

B 『さてではそれ[19]がいつでもエロスであるとすると、どのような仕方でその善を追い求め、その真剣な熱意[20]と一生懸命の努力がどんな行為にあれば、それが恋のエロスと呼ばれることになるでしょうか。その活動は一体何でしょうか。言えますか』。

『それが言えたら、ディオティマ、あなたの知恵に驚いて、あなたから学ぼうとここへやって来たりしませんよ[21]』と僕が言った。

『では話しましょう。それは身体の点であれこころの点であれ美しいものの中で生むことです』と彼女が言った。

『何を仰っているのか理解するには予言の力が必要ですね。わたしには分かりませんが[22]』と僕が言った。

C 『ならもっとはっきり話しましょう。ソクラテス、あらゆる人間は身体でもこころでも妊娠しているのです。そしてある年齢になると、われわれは自然に生みたいと欲求することになります。しかし醜いものの中には生めません。美の中に、です。男と女の交わりがその出産だからです[23]。それは神的な事柄であって、死すべき生き物
D の中に不死なるものが宿っているのです。それが妊娠と出産です。しかし調子外れのものの中で生まれるのは不可能です。醜いものはあらゆる神的なものと調子が合いませんから。美しいものこそが調和するのです[24]。それで

美の女神カロネが、出産においては運命の女神モイラでもお産の女神エイレイテュイアでもあるのです[25]。その理由で、妊娠したものが美しいものに近づくと、喜び楽しんで柔らかくなり、生み出産するのです。しかし醜いものに近づくと、悲しく苦しくなって縮こまり、後ろを向いて丸まってしまい、生んだりしません[26]。お腹の子をしっかり留めて出産など難しくします。そこから妊娠してお腹の大きくなったものには美しいものをめぐって大変な興奮が生まれてきます。美しい人[27]こそが酷い陣痛の苦しみから解放してくれるからです[28]。ソクラテス、あなたが考えるように、エロスは美しいものを愛し求めているのではありません』と彼女は言った。

E

『では何ですか』。

『美の中で出産し生むことの愛求です』。

『そうらしいですね』と僕は言った。

『全くもってその通りなのです。ではなぜ出産を求めるのですか。出産が死すべきものにとっては永遠[29]であり不死だからです。今まで同意したことからすれば、エロスは善が自分にいつもあることの欲求ですから、善と共に不死であることを欲求することが必然になります。この議論から、恋のエロスは不死の愛求でもあることが必然的ですね』と彼女が言った。

207A

14 ディオティマとソクラテス3——永遠不死を求めて（小秘儀）

以上はすべて彼女がエロスの話を繰り返し話してくれた時に教えてくれたことだ[1]。そしてある時、次のように

聞かれた、『ソクラテス、そのエロスと欲求の原因は何と考えますか。あらゆる獣が生みたいと欲求した時、凄
まじい状態になることを見たことがありませんか。足のあるものも翼のものもみな、第一に交尾すること、次に
B 生まれた子を育てることにまるでエロスの病気のような状態になります[2]。子供のためには、もっとも弱いもので
さえもっとも強いものと戦って死ぬことがよくありますし[3]、そして自分はというと飢え疲れはてても子供を育て
る覚悟があり、とまあ何でもするのです。人間なら推理し判断してそうする、と考える人がいるかもしれません
C が[4]、獣がこんなに凄いエロス状態になる原因は何でしょうか。言えますか』。
　『まったく知りません』とまた僕は言った。それで彼女が『そんなことも考えないで、いつの日かエロスのこ
とで恐るべきものになれると思っているのですか[5]』と聞いた。
　『それだからですよ、ディオティマ。さっきも言ったように、先生が要ると知ってあなたの所へ来ているのは。
そのこととエロスに関する他のことの原因を話して下さい』。
　『それではもしもエロスが本性上、何度も同意したあの不死の欲求であると信じるなら、何も驚くことはあり
D ません。動物の場合、それと同じ道理で、死すべき本性が可能な限り常に存在し不死であることを求めているの
です。それは生成ということでのみ可能です。古いものの替わりに常に新しい別のものを残していくことですね。
動物一匹一匹が生きており同じであると呼ばれる場合もまたその仕方です――ちょうど人が子供から老人になる
E まで同じ人だと言われるようにですね。この人は決して自分の中に同じものを保持せず、髪でも肉でも骨でも血
でもその他身体の至るところで消えつつ、常に若返りながら、それでも同じ人と呼ばれるからです。身体という
点だけではありません。こころに関しても、その趣向、性格、想い込み、欲求、快楽、苦痛、恐れ、それらは個
人それぞれにいつも同じものが備わっているのではなく、あるものは生まれ、あるものは消え去っていくもので

208A す。
それよりもっと奇妙なことは、[6] ある知識はわれわれに生まれ、またある知識は消えていって、知識の点でもわ
れわれは決して同じでないだけではなく、知識一つ一つについても同じことが起きていることです。学習と呼ば
れていることは、知識が去っていくからあるのです。忘却とは知識の退潮であり、学習とは退潮した知識の替わ
りに、もう一度新しい記憶を取り入れて知識を保持することです。そこで同じ知識だと思われるのです。
その仕組みで死すべきものはすべて保持されます。神的なもののように、常に完全に同一なものであることに
B よってではなく、古くなり去っていくものが、別の若い「そのもの自身であったようなもの」を後に残していく
ことによってです。[7] ソクラテス、そのメカニズムによって死すべきものは不死に与っているのです、身体の点で
も他のすべての点でもね。それとは違う仕方では不可能です。[8] だから死すべきものがすべて自分から生まれ出た
ものを生まれつき大事にしたとしても、驚くことではありません。不死を求めてこの熱中振りとエロスがあらゆ
るものに備わっているのですから』と彼女が言った。
僕はこの言葉を聞いて驚いて言った、『まあ何ですと』、僕は言ったんだ、[9]『この上なく知恵のあるディオティ
マ。本当にそうでしょうか』。
C それに対して彼女は、さながら完璧なソフィスト（知者）[10] のように言った、『よく心得ておきなさい、ソクラ
テス。人間の場合でも名誉欲を見てもらいたいものです。名のあるものになりたい、永遠に亘る不死の名声を手
にしたいと欲求して凄まじい状態になり、そのためなら子供のためという以上に喜んであらゆる危険を危険とも
D せず、財産を使い果たし、どんな苦労でも耐えに耐え、そして名誉のために犠牲になって死ぬ覚悟ができている
という事実に目を止めれば、わたしが先に言ったことを考えなければ、とても理不尽なことと驚くより他はない

でしょう[11]。アドメトスのためにアルケスティスが死に、あるいはパトロクロスの後を追ってアキレウスが死に、あるいはあなたたちの国のコドロスが子供たちの王位のために身代わりになって先に死んだのは[12]、自分たちの徳について、今われわれがもっている記憶が不死ならんことを願ってでなかったとお考えですか。とんでもないこ
E
とです。思いますに、すべての人は不死なる徳[13]と徳のある人という輝かしい評判のためにあらゆることをするのです、より善い人であればそれだけ一層にね。それもこれも不死なるものを愛求しているからです。

そこで[14]身体の面で妊娠している男は、少年より女の方へ向かい[15]、共に子供を作ることで不死と記憶と幸福が未来永久にずっと自分のものになると考える点で、エロスの人です。しかしこころの面で妊娠している人は——ま
209A
あ実際いるにはいるんですが[16]（と彼女は言った）。身体よりはるかにこころの方に妊娠している人のことです。その人はこころに妊娠し出産するのが相応しいことを妊娠します[17]。何が相応しいのでしょうか。思慮とその他の徳[18]です——あらゆる詩人とおよそ職人の中でも発明家と呼ばれるような人がその生みの親ですけれどね[19]。思慮の中では、国家と家庭の運営に関するものが最大でもっとも美しく、それには節度と正義という名前があるんです
B
けれどね[20]——誰かある人が若い時からその徳をこころに懐妊している時には、それは神的ともいえる人ですが[21]、この場合も年齢が進んでもう出産して生みたくなると、その中に生めるような美しい人を探し回ると思いますけれどね[22]。醜いものの中には決して生みませんからね。それで妊娠している時は、醜い肉体より美しい肉体に一層惹かれるものですが、それだけでなくもし美しくて育ちがよく、素質の優れたこころに出会うと、身心兼ね備え
C
て美しい人に強く惹かれることになるんでしょうね[23]。直ちにその人に対して徳について、立派な男[24]はいかにあるべきか、何をなすべきかを言葉を工夫して語り、教育しようとします。わたしが思いますに、美しい人に触れて[25]親しく交わり、それまで懐妊してきたことを出産し生むのです。一緒にいる時も離れている時も相手のことをこ

ころに留め、生まれたものをその人と一緒になって育て、血を分けた子供よりもっと大きい結びつきと確かな友情をお互いに共有することになりますよ。より美しくより不死[26]である子供を共にしていますからね。

D 誰でも人間の子供よりはこうした子供が自分に生まれることを望むでしょう。ホメロスやヘシオドス、その他の立派な詩人たち[27]を見ては、この人たちはどれほど素晴らしい子孫を残しているのか、と羨ましがりながらね。その子孫が親である詩人たちに不死なる名声と記憶を与えているのは、子供たち自身がそうした不死なる名声をもって記憶される存在だからです。お望みならリュクルゴス[28]がどれほどの子供を残したか、も挙げることができますよ。ラケダイモン（スパルタ）にラケダイモンといわば全ギリシアの救いを残したことです[29]。あなたたちの
E 所では法律を作ったことでソロン[30]も誉れ高いですし、他にもギリシアでも外国でもいろいろな所に、あらゆる種類の徳を生みだしながら美しい沢山の仕事を見せている人が大勢います。そういう人のために神殿もすでにいくつも作られていますが、美しい仕事という子供のお陰ですね。人間の子供のお陰でそんな神殿が作られたなんてことはまだありません[31]』。

15　ディオティマとソクラテス4——〈美しい〉それ自体への登高（大秘儀）

210A 『さて以上のエロスの話なら、ソクラテス、多分あなたでも奥義に参加できるでしょう[1]。しかしその先の最終の聖なる奥義[2]となれば、あなたが与れるかどうかは分かりません[3]。もしこれまでのエロスの話も人が正しく辿っていれば、それを目指しそれを根拠にしているのですが[4]。それではわたしがお話ししましょう、努力は惜しみませ

んから。あなたも[5]できればついてくるように試みて下さい。

　あの聖なることへ恋の道を正しく進むものが始めるべきことは[6]、まず若い時に美しい肉体へ向かうことです。

B そしてもし導くもの[7]が正しく導いてくれるなら[8]、第一に、自分自身で一つの肉体を愛し、そこに美しい言葉を生み出すことです。次にどの肉体の美も別の肉体の美と兄弟同士[9]であると自分自身で考えて気づき、さらにもし肉体の形[10]の美を追究すべきであるなら[11]、あらゆる肉体の美は一つにして同じであると信じないのは、大変な心得違いだ、と気づくことです。そしてそのことを考えに入れて、あらゆる美しい肉体を愛するものになるべきで、一つの肉体を激しく愛するようなことは小さなことと信じて軽蔑し、これに執着することを緩めることです。

　その次には恋の人は、こころの中の美は肉体の中の美よりもっと価値があり重要だと信じるべきです。その結

C 果、もしある人がそのこころの点で品性正しければ、たとえ肉体の華が小さくとも、彼で満足し、彼を愛し、彼を気遣って、若者をより善いものにする[12]ような言葉を生み出すべきですし、そして探究すべきです[13]。それというのは、今度も人の振る舞い[14]と法律の中の美を眺めざるをえなくなり、そしてその美はすべて生まれが等しい同族のものだと必ず見るようにし向けられるためですが、それは肉体をめぐる美は小さなことだと信じるようになるためです[15]。

D 　今度は知識[16]の美を見るために、（指導者は）人の振る舞いの次に知識へ導くべきです[17]。今や遥かに広大な美を注視するためです。もう召使いが仕えるように一つのものの傍らにある美[18]を眺めて、その少年の美しさや誰かある人[19]の美しさ、そして一つの振る舞い[20]の美を愛好して、愚かな奴隷状態[21]になったりちっぽけな話で満足したり[22]ということにならないためです。むしろ美の大海原に向きを換えて[23]これを観照し、最後にはこれから話すような美を対象にするある一つの知識を見極めるくらい力強く成長するまで、骨惜しみなく智恵を愛する哲学の中で沢山

の美しく素晴らしい言葉と思索を生み続けることです。

E さあできるだけわたしに精神を集中するように試みて下さい（と彼女は言った）[24]。というのも美しいものを次々と正しい仕方で眺めながら、恋の道行きをここまで導かれた人は、すでにその終極に達しており、突然、本性上驚くべき美に出会うでしょう[25]。それは、ソクラテス、実にこれまでのあらゆる苦労もずっとそれのため[26]であった

211A 〈あれ〉なのです。それは先ず第一に、常に美しくあり、美しくなるとか美しくなくなるという生成消滅もなく、より美しく成長したり醜く衰えたりということもありません。次に、ある仕方で美しく、別の仕方では醜いということもなく、ある時は美しく、別の時には美しくないということもなく、あるものとの関係で美しく、別のものとの関係では醜いということもなく、ある人にとって美しく、別の人にとっては醜いというように、ここで美しく、あそこでは醜いということもありません。

またその美は、それを見た人に何か顔や手や身体の他の部分として現れることもなく、何らかの言葉や知識として現れることもありません[27]。どこか別のものの中にあるということもありません。つまりは動物の中にも、大

B 地の中にも、天にも、その他のどんなものの中にもありません。美はそれ自身がそれ自身によってそれ自身と共に、唯一の形相として常にあります[28]。その他の美しいものはすべて、〈あれ〉を分有することで美しいのです。それは何か、他のものが美しくなったり美しくなくなったりしても、それで〈あれ〉が一層美しくなったり美しさに欠けることになったりしませんし、何らかの影響を受けることもない、といった仕方です。

そこで誰かある人が[29]正しい教育の導きによってこの世の美しいものから登高して、〈あの美〉を眺め始める時

C には、ほとんど終極に触れていることになりましょう[30]。というのはですよ[31]、恋の奥義の道を正しく行くということは、自分で進むにしろあるいは誰かによって導かれるにしてもですね、この世の美しいものどもから始まって、

〈あの美〉を目標にして、絶えず上っていくからです。ちょうど階段[32]のように使って、一つの肉体から二つの肉
体へ、そして二つの肉体からすべての美しい肉体へ、そして美しい肉体からもろもろの美しい振る舞いへ、さら
に振る舞いからもろもろの美しい学習へ、最後にその学習から〈あの美〉そのものの学習に他ならないかの学習
へ到達することです。終極においては〈美しい〉それ自体を知ることさえある[33]でしょうね、そうなればいいです
が[34]』。

D 『正にここです、親しいソクラテス』とマンティネイアから来た異国の女の人が言った、『もしどこか他のとこ
ろに人間にとって生きるに値する人生[35]があるとすれば、〈美しい〉それ自体を眺めながら生きるという人生がそ
れです。もしいつかあなたがその美を見るならば、それは黄金や衣装や美しい子供や青年と比較できる程度のこ
ととは思えないでしょう[36]。今はその若者たちを見れば、こころ打たれ、あなたにしろ他の多くの人にしろ、若者
を見つめながらいつも一緒にいて、できることなら食べもせず飲みもせず、ひたすら眺めながら一緒にいること
だけで喜ぶでしょうが。

E （彼女は言った）だから[37]もし明瞭純粋で混じりけない〈美しい〉それ自体に出会うことが誰かに起きるとすれば、
われわれはどう考えるでしょうか[38]。もし人間の肉身にもその色にも、またその他無数の死すべきものの要素によ
っても汚染されることのない、神的な唯一の形相の美そのものを見ることができるとすればですね。果たして
212A （と彼女は言った）、彼方を見入り、〈あれ〉を眺めるべき器官で眺めつつ、それと共にいる人の人生がつまらぬも
のになる、とお考えになりますか。それとも美を見るべき器官によって見るその人においてだけ、徳の影像では
なく（影像には触れていないのですから）、真実の徳を生むことが起きる（真実に触れているのですから[39]）、と結論す
るのではないでしょうか（と彼女は言った）。真実の徳を生み育てる人には、神に愛されるもの[40]になるということ

があるでしょうし、いやしくも他の人間に不死ということが起きるとすれば、あの人にも起きるのではないでしょうか(41)』。

B 以上が、パイドロスそして諸君、ディオティマが話してくれたことだ。で僕はすっかり説得されたね。自分が説得されたので、他の人(42)も説得しようとしているんだ、それ(43)を手に入れるための協働者(44)として、人間本性にとってエロス以上に善いものは容易に見つかるまいよ、とね。だから僕は、すべて男(45)はエロスを大事に尊重しなければならない、と言っているわけだし、自分でも恋の道行きを尊重し、とりわけ熱心に実践しているのでね。また

C 他の人にもそう勧めている。そういうことで僕にできる限り、今もいつもエロスの力と勇気(46)を賛美しているという次第だ。さて以上の話を、パイドロス、もしよければエロスへの賛美として考えてもらいたい。もしお気に召さないなら、何なりとお好きなように呼んでもらってかまわないが」。

16　酔ったアルキビアデスの登場——ソクラテス賛美へ

ソクラテスが以上の話をすると、みな称賛したが、一人アリストパネスが何やら言おうとした。ソクラテスがある説について話したとき、アリストパネスに触れていたからである(1)。その時突然、門の扉が叩かれて、酔っぱ

D らいの大声が響いた(2)。そして笛吹の少女の声も聞こえた。そこでアガトンが言った、「これ召使い、見てこないか。もし知っている人だったら(3)、招きなさい。そうでなければ、もう飲んでいません、休んでいます、と言いな

さい」。

程なくして酷く酔っぱらったアルキビアデスの声が門の所で聞こえた。大声でわめきながら「アガトンはどこ
だ」と聞いたり、「アガトンの所へ連れて行け」と命じていた[4]。アルキビアデスが彼らの所へ連れてこられたが、
E 笛吹の少女とお供が何人か下から支えていた[5]。頭にはツタとスミレの盛りだくさんな花輪を冠にし[6]、色々なリボ
ンを髪に付けていた。そして部屋の入り口に立って言った、「やあ皆さん、ご機嫌よう。酷く酔っぱらった男を
飲み仲間に入れてくれるか、それともアガトンの頭にリボンを結んで、それだけでわれわれは退散しようか。そ
のために来たのだがね。僕は昨日は来られなかったが、今日は頭につけたリボンを、僕の頭から、そうもっとも
知恵がありもっとも美しい人、とまあ僕は宣言しますがね[7]、その人の頭に結び直そうと思って来ているのだが。
213A 僕が酔っぱらっていると馬鹿にしてお笑いだね。僕は、君たちがお笑いでも、自分が本当のことを言うことはよ
く知っているのだ[8]。ではすぐに言ってくれ、先ほど言ったように入っていいのか悪いのか。一緒に飲むのか飲ま
ないのか」。

全員が喝采を挙げ、入って横になるように言った。そしてアガトンが彼を自分の側へ招いた。アルキビアデス
は、人に導かれるままに進みながら同時にリボンをアガトンに結び直そうとして頭から外した。それを自分の目
B の前に掲げていたので、ソクラテスが見えなかった[9]。そしてアガトンの側、ソクラテスとアガトンの間に座った。
アルキビアデスを見て、ソクラテスが席をずらしたからだ。でアルキビアデスは腰を下ろすと、アガトンに抱擁
の挨拶をして、その頭にリボンを結んだ。

それでアガトンが、「これこれ、アルキビアデスのサンダルを脱がしてあげなさい。三人で座れるようにね」
と言った。

「それは結構。しかし誰だね、その三番目の飲み仲間とは」とアルキビアデスが言った。振り返ると同時にソクラテスを見、見て飛び上がって言った、「おーヘラクレス、何ですかこれは。ソクラテスじゃありませんか、
C またまたこんな所で待ち伏せして。あなたがいる筈がないと思った所で突然現れる、いつものやり方みたいですね。で今もなぜここにおいでなのですか。またどうしてここで[10]横になっていらっしゃるのですか。アリストパネスの側ではないし、誰か面白い[11]人が他にもいそうだのにその人の側でもないところを見ると、ここにいる人の中でもっとも美しい人の側で横になろうとあらゆる手を使ったのでしょう」。

それでソクラテスが言った、「アガトン、君には僕を助ける気があるかね。僕にとってこの男に対するエロス[12]
D はただならぬことになってしまったのでね。彼が好きになったあの時以来、僕は美しい人ただ一人さえ眺めたり、その人と話し合ったりができない[13]。そんなことをしたら彼は僕を羨み嫉んでとんでもないことをしでかしたり罵ったりで、やっとのことで手を控えるといった次第なのでね。だから今も何かやらかさないか見ていてくれ。いや、われわれを仲直りさせてくれ。あるいはもしも彼が力ずくで何かしようとしたら[14]、助けてくれ。僕はこの男の狂気と愛する人への熱愛振りを震えるほど恐れているのでね[15]」。

アルキビアデスが、「しかしわたしとあなたの間に仲直りなぞありません。まあその話のお返しはまたの日と
E いうことにして、今は、アガトン、僕にさっきのリボンを少し戻してくれたまえ。この人の驚くような頭に結び直したいのでね。僕が、この人は議論ではあらゆる人に対して勝利を占めるのにお祝いのリボンを結んだりせず、君にはリボンを結んだ、と言って僕を非難したりすることがないようにね。その勝利たるや[16]、君のように一昨日だけでなく、いつもだ。それだのに僕はリボンをこの人の頭に結んだりしなかったからな」と言った。そして同時にリボンを受け取って、すぐにソクラテスの頭に結んで寝椅子に横になった。

214A

横になって言った、「これはこれは皆さん、飲んでないように見えるが。そんなことではいけないな。飲まなくちゃあ。飲むってことになっていたでしょう。みんなが十分飲むまで、僕が今日の飲み会の奉行になるとしよう。アガトン、大きな杯があれば、もってこさせてくれないか。いや、それには及ばん。これ、召使い、あそこの酒冷まし(17)をもってきなさい」と八コチュレ(18)以上もはいる器を見て言った。まず最初にアルキビアデスが一杯ついだ酒を飲み干し、次にソクラテスのために注ぐように命じて、即座に言った、「みなさん、ソクラテスに対して謀りごとなぞ僕には何もありませんから。ソクラテスは他の人が勧めるだけ飲んで、だからといって一度も酔っぱらったことがないのでね(19)」。

B

召使いがついだので、ソクラテスは飲み干した。でエリュクシマコスが「どうしたものかね、アルキビアデス。杯に加えて話をするでもなし、歌うでもなし。喉が渇いたようにただ策もなく飲むというのは」と言った。

アルキビアデスが、「ああエリュクシマコス、もっとも優れて思慮ある父君のこれまたもっとも優れたお子よ(20)、ご機嫌よう」と言った。

「君もご機嫌よう」とエリュクシマコスが答えた、「でどうしよう」。

「お命じの通り何でも。君には従わなければならないからな。医者一人、その他大勢と等しきかな(21)、というからね。お望みの通り命じなさい」とアルキビアデスが言った。

C

エリュクシマコスが、「それでは聞いてくれ。君が来るまで、僕らは一人ずつ右回りで順番にエロスの神についてできるだけもっとも美しい話で讃えるべきことになっていたと思う。僕ら他のものはみんな話し終えたところだ。君はまだ話してないし、酒は飲み干したので、君が話すのがいいだろう。話した上で、ソクラテスに何でも望みのことを命じたらいい。そしたらソクラテスは右の人に同じように命じ、そのように次々とやればいい」

と言った。

「しかし君の言っていることはご立派だが、エリュクシマコス、酔っぱらいと素面の人の言葉を並べて比較す
D
るのは平等じゃないな。それに、お目出度いね、君は。ソクラテスがさっき言ったことを何か信じているらしい。それともソクラテスが言ったことは全部反対だということが分かっているのかい。この人はね、彼のいるところで僕がソクラテス以外の誰か神でも人でも讃えたら、手控えたりしないだろうからね[22]」とアルキビアデスが言った。

ソクラテスが「もう止めないか」と言った。

アルキビアデスは、「ポセイドンに誓って[23]、わたしが言ったことを否定するようなことは言わないでください。わたしはあなたのいるところであなた以外の誰一人として絶対に讃えたりしませんからね[24]」と言った。

エリュクシマコスが「そうお望みなら、そうしよう。ソクラテスを讃えたまえ」と言った。

E
アルキビアデスが、「どういうことかな、エリュクシマコス、そうすべきだということかい。君たちの前で、僕がこの人を攻撃して復讐するわけ？」と言った[25]。

ソクラテスが「おやまあ、一体何を考えているのだ、君は。僕を笑いものにするために褒めようというのかね。何をしようというのだ」と言った。

「わたしは本当のことを言うだけですよ。許しますかどうしますか」。

「そりゃあもちろん真実となれば許しもするし、話すよう命じもするさ」とソクラテスが言った。

アルキビアデスが「出し惜しみなく真実を話しますから。こういう風にしましょう。もしわたしが何か本当でないことを話したら、よければ途中でストップをかけて下さい。そして間違いだと言って下さい。自分で進んで

215A 間違ったことを言うことはありませんからね。しかしわたしは記憶に頼って話しますが、もし前後で違うことを
言うことがあっても、驚かないで下さいよ。あなたが途方もない人だということは(26)、こんなに酔ったわたしには
上手く辿りながら順序よく数え上げるのは容易なことではないのですから」と言った。

17　アルキビアデスの話１——ソクラテス「体験」と葛藤

「君たち、僕はソクラテスを次のようにして讃えようと思う。つまりある像になぞらえるのですね。彼は笑い
B の種にされていると思うでしょうが、像になぞらえる目的は真実であって(1)、笑いではありません。僕が言いたい
のはですよ(2)、ソクラテスが町の彫像屋におかれているシレノス(3)の像にもっとも似ているということだ。職人が角
笛や横笛をもった姿で作っており、その真ん中を二つに開くと、中から神々の像が現れるあれだよ(4)。またサテュ
ロス(5)のマルシュアス(6)の像にも似ている。ソクラテス、あなたの姿は少なくともこれらの像に似ています(7)。ご自分
でも決して反対はされないでしょう。他の点でも似ているのですが、これからお聞かせします。
あなたは傲慢不遜ですね(8)、違いますか。もし同意しないなら、証人がいますが。しかし笛吹ではないですと(9)。彼
C あのマルシュアスより遥かに驚くような笛吹ですね。というのは彼は、楽器を使い口の力で人を魅了します。彼
の曲を吹く今の時代の人でも同じことです――オリュンポス(10)が吹いた曲もマルシュアスの曲です、教えましたか
らね――彼の曲は、優れた笛吹でも下手な笛吹女でも吹けば、それだけで聞く人のこころを奪います。それは神
的な曲なものだから神々と神の秘儀を求めている人の姿を明らかにすることになります。しかしあなたは、楽器

D を使わず、日常当たり前のごつごつした言葉で彼と同じことをする、それだけの違いです。われわれは他の話を
別の人がするのを聞いても、また話し上手が話すのを聞いても、まあほとんど誰にも関心がありません。しかし
あなたが話すのを聞いたり、他の人があなたの言葉を伝えて話すのを聞いたりすれば、その話す人が取るに足り
ない人であっても[11]、また聞くものが大人の女であれ男であれ、あるいは若者であっても、われわれはショック状
態になり、こころを奪われるのです[12]。

　さてみなさん、もし僕がまったく酔っているとは見られなかったら、僕自身がこの人の言葉のお陰でどんな目
E にあってきたか、そして今もそうかを神に誓ってお話しするところですね[13]。僕がソクラテスの話を聞くと、その
言葉のせいで、僕の心臓はコリュバンテスの信者たち[14]の熱狂以上に激しく打ち、涙が流れるのです[15]。他にも同じ
目にあう人を沢山見ています。ペリクレス[16]や他の優れた弁論家の話を聞くと、上手く話しているなとは思っても、
こんな目にあったことはありませんし、僕のこころが波立って騒ぐということもありません。まるで奴隷になっ
216A たような気持ちにさせられることもなかったのです。しかしこのマルシュアスによっては、自分はこのままでは
生きても意味がないだろう、と思う羽目にしばしばさせられたのです。ソクラテス、以上わたしが言ったことも
本当でないと仰ったりしないでしょうね。

　さらに今もし彼に耳を傾けようと思ったら、男らしく耐えることができず、同じ目にあうに違いない[17]、と自
分ではよく分かっているのです。自分には欠けることが多々あるのに、自分自身のことを気遣うこともなく、ア
テナイのこと（政治）をやっている、とやむなく同意する羽目にさせられるからです。そのままそこにいて彼の
側で年をとることがないように[18]、あのセイレーンたちから逃れるように[19]、無理矢理耳を塞いで逃げるようにして
B 家に帰ります。この人に対してだけは恥ずかしい目にあってきたのです。誰も僕にそんなことがあるなんて考え

もしないだろうが、彼にだけは自分が恥ずかしい。彼が命じることをすべきでないと反論もできず、さりとて彼
から離れると、大衆の評判に負けてしまう自分を知っているからです。それで彼を避けて逃げます。しかし彼を
C 見かけた時には、以前彼に同意したことが恥ずかしくなります。それで彼がそもそもこの世(20)にいなければよかっ
たのに、と何度も思ったものです。しかしまたそんなことになったらなったで、もっと困ってしまうだろうとよ
く分かっています。結局、この人に対してはどうしたらいいのか、自分でも分からない。

実際このサテュロスの笛吹の曲のお陰で、僕も他の沢山の人もそんな目にあってきたのだが、僕がソクラテス
D を譬えたシレノスとどれほど似ており、その力がどれほど驚くべきものであるか、聞いてもらいたい。いいかね、
君たちは誰もこの人を知らないのだということをよく知るべきだね。僕はこうしてもう話を始めてしまったので、
それを明らかにしてみせよう(21)。

ソクラテスが美しい人に対して恋心をもち、いつも美しい人の周りにいてこころを奪われている、ということ
は見て知っているだろう。そしてあらゆることに無知であって、何一つとして知らない、ということもね(22)。ソク
ラテスのこの姿はシレノスに似てないかね。そっくりだ。彫刻にしたシレノスのように、彼はその姿を外からま
とっているのだ。

しかしソクラテスの内部が開かれたら、どれほどの節制に充ちているか分かるかね、飲み仲間の諸君。もし美
E しい人がいても、彼には何ら気にならないし、誰も想像できないほど軽蔑もしているのだ。そしてもし人が裕福
であったり、多くの人が羨むような名声をもっていても、無視するしね。そんなものは持っていても何一つ価値
がないし、われわれ自身が無に等しいと考えているんだ——君たちに申し上げるが——彼は人間に対して皮肉で
空とぼけて(23)遊び戯れて一生を過ごしているのだよ。ところが彼が真剣になって内部を開き、誰かがその内にある

217A 像を見たことがあるかどうかは知らないが、僕はかつて見たことがある。それは神々しい黄金の像で、極めて美
しく驚くようなものだから、ソクラテスが命じることなら何でもひたすらやるべきだと思ったさ。
　また彼が僕の花盛りの時に本気で熱中してくれていたから、僕は驚くほど運がよくて幸いだと思ったものだ。
というのはソクラテスに我が身を委ねれば、彼が知っていることを全部聞くことができると思ったからな。僕は
B 驚くような花の盛りだったからね。それまでは供のもの抜きで自分だけで彼と一緒になる習慣がなかったが、あ
のことを考えて、その時は供のものを帰らせて、自分だけで一緒になったのだ――君たちには全部本当のことを
言わなきゃならないからな。しかしみんな気をつけて聞いてもらいたい。そしてソクラテス、もしわたしが嘘を
言ったら、反駁して下さいよ――それで一緒になったわけだ、諸君、二人だけでね。恋する人がその愛する相手
の少年と誰もいないところで交わすような話を、彼はすぐ僕に話しかけるだろうと思い、喜んださ。ところがそ
んなことは何一つ起きなかった。彼はいつものように僕と問答を交わして[24]一緒に時を過ごし、そして家に帰って
いったのだ[25]。
C 　その後で、一緒に体操をしようと彼を招き、今度こそは思いを遂げようと一緒に体操をしたものさ。彼は僕と
一緒に体操をし、しばしば誰もいないところでレスリングもした。何と言うべきかね。僕には期待外れに、それ
以上のことは何もなかったのだ。
　そのやり方では上手くいかなかったので、僕はこの人には力ずくで攻撃すべきだ[26]、もう手を染めてしまったの
だからいまさら止めたら駄目だ、事ここに至っては本当はどういうことなのか、その真相を知るべきだと思った
ね[27]。それでまるで少年を愛する大人が相手の少年に対して図るように、家で一緒に食事をするようにしゃにむに
D 彼を招いたのだ。彼は僕の言うことにすぐには耳を貸さなかったが、時があって受け入れてくれた。しかし初め

てやってきた時は、食事をして帰りたがったし、その時は恥ずかしかったので、彼を帰らせたさ。もう一度図った時は、食事をし終わったので、夜遅くまでずっと話し合った。彼が帰りたがったので、もう遅いと言い訳をして泊まるように無理押しをしたんだ。彼は食事をする時に使っていた寝椅子で眠ったが、それは僕の隣だった。そして家の中には僕ら以外に寝ているものは誰もいなかった。

18　アルキビアデスの話２——誘惑物語とソクラテスの真実

E　ここまでの話なら誰に話しても美しいことだろうよ。しかしこれからの話は、もし第一に、『子供がいてもいなくても、酒は真実』[1]という諺の通りでなかったとすれば、そしてもしソクラテスを讃えようと踏み込んでいるのに、彼の素晴らしい行動を隠す[2]というのでは正義に反する、と僕が考えなければ、君たちはとても僕から聞け
218A　る話ではなかったというわけだ。その上僕は毒蛇に噛まれたような状態にいるのでね。そんな目にあった人は、自分でも噛まれた人以外には話したくないというじゃないか。もし苦痛から何でもやったり話したりすることになっても、そんな人だけは分かってくれるし、許しもしてくれると思うからね。それで僕は毒蛇よりもっと苦しみを与えるものによって、そして人が噛まれたらもっとも苦しいところを噛まれているのだ——心臓というかこころだね。あるいは他に何と呼ぶにしろ、そこが哲学の言葉で打撃を受け噛まれたのだ。その言葉は悪くない素質[3]の若者のこころを摑まえると、しっかり取り付いて毒蛇よりもっと食らいついて野蛮な働きをするし、どんな
B　ことでもやったり言ったりさせるのだ——ここにおいでのパイドロス、アガトン、エリュクシマコス、パウサニ

アス、そしてアリストデモスとアリストパネスといったお方たち。(4) ソクラテス自身は挙げるまでもありませんが、そしてその他のみなさん。君たちはみな哲学者の狂気と酒乱を経験している(5)——だからみんな僕の話を聞いてくれるだろう。(6) 君たちなら、僕がその時やったこともこれから話すことも許してくれるはずだ。しかし召使いたちと他にも聖別されてない野蛮なやつがいれば、耳に大きな戸を立てて閉ざしておくように。

C 諸君、いよいよ(7)その時のことだ。灯火は消えていたし、召使いたちは外だったので、彼に対してあれこれ手の込んだことをすべきでなく、むしろこころに浮かぶまま自由に言うべきだと思った。(8) それでソクラテスを揺り動かして言った、『お休みですか』。

『いいや』と彼が言った。

『わたしのこころに思い浮かんだことが分かりますか』。

『はてさて何だろう』と言った。

『あなただけが』と僕は言った、『わたしを愛するに相応しい人になってくれた、とわたしは思うのですが。それをわたしに明かすのをためらっていらっしゃるのですか。わたしにはそう見えるのですが。わたしはこんな状態ですよ。もしあなたがお求めなら、この身のことでもあるいはその他のことでも、わたしの財産でもわたしの友達でも、(9) あなたにお委ねしないのは大変な心得違いだと思っています。(11) わたしにとっては、自分が可能な限り

D 最良のものになるということ以上に重要なことは何一つないし、わたしには、そのことについてあなた以上に有力なパートナー(12)はいないと思っているのです。ですからわたしは、もしそれほどの人に自分を委ねなければ、知恵ある人から非難されて非常に恥ずかしい。それに比べれば、自分を委ねた場合に非難する大勢の知恵のないものなぞ、恥ずかしくも何でもないのです(13)』。

E この人は僕の言うことに耳を傾けながら、大変皮肉っぽく、またこの人特有のいつものやり方で次のように言
った。『親しいアルキビアデス、君は本当に愚かどころでないな、君が僕について言ったことが本当だとすれば
ね。それに僕には君がより良くなれるような何か力があるらしい。それでは君は僕の中に途方もない、そして君
の美形とは全然違う美を見ることができるだろうよ[14]。それではもし君がその美を見て、それを僕と共有しようと、
君の許にある美と僕の中の美を交換しようというのなら、少なからず僕より多く得ようと考えていることになる。
君は美について意見の代わりに真理を手に入れようとしているのだし、本当「青銅の代わりに黄金を」交換しよ
うと考えているからだ[15]。しかしお目出度い[16]ね、君は。もっとよく考えた方がいい、僕は何ほどの意味もないこと
を君が忘れないようにだね。精神の眼は視力が最盛期を過ぎようとする時、鋭く見始めるものだが、君はそれに
219A はまだまだ遠い』。

僕もそれを聞いて言った、『わたしから言うことは以上の通りです。考えているまま言いました。違うことは
一つも言っていません。あなた自身には、あなたとわたしにとって最善とお考えのことは何か、思案していただ
かねば』。

B 『それはよく言った。将来、そのことについても他のことについても最善と僕ら二人に思われることを思案し
て実行するとしよう』と彼が答えた。

僕は以上のように言葉を矢のように投げつけて[17]言ったし、ソクラテスからも聞いたので、ソクラテスが傷を負
ったと思った。それで立ち上がり、この人[18]にはもう何も話させないで、自分の着ていた衣をこの人に覆い被せ
C ――冬だったからね――この人のくたびれたマントの下に身を滑り込ませた[19]。そして両の手を本当に超人的[20]で驚
くべきこの人の周りに回し、一晩中横になっていた。ソクラテス、これもわたしが嘘をついているなどと仰いま

せんよね。僕がそれだけのことをしたのに、この人はこんなにも僕を負かしてしまった。僕の若さの美を軽蔑し
笑い物にし、そして馬鹿にして無視したのですよ——僕は若さの美に関しては一角の人物だとずっと思っていた
のにね(21)、裁判員諸君(22)。君たちはソクラテスの傲慢さ(23)を裁く裁判員だからね——というのは神かけて、女神にかけ
D てよくよく知ってもらいたい。僕はその夜ソクラテスと一緒にぐっすり眠って目が覚めたが、父親か兄と寝る以
上のことは何一つ起きなかったのだ(24)。

それでだ、一方ではソクラテスに無視されたと思い、他方では知恵と強靭さにかけてはちょっと出会いそうに
ない人に出会って、その本性と節度と勇気をたいそう大事に思っている僕がどういう心持ちになっているか、ご
存じか(25)。そこでどうしたら彼が嫌いになって、その人と交わらなくても済ませることができるか、といったこと
E が分からず、さらばといってどのようにすれば彼を誘って自分のものにできるか、これも発見できず途方に暮れ
たのだ。ご承知の通り、彼はアイアス(26)が鉄の武器に負けない以上に、金の力でどうこうできることはまったくな
かった。唯一ソクラテスを籠絡できると思った僕の若さの美も逸らされてしまった。それでどうしていいか困り
果てていた。他の人によっては決してそんなことにならないほど強く、この人に奴隷のように縛られてうろうろ
するだけだったのだ。

以上のことはすべて僕に以前起きたことだが、その後にもわれわれにあった(27)。アテネがポテイダイアへ軍を進
めることが起き(28)、二人ともそれに参加して、そこで一緒に食事もしたからだ(29)。第一に、苦労を耐える点でこの人
は僕だけでなく他のすべてのものに勝っていた——戦場で取り残されて、よくあることではあるが、食料がない
220A まま過ごすことを余儀なくされた時に、強靭に耐えることに関しては他の人と比較にならなかった(30)——他方、食
事にあっては彼だけが何でも楽しむことができたし、自分から酒を飲むことを求めはしなかったけれども、必要

があれば飲んで誰よりも上回った。そしてこれがもっとも驚きだが、ソクラテスが酔っぱらったことは誰一人見たことがなかったのだ。これは今すぐにでも証明されるだろう。

B 今度は冬の寒さに対する強靱さについてだが――あそこは冬が厳しかったからね(31)――他にも驚くようなことがあったが、ある日もっとも酷い霜が降りた時、他の人はみんな陣営の外へ出たがらなかったし、出る人も、驚くほど着込み、毛糸と毛皮で足を包んで靴を履いていたのに、この人はそういう場合もいつもと同じような衣を纏って出歩いた。靴を履いた人よりもっと楽々と裸足で氷の上を歩いたので、他の兵士は彼が自分たちを馬鹿にし
C ているという眼で疑わしそうに彼を見ていたな。それでは事の次第は以上の通りとしよう。

『強靱な男がまたこれほどのことをなし、かつ耐えた(32)』とある通りなのだが、あの戦場のことは聞くに値するね。ある日の朝、考えに沈んでいた彼は思うことがあって立ち止まった。そして考えが上手くいかないので止めもせず、立って探究し続けたのだよ。既に真夜中になったが、兵士たちがそれを見て驚き、ソクラテスは朝から
D 何か考え事で立ったきりだ、と誰彼となく言っていた。最後になると何人かのイオニア人たちが、もう夕方だったので外で食事をし――その時は夏だった――簡易ベッドを外に持ち出して涼しいところで寝ていたが、同時にソクラテスが夜も立っているかどうか監視するためにね。彼は夜になりそして太陽がまた昇るまで立っていた。それから太陽に祈りを捧げてその場を去り、そして戻ったのだった(33)。

もし諸君が戦場での彼についてお聞きになりたいなら――その話をするのが彼には正しいことだ――戦闘があ
E った時(34)、その時の戦いで(35)将軍たちは僕に敢闘賞をくれたのだが、他の誰でもない、この人が僕を救ってくれたのだ。傷ついた僕を放置もせず、武具と僕自身を合わせて救ってくれてね(36)。わたしは、ソクラテス、少なくともそのことで将軍たちがあなたにこそ敢闘賞を授けるべきだと命じたのです。あなたはわたしをお責めにならないで

しょうし、わたしが嘘を言っているとも仰らないでしょう。しかし将軍たちはわたしの社会的身分を見て、わた
しに敢闘賞を与えたがり、またあなたも将軍たち以上に、ご自分よりわたしがもらうべきだと熱心に勧められた
からですね。

221A さらに、諸君、ソクラテスを見る価値がありますよ。デリオスから軍が退却する時のことだ[37]。偶々僕は馬に乗
って居会わせたのだが、この人は武具を着けた歩兵だった。人々は既にバラバラになって退却していたが、この
人はラケスと一緒だった[38]。僕は偶々その場に行き合わせ、見るなり直ちに『頑張れ』と二人に命じながら、『二
B 人を見捨てはしない』と叫んだ。これはポテイダイアで見た以上に見事なソクラテスを見ることになったよ——
自分は馬に乗っていたので恐怖は少なかったのでね——第一に、沈着である点で彼はラケスを遥かに凌いだ。次
に、アリストパネス、君の言葉で言うところの『頭を高く、両の眼を右に左に投げつけながら[39]』ここ町でもあの
戦場でも歩いた、とね。友軍も敵も落ち着いて見やりながら進むソクラテスは、もし誰かこの人と戦場で遭遇し
C たら、恐ろしいほど強い敵になる男だ、と遠くからでも誰の目にも明らかだった。こうしてこの人とその仲間は
安全に退いていったのだ。戦闘にあってはこういう人とは接触しないで、真っ直ぐ逃げを図るのが一番だからね。

この他にもソクラテスを讃えることは、驚くようなことが山ほどある。その振る舞いについて今言ったような
類のことなら、他の人についても言えるだろう。しかしこの人が昔の人であれ今いる人であれ、どの人間ともま
ったく似てない点、それはもっとも驚きに値することだ。アキレウスならおよそどんな人かは、ブラシダスや他
の人と比較して語れるだろう。あるいはまたペリクレスならネストルとアンテノル[40]と比較してね——まあ他にも
D いるけれど[41]——他の人でも同じ仕方で譬えて語ることができよう[42]。しかしソクラテスとなると、この人自身にし
ろ、その言葉にしろ、およそ途方がないほど捉えどころがなく、今の時代の人であれ昔の人であれ、それに近い

ものを探しても見つからない、僕が彼を譬えた譬えでなければね。およそどんな人間にも似ていないのだから、彼自身とその言葉をシレノスとサテュロスに譬えたのだよ[43]。

E　そう、それそれ。始めに言い忘れていた。彼の言葉も扉を開いたシレノスにもっとも似ているのだ。もし誰かがソクラテスの言葉を聞きたいと思ったら、最初はまったく馬鹿馬鹿しくおかしな話だと思う筈だろう[44]。そんな言葉使いを纏っているわけだ、傲慢なサテュロスの何か皮膚さながらにね[45]。というのも彼が話すのは、荷を運ぶ
222A　ロバだったり銅職人だったり靴職人や皮なめし職人だったりで、いつも同じ言い方で同じことを語っているように見えるので[46]、経験がなく考えの足りないものはみな彼の言葉を馬鹿にして笑うだろう。しかし言葉が開かれるのを見てその中へ入り込むと、第一に、理知を含んだ言葉だけを発見するだろう。次にその言葉はもっとも神的であり、徳の影像を多数含んでおり、もっとも広く拡がっていることを発見するだろう。いや、美しく善い人間にならんとするものが考えるに相応しいすべてのことに亘っていることを知るだろう。

B　以上が、諸君、僕がソクラテスを讃えて言うことだ。彼が傲慢にも僕を無視した点を非難したことも交えてお話しした。しかしそれは僕だけのことではないのだ。グラウコンの息子カルミデスにもディオクレスの息子エウテュデモスにもその他の沢山のものにあったことだ[47]。この人は彼らを愛していると称して、愛する反対に自分が愛される少年になっているということだ。アガトン、君にも言っておくことがある、この人に欺されないように。われわれが酷い目にあった経験から学び知って注意することだ。愚か者は痛い目にあって知る、という諺[48]のようにならないためにね」。

C　アルキビアデスが以上の話を終えたら、彼の自由に何でも話す話しぶりに笑いが起きた。まだソクラテスに対

して恋心を燃やしてエロスの状態にあると見えたからである。そこでソクラテスが言った、「アルキビアデス、
君は酔ってないようだね」と言った。「そうでなければ、君がいました話の本当の目的を、これほど巧みに包み
隠そうとはしなかっただろう。その目的を話の最後にまるでことのついでのように付け足し(49)、話はその目的のた
D めだったなどと思わせないように、とはうまいものだ。その目的とは、ありもしないことを言って、僕とアガト
ンを仲違いさせることだ。僕は君を愛すべきであり、他の誰一人愛しても駄目で、またアガトンは君に愛される
べきで、他の誰に愛されても駄目だと考えてのことだ。そのように僕とアガトンを誑かすためだったのだ。しか
し君は気がつかなかったが、君のサテュロス風シレノス風のドラマはバレバレだな(50)。親しいアガトン、彼の好き
なようにはさせまいぞ。では誰一人として僕と君を誑かすことがないよう、こころしておきなさい」。

E そこでアガトンが言った、「ソクラテス、確かにあなたは本当のことを仰ったと思いますよ。その証拠に、ア
ルキビアデスはわたしとあなたを引き離してありもしない誹りを言うために、われわれの間に割って入って横に
なったのですから。だからこれ以上彼の好きなようにはさせません。わたしがあなたの側へ行って横になりまし
ょう」。

ソクラテスが「それはいい。ではここ、僕の下座で横になりなさい」と言った。

アルキビアデスが、「おおゼウスよ、またこの人によって何という目に遭わされることか。彼はあらゆる仕方
で僕より勝るべきだとお考えだ。何とも驚いたお人だ。他のことはいざ知らず、アガトンがわれわれの間に横に
なるようにして下さいよ」と言った。

「それは駄目だ」とソクラテスが言った。「君は僕を讃えたし、今度は僕が右隣のものを讃えなきゃならん。も
223A しアガトンが君の下座に横になれば、アガトンは、僕が彼を讃える前に、また僕を讃えることになるのでないか

ね。まあ許しなさい、神にもまがう優れた男よ[51]。若者が僕によって讃えられても、嫉妬なぞしないように。僕は彼を大いに褒め讃えたいと思っているのだからね」。

「さあさあ、アルキビアデス、この席に留まってなんかいられませんよ。ソクラテスに褒めてもらうため、何はともあれ席を替わりましょう」とアガトンが言った[52]。

アルキビアデスが「これはいつものあれだな。ソクラテスがいるところでは、ソクラテス以外の人は美しい人にあやかることができないのだ。今もこうして巧妙にソクラテスは、自分の側にこのアガトンが横になるように説得する言葉を見つけてしまったのだ」と言った。

19　宴が終わって

B　それでアガトンがソクラテスの側で横になろうと立ち上がった。その時突然、入り口から沢山の酔っぱらいが
闖入してきた。ちょうど誰かが外に出ようとして戸が開いていたので、真っ直ぐ彼らの許へやって来て横になっ
た。そして大騒ぎになり、もはや何の秩序もなく無茶苦茶に酒を飲む羽目になった。そこでエリュクシマコスと
C　パイドロス他の何人かがその場を離れて家に帰った、とアリストデモスが言った。その彼も眠気が襲ってぐっす
り寝込んでしまった。夜の長い頃だったのだ。そして朝方、もう鶏の鳴く頃に目が覚めた。目覚めて見ると、他
の人はというと眠ったり家に帰ったりしていた[1]。
しかしアガトンとアリストパネスとソクラテスだけがまだ起きており、右回りで大杯から酒を飲んでいた。ソ

D

クラテスが二人を相手に問答していた。アリストデモスは他の話は記憶していないと言った──始めからその場にいたのではないし、眠くてうつらうつらしていたから(2)──それでもアリストデモスが言うには、要約すれば、ソクラテスが、同じ人が喜劇と悲劇を書くことを知っており、そして技術によって悲劇を作るものは喜劇も作る人だ、と二人に同意させようとしていた(3)。二人はそんな話を迫られていたが、大してついて行けずにこっくりこっくりしていた。先にぐっすり眠りこんだのはアリストパネスであり、もう一日が始まってからアガトンが寝入った(4)。

ソクラテスはというと、二人を寝かしつけ、立ち上がって出て行った。その後をアリストデモスがいつものように追った。ソクラテスはリュケイオン(5)に行ってすっかり身体を洗い(6)、他の日他の時にいつも人と議論で時間を過ごすように夕方まで過ごし、そして家に帰って休んだ(7)、という。

訳　註

1　昔の宴会の噂

（1）全篇の語り部アポロドロスが冒頭で語る「関心をもたないで放置した（ἀμελέτητος（ameletêtos））わけでない」という語は、『弁明』（25C）の「無関心（ἀμέλεια（ameleia））」を想起させる。ソクラテスが「新宗教」「新教育」を導入したと告発した青年メレトス（Μέλητος（Melêtos））が、裁判でソクラテスと問答をして、宗教にも教育にも関心がなかったことを暴露する羽目になったからである。「名前に反して」とソクラテスから無関心振り（アメレイア）が皮肉られている。

つまり著者プラトンは第一行目で、『饗宴』の参照枠として『弁明』をおいていることを仄めかし、これから展開するドラマが二つの脈筋（著者のテキスト外在視点による裏の脈絡と登場人物である語り部の内在視点による表の脈絡）に亘る意味連関を負っていることを上品に、つまりさり気なく示している。詳解［2］参照。

（2）パレロンはアテネの西の一角にある古い港町で、中心から約二キロ。

（3）この「戯れ」は、Bury, 1-2 に従えば、ⓐ「パレロンの人」を「パラロス（禿げ）」に引っかけた、ⓑ「アポロドロス」が「アポロン神の贈り物（ドロス）」となって、幸運にも会えたことになぞらえた、ⓒ「パレロンの人、アポロドロス」と居住区と固有名を連ねるのが、裁判や儀式のような公式行事の習わしであったので、仰々しく響かせた、ⓓ「アポロドロス」を後の挿入として削除し、背後から遠くて誰かよく分からなかったので、「パレロンの人、止まれ」と呼びかけた、と分かれる。Bury 自身はⓓを採用（後にはⓒ）。

しかしⓓでは「戯れて」が効いてこない。相手が誰か知っていればこそ、戯れたのである。Bury はⓒを無理なこじつけと切って捨てるが、理由の説明がない。グラウコンはアポロドロスを探していたので（172A）、ⓑは十分理由がある。しかしそれなら居住区の名前は必要でない。グラウコンは噂になっていたソクラテス出席の宴会についてアポロドロスから本当のことを聞きたいとしていたので（172B）、アポロドロスを言わば証人として呼び出そうというのである。従ってここではⓒを採る。「呼ぶ」という意味の動詞 καλεῖν（kalein）は、法律用語では「召喚する」を意味し、代名詞 οὗτος（houtos）（そこのもの）は法廷で相手側を呼ぶ場合に使われる（Liddell-Scott, 1276）。「戯れの召喚」に籠められたグラウコンとアポロドロスの関係、そして著者プラトンが読者も巻き込む戦略については、詳解［2］参照。

なお「呼ぶ、招く、誘う、召喚する」を意味するこの動詞 καλεῖν（kalein）と「美」を意味する καλόν（kalon）は響きが似ており、語呂合わせを超えて強い意味連関が『饗宴』全体を貫く主旋律になっている。詳解［4］参照。

（4） 個人的野心から、アテネを戦争と敗戦の危機に陥れ、人々の強い反感を買った。ソクラテスが国家にとっていかがわしい危険人物であるとの悪評を呼ぶ重大な原因の一つだったのである。今日の宴会には招かれざる客である。

（5） この人については何も知られていない。

（6） アポロドロスを呼び止めて話を求めた相手が、グラウコンであることがここで初めて明かされている。そのグラウコンについては、異論がある。Bury, 3; Guthrie ③, 366n. 2は、カルミデス（プラトンの母方の叔父）の父親のグラウコン、つまりプラトンの祖父だと推定している。N-W, 26n. 5; Hyland, 28; Rowe, 127は、『国家』の登場人物グラウコン（プラトンの兄弟）だろうとしている。不明とするものも多い（Robin, 2 n. 1）。しかし本篇末尾の222Bで「グラウコンの息子カルミデス」とアルキビアデスが呼んでおり、しかしその宴会の時はアポロドロスもグラウコンも「子供の頃」（173A）だったので、両グラウコンは別人である。プラトンの兄弟と解する。

Hylandは、『饗宴』はエロスを賛美しており、『国家』ではエロスを独裁者と喩えて批判しているので、両者が相補的関係にあるとしている。Roweは、グラウコンがアポロドロスを背後から呼びかける状況が、『国家』冒頭でソクラテスとグラウコンがポレマルコスに呼び止められることと似ていることを理由にしている。しかし「プラトンの兄弟」グラウコンは著者プラトンの影武者、あるいは代理人なのである。そこにプラトンの隠れた意図がある。詳解［2］参照。

（7）アポロドロスのソクラテス「体験」である。アルキビアデスにも似た「体験」があった（215D-216A）。

（8）172A のこと。

（9）Bury, 4 は、アポロドロスがここで自身が哲学を展開するのであって、ソクラテスの単なる弟子ではないとして、アポロドロスがこの対話篇『饗宴』の著者プラトンを体現している可能性を示唆している。しかし訳註1・1の表裏の脈絡の区別が重要。詳解［2］参照。

（10）損得勘定を離れて立派な品性を求めるのは若者の特長である（『弁論術』1389a32-35）。

（11）金持ちは富がすべての価値の基準だと思い、従って富を所有している自分が基準だと思い込むことになる（『弁論術』1391a1）。富以外の価値に関心がなくなりかねない。そんな彼らでも恋の話はこころにかかるのである。なおMitchell, 4 は、アポロドロスが語って聞かせる相手とは、哲学の話を聞くのは好きだが、本音は金儲けというわれわれ読者のことだ、としている。

（12）「〜と思う」と「〜と知っている」とが区別されている。前者は人がこころに抱く考え、意見であり、真偽両様の可能性がある。後者は知識であって、然るべき論拠をもって「〜である」と理解していることである。ソクラテスが実行した対話問答とは、意見を吟味検討して真実を知ろうとする「知へ至る道」のことである。

（13）ソクラテスが人々の考えを吟味し批判することを真似る若者が沢山出てきた、とソクラテスは裁判で述べている（『弁明』23C）。アポロドロスはそうした中で際立って熱心な青年である。

（14）底本は「穏やかな人（μαλακός（malakos））」であるが（Robin, Conford, Hackforth, 鈴木、森、朴）、Bury, 6 は「狂気じみた人（μανικός（manikos））」を採る（N-W）。数行後の「頭がおかしく」というアポロドロスの言葉に合わせたからである。しかしポイントは、いつもは穏やかな人であるのに、哲学の議論になると熱くなる激変ぶりであろう。アポロドロスは感情が激しやすい性格で知られていた（『パイドン』59B）。ソクラテスの臨終に際して号泣したのも（117D）、感情的動揺から激しく反応したものである。しかしソクラテスは酒を飲んでも飲まなくても変わらなかったように、いつも落ち着いており、議論にも冷静に熱中した。

(15) プラトンの対話篇はすべて登場人物によるドラマ仕立てになっているが、この対話篇はアガトンの自宅での宴会をメイン舞台とするドラマをアポロドロスが後年知人に話すドラマ、という二重構造になっている。これはそのメイン舞台の背景説明である。詳解［2］参照。

2 「美しくなったソクラテス」の誘い

(1) 以下すべては、アリストデモスの報告に基づいて、アポロドロスが知人にした話である。

(2) ソクラテスは常日頃、自分の身支度に無頓着で、つましい衣装であった（「くたびれたマント」219B）。真冬の戦場でも裸足であった（220B）。『パイドロス』229Aでソクラテスの裸足はいつものことと語られている。それが今日は違った。若く美しいと評判の芸術家アガトンの祝賀の宴に出席ということで、それに合わせたのである。そこには社交儀礼を超えて、何重もの意味連関が包蔵されており、『饗宴』の核心の謎に目配せしている。訳註2・4、詳解［4］2参照。

(3) ソクラテスは大勢の人を相手にすることは常に避けていた。いつも街角で、体育場で、屋敷でほんの二、三人を相手に対話問答に終始しただけである。多くの人に影響力を行使することを求めなかったからである。つまり公的な政治から退いていたのである。むしろ「汝自らを知れ」という共通の掟の下、市民一人一人を相手に意見を吟味論駁する問答を通して、市民が自らの誤謬と無知を洗い出し、その人自身が出会うべき真理に出会えるように、もって善く生きることができるように望んだからである。

（4）「美しくなったソクラテス」は誘惑する。美の誘いを招く力動性がいよいよ始動する。訳註1・3、詳解［4］2参照。

（5）「同行二人」の誘いである。エロスが「協働者（συνεργός（sunergos））」であることは、後に212Bで指摘される。

（6）底本通り「アガトンの所に（Ἀγάθωνι（Agathôni））」と読む。他の写本は形容詞複数属格の「善き人たちの（ἀγαθῶν（agathôn））」とする。アガトンという固有名は「善いもの（アガトン）」、アリストデモスは「人々（デモス）の中で最善のもの（アリストス）」という意味になる。ソクラテスの皮肉を込めた語呂合わせと諺の関係については、詳解［4］2参照。

（7）元来の諺が何であったかは難しい。しかしここでは「善い人が善い人の宴会に出る」とする。これをホメロスは反対の意味の「劣った人が優れた人の宴会へ自分から行く」と改変し踏みにじっている。詳解［4］2参照。

（8）ソクラテスは誘うものである。しかしアリストデモスにとってその意義は、ソクラテスが命じることなら何でもするし（172B）、その言動を真似することにある。

（9）『イリアス』10.224で、敵陣へスパイに行くディオメデスが同行者を募った時の諺で、二人で行けば、どちらかが先に気づく、というほどのこと（『プロタゴラス』348Dにも）。しかしここではソクラテスの〈我〉と〈汝〉の根本活動、対話問答を象徴している。なおアガトン（善）の家へ二人して向かうこの始まりは、このすぐ後に話す一番目のスピーカー、パイドロスが最初に言及する哲学者パルメニデスが真理の女神に導かれて、光の国へ「牝馬らはわたしを運びぬ」と一人称単数形〈わたし〉で序章を歌い始める道行きと対照的である。パルメニデスについては井上②がある。ここでも随時参照されている。

（10）パルメニデスが馬車に乗って「光の国」にひたすら驀進したのと対照的である。アガトンの善と美についてソクラテスには疑問と留保があったのである。詳解［4］2参照。

（11）ソクラテスたちは「同行二人」であったが、「先に行け」とは、二人の間にも超えられない距離があるということと。思考はこころの自己活動であり、〈わたし〉が孤独の内に一人で遂行すること（独歩行）が不可欠であった。詳解［4］2参照。

3　宴会の始まり——恋の神エロスを賛美して

（1）門が開け放しというのは、当時でも普通ではなかった。後にアルキビアデスがやってきて「門を叩いた」（212C）とあるから、いつもは閉じていたのである。門が開いていたのは、アガトンが今か今かとソクラテスを待ちわびて、ソクラテスが来ればすぐ案内できるように門を開けて召使いの少年をそこに待機させていたからである。なおパルメニデスが到達した時、夜と昼の道を分ける天門が固く閉じられていた（井上②、八七頁）のと対照的である。後の「恋の道行き」の最終極点と対応する（詳解［4］15参照）。

（2）待っていたソクラテスがようやく来たと思ったら、アリストデモスが現れたので、アガトンは自分の間違いに気づき、困惑しながら歓迎の言葉を述べている。自分の間違いに気づくのは悲劇である。こうして宴会は悲劇の要素も孕んで始まった。悲劇・喜劇の区別と一致の問題が本篇末に、ソクラテスとアガトンとアリストパネスの間で再登場している（223D）。詳解［5］参照。

（3）アリストデモスはいつものソクラテスのように裸足であった。

（4）ソクラテスのこの習慣については、分からないことが多い。『弁明』では「ダイモンの声」の禁令が言及されている（31D）。していることが何か悪いことなら、聞こえてきたという。しかしその裁判の際には聞こえてこなかった。

時々ソクラテスは突然止まる（220C-Dでも言及されている）。委細構わず止まる。間違いなくソクラテスほどよく話す人はいない。重箱の隅をほじくるような、「細切れ言語（σμικρολόγος（smicrologos））」（『ヒピアス大』304B）と揶揄される細かい分析と批判を、繰り返し巻き返し問題に向けて止まない。ソクラテスの言葉の氾濫に人々は耐えられないほどであったのに、ソクラテスは時に言葉の途絶える沈黙に落ちた。そして佇みつづけた。物思いに耽るというには異様なのである。誰も語りかけることができないほど（220C–D）、もっと峻厳な孤独と沈黙が取り巻いている。声なき言葉、言葉ならざる言葉を沈黙の中で聞いていたのだろう。しかしソクラテス自身が語らないことは、語ることも控えるべきである。

（5）　原文テキストは写本によって異読がある。大別すれば、ⓐ指図するものがいない時はいつもやっているように、召使いが自由にもてなせばいい。アガトンは指図などしたことがない（久保、鈴木、森、朴、Bury, Robin, Dover, Rowe）。ⓑ指図するものがいないと思って、今日は召使いたちが自由にもてなせばいい。アガトンはいつもは自由にやらせたことはないが（N-W）。しかし明らかにⓑである。

アリストデモスの意見で、ソクラテスがすぐにはやって来ないことが分かって、アガトンは落胆と不満から、ソクラテス以外の「他の」客をもてなすホストの役から降りるというのである。アガトンが二度繰り返す「他の皆さん」は、原典ギリシア語が単数形の「他の人（ὁ ἄλλος（ho allos））」であって、一纏めにするCollective Singular（Smyth, 269）である。アガトンにとってソクラテス以外は十把一絡げなのである。それだけソクラテスを待ちわびていた証拠である。アガトンはソクラテスからお褒めの言葉を聞きたかったのである（宴会終わり近くの223Aでそう漏らしている）。それがいまや召使いたちが褒められる！　アガトンの屈折した心理が表れている。

（6）　食事（と性）は生命保存のこととして、この世にあることの具体的な徴である。そして酒はこの世の魅力とその蕩かす力の象徴である。ソクラテスはアガトンの宴会に遅れ、食事半ばで参加した（社交性に対する両義性の象徴）。その意味は次のことにあろう。ⓐソクラテスはアガトンに善と美を承認したが、疑問があった。ⓑこの世にあること、その力を無条件に受け入れたのではないし、拒絶したのでもなかった。酒を飲むもよし、飲まぬもよしであった（176C）。それに対して他の参加者は、二日酔いのアガトン、アリストパネス、パウサニアスそして泥酔したアルキビアデスであり、他方は下戸のエリュクシマコス、パイドロス、アリストデモスである。

宴会は、ソクラテスが一人遅れて不在の中で始まり、誰もいなくなってソクラテス一人が残されて終わるのである。

ソクラテスは誰ともずれている。

(7) アガトンもアルキビアデスも知恵の直接伝達性を信じていた。それも性的関係の中で知恵と徳が伝わり開発される、と信じていた。ここでソクラテスはそれを丁寧にかつ断固として否定している。知恵は人から人へ、水が上から下へ自然に流れる如く伝わるのではない。しかし悲劇は、知恵が伝達しないという非伝達性自身が伝達しないことである。人が自ら発見すべきことに他ならない。そしてエロス(恋)は豊かさと貧しさの中間であり(203B–204B)、知恵の愛求としての哲学は、知恵の欠乏から充満へ至ろうと逆行する、非自然(反自然ではない)で困難な道行きであった。後の恋の道行きの階段を昇ることが象徴している。

(8)「侮辱する(ὑβριστής(hybristês))」は、人を笑いものにする傲慢不遜、傍若無人などを意味するが、アルキビアデスのソクラテス像にもある(219C, 222A)。ソクラテスがことさら誇張してアガトンの知恵を表現することに、アガトンは芸術への挑戦を読み取った(ソクラテスは聴衆三万人以上と言うが、実際はレナイア祭の行われる劇場の大きさからして一~二万人)。若者は自尊心が強く、軽視されると激しく反発するし、何よりも勝つことを求めて血気に逸るのである(『弁論術』1389a10–12)。アルキビアデスも似た反応をしている。

(9) ディオニュソスは酒と芸術、快楽と死の神である。この宴会はそのディオニュソスを裁判員にした一種の裁判の趣がある。知恵はどこに成立するか、芸術か哲学か(後にアルキビアデスが加わって、政治か)、という激突は、神に酒を捧げるといった、習慣的な宗教行事で鎮められることはあり得ない。あるのは表面上の「一時休戦」である(神への献酒という σπονδή(spondê)は「休戦」も意味する)。酒と劇と陶酔は、後に頭に飾り物を付け、笛吹の少女やお伴と共に酔っぱらって登場するアルキビアデス(212D–E)を予表している。

(10)「聞いて」は原文では「アクサンタ」であり、「アクメノスの息子」と語呂合わせになっている。「もう一人から聞いて(アクサイ)」とあるように、エリュクシマコスは人の意見を聞いて、調停するのである。その立ち位置はエロス神賛美にも表れているし、そもそも今日の宴会のテーマとしてエロス神を取り上げる提案の時語ったのは、エウリピデスから聞いた言葉の引用である（177A）。

（11）ソクラテスが酒に負けることがなかったことは、アルキビアデスも証言している（220A）。

（12）宴会もルールによって民主的に営まれた。

（13）宴会には余興として笛吹や踊り子が常であった。それでは「自分自身の声と言葉」で自分の考えを語り合うには不適切だ、とソクラテスは言っている（『プロタゴラス』347C–D）。

（14）今日は酒でも音曲でもなく、言葉の会合だ、としたエリュクシマコスが「言葉の始め」として話したのは、「自分の言葉」ではなく他人からの引用であった。しかも「我が言葉にあらず」だったのである。順番に話をする人が少しずつ「自分の言葉」を語る方向にある。それは芸術家の独創的な話に極まる。しかしソクラテスは「自分の言葉」ではなく、ディオティマの話を紹介している。しかし再びアルキビアデスが「自分の言葉」で熱いソクラテス賛美を語っている。

（15）真実という観点は落ちて、「美しく」語ることがエリュクシマコスの眼目になっている。酒の害については、医者らしく真面目くさって「真実を言う」（176C）としていた。エリュクシマコスにとって真理は科学が究めるが、エロス（恋）については真実は付けたりである。中心はあくまで医学である。

（16）「エロスのこと」とは「エロスに関する技術」である。その技術に関しては知っていると主張するソクラテスは、『弁明』21Bの「知恵に関しては何ほどのものでもない」と主張したソクラテスと違う。しかしエロス（ἔρως（erôs））は「問う（ἐρωτᾶν（erôtân））」という語と語源上繋がっている（『クラテュロス』398C–E）。ソクラテスはエロスに引っかけて、問うこと、議論し論駁する能力に長けていることを述べていることになる（Reeve, xix–xx 参照）。

（17）「アガトンもパウサニアスも」としないで、「アガトンとパウサニアスも」と連結されているのは、二人が同性愛の間柄で（193B）、「二人一組」と纏められている意味（Bury, 20）。

（18）ディオニュソスは酒と性愛の快楽と芸術の神であり、アプロディテは美と愛の女神であった。

(19)　先のエリュクシマコスの指摘（177D）に対応するが、ソクラテスの指摘は、話が「十分に、そして美しく」語られることである。「十分に」の方が先行する。「十分に」とは「真実に即して測って十分」ということであり、従って「美しく」ということも、真理に裏打ちされて「美しく」である。後にアガトンの話が終わった時、ソクラテスは、賛美するとは真実のことを語ることだと思っていた、と不満と疑問を述べている（198D-E 参照）。

(20)　アリストデモスは当日の話をすべて記憶しているわけではなかった。アポロドロスもすべてを記憶しているわけではなかった。しかしアポロドロスはアリストデモスとは違って、「記憶するに相応しいこと」を取捨選択した。疑問の点はソクラテス自身に確かめもしたとある（173B）。従ってアポロドロスは、自分で判断して再構成して話したのである。

4　パイドロスの話――エロスの神は偉大なり

(1)　アガトンは反対に、もっとも若々しい神とした（195A）。

(2)　『神統記』116, 117, 120.

(3)　紀元前五世紀のアルゴスの人で、創世神話学で知られる。

(4)　紀元前五世紀のエレアの哲学者（訳註2・9参照）。「ある」（存在）が哲学の主題であることを初めて明らかにした。引用は断片13である。エロスを生んだのは、ここではゲネシス（生成の神）であるが、他に美と愛の女神アプロディテという説もある。直前の断片12の「あらゆるすべてを統べるダイモン（女神）」、断片10の「アナンケ（必然）」とする解釈もある（井上②、六四頁）。

(5)　もっとも高齢で「ある」、と分詞「ある（ὤν（ôn））」で表現されているので、高齢であることと恵み深いこととが因果関係で結ばれている印象を与える（Bury, 24）。しかしパイドロスは論理的な展開には無関心で、エロスの神の輝かしい働きの結果だけに関心がある。パイドロスの話が、「偉大な神だ、エロスの神は」（178A）と結論から始まっていたのである。

（6）ἐραστής（erastês）は、文字通りには「愛する人」であるが、愛する相手ではなく愛する主体である。その意味で「自分を愛してくれる人」のことである。παιδικά（paidika）は、その愛される客体であり、「自分が愛する相手」のことである（言葉は「少年（παῖς（pais））」に由来）。日本語の「愛する人」は両義的なので、適宜訳し分けた。

（7）醜いこと（αἰσχρόν（aischron））は恥ずかしい（αἰσχύνη（aischynê））。言葉の共鳴である。

（8）相思相愛の仲間による稀有な軍隊は例がある。紀元前三七九／八年にゴルギダスによってテーベで組織された「神聖隊（ἱερὸς λόχος（hieros lochos））」である。ただしプラトンが『饗宴』を執筆した後のことである。もしプラトンがこの軍隊のことを念頭にしていたとすれば、執筆時期が五年ほど遅くなる。しかしプラトンは歴史的事実より、愛の力が軍隊にも及ぶ可能性こそ念頭にしているように思える。なおRowe, 138は、「国や軍隊」とあるので、スパルタがプラトンの念頭にあったのかも知れないとしている。

（9）アテネでの軍務違反は、兵役忌避・戦場での臆病・持ち場放棄・脱走である（Bury, 26）。

（10）『イリアス』10.482;『オデュッセイア』9.381。

（11）愛の神は徳を吹き込んでどんな人でも変える力がある。しかし他面、「神憑り」とは偶然と紙一重である。従ってここでは素質と徳が「神憑り」の力によって偶然結びついただけである。教育が決定的に欠如している。徳は、教育によって生まれつきの素質を磨いて善の理解を発展させる、ということと何ら結びついていないことになる。詳解［4］15参照。

（12）男の方には冠詞がないが（ἄνδρες（andres））、女にはある（αἱ γυναῖκες（hai gynaikes））のは、女の方をより際立たせるため（Bury, 27）。アルケスティスの献身を浮き上がらせる。

（13）アドメトスは死が訪れた時、身代わりを見つけられれば死を免れる、とアポロンの約束があったが、両親を説得できず、その妻アルケスティスが身代わりになった（エウリピデス『アルケスティス』）。

(14) アドメトスの両親は「名前だけで親、本当は他人」というのは、「愛が第一」とするパイドロスにすれば、愛の実行の有無が決定的ということである。裏脈絡には名前という現れ・仮象と真実在の区別があり、『饗宴』でも主低音になっている。またパウサニアスがエロス神賛美の鍵として行為を導入する先触れになる(180E)。

(15) オルペウスは蛇に嚙まれて死んだ妻エウリュディケを連れ戻そうとして死の国に下った。冥府の王プルトンを説得したが、連れて帰る路の途中で約束を破って後を振り返ったので、妻は冥府に戻された、という。

(16) アキレウスはトロイ戦争の主人公で、パトロクロスは年長の親友。

(17) 徳ある人が死後行くとされる、永遠の生命に恵まれる場所。

(18) トロイ側の総帥。

(19) 失われた作品『ミュルミドン』と言われている(Rowe, 139)。

(20) パイドロスの話の特長の一つは、「AでもBでも」という並行関係の表現を使うことにある(「詩人でも散文作家でも」「血縁でも名誉でも富でも」「父親でも仲間でも」「国でも個人でも」「国でも軍隊でも」「生きても死んでも」)。「あれもこれも」とたたみかける強調である。それは「結論ありき」に向けて、他人の言葉からの引用で例を示すことにあり、「自分の言葉」として論理的整合性と理由の説明に気遣うことがない。

5 パウサニアスの長い話——二つのエロス神と法律

(1) パウサニアス(Παυσανίας(Pausanias))という名前は、「止める(παύσομαι(pausomai))」と響き、言ってみれば「止男」とでも訳せる。パイドロスの一本調子のエロス賛美に対して、「それは止めよう」と異議申し立てをした。パウサニアスはアガトンとの間に同性同士の個人的事情があったからである(『プロタゴラス』315Eで紹介されている)。そこで善い愛情と悪い愛情を分けることを提案するのである。つまり分析が始まる。それは「呼び名」の区別からである(180D–E)。それはいかなる本性に基づくだろうか。訳註4・14参照。

（2）天空の神ウラノスが眠っている時、息子クロノスがその男根を切り取って海に投げると、その泡（アプロン）からアプロディテが誕生した（ヘシオドス『神統記』188–202）。ボッティチェリの「ヴィーナスの誕生」で有名。

（3）『イリアス』5.370–430にある話。「パンデモス（Πάνδημος（Pandêmos））」は、「すべての（πᾶν（pan））人々（δῆμος（demos））に亘るもの」というほどの意味で、万人向けの通俗っぽい女神になる。

（4）ここではすべての神を称えるとしながら、パイドロスの一義的な愛の神ではなく、「善いエロス神、悪いエロス神」と二分する不整合性である。パウサニアスは、神が本性上善であることを放棄して、人間と同じようにその振舞いに応じて善し悪しが決まるとした。問題に気づかないまま、愛の神エロスが神の地位から滑り落ちる可能性を示している。

（5）パウサニアスの話は、二分法で「美しい・醜い」を中心に回っており、「もっとも美しい」（185B）へ収束していく。

（6）天上のエロス神は「母親なし」で誕生し、つまりその本性に性的関係を含んでなかった。従って少年相手のエロスとなる。しかし地上の通俗的エロスは、性的関係を含み、それだけ性にまつわる混乱が避けがたかった。次註参照。

（7）「より力が強い（ἐρρωμενέστερον（errômenesteron））」は、前の行の「エロスから（ἔρωτος（erôtos））」と言葉の響きが連動している（エロスと力の結びつきについては『パイドロス』238Cでも、強められた欲望がその力（ῥώμη（rômê））故にエロスと呼ばれている）。パウサニアスには、天上のエロスは「生まれつき力の強い」男へ向かうエロスだったのである。従って異性愛は地上通俗の愛になる。

（8）異性愛は家庭内の子作りに限定するからである。

（9）大人が年端もいかない少年を言葉巧みに欺して欲求の対象にするからである。現代では携帯電話による交流サイトを舞台に、少年少女が大人の餌食になる事件がある。

（10）底本にある「ラケダイモン」を削除する向きもあるが、朴、Dover, N-W, Roweと共に原文そのままに残す。クセノポンの『ラケダイモン人の国制』2.12–14によれば、リュクルゴスはエリスとボイオティアが他の国とは違う法律にしたと名指している。

(11) エリスはペロポネソス半島の西北にある国。ボイオティアはギリシア北方の地域。

(12) 小アジア地方の西北海岸沿いの地域。ギリシア本土から盛んに植民された。なおギリシア哲学の歴史は、そのギリシア本土ではなく、このイオニア地方から始まった。アテネが哲学の主戦場になったのは、ソクラテスからである。

(13) バルバロイ（野蛮人）のことで、ここではペルシア人。バルバロイとは元来、「バルバル」と訳の分からぬことを喋るだけで、ギリシア語を理解しないものへのギリシア人の蔑称。しかしギリシア人にとって、ギリシア語を使うとは、権力でも金力でもなく、言葉で意見を主張し、説明し、言葉を吟味批判し、こうして自由な議論と説得に力を尽くすという、言葉で生きる、言葉を生きる生き方のことである。

なおこの宴会の時期として舞台設定されているのは、紀元前四一六年だったが、その頃のイオニア地方はアテネの影響下にあったので、外国人支配は当たらない。むしろプラトンが『饗宴』を執筆した紀元前三八五年頃の政治環境に適合する。アナクロニズムである（N-W, 39n. 54）。しかしもしただアナクロニズムでないとすれば、プラトンが自分の執筆時代の歴史事実を、宴会当時のことのようにアポロドロスに語らせたのは、著者と語り部のテキスト内外の視点の違いを示すためであろう。訳註1・1、訳註4・8、訳註8・27参照。

(14) 知恵を愛する意味の φιλοσοφία（philosophia）が、『饗宴』の宴会シーンで初めて登場（他に 183A, 184D, 210D）。宴会以前の場面では 173C。

(15) シュンポシオンが家庭内の文化サロンであったのに対して、体育場は社会の交流の場であった。

(16) 二人は紀元前五一四年に独裁者ヒピアスを追放しようとした。三年後に独裁制は崩壊した。なおアリストゲイトンの「エロス」とハルモディオスの「友愛」は「愛する人」と「愛される者」の非対称性を反映（Rowe, 143）。

(17) 底本では「哲学の（φιλοσοφίας（philosophias））最大の非難」。解釈は二通りあり、ⓐ哲学からの最大の非難、ⓑ

哲学への最大の非難、である。ⓐであれば、複数属格の φιλοσοφῶν（philosophôn）（哲学者たちからの）となるであろう（Bury, 37）。ⓑであれば、哲学への非難が文脈上そもそも関係が薄く浮いてしまう。Schleiermacher 以来多くの解釈家は φιλοσοφίας（philosophias）自体を削除する（Bury, Dover, N-W, 鈴木）。ⓐをとるのは、森、朴、Robin。Robin, 19 は、外国人の支配する国では哲学が男の友愛を是認するので、それに反する過ちがあれば哲学は非難するだろう、としている。しかし今はアテネの話である。先（182C）にあったように、アテネ社会に見られる体操愛好と並ぶ程度の知恵の愛好、つまり好奇心を刺激されて知ることを求める知識欲であって、専門的な哲学ではない。従って特定の哲学者が念頭にあるわけではない。184D に「哲学と他の徳」とある。哲学もパウサニアスには社会の道徳と常識の一部なのである。

（18）パイドロスの話では、エロス神は神の中の神として特別な位置を占めると言われたが、パウサニアスでは法律の定めという人間界の相対主義に引き下ろしたことになる。

（19）「短きものは、花の命と女の盛り」といわれるように、肉体に対する愛は生滅地平で過ぎゆく。パウサニアスはこころの愛を称賛したので、変化流動ではない持続を重視した。

（20）『イリアス』2.71.

（21）184D は 181A に対応しており、どんなことも美しく「ある」のではなく、条件次第で美しく「なる」のだ、としてその条件を示すのがパウサニアスの戦略である。ここでの美しく「なる」は「偶然に」の意味をもつ συμβῆναι（sumbênai）という動詞が付加されている。

（22）Rowe, 146 は、徳のためなら何でもするというパウサニアスの主張は、一般の徳概念と矛盾することに読者が気づくようにし向けているとするが、一般の徳概念との不一致より、「徳のため」というパウサニアスの話は上滑りしていることが眼目であろう。パウサニアス自身が自分の話が弱いことを半ば不安の中で意識していることは、185B の結論部で「少なくとも徳のため」「少なくとも美しい」と、三度「少なくとも」と繰り返して限定するところに現れている。

6　アリストパネスのしゃっくり——芸術家の野心

（1）　ギリシア語は日本語と同じように、母音の頻度が多いから似た音の響きによる語呂合わせが容易である。ソフィストのプロディコスが得意としたことである。奇貨居くべしと、語呂合わせで人を驚かせたり、煙に巻いたり、気の利いた機知に感心させたり、と聞き手に対する刺激的効果狙いである。しかしそれ以上のことはない。プラトンも語呂合わせをよくするし、この『饗宴』はとりわけ多い。

しかしここでソピフィト並みと批判したように、プラトンは語呂合わせがそれ自体で意味があるとも重要ともしていない。表現としての言葉のあらゆる可能性を試し、言葉を真理追究の道に転位して、表現同士の偶然の共鳴に、何か考えるに値する新しい筋があるかどうかを探ることこそ肝要である。それは真剣に熱中する遊びなのである。大きくかけ離れたものの間に類似性を洞察するのは的を射る人、と慧眼アリストテレスも述べている（『弁論術』1412a12-13）。

（2）　話す順番が変わって、アリストパネス（喜劇）とアガトン（悲劇）が並ぶことになる。しゃっくりについては、詳解［4］6参照。

（3）　アリストパネスは『鳥』720で、くしゃみも予兆占いの力があるとしている。それに対してエリュクシマコスは医術・科学こそが洞察力があると主張したいのである。

（4）　二人が順番を交代する話はアリストデモスの頭越しであった（Rowe, 146）。

7　エリュクシマコスの話——エロスの統一科学

（1）　エリュクシマコス（Ἐρυξίμαχος（Eryximachos））という名前は、「争い（μάχη（machê））」を「押し止める

（ἐρύκω（erykô））」という意味になりうるが、熱と冷のような反対対立の要素を調和させる医学に相応しい。一本調子のエロス賛美のパイドロスの話とパウサニアスのエロス二元論（180D）の調停者になっている。なおしゃっくりはギリシア語で「リュンクス（ῥύγξ（rygx））」であり、エリュクシマコスに似た響きをしており、その場合は「くしゃみと闘う」というニュアンスになる。

（2） 先にソクラテスが「十分に、そして美しく話をしてくれる」ことを条件としていた（177E）。パウサニアスはエロスを二分して見事な分析はしたが、すべてを包括する十分な総合はしなかったというのである。パウサニアスの「人間のこころ」をめぐる道徳主義に対して、エロスは身体にも宇宙にも亘ることが科学者エリュクシマコスの主眼である。

（3） 健康な身体と病気では異なったものを求める、というのは病人が薬と病人食を必要にすることでも明らか。芸術家アガトン、アリストパネスのような酒豪たちも、今日のように二日酔いでは飲みたくなくなっている。酒を飲まない科学者エリュクシマコスの当てこすりも混ざっていたであろう。

（4） 「ある（ἔστι（esti））」が文頭にあって、この一文は強調。以下で繰り返す言い方である。

（5） 前註と同じ強調。186D にあるように、身体には熱さと冷たさ、乾燥と湿りという反対の要素があり、健康的とはその過不足ない充実であり調和であり、病的とはそのどれかの欠乏であり調和の崩れである。どのような食事や薬、運動がその調和を実現する効果をもつか、あるいはその逆か、をよく弁別できるものが医者である。

それに対して、高音と低音、長音と短音、強音と弱音の間の調和が美しい音の調べであり、音楽がそれを導くことは、医学に比べると分かりやすい。音楽の世界は純粋に音だけでできており、しかも音の高低、長短、強弱は数の規定を受けるのである。

（6） 医学の知識と技術の区別がある（Bury, 47）。しかしエリュクシマコスの自負は理論と実践の両方の能力がある点にある。

（7）「ある（ἔστι（esti））」が文頭にあって、この一文は強調。

（8）甘さ、苦さという味は他の身体の基本となる反対項と違うとして削除する向きもあるが、Bury, 48は、病気になれば食べ物が苦くなるという医学上の事実（『テアイテトス』166E）から反対している。これは病気になれば求めるものが違ってくる一例である。

（9）神話伝説の類は詩人たちの領域であるが、アスクレピオスは伝説で医学の祖であった（『イリアス』4.449）。後にアポロンの子として神格化され（『国家』408B）、医神となった。ここの詩人への言及をRowe, 148は当て擦りの混じったお世辞と解している。しかしアポロンは太陽と芸術の神であり、医術が芸術の下位に立つことへのエリュクシマコスの不快感であろう。エリュクシマコスの関心は、一方でエロス神が宇宙大の根本原理であり（「驚くほど偉大なり」）、同時に医術がその中心に位置することである。

（10）当時既に医療以外に、食事療法や運動療法がはやっていた。『国家』406A、『パイドロス』227Dでヘロディコスのウォーキング療法が皮肉混じりで紹介されている。植物栽培では温度と水の管理が重要。

（11）この音楽がいわゆる音楽だけか、詩を含むのかについては、両方の可能性があるが、Rowe, 149はエリュクシマコスが詩人の領域まで踏み出しているとした。「少しでも知性を働かせる人には明らか」とはエリュクシマコスの詩人への当て擦りである。しかしエリュクシマコス自身にヘラクレイトスの誤解があった。知性云々は諸刃の剣である。詳解［4］7参照。

（12）紀元前五世紀のイオニア地方エペソスの哲学者。一二五ほどの断片を残した。極めて難解で、古来より「謎の人」「暗い人」と呼ばれた。世界の根源を一とも火とも表現し、ロゴスの展開、生成と万物流転、反対の一致などを主張したが、それもまた謎の要素以外ではない。「デルポイの主は、露わに語りもせず、隠しもせず。徴を与える」（断片93）としたように、隠すことと露わにすることの反対対立の緊張の中に思索をおいた。引用の文はともに断片51である。

(13)「ある（ἔστι（esti））」が文頭にあって、この一文は強調。

(14) 音の調和やリズムの組成自身は、高音低音、長音短音といった互いに反対する音がひとまとまりに組み合わさっているという意味で、エロスの結合の働きがあるということである。そこには組み合わせの善し悪しはない。それが現れるのは人間の生活文脈の中に置かれた時である（Bury, 51 の理論対実践の区別は曖昧であろう）。Dover, 109 は、186C-E で善いエロス・悪いエロスに言及した後で悪いエロスはないとされては驚くばかりとしているが、音の組み合わせの善し悪しは、作曲して具体的な曲となって聞いたり、音楽を教育に応用する文脈になって、つまり使う時に違和感なくこころに美しく響くかどうかということである。

(15) 音楽には言葉の律動としての詩も含む。Rowe, 151 は、エリュクシマコスが音楽に執心するのは、詩人アガトンと特にアリストパネスを念頭にしているから、としている。音楽・文芸と体操で子供の柔らかい頭と身体を活性化し、性格と趣味感情を方向づけようとするのはプラトンの基本教育の一つである（『国家』第二巻、『法律』第二巻）。しかし一般にギリシア社会の理解でもあった。

(16) エリュクシマコスはパウサニアスのウラニアとパンデモスという名のエロスの二神を、ヘシオドスの『仕事と日々』75-79 にあるムーサ・ウラニアとムーサ・ポリュムニアで置き換えた。ムーサは音楽の神だからエリュクシマコスは選んだのだろう。「ポリュムニア」は「たくさんの賛美」との意味で、「大勢、大衆」の含みである（Rowe, 151）。

(17) Rowe, 151 は、エリュクシマコスの念頭にあるのは、大衆受けする喜劇作家アリストパネスだとする。

(18) 小辞 καὶ δὴ καὶ（kai dē kai）（こうして）はクライマックスを表現する（Denniston, 256）。宇宙全体にわたるエロス論になり、天文学に至る（188B）。しかし天界の現象で終わる。ディオティマのクライマックスのように、天外まで突き抜けるわけではない。

(19) ギリシア人は天候、気象の変化が病気をもたらすという因果関係で捉えた。気候と風土という環境の影響を重視したのは医聖ヒポクラテスである。

(20) 天上の善いエロスは守り、地上の悪いエロスはこれを排除する。

(21) 180Bでパウサニアスはエロス神が、生者にも死者にも人間に幸福をもたらすと人間主義的な結論を与えていた。ここでは人間界を超えて神々にも力が及ぶとある。なおオイディプス王のように両親との間に無秩序な愛があると、国に疫病がはやった(Hunter, 59)。

(22) ὁ πᾶς Ἔρως (ho pas Erôs) は解釈が多い。文字通り「すべてのエロス」(鈴木、森)、「エロスの全体」(朴)、「エロスはあらゆる場合に」(N-W)、「普遍的にわたって」(Robin)。エロスの神は、人間界にも神界にも、予言にも音楽にも医学にも、星々にも、その力が及ぶ。その全体にわたるエロスの神のことである。

(23) エリュクシマコスは自分の話で足りないことがあるかもしれない、とリップサービスしつつ、その補充をアリストパネスに委ねた。しかしパウサニアスの不足を自分が補充して完成させた、と自負している。善いエロス神と医者の自分が重なっているのである(「完成」はエリュクシマコスの話の始めの186Aと終わりの188Dに登場)。つまりここでアリストパネスに対して、「君はエロスに関して知識があるか」と挑発しているのである。訳註6・3参照。

(24) 鼻を形容するのに使われた「品のいい(κόσμιος (kosmios))」は、エリュクシマコスでは宇宙的展開のエロスの神について使われた(188A, Cの「秩序のある」)。そして宇宙は「コスモス」であった。エリュクシマコスの学問的で高尚な話に対して、アリストパネスは笑い話のような鼻だのくしゃみだのを突きつけて、エロスを再び地上に引き戻すのである、それも身体の近みに。エリュクシマコスの挑発に対する、喜劇作家らしい反発である。それがまたエリュクシマコスの「平和」をかき乱すことになる。

(25) 「芸術」と訳したμοῦσα(mûsa)は音楽でもあった。「われわれの芸術」は、エリュクシマコスの「医術、すなわちわれわれの技術」(186A)への対抗である。

(26) 一般に「申し開きのできる」(森)、「説明に困らない」(鈴木)、「釈明する」(朴)、「説明する」(Robin; N-W)と訳されている。しかし原文の δώσων λόγον（dôsôn logon）は、もともと役所の長官が一年の終わりにする収支決算のことで、同系の λόγον διδόναι（logon didonai）より一般のギリシア人には馴染みだった（Dover, 112）。エリュクシマコスはパウサニアスの話を完全なものにする、と話し始めた（186A）。そこでもしも何か補足することがあればと、一連の話に対して収支決算を完成させるようにアリストパネスを挑発しながら誘ったのである。そして芸術家アリストパネスは拒否した、「わたしは違う」と。訳註7・23および詳解［4］8参照。

8　アリストパネスの話――人間本性の切断事件と性愛の秘密

（1）「さてそれでは」と訳した καὶ μήν（kai mên）は新しい議論、新しい出発を強調する小辞である（Denniston, 351-352）。アリストパネスがそれまでのパウサニアスとエリュクシマコスの議論の流れをはっきり切断して、新しい話に進むことを強く印象づけている。

（2）アリストパネスが初めて語る「エロスの神」は単数形である。その後で関連する語はすべて単数形である。今やエロスの神を二分したパウサニアス・エリュクシマコスからの離脱である。そしてここでは人間が三度強調されている。エロス神は一義的にその人間の根源的病を治す医者と指定されている。

この「人々」は、エリュクシマコス、パウサニアス、パイドロスも含む。パイドロスが詩人たちはエロス神の賛歌を作らないと批判したのに対して、詩人アリストパネスは人々が神殿を造らず、犠牲を捧げていないと反批判している。

（3）アリストパネスが自説を実質的に始める最初の言葉が、「僕が ἐγώ（egô）やってみよう」であった。同じ言葉を使っても、パウサニアスはパイドロスの修正で始め（180D）、エリュクシマコスはパウサニアスの補足・完成を目指す（186A）だけである。しかしアリストパネスはまったく新しく始める。芸術は「無からの創造」を夢見るほど、芸術家個人の「わたし」の作品創造が眼目である。悲劇作家のアガトンも話を「わたし（ἐγώ（egô））は言いたい」

と始めている（194E）。そして二人とも「これがわたしの言葉だ」で終わっている（193D, 197E）。芸術は「私芸術」の色合いを濃くするものである。訳註8・30参照。

（4）「話す」とも「伝える」とも平凡に訳せる動詞 εἰσηγήσασθαι（eisêgêsasthai）は、Bury, 56 が注意する通り「秘儀へ導く、奥義を授ける」という意味である。Rowe, 153 はソクラテスに教えたディオティマと比較して、アリストパネスが権威を戯れで求めたとしている。それだけでは芸術の秘儀を、従って哲学との差異を見過ごすであろう。詳解［4］8参照。

（5）「男女具有（アンドロギュノス）」の余韻のように、日本語にも軽蔑表現としてオトコオンナ、あるいはオンナオトコがある。

（6）滑稽な人間喜劇のクライマックスであるこの箇所に隠されている、現れと存在の根本問題については、詳解［4］8参照。

（7）エピアルテスとオトスは巨人族の兄弟で、神々のオリュンポス山を手に入れ、女神ヘラとアルテミスを我が物にしようとした（『オデュッセイア』11. 305-320）。旧約『創世記』3. 4-5 の、アダムとイヴが善悪の知識という禁断の木の実を食べた話を思い浮かべるかも知れない。それは「美味しそうに見え」、食べると、神の如く永遠の生命になれると思ったのである。

（8）『創世記』11. 1-9 にバベルの塔の物語がある。人間が「同じ言葉を使い、同じように話すので」、何でも考えが一致して、人間の集合体がまるで強力な一人の人間（超人）のようであった（現代世界では、巨大な大衆消費社会、技術・情報文明、官僚機構、巨大企業などに現れている）。そして「天に届く塔のある町を建てよう」と考え始めたことを気遣った神は、人間を弱体化させようとして、言葉を多様化させ、互いの間に混乱が生じるようにした、という。バベルの塔の寓意の示すことは、異言による異見の氾濫と混乱である。一人一人の個人の登場である。人間の統一性、共通な人間性は与えられた自然の事実ではなく、個人たちが多様性と混乱の中から自分たちで開発実現すべき課題となったのである。

プラトンはといえば、『国家』で、国の一致を哲人王に求め、民主制を批判した。民主制は各自が勝手に意見を持つからである。この『饗宴』でも、179Aで相思相愛の仲間による「神聖隊」が、全人類を相手にできるほど強力になることを指摘していた。多様性は、プラトンには混乱でしかなかった。国の統一をその「頭」として一身に負託された哲人王の育成に腐心したわけである。

（9）アリストパネスは神々の集まりでのゼウスの発言を臨場感溢れるように直説法で紹介するが、三度も「（ゼウスが）言った」と挿入している。人間存在の根源的な切断という受難が太古の昔の神の永遠の決定によるものだ、と強調しているように見える。「苦心考慮の果てに」は、全知の神をも悩ませる人間とそのエロスの永遠の謎を暗示しているであろう。神もまた、どれほど限定された意味であれ、人間を必要にしたからである。詳解註［4］15・64参照。

（10）「品良く」は先にアリストパネスが鼻の形容に使った言葉である（189A）。切断手術によって半身となった人間の顔の向きが回転した結果は、「品良い」以上のことがあった。人は自らの前において、「これ我が骨の骨、我が肉の肉」（『創世記』2. 23）と呼ぶべきものに出会うことになったのである。

（11）πάθους（pathous）（受難）は次行のπόθουν（pothoun）（求める）と共鳴している。切断という受難があったればこそ、失われたものを求めるのである。人間とはあらかじめ失われた実存である。

（12）原初の男・男、女・女だけでなく、両性具有の男・女の場合も言及してしかるべきではあったが、どの場合でも、出会った二人は離れては何もしない無為から死に至る点は変わらない。

（13）蟬は雌が土の中に卵を産み、七年後に子が生まれ出る。そのように原始人間も初めは性と生殖は関係なかったのである。従って性は死とも結びつかなかった。

（14）Rowe, 155は、これでは自分固有の相手という半身を求めるのではなく、誰でもという乱交に見えるとしたが、半ばそうだろうし、半ば当たるまい。アリストパネスが話をしているのは人間本性であり、その限りでは「誰でも」

となる。しかし乱交は関係ない。恋すれば、その「誰でも」がかけがえない全体性の人になる。そこにいかなる意義と価値を盛り込むかは個人自身の責任である。求めるのはただ半身ではなく、善い半身だ、と後でディオティマが修正している（212C）。

(15) 男同士の性交渉のこと。

(16) 人間とは、全体から切断された半分であり断片部分であって、その結果はエデンの園の失楽園に似て、失われた実存に過ぎない。人間存在の悲劇を物語って余りある。ヒラメさながらの半身と語るところに喜劇作家の本領がある。奇想天外な物語によって、常識を超えた人間存在そのものの悲劇を、喜劇作家に語らせたところにプラトンの巧妙さがある。

(17) 割り符（σύμβολον（symbolon））はシンボル（symbol）の語源。人が別れる際に、一つのサイコロを二つに分け、二人で半分ずつを親愛・約束の印、あるいは身分証明としてもつという事例。エンペドクレスが男と女には言わば割り符のようなものがある、と言っている、とアリストテレスが紹介している（『動物生成論』I.18.772b10）。

(18) 既に明らかなように古代ギリシア・アテネは男の同性愛が社会に広く見られ、また教育の一環とさえ認められていたが、ここは同じような女同士の同性愛があったことを推定させる数少ない文献である。実際「女仲間」と訳したἑταιρίστριαι（hetairistriai）という単語はここにしか現れていない。しかしプラトン自身は後の『法律』で同性愛を自然に反したものとしている（636C）。

(19) ギリシア世界では、勇敢な（ἀνδρεῖος（andreios））とは、男（ἀνήρ（anêr））らしいことであり、男の徳であった（漢字の「勇」も同様）。古代ギリシアは、トロイ戦争に典型的なように、戦争の世界であった。徳という語（ἀρετή（aretê））は、戦争の神Ἄρης（Arês）（血塗られた赤い火星）から来ている。英語の徳（virtue）も、ラテン語の男（vir）からの派生語である。「戦場と集会」（『イリアス』9.440-441）は、男が名を挙げる機会であった。こうして古代世界は男だけが市民とされた社会である。

そんな中、鉄壁の常識を笑いのうちに揺さぶる、その想定外の可能性をアテネ社会に開いて見せたのは、アリストパネスの喜劇『女の平和』である。プラトン自身『国家』で、常識からの「大津波」が来ることを承知で、国の守護者に男女平等論を掲げている（451C–457B）。

（20）売春に類したことを念頭にして非難する人。

（21）ただし少数市民しかいなかったスパルタでは法律があったが、アテネには結婚を強制する法律はなかった。社会習慣からの圧力があった（Bury, 64–65）。しかしプラトンは『法律』では結婚の法律を定め、三十五歳を過ぎても未婚の市民には毎年罰金を科すことを提案している（774A）。少子化によって国力が落ちることを恐れてというより、神の永遠の生命に与る多産性を念頭にしてである。

（22）純粋で強烈な体験としての性的満足ということであれば、娼婦相手がそれに当たる。純粋な身体的欲求の解放であり、また後腐れもない。ὡς ἄρα（hôs ara）（そんなことなら）は、話者自身は拒否する見解を紹介する小辞である（Smyth, 636）。従ってプラトンはそうした身体的欲求とは異なる次元の何かを指示している。しかしそれも身体から始まるのである（なお210Aの美しい肉体参照）。

（23）「謎の人」ヘラクレイトスの断片93「デルポイの主（アポロン）は、隠さず語らず、徴を与える」を想起するであろう（訳註7・12参照）。性と愛は謎であり、つまりわれわれ自身への挑戦であり、思考を促す誘惑なのである。Dover, 119はαἰνίττεται（ainitetai）は必ずしも謎かけではなく、不完全な暗示的指示のこととするが、それだけ薄め弱めては、先行三人の話を切断して常識に挑戦する喜劇作家が語る人間の悲劇の眼目を失することとなろう。

（24）Rowe, 158は、伝統的な神話・宗教で死後の世界では、人間は影のようなものになってしまうので、愛する二人の永遠の一致といったロマンチックな話どころでないとしている。

（25）〈二〉に分割された半身同士の恋が成就達成して全一化がなった時、〈二〉が溶解して〈一〉になる、とアリストパネスは表現している。それは同時に自己も消える。自己は死ぬことにならないだろうか。原初の全体回復の強烈な願いには、自己が消える死への退行願望が含まれているかもしれないのである。

(26)　Rowe, 158は、アリストパネスが〈一〉になることを強調したのは、いわゆる愛ではなく性交といった現象の起源を語ろうとしたからだ、と説明したが、当たるまい。原始人間が半分に切断されて二人になった時には、性と生殖はまだ結びついていなかったからである。生殖器は背後にあって（191B–C）、蟬のように大地に生んでいた。それでも全一化のエロスの欲求はあった。いわば存在論的回復の願いである。生殖に直結する性に対して、分断された人間存在の傷という意味で、存在論的性と呼んだ（詳解［4］8参照）。

(27)　紀元前三八五年の出来事を指していると考えられている。ほぼ『饗宴』執筆時期（紀元前三八五〜三八〇年頃）に当たるが、宴会があったとされる紀元前四一六年のはるか後年であって、アナクロニズムだと考えられている（Bury, 66–67）。

先にも似たアナクロニズムがあった（182B）。もし筆が滑って書き間違えた、と著者プラトンの偶然のミスを想定するのでないとすれば、この二ヶ所のアナクロニズムはプラトンの意図あってのことになる（二つの時代錯誤は議論の流れに直接関係するような重要なトピックではない）。それは次のことしかないと思われる。すでに訳註5・13で指摘したように、語り部としてこの『饗宴』に登場するアポロドロスと著者プラトンのズレ（内外の視点差）を示唆することである。詳解［2］参照。

(28)　アガトンとパウサニアスの間の恋模様といった事実レベルの話に矮小化しないように、喜劇の装いの下、人間本性の悲劇を見過ごさないように、というアリストパネスの要求である。アリストパネスが提示したのは、エロスと人間の新しい見方そのものなのである。

(29)　芸術は「わたし固有の作品」創造であったが、善との関係があるのかどうか、が新たな問いなのである。そして次のスピーカーは芸術家アガトンである。その名は「善いもの（アガトン）」であった。

(30)　これがアリストパネスの終わりの言葉であった。始めの言葉が「僕が話そう」（189D）であったことと対応している。芸術家による私芸術としての「わたしの言葉」である。他人とは違う独創性がその誇りであった。

（31）訳註8・28にあったように、茶化して終わる事実問題ではない。芸術家は事実を扱うのではない。世界を新しく見る視点と見方の独創的な創造なのである。そして残りの芸術（悲劇）と哲学がどう応えるか、がアリストパネスの関心である。

9　封じられたソクラテスの問答

（1）エリュクシマコスという名前は「争いを調停する」との意味に響いた（訳註7・1参照）。それが「競争をけしかける」とは皮肉なからかいである。以下「もしも」という仮定法の文が194Cまで繰り返される。それは条件文がεἰ（ei）＋希求法、主文がἄν（an）＋希求法である。Less Vivid Future Condition であって、話者の直接の関心の命題ではなく話者の気分であり、想像されたケースを表現している（Smyth, 523, 526）。競争をけしかけられて攻撃的になるアガトンに対して、ソクラテスが「もし〜なら、〜だろうかね」と、可能な想定を皮肉と遊び心の気分とともに表現している。

しかし少しずつ事柄自身へ関心が動いており、194Cで「それとも君はどう言うかね」とアガトンの考えを問うソクラテスの言葉で、いよいよ真理をめぐる探究言語としての問答法に一歩踏み出すことになる。しかし二人の対話問答が始まる前に、パイドロスからストップが入るのである。

（2）アガトンが初めて「観客（θεάτρον（theatron））」という言葉を使っている。一昨日アガトンはコンクールで優勝したが、そこには万余の観客がいたのである。その雰囲気を引き摺っている。観客に「見られ」、称賛されてうっとりしてしまうアガトンに対して、次註にある通りソクラテスは皮肉を示している。しかし芸術は鑑賞する人たちを必要にしている（鑑賞者の意義については、コリングウッド、四二〇―四二九、四三五―四三九頁、アレント②、九四―九六頁参照）。なおプラトンは後に『法律』701Aで民主制を「観客支配制（θεατροκρατία（theatrokratia））」、つまり劇場型政治と呼んでいる。政治家は市民の支持をえるために世の動きと人々の反応を見ているからである。既に遠くアルキビアデスが射程内に入っている。

（3） 悲劇コンクールが行われたと思われるディオニシア祭典では、作者も劇の始まる前に舞台に登って挨拶をするしきたりがあった（Bury, 70）。しかし「舞台に登場し」と訳した ἀναβαίνοντος（anabainontos）は、190B で、原始人間が神々に反抗して天の高みに登る行動（ἀνάβασιν（anabasin））として使われている。そしてその時の人類の「大きな野心（φρονήματα μεγάλα（phronêmata megala））」という言葉が、ここではアガトンの「大きな志（μεγαλοφροσύνη（megalophrosynên））」として転用されている。皮肉を交えたソクラテスの言葉は、芸術家アガトンが大いなる野望を秘めていることを示している。

（4） アガトンの若者らしいナルチシズムの裏返しの攻撃性である。

（5） 重なる否定詞（μὴ οὐ（mê ou））と接続法現在（ὦμεν（ômen））は、プラトンでは皮肉なニュアンスに包まれた否定である（Smyth, 404）。

（6） 今日の宴会を仕切る「言葉の父」（177D）であったパイドロスが、エロス賛美を語る本題に戻るよう要求し、ソクラテスは対話を封じられた。今日の宴会は一人一人によるエロス賛美のスピーチなのである。アガトンとの対話は 199C で再開されるが、その再開の言葉は、ここでパイドロスが封じた時とまったく同じ呼びかけ「親しい友のアガトン（ὦ φίλε Ἀγάθων（ô phile Agathôn））」である。強い対比である。訳註11・21参照。

10 アガトンの話――恋は人を詩人にする

（1） この「わたしは言いたい」が今一人の芸術家の話の始めである（訳註8・3参照）。Rosen, 169 はアガトンの出発点が自己意志だとしている。「さて」と訳した δὲ δὴ（de dê）は他のケースと区別する小辞である（Denniston, 259）。

（2）他の人とは違う、という新しい始まりの独創性が芸術の誇りであった（前註参照）。しかしパイドロスは既に、エロス神がもっとも古く高齢だから、最大の善の原因だ（178C）、と語ってはいたのである。アガトンは少なくとも自分と似た点を取り上げ、その異同について検討すべきであった。パイドロスに言及するが（195A）、「エロス神は本性上老いを憎む」などと言うばかりで、ほとんど素通りに等しい。つまりアガトンは新しい表現をするだけで、他人の主張と突き合わせて細かく吟味検討するわけではない。

（3）「どのようなものがどのようなものの原因か（οἷος οἵων（hoios hoiôn））」という表現は詩人、修辞家好みのものである（Bury, 72）。つまりアガトンは事柄の原因と結果という視点に着眼したけれども、修辞上の関心に流れて表面的に終わるのである。アガトンの話が終わってソクラテスが「あるべき賛美」について異議申し立てを行い（198D）、ディオティマがその視点を取り上げ（201E）、新しく徹底分析をすることになる。

（4）「もし」という条件文は、過度の称賛はかえって反感を買うので緩める働きをしている（Bury, 72）。パイドロスの話のように一本調子の賛美ではないのである。しかしアガトン自身、「老いを逃れる」は「逃亡して（φυγῇ（phygêi））逃れる（φεύγων（pheugôn））」という詩的な重複表現で強調している。そのようにアガトンは随所で詩的表現を使って話を飾って印象づけている。

（5）パイドロスはヘシオドスとパルメニデスを引用して、エロスをもっとも齢古き神と紹介していた（178A–C）。

（6）「類は友を呼ぶ」「似たもの同士」に等しい諺で、『オデュッセイア』17.218 に見られる。同類原理は、エンペドクレスによって「似たものは似たものによって知られる」（断片 109）と定式化されている。『饗宴』冒頭で、美しいアガトンのところに出かけようとしていたのは湯浴みもして「美しくなったソクラテス」であった。詳解［4］2参照。

（7）ギリシア神話で、クロノスはゼウスの父親で、イアペトスはクロノスの兄弟。人をこれらの名前で呼ぶことは、時代遅れだという意味になる（Rowe, 162）。それだけ古い神であった。

（8） クロノスは父ウラノス（天空の神）の生殖器を切断して海に捨てた（その泡（アプロス）から美の女神アプロディテが誕生）。またゼウスは父クロノスが召使いを死なせたとして投獄したし、イアペトスの息子プロメテウスが意に逆らって人類に火を与えたので岩山に鎖で縛り付けた。

（9） その欠落をアガトンが補うが、自分とホメロスとを比較するのはユーモア以上ではない（Rowe, 163）。しかし間違いなくアガトンには野心がある。

（10） 軽率から人の犯す罪過に対して、罰として茫然自失に陥らせる女神。

（11） 『イリアス』19. 92-3。しかしソクラテスはいつも裸足で大地を歩いていた。

（12） アーテーをエロス神に、頭をこころに、表現の上で置き換えただけで、証言にはなるまい。人を茫然自失の闇に包むアーテーとエロスの類同関係は分析してしかるべきであろう。しかしアガトンには、分析でも議論でもなく、表現ありき、なのである。

（13） 心情（ἦθος（ēthos））とこころ（ψυχή（psychē））は同格で並んでいるが、次には「硬い心情をもつこころ」となって、こころの方が意味上大きい。心情はこころの性格なのである（『リュシス』222A）。アガトンは言葉の意味の精確さよりも修辞上の関心が強い（Bury, 75）。「こころに足で触れる」という言い方も精確を期しがたかろう。

（14） 「頑固な、強情な」の意味の σκληρός（sklēros）は『テアイテトス』155E にもある。

（15） 「もっとも柔らかいものの中でもっとも柔らかなもの」は、強調の重複表現という修辞と採る向きが強いが（鈴木、Bury, Robin）、それでは意味不明であろう。こころが存在するものの中でもっとも柔らかく、その中でももっとも柔らかいこころにエロス神は住むことを強調している。つまりエロスの神は精妙なこころの秘奥に属すると見なして、アガトンは自分がそのもっとも繊細なこころの持ち主であることを自負している。アガトンにとって恋も芸術も正に自分のこころの天地のことなのである。

（16） これがエロス神の記述なのか、エロスが訪れる人（恋愛中の人）の記述か、曖昧になっている。しかしそれはプラトンの狙いであった。「エロスの神がどのようなものであるから、どのような結果をもたらすか」（194E–195A）を説明しようとするアガトンの方式によって、原因と結果が連動するように、エロス神の記述は容易にエロスに囚われている人の記述に連動するのである。従ってエロス神賛美は恋の人の賛美になりうる。そしてアガトン自身の賛美になる。エロス神はアガトンの自画像の投影でもあった。

（17）この箇所では「花の盛り（ἄνθη（anthê））」「花の盛りを過ぎ（ἀνανθεῖ（ananthei））」「枯れ（ἀπηνθηκότι（apênthêkoti））」「美しい花盛り（εὐανθής（euanthês））」という類縁語が重なるが、アガトンは自分の『花盛り（Ἄνθεύς（Antheus））』という悲劇を念頭にしていると推測できる（Bury, 76）。アガトン自身が若さの花盛りの真っ最中であった。前註参照。

（18）愛する人はその愛のために奴隷の奉仕までするであろうが、エロス神のために進んであらゆる奉仕をする、というのは疑わしい（Rowe, 164）。エロス神とエロスに囚われた恋の人の強い連動に影響された話である。

（19）紀元前四世紀の政治家にして弁論家で、ゴルギアスの弟子であったアルキダマスの言葉からの引用。アリストテレスも『弁論術』III, 1406a17–23で紹介している。アガトンに対するゴルギアスの影響は、「弱者は強者に支配されるのが自然」という論にある。以下のエロスと他の快楽の力関係のように、力の大小が支配を決定するので、善と真理が支配するのではなかった。

（20）性愛のエロスから得られる快楽が最大であれば、学習の快楽、名誉の快楽、スポーツの快楽などには負けない。しかし他の快楽を支配することがただちに節制であるわけではない。エロス自身を統御するものがない限り、エロスの快楽自身が歯止めなく暴走することがあり得るからである。独裁者のように（あるいはアルキビアデスのように）、大きな力は大きな誤りの原因にもなるのであった。『国家』573B, 575Aで、エロスは飽くことなく欲望を膨らませ、無政府状態・無法状態をもたらす独裁者になぞらえられている。

（21）「さらに他でもない」と訳したκαὶ μὴν γέ（kai mên ge）は、新しい考えの導入をはっきり印象づける小辞

(Denniston, 119)。次の動物の誕生に関する καὶ μὲν δὴ γέ (kai men dē ge)(ましてや他ならぬ) はさらに強調する形になっている。アガトンのレトリックである。

(22) ソポクレスからの引用で、元は「アレスでも必然には対抗できません」。『オデュッセイア』8. 266-366 に、アレスとアプロディテが不倫の床にいたとき、夫へパイストスの仕掛けた罠に捕らわれて、人目に曝された。このエロス神(アプロディテ)の大胆な勇気は節制の徳と不整合にならないのだろうか。アガトンはこうした言葉の筋道の吟味におよそ関心がない。

(23) エロスと勇気の結びつきはパイドロスの話にあった(178D-179B)。恋(ἔρως(erôs))は死をも恐れぬ英雄(ἥρως(hērôs))にするのであった。しかしアガトンにとっては勇気はそうしたことではなく、相手が抵抗不可能なほど摑んでしまう大きな影響力である。最上級を繰り返すレトリックが示すのは、アプロディテが一番勇敢である戦いの神より力が強かったというだけのことである。

(24) エリュクシマコスの医術への対抗心でもあるが、アガトンが「技術」という言葉を使った点で、その念頭にあるのは特定のことを成就する技術的能力ではあっても、本当に知恵であるかどうか疑わしい。

(25) エウリピデスの断片からと言われる(Rowe, 164; N-W, 55 n. 79)。

(26) ここと197Aの二ヶ所で、エロス神の知恵の伝達が接触によると指摘している。アガトンはソクラテスに触れてその知恵が伝わると期待して、ソクラテスに性的接触も含むその考えを批判されている(175C-E)。話は、知恵の豊かなものから乏しいものへ流出するような自然主義ではなく、乏しいものが豊かさに憧れ、工夫に工夫を重ねて道を開こうとする懸命のエロスの道にヴェクトル転換しようとしている。その転換点に対話篇は近づきつつある。

(27) 恋は人を詩人にする。

(28) 英語で詩は poesy であるが、その元のギリシア語は ποίησις(poiēsis)であり、詩人は ποιητής(poiētēs)である。これらの語はもともと「作り」「作る人」一般の意味である。従って「知恵豊かな詩人であるエロス神が他のものを詩人にする」という表現には、詩人という名詞 ποιήτης（poiētēs）と「作る（にする）」という動詞 ποιῆσαι（poiēsai）が重なっている。アガトン一流の修辞であるが、修辞以上のことがある。「作り」は非存在から存在へ到来させる活動であり、物の制作と芸術作品の創造と生命誕生をカバーする言葉である。後に205B-Cでディオティマが再度主題的に取り上げる。

（29）動物の性本能がその生殖行動を秩序づけていることは経験事実である。しかしそれを知恵というかどうかはまた別の問題である。後にディオティマは動物のすさまじい生殖行動を指摘している（207A-B）。

（30）コンクールで優勝し、万余の観客の前で光に包まれたアガトンは自らを、エロス神が触れてその知恵を授けた弟子のように思っている。しかしそうするとアガトンの作品創造は、エロス神の知恵によって生まれたのだろう。それはアガトン自身の知恵だろうか。あるいはその混合（神憑り）なのだろうか。芸術の作品化を支える知恵はどこにあるのだろうか。

（31）個人の中にある感情・欲求としてのエロスで、エロス神とは区別されるが、アガトンの話の中では重なる（Bury, 80）。訳註10・16参照。

しかし不思議なことは、さまざまな技術の発明を「欲求と愛のエロスが導いた」ということが何も説明されていないことである。

（32）それまでの名詞の属格から急に動詞の不定詞に変わったのは、アガトンの「詩的決まり文句」である（Bury, 80）。

（33）エロスの愛は醜いものにも向けられうる、としてRowe, 165は醜怪なソクラテスに対するアルキビアデスの愛を指摘している。

（34）195C。

（35）アガトンが「わたしは最初に言いたい」（194E）として始まった、エロス神賛美の言葉はここに終わった。がしかし完結していなかった。詩人には詩を歌うことを欠いては終わらない。思わず今までとは違う秩序から「詩の言葉がこころに浮かんできた」のである。そして詩をもって初めて自己完結した。

アガトンにとって、「異質なもの」とは原因結果の理詰めの分析（とソクラテスとの質疑応答）であり、「馴染み深い固有のもの」とは詩であったろう。抑えられていた自分の自然な傾向性を反映する言葉が思わず出たのである。

(36) 原文は句読点の打ち方も読み方も難しい。底本と違って γαλήνην（galênên）（凪）の後にコンマを打ち、νηνεμίαν（nênemian）（静けさ）の後のコンマを取る。接続詞 τὲ（te）（そして）を意味上 κοίτην（koitên）（寝床）と ὕπνον（hypnon）（眠り）を繋ぐものと解する。詩では τὲ（te）だけでしばしば二つの語を一つの全体に結びあわせるからである（Smyth,666）。人間の平和で始まり、海の凪と風の静けさを介して、人の憂さを静める寝床と眠りに至ると見る。

(37) 底本には「善き方（ἀγαθός（agathos））」とある。しかし Bury, 82 は Usener の修正 ἀγανός（aganos）（優しい方）を採る（N-W、鈴木）。後の「善き物事（ἀγαθῶν（agathôn））」と重複すると見たのである。しかし底本のままがよい（森、朴、Robin）。アガトンは原因と結果の区別から話すとしていたからである。ここは重複の中にこの区別がある。アガトン自身がエロス神の如く善いもの（アガトン）であり、善き作品を作るものだったのである。そういう自意識である。「知者には見るべきもの（θεατός（theatos））」と続くが、アガトン自身が劇場の多数の観客（θέατρον（theatron））の前に輝き現れていた（194B）。

(38) アガトンが話すとき、観客がどう反応するか、苦労も恐れもある中、エロス神が舵取り導く（Rowe, 166）。「戦闘員」と訳した ἐπιβάτης（epibatês）は、もともと軍船の漕ぎ手ではなく甲板で戦う兵士である（195E 参照）。

(39) κόσμος（kosmos）は、秩序（森、Robin）、飾り（N-W、鈴木、朴）。Bury, 83 は、ゴルギアスの『ヘレネ頌歌』1の「善き男ぶりが国の飾り、肉体には美」と比較している。

(40) エロスの神は、一群の歌い手たちを従えて自分の祝歌を歌い進む主人公のようなイメージを与える（Bury, 83）。

自分で自分の賛歌を歌うエロス神の自己返照性は、これに従うアガトンの自己投影と似ている。原因と結果なのである。

（41）アガトンは、自分のモデルとなったゴルギアスが本人の『ヘレネ頌歌』を「戯れのもの」と語ったのに対して、自分は半ば真剣だと主張したが、その真剣さがどこにあるかは不明、とRowe, 166はいう。しかしアガトンにとってエロス神の自己返照性から、エロス神賛美は自尊心の強い本人には真剣なことであった。最後に詩人として大真面目に賛歌を捧げ、そういう賛歌を歌い得た自分に満足している。しかし原因結果にかかわる分析のような話は、美しい表現創造の詩人にとってはゴツゴツしすぎて異質であり、戯れでやってみただけなのである。それだけ原因結果の分析が表面的だった。訳註10・35参照。

11　ソクラテスとアガトンの対話――賛美の言葉の虚実

（1）もとよりこのことさらに荘重な呼びかけは見せかけである。直前にエリュクシマコスの名を語ったので繰り返しを避けた（Dover, 131）というだけではないだろう。アクメノス（Ἀκουμενός（Akoumenos））という名はギリシア語で絶頂を意味する「アクメ（ἀκμή（acmê））」を思い出させる。ここでソクラテスは、アガトンがエロス賛美の頂点を極めたので話しづらいことを皮肉っている。

（2）この修辞的な表現は、アガトンのスタイルを真似してみせた風刺である（Bury, 84）。

（3）194Aのこと。しかしそこではソクラテスはアガトンが「善く話す」と予言したが、ここでは「驚くような話をする」と言い換えている。美辞麗句を使って「美しく聞こえる」話をしただけだからである。「驚くよう」ではあったが、真理に即して「善く」ではなかったと示唆している。しかしエリュクシマコスはこの言い換えに気づかず、予言は当たったとした。「善く」と「美しく聞こえる」の区別は理解外だったのである。ソクラテスは善と美、存在と現れ、そして真理基準の問題に進んでいくことになる。

（4） ゴルゴンは『オデュッセイア』XI, 632に出てくる三人姉妹の怪物で、毛髪は蛇でその恐ろしい顔を見るものを石にしてしまう。ここでソクラテスは語呂合わせでゴルギアスをそのゴルゴンになぞらえている。アガトンはゴルギアスのスタイルを真似ているように、その弟子だったのである。

（5） ソクラテスは繰り返しアガトンの話し振りに言及して、アガトンが動いているのが表現という言葉の地平の上だけだったことを強調している。そこでは言葉を超えるもの（真理）は視野に入っていなかったのである。198C–199Aで五回たたみ込んで使われる ἄρα（ara）（それでは、それなら）は、啓発されたことによる驚きを示す小辞であり（Denniston, 35）、ゴルギアスに似たアガトンの見事な話し振りに啓発され、「それでは」自分が無知で物笑いだったと自覚した驚きを示している。

言うまでもなくその心は、アガトンの啓発が真実であれば驚きなのだが、との皮肉である。最後に199Aで「それでは」ソクラテスは賛美の仕方を知らなかったので、自分流儀、つまり真理を基準とする批判と吟味の問答法をとる、と方向転換をするのである。

（6） 189Bで喜劇作家アリストパネスは、常識破りの奇妙奇天烈な話をすることで「笑われはしまいか」と恐れた。しかしソクラテスにとって恐れることは、自分が知らないことに気づかない、自分が知らないことを知っていると思い込むことである。そんな錯覚の人はとんだ笑い物だという人間喜劇がそこにある。そして同時に、その無知の無知こそが恐れるにたる悲劇だということでもあった。「恐れる意味もない恐れを恐れる」（198A）のとは全く違ったのである。

（7） 177D参照。先にゴルギアスは「語ることにかけては恐るべきもの」と紹介されていた。

（8） 「名と句」（198B, 199B）を上手く使う美しい言語表現と表現が向かう対象としての「事柄自身」（198D, E）の対比、そして「真理・真実」（198D, 199A, B）と「それらしく見える・現れる」（198E, 199A）の対比がある。ソクラテスにとっては「真実を語ること」は、何かを称賛する場合だけではなくおよそ語ることの普遍的基礎措定である。

そして不思議なことに、今日の宴会の出席者の中で、アルキビアデスだけがそれをソクラテスと共有していたのである（213A, 214E, 216A）。詳解［4］16参照。

（9）「大それたことを考えていた」は μέγα ἐφρόνουν（mega ephronoun）であり、182Cでは団結する市民が支配者に反抗する野心、189Bでは原始人間が神々に反抗する野心、194bではアガトンが喝采を浴びるべく舞台に上がる大志、をそれぞれ表現していた。しかしソクラテスにとっては、「真実を語る」ことが大いなる志だったのである。それが「善く語る」ことだったからである。

　二人の芸術家がそれぞれ自分の話をその独創性において主張した時、その冒頭の言葉が「わたし」という一人称単数形の指示代名詞 ἐγώ（egō）であったが（189D, 194E）、ここ（198D）でソクラテスが文頭から「僕は」と自らの話を始めるのは、「真実を語るべきだと思っていた」ということである。自分よりも真理に優先権をおくとのことである。真理への関心のない賛美は賛美にはならない。ディオティマの「わたしの話」（205E）もソクラテスと一致する。

（10）アガトンが語った「もっとも美しい」は195A、「もっとも大きい」は196Bである。アガトンには他に「もっとも善い」（195A）、「もっとも若い」（195A）、「もっとも柔らかい」（195E）、「もっとも繊細」（195E）、「最大限」（196C）、「もっとも勇気がある」（196D）、と最上級が多い。そして「花盛りの絶頂」（196A）も。

（11）言葉美しく語ること自身が求められているのが、戦死者追悼演説である。死者を褒め称え、もって遺族を慰め、そして新しい国作りに向かわしめる、という効果狙いの政治的言語だからである。ソクラテスがそれをパロディー化しながら批判しているのが『メネクセノス』である（山本④参照）。

　しかしあることないこと語って褒めることは、われわれの日常である。そこでは褒め言葉を語ることが褒めることだ、と褒めるものも褒められるものも思っている。従って称賛とは私的にも公的にも何よりも社会的パーフォーマンスである。それに対してソクラテスは evaluation ではなく description を要求している。

（12）177Dのこと。

(13) それまでソクラテスはアガトン個人を相手にしていた。ここでは「君たち」と複数形で残りの人たちも含めている。しかしRowe, 167は、それでもソクラテスはもっぱらアガトンを念頭にしており、ソクラテスの批判がどれほどアリストパネスなどに当てはまるか疑わしいとしている。それは眼目のことを見過ごしている。ソクラテスはアガトンに、アリストパネスなど他の人にも適用可能な何か解答を教えたりするのではないからである。

みんな各自各様の「自分の言葉」でエロス賛美を語ったが、ソクラテスは真実を語ることだと方向を転じた。そして真理は「われわれの言葉」による議論という言葉の摺り合わせの中で明らかになる、と信じたからである。ソクラテスはアガトンを問答の相手に選ぶが、それは吟味と批判という活動自体を誰にも見える形で展開し、限定的であってもそれぞれの人を自己思考へ呼び招く活性化作用であった。

(14) エウリピデス『ヒッポリュトス』612.

(15) *οὐ μέντοι ἀλλὰ* (ou mentoi alla)（決してしない）は、どんなに強い反論があっても、決してそうはならないことを強調する小辞（Denniston, 28-31）。

(16) 今日の宴会がエロス賛美の競争という趣をもってきたことは、アガトンのコンクール優勝という事実と共に背景をなしている。宴会は競争の雰囲気に包まれ、賛美が「美しく見える」ことを求め、従って「より美しく」語ることを競うからである。そして酒とエロスの話で気分が高揚し熱をもってきて人は駆り立てられる、わたしにも言いたいことがあると。しかしソクラテスは競争からは下りるのである。194Aで競争を冷やかしていた。訳注9・1参照。

(17) 先にパイドロスは、ソクラテスの対話問答を聞くことは楽しいが、いまは駄目だ、エロス神の賛美だ、としていた（194D）。ここからソクラテス方式の賛美を聞くことになる。

(18) 相手に効果的にアピールするように、そして相手の賛成と賛辞を呼ぶように言葉を選び並べて調整することは、「言葉の政治力」としての弁論術である。しかしソクラテスは自らの裁判にあって、裁判員にアピールするように仕立てた言葉は語らない、いつも通りその時の在り合わせの言葉で弁明するとした（『弁明』17C-18A）。自分に有利になるように裁判員にアピールする言葉は、それが効果的であればあるほど、裁判員自身が自由に考え、自由に判断することを難しくするからである。

ここの「浮かんでくる」（ἐπελθοῦσα（epelthousa））という動詞は、アガトンが「詩の言葉が浮かんでくる（ἐπέρχεται（eperchetai））」（197C）と言った場合と、アオリスト形と現在形の違いだけで、同じである。ソクラテスは言葉を調整せず、愚直なほど率直に浮かんでくるまま疑いと問いを表明したが、アガトンではこころの律動に美しく「調子の合った言葉（ἔμμετρον（emmetron））」としての詩が浮かぶということである。同じ動詞を使うことで、対話問答と詩の対照が強調されることになる。

（19）人々はそれがまるでソクラテスの個人的選択問題であるかのように考えたのは間違いであった（Rowe, 168）。対話問答法は偶然選ばれる方法なのではない。M・ブーバーの明晰な洞察のように、「我」と「汝」の人間存在に根ざす言葉と真理の深層構造を反映している。

（20）「お尋ねなさい」と訳した原文は ἐρώτα（erôta）である。それを受けたかのように、ソクラテスはこの単語をアガトンとの問答再開直後の199D-Eで「問う、質問」という動詞、名詞として四回使っている。ところでこの単語はエロス（ἔρως（erôs））に似て響く。これはただ表現として言葉の上だけの類似性ではなかった。訳註3・16、訳註13・3、訳註16・4参照。

エロスと対話問答が結びつく可能性は、パイドロスの与り知らぬことである。示唆されているのは、人が謎・疑問に触れて、質問し、探究し、理解し、一致に至ろうと欲求することにエロスが結合していることである。実に問うことは、知ることの欲求を自分で自分の中に発見し、無知から目覚めること、目覚めようとすることである。ソクラテス・プラトンが使う語呂合わせは謎の仄めかしであり、遊びと真剣さの結合であって、未知の空間へ自由に思考の翼を広げる冒険である。

（21）ソクラテスがアガトンとの対話問答を再開する時に語る最初の言葉は、194Dでパイドロスがアガトンにソクラテスとの対話を禁じた時の呼びかけの言葉「親しい友のアガトン」と同じであった。ソクラテスは対話という友愛の言語空間へアガトンを呼び招いたのである。対照の妙である。なお文頭の καὶ μήν（kai mên）（確かに）は、先行する話者（ここではアガトン）の言葉に好意的に同意していることを示す小辞である（Denniston, 353）。アガトンの原因結果の話し方はソクラテスも高く評価したのである。

(22) 意味は分かりにくい。「母（父）のエロス」が曖昧だからである。ⓐ母が抱くエロス、ⓑ母に向けたエロス、ⓒ母をその源とするエロス、の三通りの可能性を Bury, 89-90 は挙げ、ⓐⓒは実質に触れてこないとして退け、ⓑを採用する（久保、鈴木、森、Robin, Rowe）。エロスは性的感情だから、親へのエロスはおかしな話になる、と解する。朴、N-W はⓒに近く、「ある親から生まれた」とする。しかしエロスに親がいるのか、エロスはどの親の子か、という起源の話が「おかしい」ことにはならない。実際に後でエロス神が工夫の神（ポロス）と貧窮の女神（ペニア）から生まれたというエピソードが語られるからである。

エロスが母を対象にすれば「おかしい」（オイディプス王の悲劇）。母と子は本質的に親子関係だからである。ではエロスは何を本質的関係にするか。これが浮かび上がる問題である。ⓑが妥当であろう。

(23) 動物のように、自分の欲求しているものの概念化がない場合でも欲求は可能だが、特別な種類になろう（Rowe, 169）。精確に言えば欲求の意味が違う。動物では欠乏の事実があれば、充足の欲求が自然に生まれ、行動に直結する。しかし人間では欲求に対する態度が違う。自分の欲求に対していかなる態度を取るか、欲求を言葉で捉えることによって多様な可能性が開かれるからである（欲求を伝える、隠す、控える、見せかけるなど）。

(24) 欲求とエロスが結合された。アガトンは先に「欲求とエロス」と並列していた（197A）。Rowe, 170 は、ソクラテスは先にアガトンが言った欲求とエロスの等価をここで取り出す以上のことをしていないというが、それが重要なのである。アガトンは自分の考えを主張するが、それが何を意味として含むかを考えない。自分の意見を分析の俎板に載せ整合的に透明化することが思考だからである。しかし分析のないまま自分の意見を表現することがアガトンのやり方だ、と示して見せることが眼目だったのである。

(25)「もっともらしいこと」と必然性とは論理レベルが違う。後者は普遍妥当性の知識の要件であるが、前者はある視点、立場から「そう見える」という蓋然性である。違う視点からは違って見えることもあり得る。ソクラテスは「必然であるかどうか」の吟味を要求したが、芸術家アガトンは「美しく見える」語り方は得手でも、元来厳密に考える習慣がなかったことを端なくも暴露することになった。次註参照。

(26)ソクラテスが先にアガトンに対して「驚くほど」といったのは、その話しぶりの見事さであった（198A）。しかしソクラテスが自らの話の中で「驚くほど」といったのは、同意されたことから一つ一つ論理的に分析して出てくる結論の必然性に対してである。「必然」という語が200A–Cに三度使われている（「不可能」が200Bに一回）。アガトンには「もっともらしい」話で十分だったのである。

(27)「ねえ君」と訳した原文は、一般に「人、人間」の意味の名詞の呼格で、ὁ ἄνθρωπε（ô anthrôpe）である。軽蔑を表す（ラテン語のhomo、英語のmanも同様）。

(28)現在起きていることは何であれ、必然的である。一厘一毛これを取り消したり訂正したりすることは不可能である。アリストテレスが「してしまったことをなかったことにすることだけは、神もまた欠きたもう、とアガトンが語っているが、正しい」と紹介している（『ニコマコス倫理学』第6巻第2章1139b9–11）。「運命の必然性」である。それは欲求の対象にもならない。既に起きている。

しかし明日はどうなるか分からない。誰も未来は一厘一毛覗けないからである。その未知未見の未来に架橋しようとするのがエロスと欲求である。今健康な人が、来年も健康であるように願うとすれば、時間の中に生きながら、時間を超えようとすることになる。しかし望みの通りなるとは限らない。無残に裏切られることも多い。世は無常であり無情なのである。

(29)ソクラテスがアガトンとの対話の中に入れ子式に、架空の第三者を相手にした仮想の対話問答（直接話法で表現されている）を導入するのは、アガトンがわれわれ同様、自他共同の議論で一つ一つを厳密に吟味検討して同意に至ろうとする対話問答に不慣れだからである（アガトンから同意を得たいとしてソクラテスが始めた199C–201Cの問答の中で、「同意」という語が八回使われている）。ソクラテスはアガトンの前でモデルとして仮想の問答を演じて見せたのである。

（30）今あることも今ないことも、運命の必然性に縛られて凍結している。欲求も愛も、現にないことを「今ある」に全面変化させる神の創造の強さはないし、今ないことが「今あればいいのに」とただ空想するだけの夢でもない。欲求はあくまで存在の要求であり、未来に実現することの欲求である。

（31）「エロスの神自身にとって現に欠けている」は ἔνδεια παρῇ αὐτῷ（endeia parêi autôi）であり、「欠けていることがエロスの神に現前している」との意味である。ある人があることを欠いていることが事実だとしても、それがその人にとって現実であるとは限らない。気づかないことも多い。アガトンは、ソクラテスとの問答の中で自らが知らなかったことに気づいた（201B）。自分に何が欠けているか、その発掘努力をしなければ、姿を現さない欠乏が人間にはある。

（32）199C–200Bはエロスの神の話であり、200B-Eはエロスの人（恋している人）の話であって、ここからまたエロスの神の話に戻っている。

（33）197Bのこと。

（34）「いやいや」と訳した καὶ μὴν γὲ（kai mên... ge）は、相手に反対することを示す小辞で（Denniston, 357）、皮肉混じりである。ソクラテスが、善（アガトン）と似て響く「アガトン」と名前で呼びかけるのは200C以来久し振りである。アガトンは見事な話しぶりであったが、善い話、つまり真理に即した話であったかどうかは疑わしい、そう期待されていたのに（194A）。それで善と美の結びつきの議論に転換するのである。誰もが従うべきは真理、という基礎措定が直後の201Cで示されている。

（35）美しいと評判のアガトンはコンクール優勝者だった。そして今一人の美貌の快男児アルキビアデスは傑出した能力の政治家であった。善と美の結びつきは二人の青年に顕著だった。そしてソクラテス。「われわれの時代でもっとも正しかった人」（『パイドン』118A）と呼ばれた人は、怪異な風貌で有名であったし、国家犯罪者として死刑になった。善と美、存在と現れはどう関係するであろうか。裏脈絡は新しい段階に進み、表ではディオティマが登場する。

（36）日本語では「愛するアガトン」が自然な響きであるが、精確には「愛されるアガトン（φιλούμενε Ἀγάθων（philo-umene Agathôn））」である。Dover, 136は、パウサニアスに愛されたアガトンという同性愛の関係に言及しているらしいとした。それはことを見損なっている。Rowe, 172は、「愛される」アガトンなら善と美を欠かないことになり、ソクラテスが議論で負かしたアガトンに餞別代わりのお世辞を言っている、と見ている。随分と人の良いソクラテスである。それではソクラテスが直前で真理を強調した意味があるまい。真理に裏打ちされた友愛の言語を共にした「愛されるアガトン」なのである。詳解［4］11参照。

12　ディオティマとソクラテス1――エロスは神と人間の中間者

（1）未来を予知する能力のある外国の女予言者であるが、架空の人物であることは疑問の余地がない（Rowe, 173）。

（2）紀元前四三〇年にアテネを襲った疫病（多分ペスト）のことであろう。ペロポネソス軍がアテネに迫った時に発生し、原因は不明で、その被害は「前代未聞」とある（トゥキディデス『戦史』2.47）。ペリクレスは翌年病死した。なおディオティマは疫病を遅らせただけで、起きないようにするほど、神のような万能の力ではなかった。ディオティマが知恵があったのは、「エロスのこと、その他（予言、医術など）に関して」であり、無条件に知恵があったわけではない。ソクラテス紹介のこのエピソードは、哲学と幸福の一致という希望のメッセージを含んでいる。詳解［4］12参照。

（3）アガトンの冗長で、些細なことを気にする話しぶりに対する軽蔑を示している（Bury, 95）。ソクラテスには話し方の原則以外の点では、アガトンの話を褒めることがなかった（Rowe, 174）。Sedley, 47-67 は、全体としてみればアガトンはソクラテスを予表する立場に近く、ディオティマに批判されることを通してソクラテスの考えを浮き彫りにする、と肯定的に捉えている。

（4）エロス神が「何であるか」という本質の問いは、ソクラテスが新たに追加したものである。さり気なく差し入れたこの問いは、新しい視点の問題次元に転換することになる。「何であるか」は、アガトンが立てた「どのような性質であるか」（194E, 195A, 199C）の問いに先行するからである（『メノン』71B 参照）。イデア探究を主導するのは、端的な「何であるか」の問いであった。「何であるか」が確定した〈それ〉について、初めて「どのような性質か」を語ることができるからである。

従って探究の第一段はエロス自体が「何であるか」（202C ～）、第二段は「どのような性質か」（203C ～）、そして最後が「どのような働きをもたらすか」（204B ～）、である。

（5）形容詞の複数属格を使った「美しいものである」は曖昧で二義的である。エロスは、美しいものを愛の対象とする意味か（197B, 201A）、美しいものの中の一つという意味か（195A）、である。いずれもアガトンが主張したことであった。翻訳はどちらか一方を選択しているが（森、鈴木、朴、Bury, Robin は前者。後者は N-W）、間違いである。ここはその曖昧さがアガトンの曖昧さだということである。つまり（ソクラテスが演じている）アガトンは二つの命題を主張していながら、それが矛盾することに気づかない、細かい議論には関心がない、ということが眼目だからである。204D にここと同じ文があるが、そこでは既にエロスが美しくないことが証明された後で、曖昧さはない。

（6）驚きと憤慨の表現（Dover, 138）。

（7）「美しい」は「美しくない」とは矛盾対立であり、「醜い」とは反対対立である。ソクラテスは矛盾と反対を混同している。反対には中間があり得たのである。想定上ディオティマに会ったとされる頃のソクラテスは、まだ論理に精通していない若い時期と見なされることもある。

（8）「理由の説明を与える」と訳したのは λόγον δοῦναι（logon dounai）である（訳註7・26参照）。ギリシア語の λόγος（logos）はギリシア人の根本経験を表しており、理由、原理、根拠、理性、説明などを広く意味する。言葉で説明する意味で「言葉」とも訳される。論理学（logic）を発明し、議論による政治である民主制を発見し、説明体系としての科学知識を確立したのは、「言葉をもつ動物」と自己理解したギリシア人である。

（9）ἄλογος（alogos）は「説明のないこと」と「不合理」の両方をかけている（Rowe, 174）。

（10）「いえいえ」と訳した καὶ μήν γε（kai mên ...ge）は話者による反対の表明の小辞である（Denniston, 357）。ディオティマに対してソクラテスが反論している。

（11）「ですよ」と訳した μὲν οὖν（men oun）は強い不満を表現する小辞である（Denniston, 475）。

（12）ここでソクラテスが「言った」という意味の動詞を繰り返している（εἶπον（eipon）と ἔφην（ephên））。ソクラテスがディオティマの言葉にいたく驚いたことが重複表現で強調されている。ソクラテスはディオティマの言葉に繰り返して驚き、憤慨、不満（新しい理解を求める脈動）を表しているが、その頂点がここである。208B に同様の重複がある。

（13）「幸福」と訳した εὐδαίμων（eudaimôn）は字義通りには「善い（εὖ（eu））神霊（δαίμων（daimôn））に満たされて」という意味である。204E ではエロス・愛の求める究極が幸福であることになる。

（14）「ではさて」と訳した ἀλλὰ μὴν（alla mên）は新しい段階を示す小辞（Denniston, 344）。

（15）『クラテュロス』398B で、ダイモン（δαίμων（daimôn））が、「学ぶ、教える」の意味の動詞 δάω（daô）の第二アオリスト不定詞 δαῆναι（daênai）からの派生形 δαήμων（daêmon）（知識のある、経験のある）と結びつける語源学が語られている。今この箇所で展開されるディオティマとソクラテスの間の対話問答は、「経験がありよく知っている」ディオティマによる導きである。

（16）神霊が、宇宙全体の不死なるものと死すべきものという両端を結ぶ結節点の働きをする（Bury, 99; Dover, 140）。

(17) Bury, 94は、底本にある予言術（μαντεία（manteia））が既に占い（μαντική（mantikê））で言及されているので、魔法（μαγγανεία（magganeia）に変更する（Robinも）。しかし今度は魔術（γοητεία（goêteia））との区別が難しかろう。そこでこの予言術は神官たちの技術としての仕事の一つとして解する。それに対して先の占いは次行の人が「眠っている時」も起きる夢の占いなども広く含む。

(18)「目覚めている時でも眠っている時でも」は神ではなく人間に言われるので、「人間にとって神との」という意味の句をBury, 99は挿入している。眠っている時に、とは夢見、夢占いのこと。

(19) 219Cでアルキビアデスがソクラテスをダイモニオンと呼んでいる。

(20) 神と死すべきものの中間者としての神霊は数も種類も多い。その中のどれがエロスか、という同定問題が現れ、エロスの出生の原因である両親から接近することになる。

(21) 普通なら「父親、母親は誰ですか」であるが、「どの父親と母親の子ですか」という表現になっている。神々と人間の中間としてエロスがいかなる両親から生まれたか、その中間性の由来が問われている。

(22) メティスはゼウスの最初の妻で、神々と人間の中で一番の物知りであり賢かった。妊娠したが、雷光より強いものを生むのではないかと恐れたゼウスに欺されて腹の中に呑み込まれた。そしてその頭から知恵の処女神アテナが誕生した（ヘシオドス『神統記』886）。

(23) πόρος（poros）は「渡り船、海路、道、困難を克服する手段、工夫、才略」を意味する。母ペニアの「無力さ」と訳したἀπορία（aporia）はわれわれも使う「アポリア」である。否定接頭辞のἀ（a）がπόρος（poros）についたもので、才略がなくて克服できない無力さ、途方に暮れることを意味する。その反対のεὐπορία（euporia）は良く（εὐ（eu））工夫を凝らして道を切り開くことである。両方とも以下で動詞としても使われている。

(24) パイドロスのエロス不生説（178B）の批判。このエロス誕生物語について、Bury, 101は、オリゲネスが旧約聖書と比定して、ゼウスの庭園をエデンの園、ポロスをアダム、ペニアを蛇としたことを紹介している。しかしそれは当たらない。蛇は男女が誕生した後に登場するからである。眼目はむしろ次のことにある。神はアダムを深い眠りに落とし、その肋骨からイヴを作った。そしてアダムはイヴに出会って、「これこそ我が骨の骨、我が肉の肉」と言ったという（『創世記』2.23）。アリストパネスの半身論にも似て、己が全体回復の喜びを告げて余りある。が、「恋に落ちる」という言い草があるように、あるいは恋が「何だかわたしには分からないもの」にこころが捉えられることで始まるように、恋には本人自身にも不透明で摑みがたい偶然性があり、性と愛は何か曖昧で謎めいたことがあることを、両方の物語の「眠り」は象徴している。異性は、彼方の存在、あるいは存在の彼方であり、しかし自己の全体の意義を担う未知なる何かなのである。もっとも近く親密な謎である所以である。

（25）ディオティマにとってエロスは美を直接愛するものではなく、美に関係して（περί（peri））愛するもの（Rowe, 176）。

（26）親を出生の原因として、エロスの性質の説明になる。アガトンが要求した説明方式を転用。しかし「巡り合わせで」そうなっている、という偶然の要素が残っている。

（27）アガトンにとってエロス神は美しく繊細優美で、地面を歩かず柔らかいもの（こころ）に住まいを定めていた（195E–196A）。しかしソクラテスは、路上生活者さながらのペニアに似ていつも粗末な衣で裸足だった（173B, 220B）。詩はこころにあり、哲学は生活の大地にあることの象徴。

（28）ソクラテスは対話に熱中すると他のことを忘れて無視してしまう（194D）と指摘されていた。

（29）エロス神は父ポロスを介して祖母、メティスに由来する知恵に与っているが、二重に遠い反映である。知恵はあるけれども、自前の知恵とは言い難い。そこに軋みがある。詳解［4］12参照。

（30）エロスを花の盛りの美と讃えたアガトンは（196A–B）、自身が若さの美とコンクール優勝という人生の花盛りだった。しかし「短きものは花の命と男の盛り」である。

（31）アガトンの見事な話しぶりに圧倒されて、ソクラテスは途方に暮れるといい、エリュクシマコスが「貴方にそんなことはない」と否定していた（198A）。ソクラテスに見られる、エロスの母ペニアの面と父ポロスの面である。

（32）現に大きい人は大きくあることを求めない、とあった（200B）。

（33）この場合、本性（φύσις（physis））は生まれによる、つまり親に由来した性質ということであって、それ以上でも以下でもない。

（34）もっとも幸福で美しく善いエロス神の弟子をもって任じていたのが、若く美しく優秀なアガトンであった。若者特有の自己中心主義のナルチストたるアガトン自身が「愛されるアガトン」であった。しかしソクラテスとの問答でエロス神は善美を欠くと明らかにされてその幻影が破れ、友愛の対話をソクラテスと共にする新しい「愛されるアガトン」（201C）は、しかし今ここでさらに欠乏する善美を求めて「愛するもの」へ転換することが促されることになる。詳解［4］11参照。

（35）エロス神自身が何であり、どのような性質であるか、に続く、どのような結果を人間にもたらすか、の問いである。χρεία（chreia）は、Dover, 145は「機能」とするが、エロス自身の機能より、人間に及ぼす結果の強調として「有益さ」とする（Bury, Robin）。

13　ディオティマとソクラテス2——人間は身心ともに妊娠中

（1）これはアガトンとソクラテスの同意点であったが、しかし201Eと違って、エロスが美しいものの一種という意味は解除されている。

（2）これまではエロス神の話で、これからはその働きの人間に及ぼす結果の話になるので、「エロス」は「人間の恋」となる。

（3）「質問」はἐρώτησις（erôtêsis）であって、直前のἔρως（erôs）（エロス）、ἐρῶν（erôn）（恋する人）と響き合っている。問うことは、自分の無知という欠落に直面することであり、そして正しい（善い）答を探求することであり、その答が自分に生まれてくることを求めることである。知と無知の中間なのである。その点でエロスと同じである（202A）。こうしてエロス・恋が問いを運び、知を求めて理解を深める責を負っていることを示している。「愛されるもの」から転換した「愛するもの」としてのエロスの力動エネルギーである（204C）。これは繰り返し現れる根本モチーフである。訳註3・16、訳註11・20、訳註16・4参照。

（4）人は美しい人に恋をする。で何を求めているだろうか。肉体による性的快楽を求めてではないことは、先にアリストパネスが指摘していた（192C-D）。自分でもよく分からない、謎のようなことだ、としたのである。

（5）善と美の関係をソクラテスとディオティマがどこまで明瞭にしているかは不明である（Rowe, 179）。しかし『饗宴』をもっともよく理解した一人、プロティノスが「善は美の源泉にして始原」（『美について』9.43）と述べたように、美は善から流れ出る流れであり、逆に源泉である善まで人を招き導く超越エネルギーに満ちている。善はその究極の目標であり根拠なのである。従って人がどのようなものを善いとするにせよ、善は終極性と完全性と全体性を帯び（それで善い！）、そして幸福もその三性質から規定されている。

（6）「より易しい」は εὐπορώτερον（euporôteron）で、エロスの父ポロスにかけてあり、「道が開ける」との意である。

（7）幸福はそれ自体で倫理的終極（Bury, 106）。アリストテレスもその『ニコマコス倫理学』で、あらゆる人間的行為の終極目的を幸福としている。何のために幸福を求めるか、が無効な問いだからである。Dover, 145は「わたしは幸福でいたくない」を自己矛盾と表現している。

（8）「いつも、常に（ἀεί（aei））」は、「望む」と「ある」のどちらにかかるか曖昧（Rowe, 179）。どちらにも読める両義性の中で、三行後は「いつも求める」との意味である。しかし206Aでは「いつもある」と指摘されている。そして207Aでは「善いものがいつも自分にあることのエロス」とされ、徐々にエロスが永久不死の願いであることを示す展開になっている。すでにエロス・愛の欲求は今現在あることではなく、未来に実現することの願いである、とアガトンとの間で同意されていた（200D）。

（9）「創作」と訳した ποίησις（poiēsis）は、非存在から存在への変化を司る活動であり、技術による物の制作から音楽を含む詩（poesy）まで亘る。エロスとの関係については、詳解［4］13参照。

（10）似たものの中に区別を、区別されるものの中に類似性を、洞察するのも思考の働きである。

（11）「巧妙に誘う」と訳した δολερός（doleros）はアテネ地方の散文では普通に使われる単語ではなく、何かの詩からの引用であろう、と Dover, 146; Robin, 59n1 は推定している。

（12）冒頭の 173C で、アポロドロスが昔の宴会の話をする相手は裕福な商人だと言及していた。あの商人たちもソクラテス出席の宴会のエロス談義を聞きたがったように、そしてシュンポシオンという社会習慣がただの飲み会ではなく、むしろ社会的エリートたちの議論のサロンであり教育の一環でもあったように、当時の社会の知的関心は高かった。「哲学」はそうした広い意味である。しかし次註参照。

（13）Rowe, 180 は、ディオティマは、万人が善を求め、その求め方はそれぞれ違い、その一つが恋だとするので十分だったのに、理由も挙げないで「万人恋愛中」を主張したと指摘している。Bury, 106 も、ここの議論の結論と一般常識の矛盾を明らかにした、とだけ述べている。しかし部分である種の位置の性愛のエロスと哲学（知恵の愛）を、善と幸福の欲求という類としてのエロスの統一性の中で、和解させ統一する意図なのである。善と幸福の追求ということをディオティマは放棄していないからである（205D, 206B）。

（14）以下は事実と価値の区別を欠くアリストパネス批判とその修正であるが、人間が性を分断された存在論的性であったことを想起させるとともに、そこにそれを超えるものとして善を接ぎ木しようとしている。

（15）この条件法は、ἐάν（ean）+接続法の条件文と直説法現在の帰結であり、帰結はいつでも成立する一般的真理として主張する（Smyth, 528）。泣いて馬謖を斬る、である。イエスも「もし片方の手か足があなたを躓かせるなら、これを切り捨てなさい」と言っている（『マタイ』18.8、『マルコ』9.43）。

（16）「各自にとって最善のものがその人にもっとも固有である」との論点が『国家』の眼目になっている（586E。なお『リュシス』221E、『カルミデス』163C–D参照)。単なる事実を超える善に縛られているのが人間である、という驚くべきことに焦点が当てられている。例えば「わたしはろくでなしの大馬鹿野郎だ」と言えるだろうか(Wittgenstein ④, 32)。「彼はろくでなしだ」と言えるけれど、「わたし」の場合には言えない。言うためには一つの条件がある。悲しんでいる、後悔している、改善したい、といったこころの様を伴っていることである。他人の場合はその人との人間関係の遠近による。遠い人なら客観的記述として事実そのまま述べられるが、親密な関係の人なら、他人事のようには言えない。その人自身に思いを込めて悲しみながらでしか言えない。「自分のもの」はもっと近みに位置する。

(17)『国家』で善は「存在の彼方」(509B)と指標されている。従ってどんなものとしても存在としても把握できない。むしろ彼方として「あらゆるこころ(ἅπασα ψυχή)(hapasa psychê)がそれを追い求め、それのためにすべてをなすところのものであり、しかし何か予感はするけれども、それが何であるかは十分摑めない」(505D–E)ところのことである。山本⑥三八—四二頁参照。

(18)「美」を「善」に置き換えて新しく問答が始まった204Eからここまで、ソクラテスはディオティマに対して「あなたは本当のことを仰っている」という趣旨の返答を五回繰り返している。善についての議論は幸福を鍵にしてソクラテスもついていけたのである(「答えるのがもっと易しい」204E)。最後のここでは「もっとも真実」のことと最上級で表現している。そして一連の善をめぐる議論は終わった。次の行から美の話に戻ることになる。

(19)δή(dê)(さてでは)は新しいセクションの始めを示す小辞(Denniston, 239)。狭義の性愛のエロスの話が始まる。「いつでも」という副詞は広い意味のエロスという類的一般者をカバーするもので、次の行のエロスが狭義のものである。

(20)原語はσπουδή(spoudê)であり、英語のstudyの原意である(studiousに残っている)。「一生懸命の努力」と訳したσύντασις(syntasis)は、力の凝集であり、203Dではエロスの父ポロスの性質として、σύντονος(syntonos)

（一生懸命）とあった。すでにソクラテスが学習の熱中と努力の過程にいて、理解の深化、発展を求めている。そして美がそうした理解の成長にどのような位置を占め役割を果たすか、が次の問題とされることになる。

(21) **ποιτάω**（poitaô）（やって来る）は、「先生の所、学校へ行く」と「愛人の許へ通う」の二つの意味がある。学校から知識を核にした敬愛の人間関係が消えると、知識への愛も消える。

(22)「予言の力」は **μαντεία**（manteia）であり、「分かる」というのは **μανθάνω**（manthanô）（学習の意味もある）である。音の響きが共振する語呂合わせになって、強い結びつきを示唆している。加えて実にディオティマはマンティネイアの女性であった（201D）。

マンテイアは、神が人間の運命を定める意思を伝達するという（ヘブライの）預言ではない。運命（モイラ）がギリシアの神々の上に立っていたからである。予言は、未来の出来事を何らかの神の合図、予兆を通して洞察する予感力である（ブルクハルト、第四章参照）。ソクラテスにとってディオティマの助言と導きが必要だということであり、助けを必要としていることは、自分の欠乏と無力の自覚形態である。

(23) 男女の交わりが出産であるとするこの一文は無意味、として多くの人はテキストから削除する（Bury, 111）。自然なプロセスは、性交渉＞妊娠＞出産（分娩）であるのに、性交渉の前に妊娠しており、性交渉が出産だとされているからである。N-W, 67 は性交と出産を結んで「生むために男女は一緒になる」としている。Rowe, 183 は、この出産は実際した。Dover, 148 は性交が一種の出産だとし、Robin, 61 n. 1 も出産は性交に引き続くので拡大解釈できるとの胎児分娩ではなく男の精液の放出に当たるとしつつ（納富①六〇頁も）、その眼目はこころに妊娠したものが遂行する別種の出産を導入することにあるとしている。詳解［4］13参照。

(24) エロスと調和は 187A–C 参照。

(25) 運命の女神モイラが出産の女神でもあることは、『イリアス』24.209 にある。お産の女神エイレイテュイアは『イリアス』16.187, 19.103; 119 にある。

（26）プロティノスはその『美について』（2.1-7）で、こころは美しいものに会うと歓迎して受け入れようとし、醜いものに会うと、調子が合わず異質だとして引き下がり背を向ける、と述べている。「柔らかくなり」「縮こまり」「丸まる」は、Dover, 147 が男女両方に適用されるとしたのに対して、Rowe, 183 はディオティマの視点が男にあることを強調する。

（27）「をもつ人（τὸν ἔχοντα（ton echonta））」は、「美しさをもつ人」でも「陣痛の痛みをもつ人」でも意味しうるが、後者では冗長になるので、概ね前者を採用。

（28）Rowe, 183-184 は、ディオティマの話は生理現象としての出産を離れて、男に妊娠・出産という女の働きを帰属させているとしつつ、文脈はより流動的で、確定した結論は不可能としている。

（29）「永遠」と訳したのは ἀειγενές（aeigenes）（常に生まれる）である。死すべきものにとって「常にある」永遠とは、常に生まれ続けることにある。無条件な永遠ではない。

14　ディオティマとソクラテス3――永遠不死を求めて（小秘儀）

（1）それまではエロスの本質を探すいわば原理論であったが、ここからそれに基づいて、動物の生殖行動と人間の名誉愛の具体的現象をその原因から示す議論に転換する。

（2）冒頭、アポロドロスは哲学の議論になると狂気じみてくる、とあった（173E）。

（3）パイドロスの話では、恋する人のみが自己犠牲から死ぬとあった（179B）。しかし獣でも種の永続のために子孫を残そうと涙ぐましい奮闘努力をしている。エリュクシマコスの宇宙的秩序のエロス神に対して、小さな生命の事実である。「ここにもまた神々はいましたもう」というヘラクレイトスの言葉を引用して生物学研究に着手したアリストテレスも、動物の個体保存・種保存の活動を神的なものと解した（『動物部分論』645a22、『霊魂論』415a28-29）。

（4）動物の場合は本能であるが、人間の場合は本能だけではなかった。

(5) ソクラテスは、宴会始めには、エロスのこと以外は知らないと豪語していた（177D）。アリストパネスの奇想天外な話が終わった段階で、ソクラテスは一抹の不安を口にしている（193E–194A）。そしてアガトンの話が終わって、ソクラテスはエロスのことで自慢していたことを恥じた（198D）。しかしそれはアガトンの修辞華やかで見事な話し振りに対してであり、エロスの真実を語ることこそあるべき賛美の仕方だという点でまだ自信満々だった。それがいまここでは、「言えますか」とディオティマに問われて、困惑することになる。この対話篇の諸段階で、ソクラテスがエロスのことを知らなかったことに気づく自覚と理解が少しずつ進展していることを示している。

(6) 人の意見や考えはいつでも変わるが、知識は不動の内に同一性を保っている。ピュタゴラスの定理は時・所で変わるわけではない（変わるとすれば、非ユークリッド幾何学のように別の体系になる）。しかし個人から忘失することがある。むしろ忘却は人の常である。こうして人は不断の忘却と学習のプロセスにいる。

(7) これはアリストテレスによってそのまま植物の生命活動として採用されている（『霊魂論』415a28, 416b24–25,『動物生成論』735a13,『政治学』1252a29–30）。どんな生物も自分で自分を生むことは不可能であり、したがって自分で「自分のようなもの」を絶えず生み出すことに生命がある。「内」に生み出すのが栄養摂取（新陳代謝）による個体保存であり、「外」に生み出すのが生殖としての種保存である。

(8) 底本には「不死なるもの（ἀθάνατον（athanaton））」とある（Dover, Robin, N-W, 鈴木、朴）。つまり神々の永遠不死とは違う方式の不死性だと解している。しかしBury, 117（森）とともに、子を生み続けるのとは別の方式では「不可能（ἀδύνατον（adynaton））」と取る。207Dにも適合する。小秘儀を超えて別の可能性（大秘儀）があったが、小秘儀の段階ではそれはまだ知らなかった。

(9) 「言った、言った」と二重になっているのは、驚き、疑いの強調として、先の202Cにもあった。訳註12・12参照。朴、一一三頁は「驚きのあまり声を上げ、こう言った」と巧妙に訳している。

(10) 「完璧なソフィスト（知者）のように」は解釈が多様で（Bury, 118）、①対話問答とは違って、一人で教え諭すこと、②ソフィストの見せかけの万能知のからかい、③これからの話が今までの話のパロディーであること、④「よく心得ておきなさい」という言い方が教条的な調子であること、などである。「自信と権威に満ちた様子」（朴、一一三頁、註一）もある。Rowe, 187 は、ディオティマが完璧な専門家と同時に完全なソフィストの両面で語っているが、その意味を語っていない。

ディオティマがこれから語るのは、名誉欲が人間にどれほどの偉大をなさしめるかである。他方でソフィストは、世に知恵があるものと自ら任じていた。それだけ名誉欲が強く、かつ人々の名誉欲を刺激する教師だったのである。名誉愛の偉大を語るのはソフィストこそ相応しい。ディオティマがソフィスト紛いを自演する理由である。しかし別に裏脈絡からのメッセージもある。詳解［4］14参照。

（11）　パイドロスが名誉心なくしては、国も個人も大事を成し遂げられない、としていた（178D）。その事例を物語から多数引用していた。動物は自分の子供を生まれつき大事にしたが、人間の場合は子供のため以上に永遠不滅の名誉のためである。怨敵仇討ちのため家庭を顧みなかった赤穂浪士にも現れたが、永遠の作品創造を夢見る芸術家に何よりも見られる。「自分の作品」創造のために子を犠牲にするほどのことは、芥川龍之介『地獄変』にある。

（12）　コドロスは半ば伝説上のアテネの王で、紀元前十一世紀にアテネがドーリア人に侵略された時、王が犠牲になれば子は救われるという予言に従った。

（13）　直前の不死の記憶と同じで、いつまでも記憶され続ける徳のこと。従って不死とは不滅の名声である。しかしRowe, 189 は、「すべての人は名声評判のためにあらゆることをする」は間違いであり、「より善い人」はそのための制限で、人は名声でなく善のためにこそあらゆることをする、と解して、ここはパイドロスの話のパロディーだとしている。

この箇所も次の「こころの妊娠状態」の箇所も誇張した表現は、「完璧な知者（ソフィスト）」とあったように、ディオティマの半ば肯定的、半ば否定的な評価のかかった言葉遣いになっている。

(14) μὲν οὖν (men oun)(そこで)は話の転換を示す小辞であるが、これまでの論点を纏め、対比になる次の δέ (de)(しかし)は新しい論点を導入する(Denniston, 472)。つまり「こころの面の妊娠」は初めて論究される。

(15) パウサニアスは地上のエロスを、女に向かい、こころより身体を愛する、と特徴づけていた(181B)。身体の面の妊娠についての説明は、分詞、形容詞、代名詞はすべて男性形である。つまり男の立場で語っていることになる(Hunter, 89)。しかしこころの面の妊娠についても語り方は同様である。

(16) 「まあ実際」と訳した γάρ οὖν (gar oun)は、括弧付きの話で「ついでにいえば」という意味の小辞(Denniston, 447)。従ってディオティマはそんな人が本当にいるかどうか、疑っているか重視していない。皮肉な調子が続いている。

(17) こころの妊娠を語る文体はパイドロスに似て、パロディーである(Bury, 120)。

(18) 思慮は道徳上の実践的知恵であるのに対して、徳(ἀρετή(aretê))は狭くは道徳上の徳義であるが、広く卓越した力を意味する。しかしここでは後に立法家の言及がある通り、一般市民の徳とともに政治家、立法家、政治哲学者にわたる徳である(Dover, 153)。

(19) 「けれどね」と訳した δὴ (dê)は、文字通りに取るべきでないことを示唆する皮肉な調子の小辞(Denniston, 234)。ギリシア人にとってホメロスが「聖書」であったし(Bury, 120)、一般に詩人は学校の道徳の先生であり、詩は教養の百科全書であった(Guthrie ③, 206–209)。イギリスにおけるシェークスピアを想起できよう。どの国でも国民作家と呼ばれるような人が、時代精神を反映具現する作品を示してきた。現代でも小説、劇、映画、テレビドラマ、アニメなどが市民社会に人間モデルを提供している。名誉名声を支えるのはポリス・国家の社会道徳と社会文化の次元である。

なお原文はきちんとした構文になっていないので、読み方は難しい。発明家そして技術文化が人間の徳を生み出すわけではないが、新しい発明を組み込んだ新しい生活と活動様式が誕生することで、新しい時代の新しい卓越性の可能性を広げるものである。グーテンベルグの印刷術の発明は本を書き本を出版するという偉業を可能にしたし、映画の発明は映画の世界の偉大な仕事と新しいタイプの英雄を生み出した。

なおRobin, 65 n. 2は、発明家という職人が徳の親である点を訝って、関係代名詞ὧν（hôn）（それらの）の先行詞を直前の徳に取らず、こころに妊娠した人と取って、詩人、発明家がそれに含まれるとしている。それは小辞δὴ（dê）のもつ皮肉な調子を過小評価したものであろう。

（20）「けれどね（δὴ（dê））」は前註と同じ皮肉の調子。

（21）底本は「独身で（ἤϊθεος（êitheos））」とある（Dover, N-W）。しかしBury, Robin、森、朴とともに「神的（θεῖος（theios））」を採る。底本では、妊娠しているが、まだ独身なので生む相手を求める、という筋である。しかしパイドロスの「エロス神が人を徳に向けて神憑りにする」（179A）とも対応する「神的」がよい。

「神的な人」が「神憑りになる」詩人（『弁明』22B、『イオン』533E）と「発明家」といえるような職人に並ぶことになる。それが政治家であることが間接的に指示されている。こうしてわれわれはソクラテスが『弁明』で批判した政治家・芸術家・職人に出会うことになる（Sheffield 参照）。ただし『弁明』で一斑の知恵が認められたのは、社会的に評価の低いただの手職人であって、ここでいう後世まで名が残るような発明家ではない。

（22）「けれどね（δὴ（dê））」は訳註14・19と同じ皮肉。

（23）「でしょうね（δὴ（dê））」は訳註14・19と同じ小辞が繰り返され、小秘儀の「こころの点で妊娠した人」については全般的に皮肉な調子がある。「こころ美しい人」も210Aから始まる奥義（大秘儀）と決定的に違うことは、詳解［4］15参照。

（24）パウサニアスの天上のエロスは男同士のことであった（181C）。男だけが市民であったアテネ社会では、立派な男とは立派な市民のことである。

（25）Rowe, 191も指摘する通り、当時のギリシア世界に一般的であったように、この「触れる」は性的接触も、従ってその快楽も含意している。なお『国家』第三巻で国の守護者を文芸・音楽で性格教育するプログラムの一部として、守護者の卵は心身ともに美しい少年に会えば、「父親が子供に対するように」触れなければならない、と法律で定めるとあり（403B）、性的意味がなかった。後にソクラテスは一緒に寝ても父親のように何もなかった、とアルキビアデスが非難めいた告白をしている（219C–D）。

(26)「より不死」という比較級は肉の子に比べれば、とのこと。こころの子による不死性も単に条件付きでしかないことを含意している（Rosen, 262）。確かに青史に名をなすは男子（女子）一生の願いであろうが、無条件な不死と永遠の生命ではない。

(27)「立派な詩人たち」と訳したのは「善い（ἀγαθούς（agathous））詩人たち」のことで、詩人アガトンの名と音の共鳴がある。コンクールで優勝したアガトンをホメロスなどと同じように人は羨むだろうということで、皮肉である。アリストパネスがその『蛙』84でアガトンのことを「善い詩人」と紹介していた。

(28) リュクルゴスは半分神話の人物で（紀元前八二〇年頃—七三〇年頃）、スパルタ（ラケダイモン）の立法家。内乱を治め、スパルタ式の平等で厳格な軍人国家の法律と制度を定めた。

(29) ペルシャ戦争の時、紀元前四七八年にスパルタ王レオニダスと三〇〇人のスパルタ兵が、テルモピュレでペルシャの大軍を全員戦死でもって食い止めたことから、スパルタが全ギリシアの救い主と言われるようになった。ただしペロポネソス戦争後は、その呼称は敗者アテネでは拒否された。この宴会は、アテネがスパルタと戦争に突入する直前に時間設定されていたので、出席者は戦後の事実を知る由もない。しかし当時の読者は知っていた。

(30) 紀元前六世紀の詩人、道徳家、立法家。アテネに法律と社会習慣の基礎を与えた（ソロンの改革）。アテネの法は「ソロンの法」と言われた。

(31) 偉大な政治家、芸術家、発明家、企業創立者などの偉業を顕彰する記念館は数限りない。現代ではスポーツ選手や歌手など、英雄の領域は広がっており、野球殿堂などもある。

15　ディオティマとソクラテス4――〈美しい〉それ自体への登高（大秘儀）

（1）動詞 μυέω（mueô）は「秘儀を授ける、奥義に参加させる」の意味で、ここはその受動形。これまでの愛の秘儀、いわゆる「小秘儀」に対して、次の行の「最終の聖なる奥義」は「大秘儀」である。廣川②はこれらを「入門的過程」と「最奥過程」と呼びつつ（七二頁）、同時に誤解を招きかねないと注意書きしている（二六六頁註一九）。二つが連続かどうか不明だからである。しかしはっきり区別されているのではないだろうか。ただし訳註15・4参照。

（2）エレウシア宗教（最古代からのアテネ地方の密議宗教で、大地母神デメテルを主神として、人間を不死の神にするとされる）の秘儀伝授のニュアンスがあるとしても、それは小さい。これから展開される恋の道行きが、小秘儀が世俗の道であることと対比するだけである。これからは「理性の欲求」の展開であり、その理性の中に理性を超越することが含まれていることこそが眼目なのである。詳解［4］15参照。

（3）この点を摑まえて、プラトンが歴史上のソクラテスと自分を区別したとする解釈もある。しかし Taylor, 229 n. 1 は、ディオティマの話もソクラテスが伝えたものだと反対し、ディオティマに会ったとされるのはソクラテスが三十歳頃の若い時期だと強調している。

（4）この条件法は訳註13・15と同じで、結論がいつでも成立する一般的真理を表現する（Smyth, 528）。従って永遠不死を希求する小秘儀の隠れた本来の目的が大秘儀にある真相を強調している。小秘儀は不知不識の内に自らを超えることを求めていたのである。

（5）底本が削除した「あなたも（καὶ σύ（kai su））」を、Bury, 124 とともにパピルス写本から採用。導くディオティマと従うソクラテスの協働態を強調することになる。

（6）愛の奥義へ向かう恋の道行きの話（大秘儀）は、ここから210E の初めまで終止符なしで続く。その文頭が「べきである（δεῖ（dei））」という語である。これが道行き全体を縛っている。「まず、次に、今度は」と翻訳した接続詞に沿って、肉体の美（210A）→こころの美（B）→知識の美（C）、と進行する。

（7）この「導くもの」は、エロスのことにも哲学にも経験があって、すでに奥義に通じている人（Rowe, 194）、教育上の指導者（Bury, 125）とある。ディオティマのように洞察力のある指導者である。N-W, 71はエロス神（Love）としているが、Rosen, 268はエロス自身が導きを必要としていると反対。恋の道行きの記述は、長い時間のかかる哲学修行の指導と学習両面のプログラムである。

（8）訳註13・15の条件文と同じで、一つの美しい肉体を愛し、美しい言葉を生むべきだ、という結論を一般的真理として強調している。ディオティマは大秘儀を仮定の話ではなく、真実だと確信している。

（9）Taylor, 229 n. 3が、恋は愛する人に似た姿を鋭敏に識別させることを指摘。

（10）「形」と訳したεἶδος（eidos）は多義的で、ⓐ美のイデア（形相）、ⓑ美しいものの種類、ⓒ物の形を意味するが（Bury, 125）、Buryも指示する如く、人間の見える肉体の姿のことである。後にアルキビアデスがソクラテスの醜怪な姿と述べている（215B）。しかしここではⓑの「種類」の意味も含みとなって、肉体の形という美の種類のことである。この後の各段階の美を、それぞれの位相でひとまとまりの全体として種類（クラス）と捉える方向を指示していることになる。詳解［4］15参照。

（11）この直説法単純現在形の条件文は、単に可能な想定ではなく話し手が真実だと考えている場合であって、原因としての力を持っている（Smyth. 505, 517）。従って「形の美を追求すべきであるので」とも訳すことができる。

（12）Hunter, 95は、この「若者をより善くする」が、ソクラテス裁判の「若者を堕落させる」という告発を転倒させたものとしている。

（13）「生み出し探究する」は語順がおかしく気の抜けた表現として、多くは後半の「探究する」を削除する（Bury, 126; Dover, 156; N-W, 71）。しかし底本通り読む。二つの動詞を連結せず分離して読むべきである。恋と哲学の修行をする年長者として、愛する若者を気遣い善くするような言葉を語りかけるし、しかし同時に新しい言葉を探究しなければならない。一般に教育は知識を伝授するものと思われているが、それだけではない。なにがしか教育するものは、自分自身の成長にも関心をもつものでなければならない。つまり教えながら、自分の無知を新しく発掘しつつ学習地平を拡大して絶えず「探究する」のである。

（14）翻訳は活動、営み、制度など多岐にわたるが、ここでは「人の振る舞い」と訳した。この単語は209Cで動詞で使われており、「立派な男は何をなすべきか」という意味であった。Rowe, 195-196は、『国家』444Eの「美しい活動（ἐπιτηδεύματα（epitêdeumata））が徳の獲得へ導く」と関係づけている。

（15）先の210Bで示された肉体の美に向かう態度に対して、人の活動と法律というこころの美に向かう態度は少し違っている。美の同一性に対して同族性、美しい言葉に対して青年を改善する教育の言葉である。肉体の美は人の生き方に直結しないからであり、活動と法律は多種多様であり、それだけその美も一義的ではない同族性である。

（16）この「知識」は複数（ἐπιστήμων（epistêmôn））で表現されているから、法律関係だけでなく広い分野の多くの知識を含む。

（17）これまでエロスの奥義を求める恋の人（哲学修行の人）が主人公であり、すべての動詞の主語であった。ところがここ第三段階では、Bury, 126もDover, 155もRobin, 68も動詞「導く」の主語が突然指導者に変換したとするが、何の説明もない。N-W, 71は無難に自動詞（move on）に変えて訳している。Rowe, 196は、指導者→恋の人→若者、の二重の導きがあるのだろうとしている。それでは修行者が指導することが強くなりすぎるであろう。

　第二段階では哲学修行の人自身が先輩として年少の若者に教えたのは、自分がその一員として馴染んでいる社会の法律と徳の振る舞いである。しかし法律と徳を支える知識となると別である。導きとなるのは、自分で知識をもち、知識の地平に明るい見通しをもつ指導者に限る。初段階の「正しく導くもの」（210A）がそのイニシャティブとして浮き出たのである。恋の道行きの探究者は、その指導者の厳しい指導の下に知識の世界で長い時間と忍耐の修行をし、「力強く成長するまで」（210D）対話問答で哲学の言葉を磨かなければならない。時ならぬ成長など望むべくもないのである。恋の道行きは、指導者がイニシャティブをとりつつ、教えを受けるものが主体であって、指導と学習は表裏をなしている。210E で「教え導かれるもの」が再び当事者として浮上している。

（18）「一つのものの傍らにある美」という生硬な表現の意味は、詳解［4］15参照。

（19）Bury, 127 は、「誰かある人（ἀνθρώπου τινός（anthrôpou tinos））」が疑わしいとして、「心なきもの（ἄνου τινός（anou tinos））」に変えて、パウサニアスの話（181B, D）に繋げている。しかし第二段階にあったこころ映えのする美しい年少の若者と違って、（男女いずれであれ）大人への愛のことである。特定個人への愛の執着である。ソクラテスに対するアリストデモス、アポロドロスそしてアルキビアデスの関係が自ずと浮かび上がってくる。従ってソクラテス個人への固着も解放される筈である。最終的にはソクラテスは不在へと消えるのである（詳解［5］参照）。

（20）Rowe, 196 は主として性交のこととするが（他の可能性も認めてはいる）、狭く限定しすぎる。「法律と人の振る舞い」の美に関わることであり、ある個人の英雄的振る舞いの美しさにさえ執着しないことである。前註参照。

（21）パウサニアスは徳のためなら愛の奴隷も許される、としていた（184B–C）。しかしアルキビアデスはソクラテスによって奴隷のように金縛りになってしまう、と二度告白している（215E, 219E）。

（22）文字通り語るも愚かな「小さな話（σμικρολόγος（smikrologos））」である。次の「壮大な言葉（λόγους μεγαλοπρεπεῖς（logous megaloprepeis））」の対照になる。

（23）既にある可能性の延長上の変更ではなく、一八〇度の転向は、『国家』の有名な「洞窟の比喩」で、囚人が視線を逆転させる転向にも見られる。従って「美の大海原」ももはや各種の個体たちの美を含むのではなく、諸々の知識の美の無限集合と解すべきであろう。下位レベルのすべての美しい物どもも含むとするのは、Rowe, 197; Hyland, 55-56; Sheffield, 22 であるが、知識の美とするものには、Moravscik, 295 がある。ただ階段の比喩が示すように、上の階段は下の階段を前提する成層構造であるので、すべて重なっている、とも見なしうる。

（24）「彼女は言った（ἔφην（ephên））」は特に重要なことが語られようとしている徴（Rowe, 198）。

（25）パイドロスが愛の神エロスの生成を語ったとして引用したパルメニデスにあっては、哲学の道行きの究極が、夜の国と光の国を分かつ天門が突然開いて、存在の真理に出会うことにあった（井上②、八五―九〇、一一〇―一一四頁）。

（26）οὗ δὴ ἕνεκα（hou dē heneka）（実にそれのため）の小辞 δὴ（dē）（実に）は、時間にかかわる文の結論を強調する（Smyth, 646）。これまでの長い艱難辛苦の探究努力が何を求めて、何を根拠にしていたか、反転照射される体験である。「ずっとあった（ἦσαν（ēsan））」は未完了過去形で、過去の持続態の意味で（Smyth, 423）、最初からそれのためであったのか、という感懐である。なおここで使われている οὗ ἕνεκα（hou heneka）が、パルメニデスの存在探究ではクライマックスを表示することは、井上②、二一七―二三二頁参照。

（27）Vlastos, 147 n. 44 は、美のイデアにはロゴスも知識もないという意味ではなく、美のイデアはロゴスとしても知識としても「現れる」ことはない、との意味だと注意書きしている。しかしむしろ美のイデアは、ある原理から存立の理由が説明されたり根拠づけられたりする言葉や知識はなく、逆にあらゆる言葉と知識の根拠であるのだから、ということである。

（28）μονοειδές（monoeides）は、美しくないとか醜いという可能性の影もなく、〈美しい〉という唯一の形相としてあること。Rowe, 199 は uniform、N-W, 72 は one in form、Robin, 70n. 4 は不可分な unicité de la forme としている。

（29）δή τις（dē tis）（そこで誰かある人が）は、話者がある具体的個人を念頭にしているが、心に留めて明示しようとはしない場合を示す小辞であって（Denniston, 212）、重要である。これまでの進む「べき」プログラムの一般的説明とは明らかに違う。ディオティマはいま話しかけているソクラテスを念頭にしているのである（「もしいつかあなたがその美を見るならば」211D）。

（30）ἄν（an）＋希求法（ἅπτοιτο（haptoito））は、話者の意見を和らげるものであって（Smyth, 408）、正しい道行きを進んだ場合の終極をディオティマが慎重に述べていることになる（Rowe, 199）。ディオティマにとっても終極は

「触れて」はいても、不可測性がある。

(31) γὰρ δή (gar dê)(というのはですよ)は文の始まりで注意を引きつける小辞(Denniston, 243)。

(32)「階段(ἐπαναβάσμος (epanabasmos))」の言葉は、同類の動詞としてアリストパネスの原始人間が天上界に上ること(190B)、アガトンが劇場で脚光を浴びるべく舞台に登場すること(194B)で使われている。いずれも大いなる野心と表現されている。しかしここ美への登高には、小秘儀にも現れた野心への言及がない。むしろ正しい道である。

(33) καὶ (kai)(さえ)は話が上昇する中でクライマックスを示す(Denniston, 293)。

(34) テキストは文献学上難しい点がある。それまで動詞は直説法と不定詞であったのに、「最後に到達する」は、有力BTW写本では突然接続法 τελευτήσῃ (teleutêsêi) になるからである。底本(Buryも)は τελευτῆσαι (teleutêsai) と不定詞に訂正する。しかし次の γνῷ (gnôi)(知る)がまだ独立した接続法のままでは理解が難しい。そこで Bury, 131 は ἵνα (hina) を挿入して従属節に変える(「最終的に美そのものを知るために」)。Dover, 158 と Rowe, 200 も従う。N-W, 72 n. 105 と Robin, 70 は接続法のまま残すが、説明が何もない。しかしここでは底本の独立接続法通り読む。クライマックスに相応しいことがある。詳解[4]15参照。

(35) 人間にとってもっとも価値があり最善である生き方である。それはもっとも幸福な生き方であった。哲学と幸福の関係についてはディオティマの疫病遅延のエピソードがあった。詳解[4]12参照。

(36) ἐὰν (ean)+接続法 (ἴδῃς (idêis)) の条件文と直説法未来形 (δόξει (doxei)) の主文による条件法は、More Vivid Future Condition で、話者が明瞭な考えをもっていることを示している(Smyth, 523)。ディオティマは、もし人がイデアを見るとすれば起きる結論を確信している。なおここで知識や法律の美に言及がないのは、エロスの本性は肉体に根があるからである(Rosen, 274)。

(37) δῆτα (dêta)(だから)は、質問が直前に言われたことから論理的に出てくることを示している(Denniston, 269)。これもはっきりした結論になる、とディオティマが考えていることを示す。

（38） εἴ（ei）＋希求法（γένοιτο,δύναιτο（genoito,dunaito））の条件文と直説法現在（οἰόμεθα（oiometha））の帰結文は、一般原則の表現であり（Smyth, 535）、ディオティマが話を原則らしい結末に収束させている。

（39） 小秘儀では「触れる」のは性的接触であった（209C）。

（40）「神に愛されるもの」の原語（θεοφιλής（theophilês））は両義的である。「神を愛するもの」と「神に愛されるもの」の意味である。ここは後者の意味であるが、前者の意味が下敷きにある。知恵と無知の中間である人間が善美を愛し求める恋の道行きは、知恵そのものである神（真理・根拠）を愛することと同根だからである。その究極が「神に愛されること」すなわち幸福になる、とのことである。

（41） 一般の訳とは異なって、ギリシア語の原文テキストを字義通りに訳した。ほとんどの訳は、「もし人間に不死ということが起きるとすれば、あの人にこそ起きる」としている（朴、森、久保、鈴木、W-N, Robin, Rowe）。「他の人間」という字義通りの読み方に隠された意味については詳解［4］15参照。

（42）「他の人」は、この宴会にいる人たちと、文字通り他の人たち一般を指す（Rowe, 202）。

（43） 何を手に入れるか、については解釈が分かれる。美自体、善、不死性、財産、美の宝など多岐にわたる。直前で不死になることが結論づけられているので、不死性を採る。小秘儀が登場するきっかけは、人間の不死性の問題であった（208B）。ここに一応の結論となったのである。訳註14・8参照。
エロス（哲学）以外に、不死を獲得する助け手を見つけるのは容易ではあるまい、とソクラテスは述べるが、可能性自体は否定されてない。『パイドン』85C–Dでは「より安全な神の言葉」の予感がつづられている。詳解［4］15参照。

（44） 協働者（συνεργός（sunergos））は、活動（ἔργον（ergon））を共にする（σύν（sun））ものである。ソクラテスはアリストデモスを「同行二人」に誘った（174D）。

（45） 原文では ἄνδρα（andra）（男）であるが、ディオティマの話は人間の不死の欲求についてだから、男女を含む、として Rowe, 202 は「あらゆる人」とする。しかし直前にソクラテスがディオティマの話の締めくくりとして述べたのは、人間の運命（人間本性）におけるエロスの協働者としての意義である。それに対してソクラテスが「僕は」として話すのは、日々行っていた男性市民相手のいつもの問答という実践的社会的文脈のことと解することができる。ソクラテスの身に起きたように、死の危険は社会においてより大きく、死の危険を耐えて協働するエロスの勇気（ἀνδρεία（andreia））のことである。

（46）ソクラテスがエロスの徳として言及したのは勇気だけで、恋の道行きの到達後に初めて他の真実の徳が生み出された、とするのは Rowe, 202 である。それでは勇気は些か割り引かれている。前註参照。

16　酔ったアルキビアデスの登場——ソクラテス賛美へ

（1）ソクラテス（ディオティマ）は 205D-E で、アリストパネスの半身論を批判していた。アリストパネスは反論しようとして、突然の乱入者によって遮られた。芸術と批判については、詳解［4］8、10、11参照。

（2）哲学の高みから地上の現実に引き戻されることになる（Guthrie ③, 395）。そこでアルキビアデスの「突然」の登場は、美のイデアとの出会いの「突然」（210E）と逆対応している。

（3）アガトンは自分の知り合いは招くが、そうでないものはシャットアウト。自分に馴染みの経験的レベルに留まることを示していよう。自分の親密圏の外の世界に触れようとしないのである。

（4）「聞いたり」と訳した ἐρωτῶντος（erôtôntos）は先に見た通り「質問する、尋ね求める」との意味で、エロス（ἔρος（erôs））と響き合っていた（訳註3・16、訳註11・20、訳註13・3参照）。アルキビアデスの登場は、（酒の）酔いとエロスと暴力の混合を象徴している。

（5）笛吹の少女は単数形で表現されているが、お供のものは複数形である。政治家アルキビアデスの力と富を象徴している。なおアルキビアデスは下から支えられているので、間違いなく酔っている。

（6）　酒と劇の神であるディオニュソスは野生のツタ飾りを頭に付けていた。スミレはアテネで特に流行であった。そしてリボンは冠や花輪と合わせて、名誉のご褒美の印である。初めは羊毛などであったが、後に金銀の薄片でできた（Bury, 135）。頭に飾り物をしてお伴を従え登場するアルキビアデスは劇さながらである（訳註3・9参照）。そして劇的なスピーチをすることになる。

（7）　底本は ἐὰν εἴπω οὑτωσί（ean eipô houtôsi）（言うならば）であるが、Robin, 73; Dover, 160; Rowe, 203 に従って ἀνειπὼν οὑτωσί（aneipôn houtôsi）（そう宣言する）に変える。政治家らしく栄誉を与える宣言であるが、アルキビアデス自身の栄誉にもなっている。

（8）　頭を飾り、酔って支えられるアルキビアデスは、笑いを誘う雰囲気がある。この宴会で唯一の喜劇の実演者である。しかし「本当のことを語る人」を笑えるだろうか、がアルキビアデスからの反論である。酔っていることはアルキビアデスには何の弱みにもならない。むしろ酔っても何も隠さず本当のことを話す、と確信している（「酒中に真あり」217E）。しかしそれが半ば陶酔状態の曖昧さであることに気がつかない。

（9）　ヘラクレイトスの断片117に、「大人が酔っぱらうと、髭も生えていない子供に導かれる、こころを湿らせているので、どこに進んでいるのか分からずに」とある。「子供に導かれ」が「人に導かれ」に、「湿ったこころをもって（ἔχων（echôn））」が「リボンを目の前にもって（ἔχοντα（echonta））」に、そして「どこに進んでいるのか分からず」が「ソクラテスが見えなかった」に対応する。

　アルキビアデスはリボンが邪魔してソクラテスが見えなかったが、ソクラテスはアルキビアデスを見ていた。同じ動詞「見る（κατιδεῖν（katidein））」を使って、両者の非対称性を浮き彫りにしている。アルキビアデスは自分の名誉を飾る様々な飾り（若さ、美しさ、才能、身分、政治力）で——こころを湿らせて——ソクラテスが見えなくなっていたのである。

（10）　アガトンの側。

（11）　喜劇作家アリストパネスは面白いことを言って笑わせることを自認している（189B）。アルキビアデスは、ソクラテスがそのアリストパネスの側にいる方が相応しいと思っている。アルキビアデスはソクラテスの二面性を知っており、人々が金や地位や名誉を重んじて真剣になっているのに対して、ソクラテスが空とぼけてそんな人を笑い飛ばしていると信じていたのである（216E）。

（12）　ソクラテスのアルキビアデスに対する愛情は「エロス・恋（ἔρως（erôs））」であり、アルキビアデスのソクラテスに対するのは「熱愛（φιλεραστία（philerastia））」である（Dover, 161）。

（13）　この話し合いは、いつもの対話問答である。しかしアルキビアデスは恋人同士の睦言のように捉えている。公共社会における政治の言語と私的な愛情交換の言葉しか関心がなかったのである。そのどちらでもない、ソクラテスの吟味と批判の議論という言葉の働きについて十分理解しなかった。

それに対して、ソクラテスが実践したことは対話問答である。いつでもその都度その場所で、「我」と「汝」の二人の間で、惜しみなく問うては答え、答えては問う吟味と批判による探究である。その都度「われわれ二人」の間で遂行されたけれども、誰に対してもオープンに開かれていた（『弁明』33A–B）。ソクラテスはそれを実行し、プラトンがそれを「対話篇」という、現場不在の人にも有効な書物の形で掬い取り、哲学の道なき道を後世に残した。

（14）　「力ずくでする」という動詞は βιάζεσθαι（biazesthai）であり、アルキビアデスの名前（Ἀλκιβιάδης（Alkibiadês））と引っかけている。アルキビアデスは力の信奉者なのである。

（15）　エロスの孕む狂気じみた暴力は、アルキビアデスの場合ソクラテス個人に対してだけではなく、政治の世界でもあった。アテネ社会をスパルタとの無謀な戦争に巻き込み、敗戦の混乱の遠因となった。今日の宴会はその戦争再開の前年に設定されている。『国家』494C–D の野心家の若者は、富、美貌、家柄、能力、野心、自尊心、傲慢そして知性を欠く点でアルキビアデスがモデルである。

（16）　勝ち負けで表現するように、アルキビアデスにとって言葉は他人に影響を及ぼす力であり、その関心は影響力の大小にある。
（17）ワインを水と混ぜる混合器に入れる前に入れておく器。
（18）一コチュレは約〇・三リットルで、八コチュレは約二リットル強（Bury, 140）。
（19）ソクラテスが酔わなかったことは、176C, 220B, 223C 参照。
（20）最上級の表現は、皮肉混じり（Bury, 141）。
（21）『イリアス』11.514。ヘラクレイトスにも「最善の人なら、一人で一万人」（断片 49）とある。
（22）213D のソクラテスの主張に対するアルキビアデスのお返し。アルキビアデスの理解する愛は独占的熱愛であり、その愛に背くと嫉妬の炎を燃やすものと理解している。ソクラテスの愛情もそうしたものだと勝手に思い込んでいる。ソクラテスの真意は、アルキビアデスが誰かの善美、価値を褒め称えるなら、その意味と理由を明瞭にしない間は批判の手を控えない、ということである。
（23）ポセイドンは海の神であるが、Bury, 142 は、Ποσειδῶν（Poseidôn）という名が「飲む（πόσις（posis））ことを与える（δῶν（dôn））」と語呂合わせで、浴びるほど飲んだ自分に引っかけたのかも知れないとしている。
（24）「決して賛美したりはしません」（οὐδ' ἂν ἕνα ἄλλον ἐπαινέσαιμι σοῦ παρόντος（oud' an hena allon epainesaimi））の ἂν（an）+ 希求法 + 否定は、直説法より柔らかい表現であっても、直説法より強い意味である（Smyth, 408-409）。他にも 214E, 215B にある。従ってアルキビアデスがソクラテスに対して、言葉遣いでは丁重だが、強い主張をしていることになる（翻訳でも他の人に対するアルキビアデスの一人称は「僕」と訳し、ソクラテスに対する時は「わたし」と訳した）。
（25）アルキビアデスがソクラテスを讃えれば讃えるほど、そのソクラテスが自分の熱愛に応えてくれない不満と怒りも募ることになる。称賛と非難の両義性というわけである。詳解［4］（18）参照。
（26）「途方もない」は ἀτοπία（atopia）であり、「法外な、桁外れ、奇っ怪」といった意味であり、221D で強調されている。

17 アルキビアデスの話1——ソクラテス「体験」と葛藤

(1) 先に、アガトンの話に対して、ソクラテスは賛美とは「真実を述べること」にあると主張した(198D)。そしてここでアルキビアデスはソクラテスを賛美するに当たり、「真実を語る」ことを約束している。アルキビアデスは五度(213A, 214E, 215A, 216A, 217B)そう主張している。その意味については詳解[4](18)参照。

(2) φημὶ γὰρ δὴ(phêmi gar dê)(僕が言いたいのはですよ)は、強い自信のある意見の表明(Dover, 164)。

(3) シレノスはギリシア神話で酒の神ディオニュソスの親とも弟子ともいわれる半身半馬の精。酒酔いと無知と欲望が特色。禿げて太っており、厚い唇と団子鼻であった。

(4) 紀元前五世紀のアテネに流行した。ただしそれらしいものは残っていない(Dover, 164)。どうしてそんなものが流行ったかも不明。

(5) サテュロスはギリシア神話でディオニュソスの弟子で、山羊の耳と尾をもつ半人半獣の山野の精。名前は「充ちたもの」という意味で、性欲で興奮状態にあって、欲望と酒で浮かれ騒いでいた。

(6) マルシュアスはギリシア神話でサテュロスの一人。笛を吹き、アポロン神と競争して負け、皮(ドラ)を剝がれた。

(7) ソクラテスは出目と凹み鼻で際立っていたことは、『テアイテトス』143E にある。なお凹み鼻は、ギリシア人に典型的な額と鼻梁が一直線にすらっとしたギリシア鼻とは違って、鼻梁が額の下で凹んで団子鼻になる。

(8) 傲慢不遜とはマルシュアスがアポロンに競争を仕掛けたこととかけているが、アルキビアデスはソクラテスが罰を受けるべきだ、と内心思っていることを漏らす結果になっている。ソクラテスを賛美しながら、非難告発する二重性である。221E で再度使われている。

なお「傲慢不遜」と訳したὑβριστής（hybristês）は、法律用語では一般に他人に害悪を加えた人を意味し、原告が被告に対して使う言葉であって（Liddell-Scott, 1841）、「あなたの振る舞いは罪がありますね」（Rowe, 207）と訳すこともできる。しかしそれではアルキビアデスの話が裁判仕立てという隠れた構造が最初からバレバレになってしまう。最後に「裁判員諸君」（219C）と暴露するまで含みとしておくべきである。なおソクラテスに対する似た裁判仕立ては175Eでアガトンが仕掛けている。

（9）Robin, 77とともに、この一文はソクラテスの反論の言葉（マルシュアスのような笛吹ではない）をアルキビアデスが紹介したものと解する。

（10）オリュンポスは神話の人物とその子孫といわれる前七世紀の実在の人物がいる。笛に巧みで、マルシュアスに習ったとも言われる。

（11）凡庸なアリストデモスがこの宴会の話を後にアポロドロスに伝えた本人である。

（12）ソクラテスの言葉は、本人から聞くにしろ第三者からにせよ、聞いて感動するという、みんなの体験談である。政治家アルキビアデスは、素晴らしい話に籠絡されることを求める大衆の代表である。なおDover, 165は、女が男より先に言及されたのは、女の方がより感情的だと見なされたからだろうとしている。

（13）普通であれば、酔っているので本当の話だとは思わないだろうから、「神に誓って本当だ」と主張するであろうが、アルキビアデスは反対である。これから話す私的体験は、酔っていなければとても本当のことだとは思わないだろうから、「神に誓って本当だ」と言っただろうと主張している。アルキビアデスは酔っているので大胆に本当のことを言うぞ（酒中に真あり）、というのである。訳註16・8参照。

（14）コリュバンテスの信者は女神キュベレのために、兜と武具をまとって太鼓を叩きながら熱狂的に踊った。

（15）ソクラテスの臨終直前にアポロドロスは涙を流し号泣した（『パイドン』117D）。

（16）ペリクレスはアテネの政治家、弁論家、将軍（前四九五～四二九年）。アルキビアデスの後見人でもあった。ペルシア戦争からペロポネソス戦争の間にアテネの黄金期をもたらした。文学と芸術を奨励し、パルテノンを始めとした建造物を造り、アテネ民主制の指導者であった。しかし第一次ペロポネソス戦争を始めたのも彼である。

(17) εἰ (ei) + 希求法 (ἐθέλοιμι (etheloimi)) の条件文と ἄν (an) + 希求法 (καρτερήσαιμι (karterêsaimi)) の主文は Less Vivid Future Condition であって、事実としてありそうにない想定の表現である (Smyth, 526)。アルキビアデスはソクラテスの哲学の言葉に耳を傾ける気があまりないことになる。

(18) 颯爽としてアテネの政治という公共世界で権力を行使していたアルキビアデスにとって、ソクラテスの言う「自分自身のことを気遣う」ことは、私的な境涯に退くことに他ならず、無為の内に老いることに見えたのである。

(19) セイレーンは『オデュッセイア』第一二巻に登場する、上半身は女性で下半身が鳥の海の魔物である。航海する人間をその甘く美しい歌声で魅了して遭難させてしまい、そのあたりは死屍累々という。198B-C でソクラテスはアガトンの見事なエロス神賛美を聞いて恥ずかしくなり、家に逃げ帰りたくなった、と述べている。皮肉混じりである。しかしアルキビアデスは本気で逃げたかった。

(20) 「この世に」は文字通りには「人々の中に」。

(21) 「僕」という言葉で、アルキビアデスという仮面の背後にいる著者プラトンがソクラテスの秘密を明らかにしようとしている、と Bury, 148 は見る。他の誰もソクラテスのことを分かっていないからである。しかし「ソクラテスのことを知らないということを知るべきだ」というアルキビアデスがソクラテスのことを知らなかったのである。自分だけが知っている、と思い込むことが自己欺瞞である。

(22) この無知はエロスのこととも節制とも直結しないので、この一文を削除する人が多いが (Bury, 148)、底本通りとする。ソクラテスの核心にある「無知の知」もアルキビアデスは軽々と分かったつもりになっている。ソクラテスに外面と内面があるというアルキビアデス自身がただ表面的にしか知らなかったのである。

(23) ソクラテスは、社会の人々が真剣に熱中していた肉体の美や富、名声は価値がないとしていた (『弁明』29D-E)。

政治に熱中していたアルキビアデスには、ソクラテスは「そんなに真面目にならないように」とばかり戯れているように見えたのである。しかしそのソクラテスが自分では内に金無垢のお宝を隠し持っている。ひどい空とぼけだ、というわけである。「ソクラテスのいつものおとぼけ」は『国家』337Aでも指摘されている。

（24）愛する者同士が誰もいないところで交わす睦言と、ソクラテスがいつも実行した対話問答とが同じ動詞形（*διαλεχθείη*（dialechtheiê）など）で表現されている。訳註16・13参照。

（25）この『饗宴』は、宴会の後、ソクラテスがいつものように人と問答をして一日を過ごして家に帰った、で終わっている。

（26）「力ずくで強制する」という意味を含むアルキビアデスという名前が示唆する通り、いよいよせっぱ詰まって力ずくで関係を迫るのである（訳註16・14参照）。

（27）事の真相という意味のギリシア語は *τί ἐστι τὸ πρᾶγμα.*（ti esti to pragma.）である。しかし *πρᾶγμα*（pragma）は *πράσσω*（prassô）（する、行動する）からの派生語であり、したがって真相とは、性的交わりに誘うアルキビアデスに対して、「ソクラテスはその時何をするだろうか」という問いである。しかしソクラテスは何もしなかったのである（219C）。

18　アルキビアデスの話2——誘惑物語とソクラテスの真実

（1）文字通りには、「酒が真実でなかったら」である。子供がいるいないについては、一般に意味も出所も不明とされている。しかし子供がいるところでは話せないこともあるが、酒が入ると、その弁えを忘れて子供がいてもいなくても何でもしゃべる、という意味である。その評価については詳解［4］18参照。

（2）「素晴らしい」と訳した *ὑπερήφανον*（hyperêphanon）は一般に「際立つ」との意味である。良い意味では「素晴らしい、高邁な」であり、悪い意味では「傲慢、無礼な」である（訳註18・23参照）。善悪どちらかの意味で際立つのである。従って文脈で意味の逆転が起こりうる。219Cで起きた。アルキビアデスのソクラテス賛美即非難という屈折した葛藤と両義性を示す言葉となっている。

（3）「悪くない素質（μὴ ἀφυοῦς（mê aphyous））」は、209Bの「美しく育ちがよく、優れた素質の（εὐφυεῖ（euphyei））こころ」と対になる。アルキビアデスが自分のことをいうために「悪くない素質」と婉曲に表現している。「優れた素質」については『ゴルギアス』484Cで、哲学は若い頃に教養として触れる分にはいいが、それ以上かかわると、せっかくの優れた素質を台無しにしてしまう、とカリクレスが忠告している。ここでは哲学の言葉は優れた素質の若者のこころを捉え、しっかり取り付いている（ἔχονται（echontai））、と指摘されている。

（4）ここで挙げられた固有名は、ソクラテスを除いて複数形である。固有名の複数形は稀であるが、クラスを表し（Smyth, 270）、一般化して「～のような人」を意味する（Bury, 154; Dover, 168）。ソクラテスの影響を受けたのは、固有名で挙げられた具体的個人だけでなく、一般化して「そのような人」多数ということである。それだけ広く共感を期待できるとアルキビアデスは考えたということであろう。それともアルキビアデスにとって、個体はソクラテス一人であり、その他の人は文字通り「その他大勢」であったのかもしれない。

アリストデモス（のような人）とアリストパネス（のような人）だけが接続詞 τε καὶ（te kai）（と）で結ばれている。Rowe, 209は、特別の関係があるわけではないとしつつ、哲学の狂気に触れたものとしてアリストデモスとアリストパネスを挙げていることは、アルキビアデスが哲学の狂気を理解していないことを示す、としているが、それは当たらない。

むしろアリストパネス（のような人）とアリストデモス（のような人）は、ソクラテスの狂気に触れて現れた両極端のタイプに位置する。片や真似をするほど圧倒的に影響され、他方は手厳しいソクラテス批判の喜劇を書くように触発されたからである。アルキビアデス自身がソクラテスに対して共感と反感の両義性だったが、それだけ両者（のような人）に敏感だったということである。

（5）「酒乱」はΒακχεία（Bakcheia）であり、酒神ディオニュソス（バッカス）のもたらすらんちき騒ぎのこと。哲学には、世の常識、社会の習慣を外れる、その意味では触れてはならぬ危険な狂気の要素がある。外れるのは、世の常識、社会の習慣は、それが世の常識であり社会の習慣であるというただそれだけの理由で吟味のないまま受け入れられ、また受け入れることを要求するからである。

他方では、アルキビアデスには酒と権力のもたらす酔いと狂気、そして芸術には永遠を夢見る狂気がある。『饗宴』は芸術家の優勝祝賀のための酒宴であった。

（6）政治家アルキビアデスにとって、人たちは自分の考えを受け入れ賛同してくれる存在であった。現代で言えば、政治家にとって市民とは市民全員ではなく、自分に投票してくれる市民のことである。

（7）「いよいよ（γὰρ οὖν（gar oun））」はクライマックスを示す小辞（Denniston, 446）。

（8）ソクラテスも効果的な話し方を色々やってみることはせず、言葉の批判と吟味のためにこころに思い浮かぶことは何でも率直に話す、としていた（199B, 215C）。それだけ他人には「ゴツゴツした言葉」（215C）だった。アルキビアデスは自分の欲求に従わせようと、本音のまま単刀直入に口説こうとしたのである。

（9）他に「愛の点でも」（森）、「このことについても」（鈴木）、「このようなことでも」（朴）、「そこで」（Robin）、「わたしを」（N-W）。

（10）Bury, 155; N-W, 80は「友達の財産」とする。しかし他人の財産云々は不正であろう。愛するソクラテスのためなら友人も委ねる（犠牲にする）のは、愛の独占専一の現れであって、アルキビアデスの求めるところであった。しかし自分に拍手と賛辞を送ってくれる市民たちから離れることを求められるとすれば、アルキビアデスには想定外であったろう。

（11）愛するものにすべてを委ねるこの心得は、アルキビアデスがソクラテスにも要求するところのことである。

（12）212Bでソクラテスがディオティマの話を総括して、「人間本性にとりエロス以上に良い協働者（συνεργός

(sunergos)）は容易には見つからない」と指摘していた。アルキビアデスが使った συλλήπτωρ（sullêptôr）は「パートナー」を意味するが、「しっかり捉える、一緒に合わせる、受胎する」の意味の動詞 συλλαμβάνειν（sullambanein）からである。アルキビアデスの性的傾向が臭うのである。

（13）218C-D では原文九行の中に、「わたし」と「あなた」が計一三回も語られている。アルキビアデスがソクラテスとの間にパーソナルな親密さを求めていることを裏書きしている。しかしそれが性的身体的意味を帯びていることがアルキビアデスの特徴である。

（14）175E でソクラテスはアガトンの知恵と対比して、自らの知恵を「愚かで疑わしい」としていた。この直後でも、ソクラテスは自分が「何ほどの意味もない」とアルキビアデスに思い出させようとしている。アルキビアデスも 216E で「われわれ自身は無に等しい」というソクラテスの考えを指摘していた。ソクラテスは首尾一貫しているが、アルキビアデスは前後で意見が動く。自分の言うことが揺れることはアルキビアデス自身が 215A で認めていた。しかしそれは酔っぱらっているからだ、と弁解していた。それを酒のせいにすることが事の真相を見えなくしている。アルキビアデスは酒に酔っていなくても、酔ったような半酩酊状態の両義性、つまりこころが定まらない状態にいる。

（15）性的快楽と徳を交換する取引は、小秘儀で指摘されていた（209C）。しかし恋の道行きでは既に浄化されていた（210B-C）。

（16）「お目出度いね」は、214C でアルキビアデス自身がエリュクシマコスの錯覚を指摘するときの言葉である。

（17）矢の比喩は、189C ではアリストパネスが「笑われはすまいか」と恐れたことに対して、エリュクシマコスが「矢を放って逃げるのか」と非難している。ここではアルキビアデスは「恋の矢」を放って、後は実行とばかりに突き進むのである。

（18）四回繰り返す代名詞 οὗτος（houtos）（この人）は、アルキビアデスがソクラテスに向かって「この人、この人」と指さしている趣がある（Dover, 170）。我が意に染まぬソクラテスに対するアルキビアデスの苛立ちである。οὗτος （houtos）は奴隷や目下の者を呼ぶときに使うことがあり、時には「こいつ」と訳すべきこともある（『クリトン』45A8）。

（19）アルキビアデスの仕掛ける誘惑をよく理解するためには、この同性愛を異性愛の言葉で翻訳してみる必要がある、とDover, 164-165はいう。ソクラテスは健全な男であり、裸の美しい女性が毛布の下に潜り込んで、ソクラテスを抱くに等しい。ただしBurnet ①, 138は、この誘惑事件自体はアルキビアデスが十五歳ほどの少年時代だと解している。

（20）**δαιμόνιον**（daimonion）（超人的）は、202Dでディオティマがエロス神を神と人間の中間としたときの形容の言葉である。アルキビアデスはソクラテスがどんな人間とも似ていない、と強調するが（221C-D）、結局は、酒と演劇と欲望の神ディオニュソスの弟子筋に当たるサチュロス、シレノス、マルシアスの類なのである。ディオティマと同じ言葉**δαιμόνιον**（daimonion）を使っても、その表面上の一致のみで、裏脈絡では意味が違っていた。それが著者プラトンの狙いである。詳解［4］18参照。

（21）ソクラテスはアルキビアデスの若さの美を歯牙にもかけなかった。しかしソクラテスが無視したのはそれだけではなかった。アルキビアデスは若さの美について価値を判断する知恵において一角のものだと自負していた（これで上手くいく）。ソクラテスが自分の考えと知恵を無視した、と捉えたのである。それで自分の威信が傷つけられた、とソクラテスに対して青年っぽい不満と怒りを覚える甘ったれのアルキビアデスが、どちらの判断が正しいかを裁判員に委ねよう、というのである。

（22）「裁判員諸君」という呼びかけは、アルキビアデスのソクラテス賛美が同時に告発であることを示している（詳解［4］18参照）。

裁判員は『弁明』でも重要な位置を占める。「アテナイの市民諸君」という呼びかけで始まるソクラテスの裁判は、裁判が終わって初めて、無罪投票をした市民に対してソクラテスが「裁判員諸君」と呼びかけることになるからである（40A）。既に175Eでアガトンはソクラテスに対して、ディオニュソスを裁判員にしてどちらに知恵があるか判定させようと図っていた（訳註3・9参照）。

（23）217Eと同じ単語 ὑπερηφανία（hyperêphania）が使われているが、ここでは既にソクラテスがアルキビアデスの誘惑を退けているので、アルキビアデスにとっては告発すべき傲慢無礼なのである。訳註18・2参照。

（24）『国家』の最善国家では、守護者になるはずの人たちの間の愛し愛される関係は、「父親の息子に対する」ような接触でなければならない、と法律に定めるとある（403B）。

（25）自分がソクラテスを大事に思い（ἀγάμενον（agamenon））、しかしソクラテスからは無視されたと思う（ἡγούμενον（hêgoumenon））ことが、アルキビアデスの苦悩であるが、二つの動詞の音の響きが似ていることが思いが通じぬ分裂を一層強調している。

（26）アイアスはトロイ戦争の時のギリシア側の英雄。

（27）ソクラテスにこころ惹かれて奴隷のように縛られるようになることが、「僕」の私的生活にも、戦場という公的な場面にもあった。

（28）ポテイダイアはトラキア地方の国で、アテネに侵略された（紀元前四三二―四三〇年）。

（29）貴族出身のアルキビアデスと一般市民のソクラテスは出身部族が違ったが、個人的に親しかったから。

（30）「他の人は比較にならなかった」とは、ソクラテスの「僕は何ほどの意味もない」（219A）、「われわれ自身は無に等しい」（216E）と逆対応する。そのソクラテスが、アルキビアデスの眼には、節制と勇気と強靱さにかけて傑出して見えたのである。

（31）トラキアは寒さが厳しいことで有名。

（32）『オデュッセイア』4.242, 271.

（33）太陽と月は「ギリシア人にも外国人にも、幸運の時も不運の時も」礼拝の対象であった（『法律』887E）。Bury,

162は、太陽神が精神的照明を与え、ソクラテスの祈りはその感謝かも知れないとしている。

（34）紀元前四三二年のポテイダイア戦。

（35）将軍（στρατηγός（stratēgos））は、アテネでは毎年選挙で選ばれた、一〇名の軍指揮官である。

（36）武具と共に、とは武具をもって現場復帰できるようにという意味で、軍律違反の戦闘放棄の汚名から救ったということである。

（37）紀元前四二四年のボイオティア戦でアテネは敗退。

（38）ラケスは有名なアテネの将軍で、マンティネアの戦いで戦死（紀元前四一八年）。勇気を論じた対話篇『ラケス』に登場。

（39）『雲』362.

（40）ブラシダスはスパルタの勇者で、紀元前四二二年アンピポリスで戦死。ネストルはトロイ戦争時のギリシア側の英雄（『イリアス』1.247ff）、アンテノルはトロイ側の英雄（『イリアス』7.347ff）で、共に雄弁で鳴った。

（41）ペリクレスは雄弁な政治指導者であったが、その縁戚に連なるアルキビアデスが「まあ他にもいる」で誰を念頭にしているかは不明。Rowe, 212は自分のことを考えていた可能性を挙げている。若者らしい強気の自負心である。

（42）「途方がない」（ἀτοπία（atopia））は215Aにも指摘がある。通常から外れた人、捉えどころのない謎のような人のことであるが、文字通りには「占める場所がない」意味。

（43）こうしてアルキビアデスはソクラテスをシレノス、サテュロスに譬えた最初に戻る。

（44）底本（Robinも）は条件文の希求法のἐθέλοι（etheloi）（望む）を採用する。しかしεἰ（ei）＋希求法の条件文とἂν（an）＋希求法の帰結文では、Less Vivid Future Conditionであって、あまりありそうにない（誰もソクラテスの話を聞こうとしない）ことになる。そこでTW写本の直説法ἐθέλει（ethelei）を採る。その時帰結文は条件文からの推論（筈だ）になる（Smyth, 518）。

（45）サテュロスの「皮膚 δορά（dora）」は、マルシアスがアポロンによって皮を剝がれたことを暗に言及している（Bury, 165）。アポロンと音楽を競って敗れ、罰せられたのである。皮膚という表面とその下の本体の区別は、ソクラテスの言葉の二面性を示しているが、アルキビアデスは剝ぎ取られるべきものと見ているかのようである。

（46）ソクラテスは、カリクレスから「いつも日常卑近のくだらないもの」の話をすると非難されている（『ゴルギアス』490C–491B）。詳解［4］18参照。

（47）カルミデスはプラトンの母方の叔父であり、ソクラテスと交流があった（『カルミデス』の登場人物）。後にアテネ三十人独裁制に関わり、紀元前四〇三年に殺された。グラウコンはそのカルミデスの父で、プラトンの母方の祖父（訳註1・6参照）。エウテュデモスはデオクレオスの息子で、他の対話篇でも名前が挙がっているだけで詳細不明。みんなソクラテスと交わって、ソクラテスを愛し、ソクラテスを賛美する羽目になった、というのである。

（48）『イリアス』17.32、ヘシオドス『仕事と日々』218。なお『国家』337D に、「苦しい目にあう（パテイン）」と「学ぶ（マテイン）」の語呂合わせがある。

（49）スピーチの最後に、当人の本音・真相が覆われつつ露出することになるのは、アガトンの場合にもあった（198B）。

（50）221E でアルキビアデスは、ソクラテスの話はおかしなものに聞こえても、真相はサテュロスの皮膚（ドラ）に覆われ隠されている、と言ったが、アルキビアデスの話自身が覆い隠しても本音バレバレのドラマ（δρᾶμα（drama））だ、とソクラテスは皮肉っている。これも音声の響きを効かせた遊びである。

（51）「神にもまがう優れた男」と訳した δαιμόνιον（daimonion）は、219C でアルキビアデスがソクラテスを呼んだ言葉（超人）である。

（52）現在の位置は右回りで、アガトン—アルキビアデス—ソクラテスであり、位置替えは、アルキビアデス—ソクラテス—アガトンであり、アルキビアデスが望んだのは、アルキビアデス—アガトン—ソクラテスである。アガトンは、公式祝賀会に欠席したソクラテスからお褒めの言葉を聞きたかった。それは宴会始めのアガトンの三つの振る舞いに現れていた（訳註3・1、2、5参照）。それがようやく実現するのである。ところがそれも酔っぱらいたちの闖入で妨げられ、夜明けまで続くソクラテスの対話問答がそれに代わる。ソクラテスにとり重要なのは称賛よりは吟味と問答である。それが適切に（つまり愛をもって）遇することだった。詳解［4］11参照。

19　宴が終わって

（1）「眠ったり家に帰ったり」は、接続詞が「または ἤ（ē）」ではなく「そして καί（kai）」である。Bury, 170は、「眠って不在」と「帰宅して不在」とまとめているが、適切である。

（2）「その場にいたのではないし（οὔτε（oute））、そして（τε（te））うつらうつらしていた」の否定詞と連結の接続詞は、「でない」が否定している内容と「そして」の句が反対であることを示している（Smyth, 662）。従ってその場にいることと眠ることは反対の意味になる。アリストデモスはその場に（身体上は）いたけれども、（眠って）不在であった。ソクラテスについて行くだけのアリストデモスは両義的なのである。それに対して無条件にその場にいる現存（παραγενέσθαι（paragenesthai））とは、ソクラテスの対話問答に目覚めて参加していることだ、と裏脈絡から透かし彫りになっている。詳解［5］参照。

（3）ヘレニズム時代に初めて喜劇と悲劇の両方を書いた詩人が登場した（Clay, 187）。詳解［4］19参照。

（4）Sedley, 66-67は、二人の先後の順番は、アリストパネスよりアガトンの方がよりソクラテスに近い立場だったことを示すとしている。

（5）リュケイオンはアテネ北東郊外のアポロン神殿に隣接した体育場である。社交場でもあり、ソクラテスはそこでよく人々と議論した（『リュシス』203A、『エウテュプロン』2A、『エウテュデモス』271A）。後にアリストテレスが学園を開いた。なおプラトンのアカデメイアは北西郊外。

（6）この「すっかり身体を洗い（ἀπονιψάμενον（aponixamenon））」は、冒頭の「湯浴みして（λελουμένον（leloumenon））」

（174A）とは違う。『饗宴』は、いつもと違って小綺麗になったソクラテスで始まり、すべてをすっかり洗い流していつもの生活に戻ったソクラテスで終わっている。

なお「他時他日」と繰り返しており、「議論で時間を過ごす（διατρίβειν（diatribein））」という動詞も繰り返している。ソクラテスにとって、人との議論で時間を過ごすことが日常のことであった。今日の宴会は特別だったのである。

（7） 最後の一文「家に帰って休んだ」は含み多い言葉である。エロスは母神ペニアの性格を受け継いで裸足で汚れて「帰る家」もなかった（203D）。でソクラテスは?。

II 饗宴 詳解

プラトニック・ラブの道行きは、いかがであったろうか。あるいは迷宮伝説のようであったろうか。この翻訳の余白に少しだけ解説を書いておきたい。しかし「まえがき」にも述べたように、この対話篇の余白を埋めるためではなく、むしろ議論と理解の可能性をいっそう広げるためである。そして訳註もこの解説も可能な限り正確を期したつもりであるが、それでもテキスト本文を読み間違え行間を逸脱し、見過ごしや誤解を犯して思わぬ獣道に入ってしまったことがあるかもしれない。この対話篇冒頭でグラウコンとアポロドロスが出会った時、昔の宴会の話が伝達される間に誤りや不正確さが入り込んだことが指摘されていた。それを正すためにアポロドロスが色々確かめながら、自分の言葉で昔の宴会を語り直したのがこの『饗宴』である。従って、もしここでの解説や訳註に間違いがあれば、議論と批判の場が開かれ――それが芸術と違うところであるが――新しく語り直されるであろう。訳註も解説も、新しい探究の言語を創出する機縁になれば、という願いである。

［1］『饗宴』をめぐる背景とその位置

プラトン（紀元前四二七～三四七年）の活動期は、作品から三分されるが、中期はプラトンの四十～五十歳代である。アカデメイア創建の後の多忙な中、いわゆるイデア論が中心にあり、主著ともされる『国家』、『パイドン』そしてこの『饗宴』を書いている。その中では『国家』が一番最後であることは分かっているが、他の二書については前後は確定しがたい。

プラトンはその間の紀元前三八七年頃、南イタリアにピュタゴラス教団を訪ねた後、シケリア島のシュラクサを初めて訪問している。そこでディオニュシオス一世に会っているが、同時に一世の義弟で類い希な哲学的才能と素質に恵まれた青年ディオンに出会った（『第七書簡』326E-327A）。そのシュラクサ行きはプラトンに特別の思いを抱かせたであろう。三十年ほど前に、アテネは無謀にもシケリアに大遠征軍を送り（対スパルタのペロポネソス戦争再開）、大敗北を喫したからである。スパルタに最終的に敗れる戦争への第一歩であった。その大遠征をアテネに建議して主導したのが、ソクラテスの弟子、俊英アルキビアデスだった。ディオンはプラトンにかつてのアルキビアデスを思い出させただろうか。

第一ペロポネソス戦争を終息させたニキアスの和約から数年たった紀元前四一七年、アテネ社会にその和平派のニキアスと主戦派のアルキビアデスの間に抗争が起きた。どちらかが陶片追放で追放されるはずのところ、第三者のヒペルボロスが追放されてしまい、両者の不幸な抗争が、紀元前四一五年にアルキビアデスがアテネを導いてシケリア遠征に乗り出す要因となった(1)。第二次ペロポネソス戦争勃発である。しかしアテネの街路に魔除け用に置かれたヘルメス石柱像の破壊事件が起き（これから戦争だというのに不吉な）、スキャンダルめいた陰謀に巻き込まれたアルキビアデス本人は、その遠征中に瀆神罪で本国召還を命じられ、死刑を恐れて、あろうことか敵国スパルタに逃亡したのである。ところがそこでもスパルタ王妃と不倫の末、さらにペルシャに逃亡している。その後、帰国工作をしてアテネに帰国し、奇妙なことに大歓迎されて総司令官になっている（「鬼畜米英」が一夜にして「民主主義万歳」に転じたのに似ている）。アルキビアデスは不道徳で野心に溢れて怪しげだけれども、不思議な魅力をもつ人物だったのである。しかし最後はスパルタ海軍に敗れて失脚し、亡命先のトラキアで暗殺されて波瀾万丈の生涯を終えている。紀元前四〇四年のことである。時代の潮流に乗り、その先頭にいた筈であるのに、時代の波に追われた人生であった。

他方でアテネの無謀な企ては、最終的に悲惨な敗戦（紀元前四〇四年）に終わった。こうしてアテネの栄光の帝国は終焉を迎えた。ついでスパルタに後押しされて、これまたソクラテスの弟子クリティアス中心の三十人独裁制の軍事政権が登場した。しかし千五百人ほどの市民虐殺という恐怖政治の結果、民主制が混乱の内に復興するという、アテネには惨憺たる社会の現実が続いたのである。こうした社会の長い混乱の遠因として、ソクラテスが標的になったことが十分窺える時代状況だった。遂に紀元前三九九年、国家の基礎を揺るがす「新宗教」と「新教育」を導入した廉で、「アテネの他者」ソクラテスは復興民主制アテネによって死刑になった。時に七十歳であった。アルキビアデスとクリティアスと親しくしていたことも原因の一部と見なされたのである。(2)

ソクラテスの死刑から十五年ほどして（紀元前三八五〜三八〇年頃）、プラトンは三十年位昔にあったとされる出来事を種として、五十五歳ほどの壮年期のソクラテスを中心にした『饗宴』を書いた。紀元前四一六年冬のレナイア祭で悲劇コンクールで優勝したアガトンの祝賀会の話である。アルキビアデスとニキアスが抗争した一年ほど後であり、アルキビアデスがアテネをシケリア遠征に導いた年の前年である。あの抗争の余波があり、戦争が迫っていた直前のことである。暗い戦争の前、恋の話に花咲き乱れた明るいエロス談義の一夜のことである。

しかし『饗宴』の直接の舞台は、紀元前四〇五〜四〇〇年頃にソクラテスの弟子アポロドロスが知人に、それより十〜十五年ほど昔のあの宴会のことを話して聞かせる設定になっている。同じく弟子のアリストデモスからその話を聞いたからだ。その時ソクラテスは高齢ながらまだ生存中であり、敗戦の影響の残る中、三十人独裁制の暴政と民主制への復帰の時期と概ね重なっている。しかし紀元前三九九年のソクラテス裁判は間近に迫っていたのである。著者プラトンはこうした歴史的背景を読者が知っていることを前提にしている（訳註1・1にいう裏脈絡）。歴史の流れに重ねて作品の構成を簡単に図式化すれば、こうなる。［(「紀元前四一六年、アガトン祝賀の宴会があった」ことを、紀元前四〇〇年頃にアポロドロスが知人に話した）ことを、紀元前三八五年頃にプラトンが『饗宴』として書いた」。プラトンは、知恵を愛しつづけて生きかつ死んだソクラテスを「美しくなったソクラテス」として、記憶の彼方から甦らせたのである。

［2］『饗宴』の構成——昔の宴会を語り直す秘密

プラトンの対話篇の構成で、登場人物が誰かにある出来事を報告するという形式は、他にも『パイドン』『テアイテトス』などがあるが、先に述べた通り、『饗宴』はその構造が重層して複雑になっている。アポロドロスが、噂だけ残って人々の記憶からも消えかかっていた十年以上昔の宴会の様子を出席者の一人アリストデモスから聞いて、今度はそれを知人に話して聞かせたのが全篇の話である。しかしその宴会の噂には別系統があり、アポロドロスの友人、「プラトンの兄弟」グラウコンはそこから話を聞いていた。ところがその話は曖昧で不正確であったために、アポロドロスに確かめたという事実が先行している。何しろ十年以上前の出来事である。人々の記憶も薄らいでいたのである。

アポロドロスはグラウコンと話の突き合わせをした後、まるで「準備なった」というように知人たちに話し始める。これが『饗宴』の始まりである。従って『饗宴』のドラマは、その始めの前に始めがあったのである。さてこの複雑な構成は決して偶然ではなく、全篇の内容に深く関わっているプラトンの工夫である。対話篇の導入部と全体の内容には強い関係があることは、既に五世紀の新プラトン派プロクロスが指摘するところであった(1)。

眼目は以下のことにあると思われる。(2)

昔の宴会の噂の情報源はどちらも、ソクラテスの忠実な弟子で、ソクラテスの真似をするほど心酔しきっていたアリストデモス（第一情報源）であり、当日もソクラテスと共に宴会に出席していた。その伝達経路は二つあり、一つの流れは、アリストデモス→アポロドロス。他の流れは、アリストデモス→ポイニクス→ある人→グラウコンである。グラウコンは自分の受けた情報では不明瞭だとして、それをアポロドロスの証言によって正そうというのである。しかし何故同じ情報源からの情報が、一方では曖昧になり、他方では明瞭で信頼されることになったのか。あるいはなぜ情報の精粗の話が対話篇の冒頭を飾らなければならなかったのか。プラトンの裏脈絡の意図は何であるか。

一方の経路のポイニクスはその名前が言及されているが、名前以外は一切不明であり、そのポイニクスから聞いたという人もただ「ある人」とだけ言われて、どのような人か分からない。この二人はソクラテスの近くにいた人たちからもよく知られていない人物である。この伝達経路は特定の具体的個人が位置を占めないことが象徴的である。「誰が」という個人がいない、「人から人へ」噂の伝聞文脈しかなかった。対照的に他方の系統ではアポロドロス（第二情報源）であり、ソクラテスと交わり始めて三年にもならない青年であって、哲学への情熱を燃やしている熱血漢である。後のソクラテス裁判では罰金の保証人になると申し出（『弁明』38B）、ソクラテス臨終の場では号泣した（『パイドン』117D）。ソクラテスその人と哲学をこよなく愛していたのである。

後にディオティマがソクラテス相手に、時間の流れの中の同一性と不死の欲求に関して示すように（207E–208B）、どんな事実の記憶でも知識でも、エントロピー増大の法則に似て、時間の流れと共に少しずつ弛み解けて影が薄くなり、変形して曖昧になっていく。最後は忘却の中に消えていく。忘却は知識と記憶の消失なのである。その

「忘却」は、ギリシア語では λήθη (lêthê) である。ところで「気遣い、関心、準備、学習」の意味のギリシア語は μελετή (meletê) であって、母音の長短はあるが、μὴ λήθη (mê lêthê) に似て響く。μὴ (mê) は否定辞であって、μελετή (meletê) は「忘却の内に消えない」と共鳴する。[3] 従って箍が外れて忘却の彼方に連れ去られるのに抵抗するのは、記憶と知識を絶えず新しくするように手ぬかりなく気遣い続けること、より深く理解することに準備し続けることにある（208A）。一時の感情がどれほど盛り上がったとしても、この持続する気遣いなしでは、関心をもって気をひきしめ準備し続ける忍耐なしでは、時間の力に抗うすべはないのである。また理解が深まることもない。そしてアポロドロスは全篇冒頭で、「君たちがお尋ねのことについて、僕が関心をもたないで準備してない（ἀμελέτητος (ameletêtos)）というようなことはない」（172A）と断言した。[4]

同じ情報でも精粗が生まれたのは、ソクラテスへの関心の深浅、愛の気遣いの有無による。それとも愛は愛自体を深めたいとしないだろうか。愛は愛する相手をより良く理解したいと気遣わないだろうか。imitatio Christi もあるように、人は愛する人に似たものになりたいと願わないだろうか（真似ることも、限界があるにしろ理解することの一様式である）。恋する人は、自分の恋の意味をよく味わい知るために、愛の表現を気遣い求め、恋の言葉を生み、その言葉と表現において愛自身を探究し理解を深めるのである。アポロドロスは「ソクラテスが何を言い、何をするか、日々知りたいと気遣い続けてきた」（172C）と告白している（著者プラトンの体験でもあったろう）。愛は表現と理解を求め、愛の言葉と共に深化成長する。[5] 愛は言葉の愛でもあるからである。

アポロドロスは、人々の記憶からも薄らぎつつあった昔の宴会の話をアリストデモスから聞いて、慎重にソクラテス自身にも確かめて（173B）、これに関心を持ち続けた。そしてグラウコンとも最終的に突き合わせ、現在七十歳直前のソクラテスではなく、五十五歳ほどの壮年期のソクラテスの姿を生き生きと再生し甦らせるべく十分準備できた、として知人たちに語って聞かせるのが、『饗宴』全篇なのである。こう見た時、語り部アポロドロスは著者プラトンと重なってくるのである。

しかし重なるのであって、同一ではない。両者には決定的な違いがある（この重なりとズレこそ、プラトン腐心の工夫なのである）。アポロドロスが知人に宴会の話をした時は、ソクラテスは生きていたからである。上に述べたように、実際アポロドロスはソクラテスに直接話を確かめてもいる。見たり聞いたりでき、いざとなれば頼ることができた生身のソクラテスである。従ってアポロドロスが記憶の彼方から救い出したのは、昔の宴会とその時のソクラテスの言動である。その時ソクラテスは何を言ったのか、何をしたのか、アポロドロスはそれを知りたかった。

この時期のアポロドロスにとってソクラテス裁判も死刑も未来であり、まったく未知の彼方である。ソクラテスの運命を知らないことさえ知らなかった。ソクラテスはまだ人生進行中だったのである。従ってアポロドロスにはソクラテスの生そのものの全体を視野に置くことはあり得ない。考えにくいことではあるが、もし裁判でソクラテスがあっさり罪を認めて赦しを請うたとすれば、もしクリトンの勧める通り脱獄したとすれば、アポロドロスにはどうであろう。ありそうに思えないが、あり得るのであり（そうでなければクリトンは勧めたりしない）、やはり「棺を覆いて事定まる」が効いている。そのようにアポロドロスの視界は時間の中の変化の可能性に制約されている。ソクラテスが生きている時に、そのソクラテスを中心とする昔の出来事の記憶を再構築した、という条件なのである。(6) もしもアポロドロスが事実に反することを語ったとすれば、ソクラテスから訂正が入るということもありえたであろう。その意味ではアポロドロスはいわば「ソクラテス監修」の宴会物語を語ったことになる。

しかしプラトンには「ソクラテス監修」はありえない。ソクラテスは死んで、既に見える事実の地平の彼方に消えて永久に不在となったからである。プラトンはもはや見たり聞いたりという感覚経験に固着することから引き剝がされ、解脱することが迫られたのである。こうしてソクラテスの死という自他の究極的切断を驚きと問いとして保持したのはプラトンである。アポロドロスではない。そこでプラトンには、このように決定的に不在になってしまったソクラテスとは誰であったのか、その生涯は全体として何であったのか、をその不在故にまるで「孤児になったような」(『パイドン』116A) 不安と動揺に耐えて考え進むことを要求されていた。ソクラテスの生と死は、ソクラテスが何をしたか、何を言ったか、という事実以上に大いなる驚愕と謎そのものだったからである。それは記憶のカテゴリーをはみ出している。

そしてソクラテスの死後十五年ほどしてから、既に人々の記憶の彼方に消えつつあった宴会の時のソクラテスを、知恵と真理を愛する哲学のまま生き生きと甦らせた。それが『饗宴』という作品である。ソクラテスの思い出は新しい生命を吹き込まれて、「美しくなったソクラテス」として甦ったのである。しかしそれは、プラトンにとって、死という不在によって決定的に徴づけられている。

こうして『饗宴』全篇は、テキスト外の著者プラトンの視点(裏脈絡)とテキスト内の語り部アポロドロスの視点(表脈絡)は違ったレベルにあって、二重化されている。同じ文や語でも異なった意味連関を担いうるのである。劈頭第一行でアポロドロスが語った「関心をもたないで」には、訳註1・1でも指摘したように、著者プラトンがソクラテス裁判の含みを載せていたが、それはプラトンが最初に読者に対して視点の二重化に目配せしていることになる。174A の「美しくなったソクラテス」は、アポロドロスとアリストデモスには、いつものソクラテスと違って、珍しく湯浴みして小綺麗になってサンダルも履いたソクラテスに他ならない。しかし既に言及したようにプラトンにとっては違っていた。死による不在の中で浮かび上がる現存としての「美しくなったソクラテス」である。がその詳細は後に譲らなければならない。

しかしそれならなぜ情報源としてアリストデモスが当日の宴会の報告者となったのか。『国家』のように、生存中だとされるソクラテス自身が誰かに、昔こんな宴会があった、と直接話して聞かせるという構成の方がよかったのではないか。アリストデモスはソクラテスの真似をして、その後をついていくだけの凡庸な人物であるだけに、なおさらソクラテス本人が報告する体裁の方が精確で真実みが増すように見えよう。しかしそれはできない。理由がある。宴会ではソクラテス賛美が含まれており、本人が報告するより他人が報告する方が信憑性があるから(7)、という理由ではない。

あの宴会は、七人の参加者が一人ずつ左から右へ順番にエロス賛美を語ったものである（177D）。もしソクラテスがその宴会の報告をするとすればどうだろうか。そこで行われたのは、ソクラテスがいつも実行していた（他の対話篇が伝えるような）、「細切れ言語」とも「小理屈」とも言われかねない、短い一問一答のやり取りで問題を吟味検討する対話問答ではなかった。一人ずつが行うエロス賛美のスピーチである。『プロタゴラス』329A–B, 336B–D でソクラテスは、そうした「一人言語」の長い演説は止めて、君と自分の間の「われわれ二人言語」で短い問答をすることを強く要求していた。そのソクラテスが各自による「わたし一人言語」のエロス賛美をそのまま「生な形で」報告するだろうか。ありえないことである。

『饗宴』でもソクラテスはアガトンの話に疑問を感じて割って入って質問し、問答に進もうとした。それをパイドロスが遮って「問答に乗っては駄目だ、ソクラテスは周りのことは忘れてしまう」と警告して、ルール通りのエロス賛美に戻らせている（194D）。ソクラテスは問答の相手がいれば、議論に夢中になる。どんな言葉も批判を抜きに聞いたり受け入れたりはしないからである。アルキビアデスが、誰か他の人を称賛したらソクラテスが容赦なく批判を浴びせる、と証言している（214D）。

従ってもしソクラテスが宴会の模様を紹介し報告するとすれば、すべてソクラテスの吟味に次ぐ吟味という批判フィルターで濾し通した話になってしまう以外ではない。ソクラテスが、思考活動そのものである対話問答による互いの批判的議論抜きの、人々が「一人言語」で語ったエロス賛美のスピーチを「生のまま」保持して、「誰それはこういうスピーチをした」と長々と事後報告することは考えられない。

つまりこういうことである。一方でソクラテスは、何の吟味も批判もないまま引用されるに値するような権威ある強い言葉は認めず、他方で、他人の言葉を語るときは、「自分の言葉」として語ることを自他共に要求している。「誰それによれば」という台詞はソクラテスにはなかった。何であれ、自分の考え、意見を率直に述べることこそ重要としたのである。意見を自他の間で吟味検討して、自分の言葉を明瞭にすることが、自分の「理解」を明晰にすることであり、「自分」の理解を明晰にするからである。

こうして昔の宴会の話の報告として、「生な」形の第一次資料は別の人の口になる必要があった。それが今一人の出席者アリストデモスである。ソクラテスの圧倒的人格力に影響され、ソクラテスの真似をし、いつもソクラテスの後に従っている男である（223D）。確固として独立した人格とは言い難い。宴会当日も、他の人たちに加わってエロス賛美の「自分の言葉」を語ることのなかった男である。そのような平凡な男こそ現場報告に相応しい。自分が記憶していることだけを話すからである（178A, 180C）。「自分の言葉」で解釈を付け加えることもなく、恣意的選択もしない。まことに「自分の言葉」をもたない平凡さが、昔の宴会の「みんなの言葉」をアポロドロスに伝達する役割を果たさせたのである。

「アガトン、ソクラテス、アルキビアデスそしてその他」(172B) 出席とあるように、宴会の主役であるコンクール優勝の芸術家アガトンとアテネ社会に強い影響力をもった政治家アルキビアデスと対照的で、凡庸なアリストデモスに、著者プラトンはその宴会の様子をアポロドロスに伝えさせ、ひいては『饗宴』の読者に伝える名誉ある役割を与えた。アリストデモスは、少なくとも自分が劣ったものであることは自覚し知っていたのである(174C)。ソクラテスは、自分の能力と才覚に舞い上がる政治家、芸術家の「無知の無知」には容赦しなかったが(『弁明』21C–22D)、社会的に評価されることが最も少ない職人には一斑の知恵を認めていたことと類比的であろう。

しかしそれではなぜアリストデモスが宴会の報告者として、『饗宴』全篇の語り部にならなかったのか。なぜプラトンはわざわざアポロドロスという人物を第二報告者として介在させたのか。現場報告ということであれば、その場にいたアリストデモスで十分である。例えば『パイドン』では、ソクラテス臨終の現場にいたパイドンが後に報告する構成になっている。そこでは「ソクラテスの最後の様子がどのようであったか」(57A) が眼目であり、パイドンは自分の見たままを語っている。それに対してアリストデモスが凡庸だったからというのは説明にならない。アポロドロスの話はすべてアリストデモスの現場報告に依存しているからである。

『饗宴』は別の意図がある。『饗宴』の語り部は、どうあってもアリストデモスではなくアポロドロスでなければならない理由があった。十年も昔の宴会がどのように進み、誰がどのようなエロス賛美を語ったか、という過去の出来事を記憶している限り記憶しているままに語る現場報告ではなく、アポロドロスが現在の自分の哲学の光の中で何を価値があり真実として理解し、それをいまどのように表現して「自分の言葉」で語り直すか、が重要とのことである。(8) つまり第一に、報告は報告でも、人づての伝聞をそのまま受け取るのであってはならない。

アポロドロスはアリストデモスの話のいくつかの点をソクラテスに確かめているが（173B）、それは何が重要なポイントになるか自分で判断しているということだ。第二に、アポロドロスが「記憶するに相応しいもの」（178A）を判断して取捨選択して作った報告である。こうして自分の理解によって新しい立場で過去の記憶を再構築すること、つまりアポロドロスは自分で新しい語り方を発見する課題を負ったということだ。

ここにはすでに理解の成長、言葉の深度、新しい表現・作品の創造という、『饗宴』の根本テーマが萌芽状態のまま現れている。それはソクラテスの人格力に影響されて真似をしながら後をついて歩くアリストデモスが、「素晴らしい！圧倒された！」という、いわばただの感嘆詞に等しいのに対して(9)、ソクラテスの哲学の議論に関心をもちつづけていたアポロドロスが、自分の自由と責任で新しく理解する「自分の言葉」を求めることにすでに踏み入っていることを示す小さな、しかし重要な一歩であった。愛の成長は言葉の成長でもあるからだ。

ところで「記憶するに相応しいもの」とあったが、それは新しい思考の始めとなりうるということである。つまり新しく語ること、語り直すことを誘う言葉である。思考とは、より明瞭な理解を求めて、吟味検討を通して自分自身の声で新しく語り直そうという認識努力であり自己探究なのである。アポロドロスの一歩は次の一歩を生み出すスプリングボードになっている。著者プラトンが「アポロンの贈り物（ドロン）」という意味に響くアポロドロスを第二報告者に選んだ理由を知るであろう。

こうして語り部アポロドロスのテキスト内在視点と著者の外在視点を駆使するプラトンは、表脈絡と裏脈絡に跨る『饗宴』が、知恵と美とエロスをめぐる哲学の言葉を創出する機縁になることを狙っている。読者が『饗宴』を読み終った後で語り直し、新しい探究言語を懐胎出産することを期待している。著者プラトンが決して登場しない『饗宴』の冒頭で、「プラトンの兄弟」グラウコンがアポロドロスを証言者として「召喚」して、確認と語り直しを求めてすぐ消えた事情がそれを象徴している。[10] 著者プラトンは語り部アポロドロスと重なっていたが（表脈絡では『饗宴』はアポロドロスの作品である）、表層を超えてここではプラトンは兄弟グラウコンに重なり、「自分の声と言葉で」（『プロタゴラス』347C-D）新しく語り直すことを求められるアポロドロスは、現在の読者たるわれわれ自身と重なってくる。グラウコンの求める「語れ、アポロドロス」とは、裏脈絡では「語れ、君たち、読者」であった。[11] われわれはどのように『饗宴』を読み、新しく表現して語り直し、そしていかなる新しい探究の言葉を生み出すだろうか。召喚され挑戦されていることになる。われわれの自由と責任による自己探究が試されている。プラトンの対話篇というワンダーランドでは、気づく人が気づくように、上品にさり気なく書かれた裏脈絡からの「小さな指示」（『第七書簡』341E）を読んでこそプラトン読みである。プラトンは、語るべき人に語り、黙すべき人には黙すすべを知っているような言葉を、知識とともに書き込まれた言葉（『パイドロス』276A）、と呼んでいるからである。

プラトンは、ソクラテスの死後、ソクラテスの不在に耐えて、ソクラテス中心の昔の宴会の記憶を再創作するドラマを創作した。そこには過去の記憶以上のことがある。存在するのとは別の様式で現存する「美しくなったソクラテス」である。死んだ、ということに決定的に依存しているソクラテスの現存をプラトンは確信しており、それは『饗宴』という作品を創造する活動の中で示されている。[12]

［3］『饗宴』の舞台設定

プラトンの対話篇は、ソクラテスを中心に何人かの人物がある時、ある場所で、人生にとって何か重要な意義をもつテーマ（徳とか友情とか勇気と正義など）について、その本質の「何であるか」を問答し議論する設定になっている。具体的テーマについて、具体的人物が、具体的舞台設定の上で問答するドラマである。従ってそうした舞台設定はテーマの展開の文脈であり色濃い背景となっている。(1) 背景があって前景は立体的に見えることになる。

『饗宴』の舞台は、芸術家アガトンが優勝祝賀のために、コンクールの公的祝賀会に続く翌日に、親しい友人を私宅に招いて開いた宴会である。夕方に始まり、最後はソクラテス・アガトン・アリストパネスの三人の議論が続いて夜明けに終わっている。それは昼の公共社会が終わって、市民が私的個人に戻る時間である。政治家アルキビアデスが招かれなかった所以である。そして宴会のテーマは政治でも正義でもなく、エロス即ち恋の神である。私的といえばこれほど私的な、そして詩的なこともない話題である。酒とエロスに誰も心身共に熱くなって、言葉柔らに語り合う一夜の物語である。

美や恋・エロスについては、誰でも自分なりの想い、考えをもち、自分の意見（私見）を語りうるもの、語りたいものである。アガトンも「恋は人を詩人にする」（196E）と言っている。そこで個人のいろいろな性質と趣味と傾向性に応じて、つまりこれまでの体験、感情と欲求、能力と関心、人間関係と職業・仕事といった立場立場で、恋についての「わたしの意見」は十人十色である。『饗宴』が他の対話篇と違って、ソクラテスが主導する短い一問一答の問答による議論と批判ではなく、一人一人が独立して「自分の言葉」でエロス賛美を披露する形式になっている理由がそこにある。それは議論抜きで自分の理念を表現する作品創造に生きる芸術家の私宅が舞台になった所以でもあろう。芸術は美に対しては感応力を鋭敏にしたり豊かにはできるが、真偽を基準にして知識を求める議論はしないからである。こうして宴会は暴走しかねない酒は控え目にして、各自がエロス賛美のスピーチを「民主的ルール」で順番に話すことになっていた。

そのルール破りは第一が、ソクラテスが対話問答を導入しようとしたことである。ソクラテスは宴会という社交性を全否定したわけではない。しかし重要としたのは問答である。求めたのは「わたしの言葉」による意見の開陳ではなく、「われわれの言葉」で議論することであった。裁判でもソクラテスは、裁判の常道に反して自分の無罪を意見として弁明陳述することなく、むしろいつものやり方で原告メレトスを問答の議論に誘っている。アテネの社会秩序に外れた「アテネの他者」の姿がそこにある。ソクラテスは裁判でも酒宴でも変わらなかった。が取りあえずはルールに従った。

第二は、酔っぱらって闖入した「招かれざる客」アルキビアデスである。さらに酒を飲むように強要し、ルールも変えた。自分の個人的事情からエロス神ではなくソクラテス賛美を吐露したからである。政治家として自分の野心に酔い、同じように野心に酔うように人々を誘い、アテネ社会を深刻な戦争の悲惨に巻き込んだ張本人である。エロスの暴力の一面を示している。

しかしソクラテスは、宴会が酔っぱらいの乱入によって実質上終わった後も、二人の芸術家を相手に知識への気遣いをもって夜明けまで問答し、酔い潰れて寝込んだ二人の世話をした後、リュケイオンの体育場で身体を洗い、その後いつもと同じように人々との議論に一日を過ごして、家に帰って休んだとある。ソクラテスには「飲んでよし、飲まずによし」なのである。そして夜も昼も同じであった。こうして宴の始めに戻ることになる。

[4]『饗宴』の展開

1　昔の宴会の噂

紀元前四〇五〜四〇〇年頃のアテネは、対スパルタ第二ペロポネソス戦争の末期から敗戦、そしてその後の政治的混乱という激動の時代であったが、『饗宴』の著者プラトンは、その時期を大枠の舞台にして、ソクラテスの弟子アポロドロスが知人たちに十〜十五年ほど昔の、ソクラテス出席の、そして恋と愛のエロスをテーマにする宴会の話を聞かせる設定にしている。前四一六年にアガトンが悲劇コンクールで優勝した祝賀の宴会である。ペロポネソス戦争の発端を開いてアテネ社会にとってもソクラテス個人の運命にとっても少なからず影響があった政治家アルキビアデスも出席していた。その昔の宴会が『饗宴』の実質舞台であった。

しかし時は流れる。アガトンはマケドニアに招かれ、アルキビアデスは亡命で、二人ともすでにアテネにいなかった。ソクラテスだけが高齢ながら健在であった。その宴会の話は幽かに噂だけ残って、淡い薄墨色の遠景の中に沈もうとしていた。すべては時間の中で緩み解けて消えていくが、これに果敢に抵抗するものがある。エロスである。生むことの欲求は善き未来への架橋である（人間は身心共に妊娠中！）。その意味では永遠を夢見るエロスである。消えていくことに表現を与えようとするからである。そしてアポロドロスは知人たちにその宴会の話を語るべく気遣い準備してきたというのである（172A）。

2「美しくなったソクラテス」の誘い

宴会当日アリストデモスが会ったソクラテスは常のソクラテスではなかった。湯浴みをして小綺麗になり、サンダルも履いて「美しくなったソクラテス」だからである。容貌魁偉であることは有名であったし（215B）、粗衣裸足がいつもの習慣のソクラテスであり、アリストデモスはそれを真似ていたのである（カリスマ教師にはよくあることで、ケンブリッジ大学では、ウィトゲンシュタインの言動を真似る学生が多数いたという[1]）。ソクラテスの理由は、「美しい人の許には美しくなって行く」である。アガトンに招かれたのであり、そのアガトンはソクラテスと対照的に美青年と評判であり、「ことのほか姿が美しい」と『プロタゴラス』315D-E で紹介されている。

「美しい人、美しい人のところに行く」は、「似たものは似たものに近づく」（195B）という社交性の同類原理である[2]。しかし何故ソクラテスはいつもと違って身綺麗になって行こうというのだろうか。宴会に招待されたので社交儀礼、というよりアガトン個人に対する幾分かは好意の現れかもしれない（アガトンはただ一人後にソクラテスの対話相手になっている）。ギリシア語で「美しいもの」は καλόν（kalon）であり、「呼ぶ、招く」という意味の動詞 καλεῖν（kalein）と似た響きがある。〈美〉は人を引きつけ、呼び寄せるのである。美しいアガトンに招かれて「美しくなったソクラテス」は、今度はアリストデモスに呼びかけた、「君は招かれてはいないが、行かないか」と。「同行二人」（174D）の招きである。「美しくなったソクラテス」とは「呼ぶもの、誘うもの」のことである。しかしソクラテスは自分のところへ呼び寄せたのではない。「自分を超えて」である。アガトンの所へ誘ったからである。「アガトン」という固有名は、ギリシア語で形容詞の「善いもの（アガトン）」と響いたのであった。主人公の一人の名前をめぐる語呂合わせに似たこの事実が『饗宴』全体の筋で重要な役をしている。

従ってソクラテスはアガトンの所へ呼ぶ形の下で、〈善〉へ誘うものである。もしその通りとすれば、美しいアガトンに招かれたソクラテスが湯浴みして身綺麗になったのも違った含みの象徴になる。善美に近づくには、自らを洗い浄めなければならない、ということである。「似たものは似たものに近づく」同類原理である。後のディオティマがエロスの奥義として展開する「恋の道行き」をRobin, 67 n. 4は「魂の浄化」と言ったが、人は自らのこころの秘めやかな祭壇を聖なるものとして美しく浄め、身をもって生きる生活そのものを整えなければなるまい（ディオティマによる疫病遅延のエピソード参照）。哲学はそうした自己鍛錬と自己浄化の途であることを予めさり気なく痕に残していることになる。プラトンはうっかり読めない[3]。プラトンは、ソクラテスの「汝自らを知れ」という絶対の掟の下、最善の生を求めるという根本の関心を生きつづけたのである。

そこに今一つの秘密が重なる。この宴会の「言葉の父」（177D）であり、最初のスピーカーであるパイドロスが始めに紹介したパルメニデスである。〈善〉とも響くアガトンの家へ招かれて行くことは、真理の女神に「光の国」へ導かれていったパルメニデスの道行きが重なっている[4]。重なっているが、違うこともある。パルメニデスは夜の棲まいを離れて真昼の真理を求めて「光の国」へであり、ソクラテスは夜にアガトンの家の宴会にである。そして「牝馬らはわたしを運びぬ」と一人称単数形で序章（断片1）を歌い始めるパルメニデスの、〈わたし〉

一人の道行きとアリストデモスを伴ったソクラテスの「同行二人」とは対照的である。
他方、アガトンは自分の優勝祝賀のために友人たちを自分の家に招いた。称賛の的となって自らを世界の中心だ、と若者らしく誇らかに思っても不思議はない。一昨日「三万人の観衆の前でその知恵が輝いた」ように、今日の私宅の宴会は、公的な劇場に代わる私的な劇場である（194B–C）。

ところで「美しい人、美しい人のところへ行く」という同類原理に対して、ソクラテスはある留保をつけている。アリストデモスを同行するように招いたからである。そのアリストデモスはいつものソクラテスのように粗衣裸足で、決して「美しい人」ではなかった。またアリストデモスは「小柄な人」と紹介されているから（173B）、余り見栄えもしなかったのだろう。こうしてあの同類原理に背く結果になる。つまり何気ない誘いの下で、「美しい」と評判のアガトンの美しさに対して留保がつけられているし、湯浴み一つで美しくなったりそうでなかったり、と「美しいこと」（存在）と「美しく見えること」（現れ）がどのような区別であるか理解するように合図が送られている。こうして「美とは何か？」という本質への関心が密かに発動している。

それだけではない。アリストデモスを同道することは、「諺も言い換えて台無しにする」とソクラテスは見ていたからである（174B）。その諺には従来から原形が二つ考えられた。ⓐ「善い人たちが自分から（招かれてないのに）劣った人たちの宴会へ行く」（エウポリス）。ⓑ「善い人たちが自分から善い人たちの宴会へ行く」（ヘシオドス）。アリストデモスという名前は、「人々（デモス）の中で最善（アリスト）」という意味に響いたからである。それではソクラテスがどちらの諺を念頭にして言い換えたか、については議論が分かれる。

ⓐは朴、Bury, Robin, Dover, Rowe, N-W と支持者が多い。そこで言い換えは、「善い人が劣った人の宴会へ行

く」が反対の意味の「善い人が善い人の宴会へ行く」に変わる。「善い人の宴会」が言葉の響きで「アガトンの宴会」と重なって辻褄が合う。従来の有力写本すべての読みである。しかし諺を反対の意味に変えたホメロスを、「台無しにするだけでなく傲慢にも踏みにじる」とソクラテスは指摘している。ソクラテスは台無しにするだけだ。しかも何故ソクラテスはわざわざ諺を踏みにじってまでして、アガトンを「善い人」と持ち上げる必要があったのか。何もあるまい。とんだ無邪気でお目出度いソクラテスとしかいいようがない。しかしこの時のソクラテスは、青二才アガトンと違って五十五歳ほどの壮年期の大人であった。

先に「美しい人、美しい人の所へ行く」という同類原理に対して、アリストデモスを同道することで、アガトンの美しさを疑問とする意図がソクラテスにあった。それと同じように善をめぐって「諺もまた（καί (kai). 174B）言い換えて駄目にする」とある。アガトンの美しさを割り引いたように、その善さについて「もまた」割り引こうというのでなければ、一貫性を失うことになる。そこでソクラテスの念頭にあった諺はⓑなのである。

ⓑの言い換えでは、「善い人が善い人たちの宴会に行く」が「善い人がアガトンの所に行く」に変わる。「善い人たちの（ἀγαθῶν (agathôn)）」という形容詞複数属格を、「アガトンの所に（Ἀγάθωνι (Agathôni)）」という固有名詞の与格に言い換えることになる（Lachmann の提案）。ⓑが元の諺であれば、「アガトン」という固有名詞を浮上させることになる。しかしこの言い換えでは意味の連想をもつ形容詞から名詞に変わっただけで弱すぎて、「諺を台無しにする」とまではいえない、というのが大方の反対意見である。[5]

しかし実はその「弱すぎる」といわれるほど小さな言い換えがミソであった。ソクラテスは、同類原理の一つである諺ⓑを信じており、同時にアリストデモスを招いて「アガトンの所に」同道することで、元の諺を台無しにするとも信じている。[6] そこで矛盾なく考えられることは次のことしかない。アガトンはⓑが無条件に当てはまるケースでないということである。少なくともソクラテスは疑問をもっているということだ。つまりアガトンはその名前が「善いもの（アガトン）」と音声上響くが、本当にそうだろうか。疑問だということである。

アガトンはコンクールで優勝という社会での成功によって輝いているから、間違いなく優秀で有能である。しかし顕著な功業はその人が本当に善い人であることを意味するだろうか。ソクラテスは諺のほんの小さな言い換えで、善をめぐる現象と存在、真実と幻影の区別を仄めかしで指示している（後にディオティマが展開する、歴史上の大人物の偉業物語と名声という小秘儀が遠く視野に入っている）。ソクラテスにおいては、善の現れに対して存在の真理を明らかにする本質への探究の萌芽という点で、アガトンの美しさに対する留保の態度と共通している。ソクラテスの皮肉と諧謔を混ぜた真面目な遊びである（ワンダーランドの面目躍如たることがある）。ソクラテスは宴会に参加した時、すかさず「知恵が三万人もの前で輝いた」とアガトンの大成功に皮肉の冷や水を浴びせている（175E）。そう解した場合にだけ、「善い人の宴会に」を「アガトンの所に」と変えると、元の諺を台無しにすることになる。

なお付け加えると、アリストデモスは、ソクラテスが「善い人の宴会に」を「アガトンの所に」と言い換えた懐疑的意味合いを理解しなかった。アガトンのことを「知恵のある人」（174C）と呼んでいるからである。ともかくアリストデモスは凡庸なのである。しかしホメロスが諺ⓑを、「劣った人が自分から優れた人の宴会に行く」と反対の意味に言い換えた点が自分にはむしろ当てはまると見なしている。凡庸ではあったが、アリストデモスは自分が「劣ったもの」という自覚を持っていたのである。優勝して舞い上がっていたアガトンとは対照的である。アガトンは有能な青年によくあるように、善と美の現れという幻想に囚われていたことがこれから少しずつ明らかにされていくことになる。その前哨戦である。

ところがアリストデモスを同道することになったソクラテスは、道を進む中で、自分自身のことに考えが集中して遅れ始めた。そこでアリストデモスに「先に行け」と促した（174D）。パルメニデスが向かった「光の国」にも対比された「アガトンの家」へ向かったソクラテスは、立ち止まった。真理の女神が導く馬車に乗ってひたすら驀進したパルメニデスと対照的である。われわれが先に見たように、アガトンがその名の通り善であり、その評判の通り本当に美であろうか、少なくともソクラテスには疑問があった。「疑い」という漢字は、もともと馬が立ち止まって足を突っ張って動かない様を示している。

宴会に遅れないという社交儀礼も無視した。その異様な立ち止まりの真相が何であるかは分からない。しかし少なくとも思考はこころの中の、こころ自身によるそしてこころに対する営みとして（『テアイテトス』189E–190A）、〈わたし〉一人の自己活動であり、世界が消え、すべての人から離れた孤独が必要である。純粋な思考に出会うのは死において、とは死の当日のソクラテスの言葉である（『パイドン』68B）。「同行二人」による対話問答とは違う。そして不思議にも当然にもわれわれは今度は、「牝馬らはわたしを運びぬ」と歌い始めたパルメニデスと似た位置にいることを知ることになる。存在の真理を目指すパルメニデスは、〈わたし〉のこころ言語の創始者だったからである(7)。

他方で、アリストデモスはソクラテスの圧倒的な人格の力に心酔しきって、ソクラテスの真似をするほどであった。ソクラテスのいつもの粗衣裸足は、見える事実にすぎないが、ソクラテスが人の外見や富や地位身分に関心のない生き方を反映している(8)、とアリストデモスはアリストデモスなりに体験的に理解し、そして真似た。逆にいえば、自分が称賛し、あるいは愛し尊敬するものに自分がまったく似ていない、あるいは似ようともしないとすれば、つまり自己との同一性を己が身に帯びようともしないとすれば、果たして称賛したり愛し尊敬していることになるだろうか（アルキビアデス！）。imitatio Christi も生ずべき筈なり。

「真似は学ねび」というように、真似は学習の第一歩である。『国家』395C–396E にも、子供の時から称賛するものは真似し、恥ずべきことは真似しない、と教育上の指摘がある。真似ることで、自分がその人の立場だったらどう感じ、どう考え、どう振る舞うか、を構想力を使って想像しながら、自分の中の感覚、気質、能力、欲求に自己触発され、新しく気づく契機となりうるからである。それでも表面的な物真似に流されることにもなり易い。その意味ではアリストデモスはソクラテスとの間が過剰な同一化で自他融合になりかねない[9]。アリストデモスは一個独立した人格の強靱さをもっていないように見える。

「人間」と書くように、人と人には「間」があり、これを直接架け渡す橋はない（夏目漱石『行人』三三八）。自他の間には深淵が横たわっており、他人のこころの中は覗けない。天使ですら覗けない。そのように人はかけがえない唯一性の一人、という現実は千古不変の真理である。ソクラテスはソクラテスであり、アリストデモスはアリストデモスである。同伴者ソクラテスのいう「先に行け」は、塞ぎようのない自他異なりの深淵を跨いで発せられているのだ。招く人ソクラテスは、分離する人ソクラテスでもある（アテネの他者！）。ソクラテスはアリストデモスを「アガトンの所」へ誘ったが、それ以上に善（アガトン）へ直接導くことはできない、ということである。その意味ではアリストデモスがソクラテスの影響を受けないことは重要なことである。これだけでも教育が難しい課題を抱えていることが明らかであろう。非伝達性あるいは不在の助け手という逆理を含むからである。

もしそう理解できるなら、「同行二人」は一人一人の独歩行を不可欠の要素としていることになる。事実としての同道同伴という〈一〉の中に異なりの〈二〉がある。それは、自己活動を根本とする思考を、自他の間で共にする対話問答の構造でもあった。その具体的問答を人々の間で日々実行した点だけはソクラテスはパルメニデスと違った。対話問答は、「われわれ二人言語」だからである。

ところが後の宴会の中で明らかになるように、アガトンもアルキビアデスも知恵が性的接触によって直接伝達することを期待していた（175D, 217A–219D）。しかし知恵は伝達しない。厄介なことに、その伝達不可能性自体が伝達しない。思考自身の事柄だからである。従ってそれは人が自ら思考の中で発見すること、発見すべきことなのである。ソクラテスがアルキビアデスの誘いに（不承不承であれ）自らを委せたのも（219B–D）、この伝達不可能性をアルキビアデス自身が発見することを望んでのことである。知恵が伝達する、と考えることがもたらす混乱を明らかにするソクラテスの間接法である。

しかし酒は自他の異なりを融解させ、また異なりの壁を低くすることがある（みんなで酒を）。恋もまたそうである（二人は一緒）。そして酒も恋も心身共に熱くさせ、口もこころも軽やかにする（酒中に真あり）。恋をめぐる話に盛り上がる酒宴をプラトンが舞台設定したのは、やはりそれだけ理由があってのことだった。そしてソクラテスは一人宴会に遅れた。ソクラテスは遅れた人である。時代遅れを恐れなかった人である。独りになることを恐れなかったからである。「アガトン、ソクラテス、アルキビアデスその他出席の宴会」（172B）といわれたその残りの二人は、芸術と政治において共に時代の潮流に乗った寵児であった。

3 宴会の始まり――恋の神エロスを賛美して

さてそのアガトンの家にアリストデモスが行くと、奇妙な体験をしたという(174E)。着くと、開いていた門の所にいた複数の召使いの一人が出てきて出迎え、[1]まるで招待客のように「すぐ」宴会の部屋に案内してくれたからである。昨日の大勢参加の公的祝賀会に欠席したソクラテスが、アガトン私邸での会には出ると約束していたのである(174A)。そして折良く現れたアリストデモスはソクラテスと勘違いされた。召使いの少年は粗衣裸足のソクラテスと聞かされていたからである。

そして部屋に入ると、ソクラテスがやっと来たと思ったアガトンはアリストデモスを一目見て、「すぐ」間違いに気づいた。「やあアリストデモス」と挨拶を送ったが、困惑振りは、取って付けたように「昨日もあなたを招こうと探したのだが、見つからなかった」と弁解がましく言った言葉に表れている。しかし関心はソクラテスである。「でソクラテスは?」とすぐ尋ねている。自分の成功体験に夢中になっているアガトンがもっとも求めていたのは、ソクラテスに認められほめられることであった。そのソクラテスが当分やってこないと分かって落胆と不満から、アガトンは宴会のホストの役を降りている。何とも身勝手な我が儘である(訳註3・5参照)。

人が間違っておりながら、その自分の間違いに気づかないのはお笑い草の喜劇である。間違った自己満足の喜劇である。同時にとんだ悲劇でもある。そして間違いに気づいて自分の過ちに直面するのは、オイディプス王のように人間のさらなる悲劇である。自己満足の幻影が打ち砕かれる悲劇である。悲劇作家の家での宴会は、こうして小さな喜劇と悲劇の要素をもって始まった。それは当の宴会が真理と錯誤、虚偽、幻想が混交していること、つまりわれわれ人間の現実世界の姿を写している。パルメニデスが閉ざされた天門が突如開かれ、真理の女神に「よくは来たれり」（断片1）と受け入れられ、真っ直ぐ真理学習に導かれたのとは決定的に違っている。しかしその真理学習の中には、自分のこころに思いとして現れることが真実である筈であったのに、そうはならない逸脱が何故起きるかも学べとあった(2)。とすると、今日の宴会はプラトンがその逸脱の実験をしていると見ることができる。一人一人がそれぞれの立場で自分の思いを表現する姿を活写しているからである。

さて寝椅子に横になった右回りの席順は、ⓐパイドロス、ⓑパウサニアス、ⓒアリストパネス、ⓓアリストデモス、ⓔエリュクシマコス、ⓕアガトン、ⓖソクラテス。後にアルキビアデスがアガトンとソクラテスの間に割り込むことになる。途中でアリストパネスがしゃっくりを起こし、話の順番はエリュクシマコスがアリストパネスと入れ替わる。

愛と恋の神エロスを語り合うのに、女性の出席者が一人もいないのは、男性社会のギリシアだからである。従ってエロスも男同士の愛がその典型と見られており、ここでの暗黙の前提である(3)。「高貴な少年愛（παιδεραστία (paiderastia)）」とも称されるギリシア世界の同性愛は、男は女より優れている、という当時の風潮に基づく（Rosen, 71）。女性は公共社会を奪われた家庭内存在であり、その男女の性は子供を生むことに焦点があった（206C）。純粋な恋愛・性愛はむしろ男と娼婦そして少年愛に求められたのである。ただしその少年愛は、大人の男が青少年を教育する社会制度の一部であった。どうしてそういう制度がアテネにあったか、と問われれば、「父親もそうだったし祖父もそうだった」という答が簡単、とDover, 3はいう。

昔の日本に、地域社会の習慣やルール、道徳を先輩が後輩に教える集団組織として若衆宿があったが（クラブ活動の先輩後輩関係に変転している)、アテネの少年愛は性的接触も含む個人的結びつきであった。プラトンは少年愛を不自然なものとして批判的であったが(『法律』836C)、ここでは社会風潮として前提されている。

さて笛吹き女も音楽もなしで、酒もほどほどにというルールの下、今日の宴会は「言葉の会」である。そのテーマを決めるためにエリュクシマコスが語った最初の言葉は、「我が言葉にあらず」であった(177A)。それはエウリピデスから引用したものである。他人の言葉の引用が宴会の「言葉の始め」だった。しかも引用の文が、「自分の言葉ではない」ということである。従ってエリュクシマコスが語ったのは、二重の意味で、そして強調した意味で「自分の言葉ではない」。外形上はエウリピデスからの引用であり、内容上はパイドロスの不満を代理で紹介するからである。

今日の宴会の話を後にアポロドロスに紹介したのが、「自分の言葉」を語らなかったアリストデモスであったことは先に見た。全篇の語り部アポロドロスはその宴会を「自分の言葉」で語り直した。そして出席者のスピーチも各自各様の「自分の言葉」によるエロス賛美であり、最後に乱入したアルキビアデスが、強い個人的感情の熱のこもった飛び切りの「自分の言葉」でソクラテスを賛美して終極である。その宴会の「言葉の始め」が、「我が言葉にあらず」であった。これはただ偶然の符牒だろうか。

4　パイドロスの話——恋の神エロスは偉大なり

人々はエロス神に対して賛美を示していない、というパイドロスの不満から選ばれたテーマがエロスの神であった。そこで課題は「可能な限りもっとも美しくエロス神を賛美すること」(177D)である。そのトップバッターのパイドロスは、いきなり「偉大なり、エロスの神は」という結論から始めている。エロス神について後から他の人が語る多くの論点は、パイドロスの話に登場している。つまりパイドロスのスピーチは独自というよりは常識である。常識を広く拾い集めた意味でも結論なのである。そして「輝く」という意味に響くその名「パイドロス」に相応しい、一本調子の輝かしいエロス賛美であった。

パイドロスの話の特徴は、「AでもBでも」という並列関係の表現を使うことである（「詩人でも散文作家でも」「血縁でも名誉でも富でも」「父親でも仲間でも」「国でも軍隊でも」「男でも女でも」「生きても死んでも」）。広い範囲を貫いてエロスが影響力を振るうことを畳みかけるように強調している。

しかし「始めに結論ありき」で、十分な説明がない。パイドロスに関心があるのは、エロス神の素晴らしい働きの結果であって、論理ではない。もっとも齢古き神ということで親がないことを指摘するが、パルメニデスは（女神が）エロスの神を作ったとしているのに、不整合にならないのか、説明がない。また最も古い神であることと最善の恵みを与えることにどのような因果関係があるか、が何も分析されていない。さらにアルケスティスのように愛するものの自己犠牲は、前半では神々も美しい行為として褒められたのに、後半ではアキレウスのように愛されるものの自己犠牲より神々が低く評価するとしているが、その説明もない。

結論だけで、「自分の言葉」による説明がないが、それを埋めるのは、沢山の詩人からの引用である。パイドロス自ら「聞くのが好きだ」（194D）と言っている。詩人から九回引用しているが、「詩人の韻文の話を散文で拡張して見せた」といえよう。[(1)] しかし韻文・散文の区別より、「他人の言葉」にポイントがある。「我が言葉にあらず」だ。それに対してパイドロス以後の人はそれぞれの仕方でエロス神賛美を語るが、少しずつ自分なりに新しいことを加えて語り直す努力をしている。「自分の言葉」を生み出す方向にヴェクトルが向いている。今日の宴会は「言葉の会」であるが、「わたしにも言いたいことがある」とする言葉と表現への道である。

しかしそれだけではない。パイドロスは「人々がエロス神を賛美していない」と不満としたが、そしてそれがことの出発点であったが、忘れていることがある。その理由を考えることを、である。エロスといい愛といい、人間が性的に規定された存在であることは、人間の根源的な条件である。これを無視し、あるいは否定し、これを人目から隠そうとすること自体が、人間が性的存在であることを浮き彫りにしている。人間が性的存在であることの不安の表れだからである。従って人々がエロス神を賛美していないという事実は、人々の不安の一つの姿である。パイドロスは、真面目な医者で節度のあるエリュクシマコスと親しい仲であり（176C-D, 177A, 223B）、愛し愛されることの有益さ（178C）と幸いを満喫していたかも知れないが、人々にはそれほど一本調子にエロス賛美とだけはまいらぬ事情があった。人々は知っていたのである、エロスには暗い面のあることを。

パイドロスが先に引用したパルメニデスは、「有る」に始まる存在の哲学の創始者であり、生成を拒否して、「すべてを統べ操るダイモン（女神）は、いたるところに呪わしい出産と性の交わりを始めさせ」（断片12）、とエロスに対する手厳しい拒否宣言を語っていたのである。(2) その呪わしさは次のことにも具体的にかつ明らかに現れている。

ギリシア人の宗教を表現する神話は、神々の（つまり裏返しの人間の）悪の現実を余すところなく語っているが、従ってこれほど格好の人間理解の材料はないが、神々もまた性的存在であって、性をめぐる混乱に巻き込まれている。神々の間でも夫婦、親子、兄弟姉妹の対立した関係以外にも恋愛沙汰は数限りなく、また不倫や略奪愛にも事欠かない。なかでもギリシア人の精神文化の父とも言えるホメロスの『イリアス』が描く大戦は、トロイ王子パリスがスパルタ王妃ヘレナを奪って逃げたことに端を発し、その大戦に勝利した総大将アガメムノンは、帰国した途端に不倫の妻に殺害されている。こうしてギリシア悲劇は人間が性的存在であることを色濃く証言している。男女関係、親子・兄弟姉妹関係という狭い肉の紐帯の秩序を踏み外す綻びの悲劇である。ソポクレスの『オイディプス王』が典型である。以上のことが示しているように、人間が性的存在であることに、そしてエロスが危険な暴力を孕むことに、人々が一面で強い不安を感じていることも事実なのである。そしてそれはパイドロスも触れてないけれども（隠しておきたい）、知らなかったわけではなかった。

こうして愛するもののためには死をも恐れぬ愛の強さには、他方では理性を失わせるような、正気の沙汰とは思えない愛の暴走も孕まれている。『国家』は独裁者の狂気が欲望を際限なく拡大強化するエロスに根があると指摘している（572E–573C）。そのように恋とも愛とも訳せるエロスは、人を神憑りにする底知れぬ原始エネルギーに満ちているが（179A–B）、それだけ人間にとっては両義的である。エロスに憧れる明るい面と隠しておきたい暗い面である。後述するように、ソクラテスに対してアルキビアデスが抱く反転する激しい愛憎という二面性に現れている。パイドロスという名前のように「明るく輝く」面だけではないのだ。その意味では、宴会のテーマを決めた「言葉の父」であり一番初めのスピーカーであるパイドロスと、酔って闖入して秩序を乱す最後の話者アルキビアデスが対照的である。

そして酒にもエロスに似た二重性があることは忘れてはなるまい。酒は、何かと苦労の多い日常生活の抑圧から解放して明るく楽しませる精（スピリット）であるが、今日のアガトン、アリストパネスそしてパウサニアスは二日酔いで頭が重かったのである（176A–B）。そして最後はみんな酔い潰れて寝込んだ。ではエロスの光と影は統一されるであろうか。愛と恋のエロスをテーマとする酒宴は始まったばかりである。

5　パウサニアスの長い話——二つのエロス神と法律

パウサニアスは些か控えめにパイドロスの一本調子を責めている、「あまり美しいやり方でない」と。愛の神エロスは賛美されるだけではない、薄暗い点もあったからである。パウサニアスがそれに反応した。あまり露骨に愛の神エロスを賛美されても困るのだ。パウサニアスはアガトンとの間に親密な愛情関係があり(1)、その個人的都合との辻褄合わせが必要だったからである。そのため新しく分析の視点を導入し、「天上の善い愛の神エロス」と「地上の悪い愛の神エロス」に分けたのである。こうしてパイドロスによって隠されていた光と影の二重性が表に引き出された。

行為はそれだけでは美しくも醜くもなかった(2)。その区分はどのように行為するかによる（180E-181A)、として愛の行為も実行の仕方次第であり、「徳のため」という基準で測られて美しく善くもなり、醜く悪くもなるのである。エロスは徳と関係づけられて社会道徳化されたが、表面的になる恐れがあった。社会の法律・習慣の定めることに落着し、通俗的相対主義に終わりかねないからである。しかし善いエロスがいつでも悪いエロスに堕落しうる、ということが、アルキビアデスがそうであったように、人間の現実だからである。

その結果、パウサニアスにあっては、アガトンとの友情関係という個人的事情が影を落とした「自分の言葉」が、しかし道徳と法律主義のオブラートに包んだような弁明じみた形で、凝った文体でだらだら続くことになる。パイドロスの話は原文で五十七行であるが、パウサニアスは百三十九行である（「本当のことを言う」と、ソクラテスとの愛情関係をあからさまなほど率直に語るアルキビアデスとは対照的である)。個人的都合を抱えながら、社会一般のこととして法律と道徳の話をすれば、語る当の本人はまるで蚊帳の外にいるように語るからである。建て前と本音の違いに似ている。従って語ればいい、語るほど有効だと思ってしまうが、不安の裏返しである。語ることは自分の都合を隠してくれると思ってしまうからである。「止まる（パウソマイ）」（185C）と響く名前に反して、パウサニアスは話が止まらない（現れvs真実在）。相手のことを考えないで自分の都合の主張として、饒舌に「自分の言葉」を語るものであった。自己弁明は概して饒舌になるものである。

話の最初は控えめに始まったが、段々熱が上がってくるように、最後は「徳のため」という錦の御旗を掲げて、その旗の下の愛とエロスの神を「あらゆる手」「何でも」「すべての中で」「もっとも美しい」「あらゆる意味で」と強調して称賛した（185B）。しかし自分でも信じているかは疑わしい(3)。「徳のため」という動機さえあれば、親しく交わる相手が本当は徳ある人でなくて欺されたとしても美しい、というが、そうだろうか。己を磨いて徳を身につけたいとするものは、誰が一体徳に優れ、知恵のある人であるか、に強い関心をもたないことがあるだろうか。孟母三遷の教えにもあるように、教育を意義あるようにしようとすれば、その条件は何であり、どこで満たされるか、と気遣い配慮することが当の教育の一部に含まれる。「良い教育のため」というお題目だけでは形式主義の上滑りである。

パウサニアスが、エロスが知恵と徳を目的とした修養と教育の意義を担ったもの、というなら、徳とは何であるかを洞察し、誰が本当に知恵と徳に優れた人であるか、を気遣い知らなければならない。徳を求めるためなら、本当は徳も知恵もない相手に欺されても美しい、などと脳天気に言えるわけがない。その時は、天上のエロスの眼目とした筈の「こころ」（181B, 183E）が、徳紛いに触れるだけで既に無知と悪徳に染まって傷ついているからである。欺されて金を手に入れ損なったケースとはまったく違うのである。プラトンも『プロタゴラス』冒頭で、ソフィストの大御所プロタゴラスから知恵を学ぼうとお熱を上げた青年ヒポクラテスに対して、誰から何を学ぶか、ということには慎重に考察すべき先決問題がある、とソクラテスに指摘させている（310A-314B）。しかしパウサニアスは事の本質に切り込むことがないので、上滑りとなる。だらだらと続くわけである。それがアリストパネスのしゃっくりを呼んだ。

6　アリストパネスのしゃっくり——芸術家の野心

パウサニアスの話に対して、アリストパネスはしゃっくりを起こした。それで話す順番がエリュクシマコスと入れ替わることになった。このしゃっくりについては、解釈も多様である。食べ過ぎの結果・アリストパネスの不摂生を揶揄するもの・ソクラテスを戯画化したアリストパネスの『雲』に対するお返し・芸術家二人を並べるため・パウサニアスの長話に対するうんざり感などである[1]。しかし何がとりわけアリストパネスに強い不満となったのか。

「止め男」とでも訳せるパウサニアスという名前に反して、いつまでもだらしなく続く長話は、くっきり明瞭な表現を創造する芸術家の感性に合わない。それは185Dで「僕のしゃっくりが止まる（パウソマイ）まで（ἕως ἂν ἐγὼ παύσομαι (heôs an egô pausomai)）」というアリストパネスの言い方の中に、パウサニアスを当てこすった語呂合わせがあることで示されている。そして自分の当然の権利の主張のように、長々と語る自己主張の饒舌は、誰でも人に嫌気を起こさせる。人は聞くことを強要されるからである。そして「雄弁がつづくと、退屈になる」（パスカル『パンセ』355）。

それに加えて自己弁明の影と湿りを帯びたエロス賛美では、通俗的道徳の文脈に恋の神エロスが貶められたからである。アリストパネスは自分の話が終わってから、二度「アガトンとパウサニアスのことだと思わないように」と警告している（193B, D）。二人の同性愛関係という事実の道徳問題と法律主義に矮小化するなかれ、ということである。人間を飼い馴らされた社会的動物にするような、抹香臭い道徳に芸術が与するはずがない。芸術は、相対的規約に過ぎない社会的規制の枠で抑えても抑えられない生命の奔流をその源泉としており、社会的安定を破ってでも人間の存在と生命自体を摑みたいとする永遠の夢の探究であり体現である。(2) 歴史上のアリストパネスの作品『女の平和』にも社会常識に対する激しい不満がある。そして裏脈絡からいえば『雲』が、徳をめぐってソクラテスが青年を教育するというインチキぶりを手厳しく非難していた。かくほどにアリストパネスにはパウサニアスの常識的道徳と法律主義はいただけない。

そして何よりも天上のエロスと地上の世俗的エロスを区別するのは、少なくとも区別するだけでは、アリストパネスには噴飯ものである。両者を切断してしまっては、芸術は成り立たない。路傍の一輪の花にも時を超えた予感を受け取り（芭蕉「山路来て何やらゆかしすみれ草」）、世俗的愛を描いても、ただ事実をなぞるだけではなく、夜空に一瞬咲く花火のように、天上永遠の愛が写され宿っている、としてこそ芸術だからである。過ぎゆく世界という感覚の直接性に属する素材を使って、しかし事実を超える永遠の郷愁がこころの中に反響する美の作品を造形してみたいからである。美は、永遠が感覚の現象世界に立ち現れる通路であり（『パイドロス』250B–E）、永遠を見える事実世界に運ぶ乗り物である。それを切断してしまっては、何をか言わんやである。性という地上の肉体のことに天上太古の人間本性の神秘と真相が写されていたのである。

こうしてパウサニアスの同性愛を弁明する自分の立場の利害と法律主義の結びついた技巧めいた長ったらしい

話しぶりは、アリストパネスには聞いていてイライラする。自分には言いたいことがある、とうずうずするような気持ちは、ディオティマが後に出産を待望する「こころの妊娠状態」と述べたことであり（206C-D）、それが抑圧されてはしゃっくりも出ようというものである。芸術家の精神を永遠にまで飛翔するほど自由に解放して落ち着かせるには、小休止が必要だ。

外形的にはしゃっくりで順番が変わり、一方では、エリュクシマコスがパウサニアスの後で話すことになり、パイドロスとパウサニアスを調停する位置に着いたことになる。他方では、二人の芸術家アリストパネスとアガトンが並ぶことになり、ソクラテスの直前になる。こうして芸術と哲学、そして後から加わるアルキビアデスの政治が並ぶことになる。

しゃっくりは、善いエロスと悪いエロスを二分する人たち（パイドロス、パウサニアス、エリュクシマコス）と区別しない人たち（アリストパネス、アガトン、ソクラテス）の二組に分ける工夫だとしたFerrari, 250の解釈は卓見である(3)。しかし別の理由があった。最初の三人は、同じ視点からのエロス論、つまり当時のアテネ社会の、そして現代社会にも大なり小なり似ている、常識的なエロス論の中の展開である。まず賛美の強調、次にエロス神の区別の導入、そして最後に対立の調停がくる。後の三人はそれぞれエロスを見る新しい視点自体を導入している。二人の芸術家の独創性であり、ソクラテスは対話法とディオティマを導き入れた。秩序破りに闖入するアルキビアデスは、常識に連なる政治とソクラテスの哲学という二つの視点の間でこころ定まらない姿を呈している。そこにはソクラテスを激しく非難した歴史上のアリストパネス、ソクラテスにほめてもらいたいアガトン、そしてソクラテスに愛してもらいたいアルキビアデス、とソクラテスの色濃い影がある。

7　エリュクシマコスの話――エロスの統一科学

アリストパネスと順番が代わったエリュクシマコスは、パウサニアスの「美しい」話しぶりには感心したが、「十分完成されたものではなかった」とした（186A）。そこで話に「終結」を与えようというのである。エリュクシマコスという名前は、「争い（マケー）」を治める（エリュコー）」と響く。[1] 対立の調停者なのである。宴会の始めにエリュクシマコスは、アリストパネスなど酒豪と自分たち飲めない下戸のものとの間を調停した（176B-E）。その導きが自分の医者としての知識だった。そしてアリストパネスのしゃっくりを止める処方箋を与えている。ここでも一本調子のエロス神賛美のパイドロスとエロス神二分論のパウサニアスを、「われわれの技術、医術」（186A）から調停するのである。恋の神エロスは「偉大」であり、かつ世界全体にわたって人間のことにも神のことにも及んでいる、と。どんな反対対立も和解させ調停する力がエロスにはあるからである。それが医術に重なって見える。

エリュクシマコスは知識人である。特定の立場から離れて、誰にとっても共通な知識に従うことを良しとする。酒の害についても、知識に即して「真実を述べる」ことを良しとしていた（176C-D）。パイドロスやパウサニアスのように個人的体験や自分の都合から「自分の言葉」を語るのではなく、特定の事情から離れて片寄りなく語るべきである。そうして初めて調停もできる。それが知識の言葉であった。知識と実在自体への関心が登場した最初の人である。二日酔いのアガトンとアリストパネスに現れた芸術の混乱と無秩序に対して、醒めた理性の眼差しで見る科学者がそこにいる。

エリュクシマコスが医学に並々ならぬ自負心を持っていることは疑えない。「医術」は七回、「技術」が五回、「知識」が三回繰り返されている[2]。そしてパウサニアスの挙げた二種類のエロス神の区別が、社会の道徳と法律の取り決めによる規約主義に矮小化するのに対して、「肉体の本性」(186B)に従って二種類のエロス神がいる、とすることから始まっている。肉体には健康と病気があり、その善し悪しは取り決めによることではない。肉体の本性は、健康な状態で生命の安定を図る有機体システムである。その健康を維持増進する善いエロスの欲求と、病気をもたらす悪いエロスの欲求がある。例えば同じ酒に対する欲求でも、今日の宴会のように楽しく話が弾むこともあれば、日頃は酒豪のアリストパネス、アガトンそしてパウサニアスが二日酔いで苦しむことにもなる(ad hoc な病気)。

エリュクシマコスの生理学(186D)では、そしてそれは医聖ヒポクラテスの医学理解とも一致するが、肉体にはその本性上、熱さと冷たさ、乾燥と湿り気、甘さと苦さといった反対の感覚性質が要素であり[3]、健康とはその反対対立する要素が、過不足なくバランスよく結びついている充実であり調和であって、病的とはそのどれかが欠乏したり過剰になってバランスを失い調和が崩れていることである[4]。どのような処置や薬がその調和を回復実現できるか、あるいは逆か、をよく識別できるものが医者であった(186D)。こうしてエリュクシマコスにとって肉体の熱冷など反対対立の要素は、何が欠け、どれが充実しているか、が健康と病気、生と死に直結している。その結びつきを操るエロス神の善悪を、肉体の本性に関わることとしてエリュクシマコスが最初に強調したわけである。パウサニアスがエロス神を人間のこころのこととして限定した点を捉えて、「十分ではなかった」とした所以である(186A)。こうして人間の肉体の延長上に位置するあらゆる動物、植物にわたる、宇宙大のエロス神の働きに着目し、体操術と農業を医術と同類として指摘している(187A)。

ついで音楽についてはヘラクレイトスの「反対対立の一致」をもって説明している。高音と低音を対立しないようにバランスよく調和させ、音の長短遅速をリズミカルに組み合わせるのが音楽の知識である。ここでエリュクシマコスは「調和とリズムの組成自身にエロス愛の欲求を認めるのは難しいことではないが、そこにはまだ二重のエロスの神はいない」（187C）と指摘している。しかし先に（186C–E）二重のエロスが言及されたのに、ここで「調和とリズムには悪いエロス神がいないといわれては驚く」と Dover, 109 は困惑を示している。それに対して Rowe, 149–150 は、調和もリズムも反対対立が和解している事実に依存し、これなくしては存在しない意味だと説明している。しかしそれでは話半分である。

音楽に関してエリュクシマコスが「反対の一致、異なるものの調和」というヘラクレイトスから学んだのは、反対の音が対立している限り、一致した結びつきが不可能だ、ということであった。従って、高音低音、長音短音といった音が対立も分裂もしていないことが調和とリズムの「組成自身」だということである。エリュクシマコスは純粋に音の調和とリズムの可能性の条件、つまり形相的条件を見たのである。あらゆる音がただ混っているだけの雑踏は耳障りである。

従って調和、リズムがあるところはいつも「よい調和、よいリズム」でしかない。「調和が悪い」とは言語矛盾である。(5) 調和もリズムもエロスの神が愛の一致というその働きを達成しているということである。そこには悪いエロス神の余地がなかった。要は音のリズムと調和の形相的条件なのである。では、純粋な音の組み合わせとしての調和とリズムにはそれ以上のことはないのか。音の組み合わせに構成的形相的地平を超える価値が生まれてくるのはいつか。

それは音の世界を踏み出して、社会の中で音楽として位置を占める時である。「人間に対してリズムと調和を使用しなければならない時」(187C-D)と指摘している。音の調和とリズムの価値は人間の生活の中で具体的に「使用する」ことにある。それは第一には、「人々が作曲と呼んでいる」場合のことである。その時、一連の音の繋がりは、誰にでも聞かれ鑑賞される一個独立の曲となる。従って小さいスケールの音のリズムと調和を組み合わせ繋げてなる曲は、社会空間の中で、音の善し悪し以上に曲全体の善し悪しが評価されることになる。音のリズムと調和は曲そのものではなく、曲の要素なのである。個々の音のリズムと調和は良くても、曲としては失格ということもあろう。愛の一致と結合を欲求するエロスの神に善悪二種類を区別することが登場することになる。

第二に、既に作られている曲と韻律を正しく使用する実践、つまり「教育と呼ばれている」場合のことである。人間の善い生き方を探究し教育するという社会生活に位置づけられた作品として、相応しい曲かどうか、が評価されることになる。例えば人の魂を永遠の戸口まで導くような曲もあれば、苦難に耐える勇気を励起する曲もあれば、甘い感傷に浸りきりにさせるような曲もある。逆に人をただ苛立たしげに興奮させるだけの曲の狂騒もあり、それが興奮しやすい性格を形成する点で社会的影響力が問題にされることも起きる。そのように教育上の実践とともに、エロス神の二重性が再登場するわけである(187D)。『国家』398C-403Cにも音楽と文芸の教育上の問題が細部にわたり取り上げられている。

このように音楽(と文芸作品)の創造と教育には、適切なこととそうでないことの善し悪しが分岐点になるが、エリュクシマコスはパウサニアスが挙げた善悪二つのエロス神を再び語るだけである。しかしそれぞれがどのように働き、その対立にどのように対処するのか、エリュクシマコスは医術の場合のようには語らない。節度をもって当たるかどうか、というパウサニアスの話を蒸し返すだけである。その際、小さな違いを挟んでいる。つまり愛の神エロスを「ムーサ(詩の女神)」と呼び変え、地上のエロス神を「ムーサ ポリュムニア」、天上のエロスを「ムーサ　ウラニア」と呼んだことである（187D-E）。しかしそれが唯一新しい点であった。

ここで見落としてならない点を指摘しておこう。パウサニアスが社会道徳と法律を持ち出す規約主義にエリュクシマコスは反対していたが、[6]加えて187Dに言及される「作曲と人々が呼ぶ（καλοῦσιν（kalousin））」「教育と呼ばれていた（ἐκλήθη（eklēthē））」は、エリュクシマコスが自然に対して、音楽（文芸）も教育も人間が社会に導入する人工のもの、第二義的なものであることを強調するためである（自然・実在vs法律・現れ）。医術が対象とするのは肉体の自然本性であり（186B）、肉体の性質である熱冷乾湿の反対対立と調和は健康と病気、生と死に直結していた（高熱になっても体温低下でも、脱水症状でもむくんでも生命が危険である）。医者は生命という実在そのものに触れていたのである。それだけ医者エリュクシマコスにとっては医学と音楽・芸術では比重が全然違っていた。自然科学系の人の文系の学問に対する反応を思い出させるかもしれない。

そして天文学に転じている。自然世界が熱さ冷たさ、乾燥湿気といった反対の要素に条件付けられ、二つのエロス愛の影響下にあることは分かりやすい。その適度な結びつきが四季のめぐりを始め、良好な自然環境と生態系を保全し、他方でそのバランスを欠いた弊害は、諸々の自然災害をもたらすとあるが、地球温暖化と異常気象に直面している現代のわれわれにはますます明らかになってきている。

しかしここでもエリュクシマコスは、「天体の運行と四季のめぐりに関係する熱冷、乾湿についても知識が天文学と呼ばれている（καλεῖται（kaleitai））」（188B）としている。星々の運動と四季のめぐりを与える太陽は天界のことであって、そこを人間が歩くことができるわけではない（宇宙船が飛ぶにせよ）。光年という単位が使われるように、天界はわれわれの日常生活の時間空間とは桁外れに違う別世界である。つまり人間の力で変えたりどうかできるわけではない。自然の圧倒的な力の前で、自然科学は自然を観察し、現象を原因から説明し、未来を予知しようとするだけである。現在であれば人間が自然に介入する余地は増え（原爆と原発は「非」自然の最大値であろう）、できることが増大しているにしても大きな限界がある。例えば地震学は地震予知であって（それも難しいが）、地震そのものを起きないようにはできない。容赦なく天変地異は人間を襲うのである。その意味ではやはりここにいう天文学もまた第二義的、人為的であり、遠い天体「現象」に関わるだけといってよい。

しかしそういう科学の中で医学だけは理論と実践の両方にわたり（工学の登場は遥か後世である）、人間の肉体の自然本性に直接関わり、これを変化させることができる点で第一義的である。現代医学の進歩で生も死も人間の手の上に載りつつあるという未曾有のことさえ起きている。天文学とは一歩の距離がある。医術が理論と実践の両面にわたることをエリュクシマコスが誇ったことは、かなり前にアリストパネスのしゃっくりを治し、代わってエロス神賛美のスピーチをすることを請け合って、「両方をやってのける」（185D）と豪語したところに現れていた。

学者は誰でも自分の学問が一番と思っているのだろう。エリュクシマコスは医者の立場から、医学中心の統一科学よろしく反対対立の要素の調停と調和というエロス像を宇宙的規模で展開した。それが医者としての「自分の言葉」であった。しかしそのように一般的に話はできても、肝腎の人間のエロスの現実については無力であった。端的に言えば、こころと肉体（186A–B）両面にわたる人間そのもののエロスの愛と恋に関しては失敗であり、何の得るところもなかったのである。

エリュクシマコスは言葉の上だけで新しく「ムーサ（詩の女神）」を導入して、不知不識の内に芸術家への橋渡しになっている。科学から芸術へ、である。がそれは肉体の本性から人間の本性へ視点を移し、その本性に起きた切断手術と治療という医者以上の癒しとエロス神というまったく新しい展開に委ねられることであって、エリュクシマコスには想像外のことであった。そしてエリュクシマコスが最後についでのように付け加えた天候不順と疫病、神々に捧げる犠牲と予言と幸福（188B–D）は、これも不知不識の内に遥か後の予言者ディオティマによる疫病遅延のエピソード（201D）を先取りし予表していることになる。

われわれはここで問いを立てたいと思う。エリュクシマコスは約束通り「美しく、かつ十分」（185E–186A）に語っただろうか。十分知識に裏付けられて語っただろうか。医学の知識をちりばめながらもったいぶって大仰に語って、かえって「美しく見える」賛美をしただけではなかったろうか。

第一は、エリュクシマコスは医者として医学の知識の所有者であっても、それ以外の知識についてはそうではない。自分の専門分野を超えて知っている「と思う」ことはあり得る逸脱である。反対対立する要素を和解させ一致されるエロスの働きを、他の分野では医術のようにその具体性においては話せない。しかし医術からの類推で一般的な話ができることで知っていると思っている。

第二に、健康を保全し、生きることを増進させるエロス神を宇宙論的規模で善いエロスだとするけれども、生きることを人生の最終価値だとしていることになる。しかし生命こそ最善だとするのは、医学からの逸脱ではないのだろうか。「捨身飼虎」の譬えを取らずとも、パイドロスが挙げたアルケスティスが夫のために犠牲となったことは意味もない無謀でしかなかったのだろうか。あるいは死刑を宣告されたソクラテスはクリトンが図ったように脱獄して生き延びれば最善とでも言うのだろうか。ソクラテスは「人間はただ生きるべきではなく、善く生きるべきだ」（『弁明』48B）としたが、これは悪しきエロス神の誘いの言葉だったのだろうか。そもそも生命第一主義はそれほど自然だったろうか。アリストテレスの『形而上学』冒頭第一行目は「すべての人間は知ることを自然本性上求める」であった。

エリュクシマコスは医者がよい職人（δημιουργός（dêmiourgos）すなわち人々（δῆμος（dêmos））のために働く人）だと言っているが（186D）、ソクラテスは「よい職人は、見事にその技術を働かせるので、各自がその他の最大のことに関してももっとも知恵があると見なしていた」（『弁明』22D）と批判している。エリュクシマコスも人生で最も重大なことは何か、その答を知っているかの如く振る舞っている。後のディオティマが小秘儀とこれを超える大秘儀において、人生で何が最も重大であるか、という「問い」と格闘することになる。

第三に、とすればエリュクシマコスは自分が知らないことがあることを知らなかったのではないか。自分の知識の地平を超える無知の深淵に接して驚愕する前に、己の知識に自得していたのである。先に二つの「不知不識の内に」と言及したこと（芸術への橋渡しとディオティマのエピソードの予表）は、エリュクシマコスが自分の医学の知識に基づいて展開したエロス愛の統一科学の「外」に、自分がまだ知らないことがあることを知らない、その無知の無知を仄めかすプラトンの裏脈絡からの暗示手法である。プラトンはうっかり読めないとする所以である。

まだある。第四に、エリュクシマコスは音楽について説明するために、ヘラクレイトスの「反対の一致」を使って荘重に語った。しかしヘラクレイトスの「話しぶりは見事ではない」としてその断片の意味を、反対が反対である限りは調和は不可能であり、反対要素が時間の中で次々と継起する形の結びつきと解した。しかしGuthrie①, 436–438が明瞭にした如く、これはヘラクレイトスの誤解である。プラトン自身が『ソフィスト』242Dで、「反対の一致」の緩い説（ピュタゴラス、エンペドクレス）が時間の中の展開と解し、厳密な説（ヘラクレイトス）は反対要素の調和は本質的に闘争を含み、緊張が終わることがない、と分類しているからである。『饗宴』と『ソフィスト』の執筆時期は違うけれども、「プラトンは若い時からヘラクレイトスの見解に親しみ」（『形而上学』987a32-33）とアリストテレスが証言しているのである。従ってプラトンはエリュクシマコスに、ヘラクレイトスを誤解したまま自分の都合に合う音楽の調和を長々と話させたことになる（人の悪いプラトン）。これまた無知の無知である。エリュクシマコスは自分の中の知と無知の調停ができなかった。その調停を引き受けるのは、後のディオティマであろうし、あるいはわれわれ読者である。そしてヘラクレイトスの厳密な「反対の一致」はこの後で回収されることがあるだろうか。

8　アリストパネスの話——人間本性の切断事件と性愛の秘密

エリュクシマコスは、パウサニアスの話が不十分だったのでこれを完成する、と話し始め（186A）そして終わった（188D）。それで必要があれば、補足するようにアリストパネスを誘った。訳註7・26にあるように、エリュクシマコスが使った δῶσων λόγον（dôsôn logon）という動詞は、ただ説明するという以上に、もともと役所の一年の収支決算の意味だった。従ってこれまでの話の収支決算を付けて完成させる誘いである。そしてアリストパネスは直ちにこれを拒否した、「わたしは違う」と。順次的改善や補足の話など断固拒否し、これまでの三人の繋がった一連の話の流れを切って、新しい視点からまったく新しい話をするとしたのである。喜劇による転換である。

アリストパネスはそれまでとは違うことを二度強調している（188E, 189C）。その上で「わたし（ἐγώ（egô））は話そう」という言葉で語り始め（189D）、「これがわたしの言葉だ」で終わっている（193D）。芸術家たる「わたし」の自尊心と野心溢れる「自分の言葉」である。こうして「我が言葉にあらず」で始まった宴会の「自分の言葉」でエロス賛美を語る筋道は、芸術家においてその頂点に達することになる。アリストパネスは、人間がその本性（189D）の上でどのような存在であるかということから洞察して、エロスの力の新しい見方を作ったのである。

まこと他人と異なることこそ、芸術家の誇りであり、独創性こそ芸術の生命である。芸術は常識、習慣そして科学さえ超えて、新しい視点、新しい感じ方から全体を見ること、そしてそれ自身で完結した全体として「わたしの作品」を創造することである。物真似は意味がない。アリストパネスにとってパウサニアスの話はしゃっくり並みであり、エリュクシマコスの知識人ぶった生真面目そうな話はくしゃみ並みである(1)。そして奇想天外な話を始めるのである。しかしそれは世の常識人の目には荒唐無稽な遊びにも見え、人から笑われるかも知れない悲劇を内蔵している。喜劇作家の悲劇である。

しかし笑い物になることは恐れるけれども、喜劇作家は人を笑わせるユーモアを交えて笑い話をすることこそ本望である（189B）。「そんな馬鹿な」と顔の緊張がふと解けて笑みこぼれる笑いは、日常生活を支配している常識と習慣の縛りが緩み、精神が事実の地平から自由の内に息吹かれる開放感である。慣れ親しみは人を安定と安心の内に守るが、同時に人を縛る無縄自縛にもなるからである（人は、馴れて「馬」になり、そして狎れては「犬」になる）。しかし空無に戯れる想像力は、それだけ新しい視点から新しい展望を開いてみせることになる。笑いは、それまでの日常生活の可能性の延長ではない「外」の、常識外れで馬鹿馬鹿しく誰も考えないような新しいことに気づかせる精神の活性化エネルギーを秘めている。旧約の話では、超高齢のアブラハムとサラは、天使に子の誕生を預言され、「そんな馬鹿な」と笑った（イツハク）。そして生まれた子を「イサク」と名付けたという（『創世記』18.10–12）。

エリュクシマコスが肉体の本性から始めたのに対して、アリストパネスは人間の本性から始め、滑稽なイメージで、しかし具体的形象豊かに描いている。曰く、太古の人間は男女両性具有の丸い全体であった、と。そして神々に対して反乱を起こした罰としてヒラメさながらに半分に切断されてしまった、と。その滑稽な姿の描写に笑いながら、虚を突かれる思いがする。誰かの愚かしい振る舞いを面白可笑しく描いて嘲笑を呼びつつ、「自ら一人高し」を喜ぶ喜劇ではない（アリストパネスの『雲』はソクラテスを主人公にしてそうした雰囲気にある）。「まさか、そんな馬鹿な」と常識から解放されて、すべての人間が根本的欠乏の低みに置かれていることを発見することが眼目なのである。

言うまでもなく面白可笑しい人間神話、その喜劇の滑稽シーンが、軽業師のような回転運動の話であろう。そのユーモアに笑わずにはいられない。しかし切断という受難の悲劇の直前である。

太古の男女両性具有体、そして男男、女女の同性具有体としての人間一人一人は、頭が一つ、顔が二つ、手が四本、足も四本で直立していた。二本足で直立する動物、がアリストテレスによる人間の定義であるが、ここでは四本足で直立するのが人間である。「原始人間」と呼んでおこう。その四本足でどこにでも歩いて行けた。足は大地に対して身体を支えている。

その原始人間が急いで走るときは回転運動をするという。この箇所の原文は動詞が単数形（ἐπορεύετο（eporeueto））で始まり、途中で複数形（ὁρμήσειεν（hormêseien）から ἐφέροντο（epheronto）まで）に変わっている。

Rowe, 154は、アリストパネスが（軽業師のような宙返りの）事例の複数形に影響されたか、話し始めのことを忘れたか、だとした。手軽な処方箋でしかない。たとえその通りだとしても、それで話が終わるわけではないからである。登場人物のアリストパネスと著者プラトンは違い、テキストの表層と深層は差異があった。その小さな差異空間こそ読者がプラトンと対話する余白である。なぜプラトンはそのように書いたのか。もしアリストパネスが気がつかないで間違えたとすれば、なぜプラトンはそのようにさせたのか。プラトンはアリストパネスとは違う目で見ている。

　軽業師や体操選手が宙返りをするとき、身体を真っ直ぐ伸ばして前転して手で支えてくるっと一回転する。そのように原始人間が走ろうとするときは、四本の足と四本の手で次々と体を支えながら、くるくると回りながら急ぐという。その時は手は足の働きをするのである。従って足が八本になる。それは四本足の原始人間が二人いるのに等しい。原始人間は、普通は全一体として一人であるが、急いで走るときに二人という姿を現すのである。動詞が複数形に変換されているのは、この事情を反映したものである。しかし二人というが、それは現れであり仮象である。足が八本であるのではないからだ。つまり手が足に見えるだけである。プラトンは慎重に「その時八本ある肢体（ὀκτὼ τότε οὖσι τοῖς μέλεσιν（oktô tote ousi tois melesin））」と書いており、「足（σκέλη（skelê））」とは書いていない。一行前の文では「足」という単語を使っているのに[2]。

「二人という姿」は仮象である。そこで一人の原始人間が現実に二人になるには、全一体が切断されなければならない。悲劇的な切断手術後、二本足で直立することになった、とある（190D）。ここでプラトンが透かし彫りにしている現れと存在、仮象と真実の対比はこの『饗宴』でも根本問題だったのである（［4］2参照）。

さて悲劇である。人は誰でも自分を一個独立の大人だと思っているだろう。しばしば一角の人物だと自負し、一端のでかい顔をして自分の知恵と力を誇りにしているだろう。これほど人として誇らしいことはない。それを「まさか」と転倒してみせること、それがここの喜劇である。語り方は喜劇であるが、内容は悲劇である。人間は、ある全体からの切断の結果であり、欠落した乏しき存在という悲劇なのである。

話は、エロスを社会化して道徳と法律という人の取り決めのレベルで終始するパウサニアスと異なり、肉体の健康病気を中心にしつつ宇宙論的エロスに拡張して終わったエリュクシマコスとも違って、人間存在そのものの悲傷とその治療に関わるエロスであった。エリュクシマコスの言う治療に対して新次元、つまり宇宙論的広袤にも匹敵する人間本性そのものの癒しである（癒しが、189D, 191D, 193D で三度言及され、193D ではエロスが医者ともいわれている）。

われわれがどんなに自己実現と充足しても、その実、自分を半端物、単なる片割れであること、その痛苦を強烈に突きつけるのが性である。性は何よりも異性のことであり、人間という一個独立した存在でありながら、それでは決定的に足りないかのような両義性を突きつけられるからである。人は男か女である（性同一性障害などさまざまな現実があるにしても）。そして男と女から生まれる。この「か」と「と」に人生のあらゆる事実の根がある。子のない男女はあり得るが、親のない人はあり得ない。人は「人の子」なのである。人間はそれ自体で独立完結した自己原因ではまったくなかった。そして「自分」とは、自らに分かち与えられた部分としての運命とその責任の自覚ということであり、先ず生の始めとして、いかなる男女のもとに、いかなる性をもって生まれるか、に具現化する。先に見たように、ギリシア悲劇が血の紐帯の色濃い人間関係を軸として展開する所以である。

かほどに人間は性的存在に他ならない。英語の sex はラテン語の「分ける」という動詞 seco の完了分詞 sexus（分けられた）からであり、アリストパネスの神話をまるで写したように、人間が切断存在であることを示している（漢字の「性」は、「心（忄）」と「身体（生命）」からなっており、生殖作用を超える心身両面に亘る姿を示している）。性は、ある切断の結果として人間が予め失われた存在であることを示す意味で、「存在論的性」と呼んでおこう。(3)

かくしてエロス、恋とは、失われた半身（better half と言われたりする）を得て、片割れ同士が切断以前の全体を回復したいという熱い願いに他ならない。切断された〈二〉が原初の全体たる〈一〉を愛求して、合一へ至ろうとするダイナミズムである。人間とは自分の全体を求めるところのものである。

太古の原始人間は男女両性具有体として、現在の男女二人を背中合わせにしたような球形の全体であったが、どの方向にも進めた。つまり前後の区別がなかった。今やゼウスが原始人間を二つに切断した結果、どの人間にとっても切り口は背中にある。しかし背後は見えない。人間が昔の野心の結果の受難を思い起こして反省するために、その切開手術の痕をよく見えるように、とゼウスは人の顔の向きを一八〇度回転させたとある（190E）。そして目にするのが腹であり臍である。

しかしそれだけではあるまい。切断の結果、切断面は背中であり、失われた半身は自分の背後にあった。しかしいまや顔が回転したために、それまで背中であった切断面が腹になった。単なる片割れ、半端物としての人間が、失われたかつての半身を自分の前に見ることができるのである。切断された〈二〉が合一なって全体回復となるのは、目の前の一人の異性に「お前」として出会うことによる。「これ我がすべて、我が命」と言いうる〈汝〉に目の前で出会うところに、恋の妙味はあると申せよう。世界もために影と霞む出会いであり、出会いは自らの前においてなのである。

そこでエロスの真骨頂は、性の交わりの直接的で強烈な快楽体験ではないことが強調されている（192C）。そんなことなら「他の人と一緒に大いに盛り上がって楽しむだろう」とある。専らそのための職業として娼婦がいる。その交わりの方がよほど純粋な快楽であろう。そして後腐れもない。しかしアリストパネスは直接的快楽とは別のことを見ていたのである。人間存在そのものの外傷と充足を見ていたからである。異性は、彼方の存在、あるいは存在の彼方であって、自己の全体の意義を担う未知なる何かなのである。存在論的性と呼んだ所以である。従って美しい人を眺めること、そして美を経験することとしての恋の意味は、快楽を得るという事実ではないし、その美の経験を生理的、心理的、社会的事実や概念に還元することは間違いである。

恋のエロスが失われた全体を回復したい欲求、切断の〈二〉から〈一〉への回帰願望、というアリストパネスの神話は人間本性を活写して興味深い。アリストパネスはしゃっくりによって順番が変わり、またアルキビアデスの闖入によって七人になった話し手の中の四番目になり、つまり真ん中である。話の転換点であり、かつ中心に位置する。

エロスの愛に喜劇のスパイスをきかせていやが上にも盛り上がるアリストパネスの神話は、切断事件という人間悲劇と恋の喜悦を生気溢れる具体的なファンタジーで描き、その半身・全体論は、今日に至るまでもっとも身近でかつもっとも有名なエロス論の一つである。しかしその華やかなエロス論の影で忘れられている重要なことがある。

確かにエロスの実相として、ただの半身にすぎない片割れ同士の〈二〉が合一なって〈一〉を実現すると、一時も離れたくなくなる。生涯を一緒に過ごしたくなる（192C）。さらに鍛冶の神へパイストスは「二人を溶かして生きても死んでも一人にする」（192E）と言っている。「このまま永遠に」である。恋する二人がそう願うのは自然である。「時よ、止まれ、お前は実に美しい」（ゲーテ『ファウスト』）と永遠を夢見るような陶酔であろう。恋のエロスは、存在の完全充足として永遠の待望なのである。しかし永遠の幻想?

アリストパネスの神話では、太古の原始人間は大いなる野心をもって神々を攻撃する挙に出たという（190B）。それが切断という罰を呼んだのである。とすれば切断以前の原始人間は欠けることなき全体の筈であったが、決して完全無欠ではなく、まだ何か不足する点があるということだ。それは何か。

原始人間は人間二人分の丸い全体であり つつ、生殖器が反対側に二つあった（190A）。ということはその生殖がどのようなものであれ（実際は大地に生みつけることになっていた）、生殖によって多産性と永続性を保つ存在だということである。性なき生殖があった。逆に言えば原始人間は個体としては死ぬということである（そうでなければ原始人間が無限に増殖するだけである。人口爆発に悩むであろう。しかし死と生殖の関係は覆い隠されていたと言ってよい）。原始人間は、切断としての性はなかったが、その本性が有限性と死という絶対の欠落の制約に縛られた存在だったのである。

こうして原始人間は死すべきものだった。それで永遠不死の神の座に取って代わろうとしたのである。その懲罰の結果が切断ということだった。従って原始人間に起きた人間本性の切断（男か女か）という意味の存在論的性は、それ以前の原始人間自体が死の必然性という限界に置かれていた結果だということができる。死の定めに反抗して神になろうとしたのである。思えばエデンの園のアダムとイブは、善悪の知識という禁断の木の実を食べた。食べれば神のようになる、と唆されたのである（『創世記』3.6）。人間はそそられる、そそられ続ける存在である。それだけ〈彼方〉から圧迫があるということである。「廃嫡の王でなければ、王でないことを悲しまず」

（パスカル『パンセ』四〇九節）。

従って切断後、片身の人が片身の人に出会い、恋が成就して、失われた全体回復がなったとしても、それがどれほど永続したとしても、残酷なほど「束の間の全体」であり「暫定的回復」でしかない。死そのものの必然性も可能性も触れられないからである。分裂した悲劇の〈二〉から〈一〉に合一しても、一時の小康状態という不満と不安が残るのである。死の棘が残るからである。あの「永遠の陶酔」は幻想であった。人間とは、太古の原始時代に既に予め失われた存在であり、無条件な全体性としての永遠への郷愁を包蔵する存在ということである。それだけ「彼方から」の圧迫を受けているからこそ、無意識のうちに神になろうとする幻影もまた生まれるのである。根源的劣等コンプレックスである。

しかし分裂から合一なった男女が「永遠の陶酔」の内で無為に過ごして死んでいくことを哀れとしたゼウスは、人間が大地に生むために背中にあった生殖器を前に移し、互いの中に、つまり男によって女の中に生むようにさせた、とある（192B–C）。生殖を男女の関係の中に置いたのである。こうして存在論的性とは違う、生殖に直結する性が初めて登場したのである。その意味するところは、生と死が性を取り囲んでいるということだ。しかしこれはアリストパネスの神話の中で忘れられている。主題的に取り上げるにはディオティマを待たなければならない。エロスが創出の力と活動に溢れたものとなるのは、アガトンの媒介が必要になるけれど。

われわれはもう一点見落とすことができないことがある。言語芸術家であるアリストパネスに不思議なほど、そのエロス神話には言葉が言及されることがない。恋に言葉は不要なのだろうか。強調されているのは、人間の自然本性は太古には全体であり、かつ切断されたということであり、その回復の願いがエロスだということだ。

従って根本は、欠乏と充満の間の自然事実である。何故残りの半身が単なる部分ではなく全体回復の意義をもつのか、そこではどんな全体が考えられているのか、言葉で解き分けることがなされていない。太古の本性の漠然とした曖昧な全体でしかなかったのである。男女両性の全体もあれば、男男、女女の全体もあった。あるのは原初の全体→切断による欠乏→全体回復、という本性の展開（自然主義）である。しかしその欠乏をどのように理解し、そして求める全体をどのように理解するか、が恋と愛の理解の一部でないのだろうか。そこに恋が深まり愛が成長する余地があるのではないのか。アリストパネスには、自然の事実の動き以上に、人間の恋と愛が成長し発展する様相が見られない。優れた青少年の成長にエロスが働くかのような記述（192A–B）も、男男の原始人間に由来する「同類同族」関係の強調のためである。

アリストパネスは、人が恋している時、本当は何を求めているか分からない、「謎かけのように朧気な徴」（192D）があるだけだ、としながら、ヘパイストスの挿話を使って〈二〉から〈一〉への合一だと説明していた。切断された半身同士が互いを求め合うエロスが性愛の快楽だけではなく、それ以上のことを含んでいる。その過剰を「謎」と呼んだのである。実に性と愛は謎であり、つまりわれわれ自身への挑戦であり、思考を促す誘惑である。その合一そのものがなお謎であり、全体回復がどのような意味で回復であるのか朧なのである。その謎を不可知なものの如く放置しては、エロスの愛は人間にもっとも遠いものになってしまうであろう。その意味も価値も言葉で分析し説明して理解する道がないからである。後にディオティマによって、半身論には事実と価値の区別がないことが批判されることになる（205E）。従って人のエロスと愛は、自らが半身を欠乏した片割れ部分でしかないという自然の事実に圧倒されて、ただ失われた半身をやみくもに追い求める衝動でも行動でもない筈である。そうでなければ自分が何をしているか、を理解しないまま曖昧な振る舞いでしかないからだ。そこには

自分が何をしているのか、何をしたいのか、を理解することを通して成長する余地がないままになってしまうからである。(4)

以上の意味では、アリストパネスの半身・全体論は言語（価値と意味と理解）を欠いた自然主義である。その点で動物の性行動と大差ないことになるであろう。失楽園物語であるが、中途半端で、人間らしい人間ではない。

しかしアリストパネスにも強烈な芸術家気質があった。アリストパネスは、自分の話を「わたしが奥義を話そう」（189D）という言葉で始めたが、動詞 εἰσηγήσασθαι（eisêgêsasthai）は、訳註8・4に記したように、ただ話すのではなく「秘儀へ導く、奥義を授ける」ということである。アリストパネスは自らのこころの秘奥、創造的想像力の神殿で得た奥義の話をするというのである。

芸術は、世界のいかなるものとも重ならない芸術家一人のかけがえないこころを祭壇にして、そこに秘めやかに訪れる光なき美の輝きを明瞭に見るために、表現に写し取り作品に刻む創造と認識の努力である。世界を見る新しい見方、感じ方の創造であり、世界を照らす新しい光をもたらすことになる。「秘儀に導く、奥義を授ける」とはそうした芸術家の自負であり、芸術創造の秘密を垣間見させる言葉でもある。

そしてアリストパネスは「君たちはそれを他の人に教えてもらいたい」と言っている。芸術は芸術家のこころの秘密を作品にするのであって、鑑賞者としての他人がそれを見たり聞いたりすることを求め、そして他の人に伝えてくれることを期待する。「わたしの作品を見て下さい、聞いて下さい、味わって下さい。そして伝えて下さい」ということである。決して「議論して下さい、批判して下さい」ということではない。芸術は他人との議論の地平で、吟味と批判を共にしながら作品を作るわけではないからである。『弁明』22Bでは、芸術家が自分の作品について説明できないことが指摘されている。芸術家は、それ以外ではあり得ない、というかけがえない唯一の表現を独り創造するのであって、それを表現自身の外で説明できるなら、作品を作る必要も意味もないからである。「岡目八目」のように、外にいる他人の方が作品について良く解説できるのである。あらゆる分野で芸術評論家が幅を利かせるわけである。しかし作品「について」解説することと作品創造とはまったく違う活動である。(5)

後にアリストパネスの半身論は、ソクラテス（ディオティマ）から批判され（205D-206A）、アリストパネスは不満を覚えた。芸術家は何よりも純粋に「わたしの作品」という表現を創造する故に、表現即生命であり、その批判は自分への攻撃であって「頭に来る」。けれども不満を言う前に、酔っぱらったアルキビアデスの乱入によって妨げられてしまった（212C）。このエピソードは、芸術が政治が代表する現実社会の風圧を受けていることにあるが、それだけではない。

芸術家によって壺中の天のように創造された作品は、一度作られると、他人の鑑賞に委ねられると同時に不躾な批判にも晒される宿命にある。それでもどれだけ批判され攻撃されても、芸術家は抗議したり反批判のためにその乱闘に参加することはできないし許されていない。(6)作品がすべて、表現創造が生命だからである。芸術家は芸術評論家ではなかった。ここではアリストパネスが酔っぱらいの突然の乱入によって妨げられたが、それは象徴である。

それ故に芸術家は黙って作品を創造し続けるより他はないのである。プラトンは『プロタゴラス』342A-347Aで、詩が他人との議論の中で生まれるわけではないので、他者不在の中で作られた詩は、詩人不在のまま他人の任意な解釈に委ねられ、サンドバックさながらに批判のシャワーを浴びせられることを長々と実演している。(7)詩の悲惨な栄光である。それに対して哲学にあっては、どんな考え、説、理論も議論の地平の上で説明を要求され、吟味論駁を浴びせられ、考え直し、語り直すことを迫られる。それをソクラテスは人にも要求し自らも実行している。それが問うては答え、答えては問う対話問答であり、思考するということである。

それに応じてソクラテス（ディオティマ）がアリストパネスを批判したとき、名指すことがなかったことは見過ごすべきではない。アリストパネス個人が問題ではなく、その考え、意見、説が問題だったからである。「ソクラテスがある説について話したとき、アリストパネスに触れていたから」（212C）とある。ここでも慎重にアリストパネス個人とその説を分けている。眼目は「その説について」である。誰が間違っているか、ではなく、どの考え、いかなる意見が間違っているか、がより重要な問題だからである（誰の間違いにもなりうる）。Rowe, 203はアリストパネスが眼目だとしているが、それは当たらない。哲学は自他共通の言葉の地平で、議論をしている問答の当事者、つまり「わたし」と「君」が互いに吟味と批判を尽くし、意見の誤謬を退け、問題を見直し、新しい問題を見出し、そして明晰な認識に達することが共通の目的である。批判も議論のためである。言葉は個人を攻撃する道具ではなく、相共にその前で頭を垂れる真理に即した明晰な理解のためである（「ことの有様が明らかになることは、すべての人間にとって共通した善である」と『カルミデス』166Dにもある）。その反対に、歴史上のアリストパネスはソクラテス個人を痛烈に攻撃した『雲』を書いている。(8) 著者プラトンのアリストパネスに対する応答と言えよう。(9)

芸術は、自他共通の普遍的認識を求める議論の中で誕生するわけではないという意味では、つまり作品は芸術家独りの「こころの子」である意味で「私芸術」と呼んでもよかった。だからといって芸術家の勝手な想像、任意の作り物などとは違う。その正反対に、一点一画揺るがせにできない鉄壁の秩序系の作品である。「永久に単位」として生きる自分の感情を「世界の何びとにも共通なもの」にするという道理を離れては、「私は自ら詩を作る意義を知らない」と萩原朔太郎は喝破している[10]。

それにもかかわらず芸術は、その「共通なもの」にする方式自身を芸術家個人が自分の中で一人創造するのであって（それだけ芸術は孤独なこころの作業である）、人々との議論と批判の中で作るわけではないことは変わらない。従って芸術作品自体に、自他に開かれて説明し証明して確かなものにする力があるのではない。芸術の生み出す新しい見方、感じ方の作品はエロスに似て、真実を表現するけれども示唆に留まり、それ自身が何か「謎」であって「朧気な予感」なのである（192D）。ソクラテスは『弁明』の中で、知恵のある人を探す遍歴において、芸術家は自分の知恵によってではなく、何か神懸かりになって作品を生むことを発見している（22B-C）。詩の女神ムーサに息吹かれて神的狂気の中、天与の閃きで生むのである（ホメロスの『イリアス』は「ムーサよ、歌え」、『オデュッセイア』は「ムーサよ、語れ」で始まっている）。天才でない芸術家は芸術家ではあるまい[11]。しかしソクラテスは、真理と人間の知恵は、自他共通の言葉による互いの吟味と批判の議論の中で発見される、と確信している。その意味では芸術は「時よ、止まれ、お前は美しい」と、独り永遠を夢みる白昼夢に見える。それはアガトンでも変わらない。

9　封じられたソクラテスの問答

アリストパネスが鬼面人を驚かすようなエロス神賛美をして、残りはアガトンとソクラテスの二人だけである。その二人の間に、エリュクシマコスに競争をけしかけられたように（194A）、言葉のやりとりがある。アガトンが大観衆の前で堂々と振る舞ったことをソクラテスが冷やかしたからである。それに対して「心あるものには、思慮ある人は少数でも思慮なきその他大勢より恐るべし」ということくらい心得ている、とアガトンが若者らしい自尊心を傷つけられて反発するのである。そこでアガトンの反発と対抗心の牙を抜くように、ソクラテスは Less Vivid Future Condition の条件法を三度使って、「もし〜なら、〜だろうかね」と婉曲的に語りかけている（訳註9・1参照）。

骨子を言えば、こういうことである。（アガトンが「心あるもの」であり、あの箴言の通りとすれば）、第一に「もしアガトンが知者に会えば、その他大勢よりも重要とするだろう」、従って第二に「もしアガトンが恥ずかしいことをしているとすれば、その知者に対して恥ずかしくなろう」、しかし第三に「その他大勢に対しては恥ずかしいとは思わないだろう」。鍵は、ソクラテスが知恵のあるものではなく、その他大勢の側にいるということである（194C）。つまりもしアガトンが何か恥ずかしいことをしたとしても、そんなソクラテスに対しては何も恥ずかしくはあるまい、ということである。ではどんな恥ずかしいことか。Rowe, 161 はアガトンが何か恥ずかしいことをしたのか、と困惑を示している。しかしあの条件法が示すように、事実その通りかどうかということはソクラテスの関心ではない。ソフィストの大御所であるゴルギアスの弟子筋であるアガトン（198C）について、箴言にひっかけてありうるケースを想像した話である。そして皮肉を効かせている。

ソフィストは自分の知恵と高い能力を人々に示して見せて、人の称賛と評価を勝ち得た知者である。そんな知恵のある人の前で自分の間違いや無知、無能力を晒すことになっては恥ずかしかろう。そんな知者とは恐ろしくて話をしたくはあるまい。しかしこのわたし、ソクラテスは知恵のあるものではなくその他大勢の部類である。そこでこのソクラテスと対話問答をして、もしアガトンが無知や誤りを晒すようになっても、それは恥ではあるまい。さあ安心して問答に踏み入ろう。「で君はどう思うかね？ 言ってみてくれ」。

これまでのようにそれぞれがエロス神賛美のスピーチをするのではなく、二人で問答をしようとソクラテスはアガトンを対話に言葉柔らかく誘ったのである。しかしすぐパイドロスが割って入って、ソクラテスは誰でも問答をする相手がいれば、他のことは「委細構わず」になってしまう（194D）、とストップをかけている。その「問答をする（διαλέγεσθαι（dialegesthai））」という動詞は『饗宴』でここが最初である。その直後に二度繰り返している。プラトンは裏脈絡から、それまでの美しい表現によるエロス神賛美とこと変わって、真理を基準として十分理に適った賛美を語ること、そして真理は対話問答法の吟味と批判の議論の中で触れるとした、ソクラテスの方法なき方法を対比の内に浮き彫りにしている。

ところが今日の宴会の「言葉の父」パイドロスが、一人一人が順番にエロス神賛美を捧げるルールになっている、と元に戻るように要求したのである（194D）。そしてソクラテスもルールに従った。ソクラテスは『クリトン』に明らかなごとくアテネの法律には従っていたし、後に見るように、対話問答は自由の遂行だったからである。アガトンとの対話問答は199Cから再開されることになる。しかしその前にアガトンは、詩人らしくエロスの神を美しい詩の表現で賛美した。あまりに見事だったのでソクラテスは「恥ずかしくて逃げ出したかった」と告白するのだった（198C）。アガトンは無視できる「その他大勢」の類いではない（皮肉！）。

10 アガトンの話――恋は人を詩人にする

アガトンは、コンクール優勝という、万余の観客の前で知恵に輝く栄光のオーラに包まれた若き芸術家である。

その成功体験が何をもたらしたか。社会で主導権を握った独立した存在としての自信と自尊心の強化である。が同時に不安な面もある。昨日の公的な祝賀会にソクラテスが欠席したからである。そのソクラテスから称賛の言葉を聞きたかったのである。宴会に遅れるソクラテスをアガトンが待ちわびていたことは、三つのエピソードでも明らかだ（訳註3・1、2、5参照）。アガトンは、自分の存在を確立したいという若者らしい発達願望を持っており、それに半ば以上成功した自信溢れる心理的充足感と同時に、何か足りない不安があるということである。足りないのは、万余の人の称賛とは違う、自分でも自分以上に知恵があると思っているソクラテスからのお褒めの言葉である。ソクラテスを自宅の宴会に主賓として招いたわけである。ソクラテスも、いつもとは違って身綺麗にし、サンダルも履いて出席した。アガトンに対する好意の現れとも見えよう。

ところがソクラテスは到着すると、アガトンの優勝を歯牙にもかけなかった。むしろその才能と知恵に冷やかしと皮肉を浴せている（176D-E, 194A-C）。そして若者は自分が間違っていることに耐えられないし、自分を批判する他人は許せない。そのようにアガトンは、発達願望を持つ若者の自負と恐怖の混合した、しかし率直な反発を示している。ソクラテスはそんなアガトンを、知恵の高みから語るのとは違って、知恵を愛する哲学の、吟味と批判の議論の地平に招いている（好意の第二の現れ）。アガトンを「今後大いに伸びる」（175E）若者と見ていたからである。後にソクラテスがアガトンを対話問答の相手に選んだ理由の一つがそれである。

そのアガトンも「わたしは言いたい」と「わたしの言葉」を話し始めている（194E）[1]。アリストパネスは人間の本性から話し始めたが、アガトンはエロス神が「どのような性質であるか」から始めた。「正しい賛美の仕方」（195A, 201D）は、エロス神がどのような性質であってどのような恵みをもたらすか、を語ることだとしたからである。原因と結果の展望を与える語り方である。新しい語り方による新しい表現がエロス神に新しい光を当て、新しい理解を可能にすることになる。これは間違いなく芸術の働きの一つである。同じ言語芸術家であるアリストパネスが、そのエロス論で言葉に言及しなかったことと対照をなしている。アガトンは気づかぬ内に知識へのうずうずするような欲求の萌芽状態にいる。アガトンがソクラテスの対話問答の相手に選ばれた理由も既に明らかであろう(2)。ソクラテスはアガトンから、「賛美の正しい語り方」を受け取っている（199C）。

さてアガトンは、エロス神が若い花盛りで、美しく、繊細で、しっとりして柔軟で、徳があって、そして知恵があり、正にそのような性質であればこそ同じ恵みを人間にも送る、と語る。しかしアガトンのエロス論では、原因と結果を区別することをもって本旨とするけれども、エロス神とエロスに囚われた恋の人とは区別がつきにくい。理由は、エロス神が「何であるか」（本性）を問わなかったために、折角区別した原因と結果が判然としないままだったからである（201Eに明らかなように、この本性の問いがソクラテスには決定的であった）。その代わりにアガトンは、エロス神が「どのような性質か」を問うたからである。原因はそれと似た性質を結果にもたらす同類原理「似たものは似たものに近づく」（195B）が効いて、エロス神の性質はそのままエロスの人、つまり恋に夢中の人の性質に転調し、エロス神の賛美はほとんどそのままアガトン自身のことのように響くのである。こうしてアガトンも自分の若さと美しさとそして大成功を呼んだ知恵を喜ぶことができた。アガトンはまるでエロス神の化身である。女っぽい男、アガトンのナルティシズムが見えてくる(3)。

「愛と恋の神エロスは自身が知恵ある詩人であって、人を詩人にする」（196E）。この言葉ほどエロス神と芸術の結びつきを示すものはあるまい。「ムーサよ、歌え、かの男の怒りを」でもって『イリアス』が始まったように、芸術の秘密は、神与の知恵によって、つまり神がかりの狂気に息吹かれて「わたしの作品」を創造することにある。そしてアガトンは万余の観客の前で知恵が輝いたのである。これはいい。素晴らしい。「時よ、止まれ。お前は美しい」とこころの中で呟かなかったであろうか。「このままずっと」と永遠を夢見る陶酔が青年のこころになかっただろうか。194B でアガトンがコンクールの「舞台に登場した（ἀναβαίνοντος (anabainontos)）」のは、190B で原始人間が神々に反抗して天の高みに登る行動（ἀνάβασιν (anabasin)）と同じ動詞であり、その時の人類の「大きな野心（φρονήματα μεγάλα (phronêmata megala)）」をソクラテスは、アガトンの「大志（μεγαλοφροσύνη (megalophrosynê)）」を表現するために転用している。皮肉を交えたその言葉は、青年芸術家アガトンが神にも等しいものとなる大いなる野望を秘めていることを示していた。繰り返し見たようにアガトンは、その名が「善いもの（アガトン）」と響いた。自分が優れたものであると自認しかつ人にも認められたいという、若者らしい自尊心と他に抜き出て勝ちたい欲求の体現者である。

アガトンは原因と結果からエロス神を分析的に語るとした。しかし「どのようなものがどのようなものの（原因）か」（195A）という言い方自体は詩人、修辞家のお好みであり[4]、アガトンは原因論という重要な論点に触れながら、随所で修辞上の関心に流れて分析は中途半端である。エロス神は人を詩人にする、としたが、何故かは説明がない。エロス神は知恵のある詩人であるので、としか言われていない。それではエロス神と知恵と詩（芸術）がただ結びついているだけである。アガトンは美しい詩の表現を、エロス神が送ったような言い草をしている。自分をエロス神の恵みに満たされたものと思い込んで、それで十分だったのであろう。しかしそれは原因からの説明ではない。

アガトンは、エロス神自身が最善最美であり、その故に他のものたちの善と美の原因であることをもって結論とした（197C）。メインの話は終わったのである。しかしそれでは足りないかの如く、流麗な詩を追加している、

「詩の言葉がこころに浮かんできた」と。これは今までの話とレベルが違う。それまでアガトンはともかく「いかに語るべきか」の筋に乗っていた。しかしそれだけ原因結果を分析的に語るだけでは詩人は息が詰まる。いま一人の芸術家アリストパネスがしゃっくりが止まるまで小休止が必要であったように、アガトンも抑圧から解放されたい。自由に「自分の言葉」を語りたい、と強い欲求が生まれてきたのである。詩は何よりも自由なこころの言葉である（訳註10・15参照）。詩人の面目躍如たるものがある。エロス賛歌を歌い上げて初めて「以上がわたしからの言葉だ」と終わるのである（197E）。しかしそれは他方では、原因と結果から分析的に記述して語るという、折角の新しい言葉と当初の目論見が表面的であったことを、はしなくも示している。芸術表現者アガトンは、自分の考え、意見を主張することに忙しかったからである。そこに孕まれる自己矛盾が後にソクラテスとの問答で露呈することになる。アガトンの目論見はソクラテスが引き受けるのである。

11 ソクラテスとアガトンの対話——賛美の言葉の虚実

人は恋に落ちるとなぜ詩を作るのだろうか。およそ俗物であっても、一度恋に落ちるなら、歌の一つも歌いたいと思うであろう。しかしなぜ詩を歌いたいのか。アリストパネスが指摘したように、人は恋に落ちて、何を求めているか知らない。ただただこころに訴えかけるものがあって、「恋に落ちる」のである。恋には何か朧気なこと、謎がある。何か全体とでもいうべき、「我がすべて」とも称すべき何かに出会っていながら、それが一体全体何であるのかが自分でも分からない。しかしアガトンにはアリストパネスになかったことがある。

恋人は恋の歌を歌う。いつもの日常生活を一時忘れて、恋人は自分の恋の秘密を一層強く味わいたい、深く理解したい、と詩を作り、あるいは歌うのである。恋の表現を作ることは、自分でもしかと摑めない恋の謎を探究する一つのあり方に他ならないからである。既に分かっていることを再現する表現（re-presentation）ではない。表現自体が手探りしながらの探究なのである[1]。しかしアガトンがこのことを十分理解したかは疑わしい。むしろ表現すること自体（どのように表現するか）を価値としている。修辞への強い関心だからである。

しかしそれでも他の誰よりも、アガトンは原因から理解することを求めたし、言葉と表現がエロスと愛に深く関係していることに何か気づいていた。それにソクラテスが反応した。アガトンを対話問答の相手に選んだからである。しかしその前にソクラテスはアガトンのエロス賛美に注意を促している。アガトンが対象を美しく語ることが賛美することだと思っている点だ。

芸術家は表現を、独創的な表現を創造する。芸術は表現が命である。作品のどの部分も「画竜点睛を欠く」と言えるようにかけがえない部分であり、取り替えたり動かしたりすれば、全体が崩壊するようなかっちり完結した表現世界が作品である。表現の創造が本質であれば、物真似は意味がないし、表現と表現を超える対象存在の区別もない。従って表現が対象に的中しているかといった真偽問題はなく、「どのように語るか、表現するか」ということであって、端的に言えば良い表現、美しい表現とそうでない表現しかない。真偽ではなく、そのいみでは表現同士の比較であって、表現の上手下手、印象的な表現とそうでない表現しかない（芸術と称して、ただ目新しいだけの表現、奇抜で刺激的なだけの表現を求めるようなことも起きる）。こうしてどんなものであれ称賛するとは美しく印象深く語ることなのである。

こうした考えは常識でもある。結婚式で新郎新婦が言葉を極めて褒められるように、褒めるとは褒め言葉を使うことだと誰も思っている。社会的パフォーマンスである。[2] 美しい褒め言葉を語っていれば、褒めているように「見える」のである。エリュクシマコスがエロス神を賛美することを宴会のテーマと定めた時、「できるだけ美しく賛美する」（177D）と提案していた。それに対してソクラテスは、エロス賛美に当たってアガトンが善く（εὖ (eu)）話すように求めたが（194A）、出てきたのは意に反して「言葉遣いの美しさ」という美辞麗句だった（198B）。しかしそれをエリュクシマコスは善く話したと解したのである（198A）。ソクラテスとのズレは明らかだ。

ソクラテスはそうした賛美の仕方と離れて、真理を基準にして十分かどうかを測り、これに裏打ちされて「善く語る」道を選び、アガトンを招いた。ソクラテスが対話問答にアガトンを誘ったのは、真理に第一の優先権をおく思考、生き方に誘ったものに他ならない。それは当時のアテネ社会では特異なことだったのである（『クリトン』48A 参照）。

ポリスに政治（politics）が誕生した古代ギリシアでより重要であったのは、戦場の武力ではなく、集会での言葉の力であり、政治は言語の政治であった。ギリシアにあっては、言葉は何よりも言うことにある。「自分にも言わせてもらいたい」ということであり、自分の考えを主張する権利があるということである。それが公共社会において何でも言えるという発言の自由（παρρησία (parrēsia)）である。その発言の権利を持つのがポリスの市民であって、しかし女性と子供と奴隷はその権利がなかった。[3]

そのポリスに、社会習慣（ノモス）と自然（フュシス）の対立という「文化論争」[4]を先鋭化して仕掛けたのが、ソフィストである。社会で重要なことは、自然本性に基づくのではなく、当の社会が重要だとしている社会習慣に他ならない、つまりフィクションではないか、と問いを突きつけたからである。「人間が万物の尺度」というプロタゴラスがその典型である。その尺度の道具が言葉だったのである。そのために「語ることにかけて恐るべきもの」と称されたゴルギアスのようなソフィストたちが活躍することになる。知者をもって自任し、報酬を取って市民に徳を教えるとした。自分が話す相手にアピールするように雄弁に語り、議論に打ち勝ち、自分の思うこと、考えることを相手が受け入れるように説得することを目論むのである。そしてそういう雄弁の力を教えようというのである。そこでは他人は自分の言葉を聞いて受け入れる「良き聴衆」である。自分の言葉に魅了され共感して「素晴らしい」と賛美を送る称賛者にすることを密かに狙っている。逆に政治家は、一般市民が聞きたいことを語る誘惑にいつもかられることになる。

ソフィストたちにとって、他人を自分の影響力の範囲に置きたい、という意味で、言葉は自分の特定の便宜と利益のための野心の道具である。第一の関心は、社会的文脈における言葉の有効性と影響力の行使にあり、真理への気遣いではない。しかしそれは隠された心理要因であって、自分でも野心のためだとは露とも思わないし、人々にも気づかせない。徳の教師として通っていたのである(5)。

しかしソクラテスは互いの間で問答をすることと、人々に向けて自説の演説をぶつこととはまったく違うと考えていたので（『プロタゴラス』336B）、真理のみを権威とする吟味と探究にアガトンを誘った。その対話問答の言葉は、自分の都合や欲求やその満足を忘れる没利害性によって生気づけられている。同意を求めつつ、批判と吟味の議論を共にする対話問答は、アガトンの内に真理の力と自由のエネルギーが解放されることこそを意図している。人が無条件にその前で頭を垂れるのは、特定個人でもなく特定集団でもなく真理だからである。真理を第一の基準に置く故に、友愛の言語空間を開くのである（『カルミデス』166D、『ラケス』185E, 201B）。期待するのは同意であって、暴力的な服従でも「無縄自縛」のような盲目的な隷従でもないからだ。

ソクラテスがアガトンを対話へ誘った最初の言葉は、「親しい友のアガトン」（199C）であり、その締めくくりの言葉が「愛されるアガトン」（201C）である。この「愛されるアガトン」に、Dover, Roweが言うような夾雑物は不要である（訳註11・36）。ソクラテスがアガトンを誘った対話問答は真理への愛に裏打ちされた言葉であり、そして真理に従う以外のどんな服従も求めない言葉は、相手への愛と尊敬を含んでいたからである。服従は奴隷の服従である。もし人が他人との議論から学ぶことがあるとすれば、互いに友愛をもつことと真理を共通の尺度とすることによってのみである。こうしてソクラテスは真理を求める同伴者であった。

さてその二人の問答の眼目は、エロスは美しいものの欲求であり、欲求は欠乏するものへの、そしてその欠乏が当事者に顕現する限りでの欲求であり、従ってエロス自身は美を、そして善も欠くであろう、ということであった。この一連の議論を通して明らかになったことが二つある。

第一に、もしわれわれがXを欠乏していれば、そしてその欠乏に気づいていれば（欠乏に苦痛を覚えれば）、Xを欲求するであろうし、他方、Xを欠乏している事実に気づかなければ、欲求はしないであろう。またもしXを今もっていても、将来欠乏する可能性を顧慮すれば、Xを将来に亘ってもてるように欲求するであろう。以上のことは、人が自分の欠乏に気づかないこともあるし、自分の欠乏自身を発見して気づくこともあるし、あるいは今は満たされていても将来にありうる欠乏のように、新しい欠乏のタイプをその可能性と共に発掘することもある、ということである。

人は自分に何が欠けており、どのような意味の欠乏と見なすか、ということを自ら探究し、理解を深めることができるものである。新しい視点と広い展望から自分の欠乏を、ひいては欲求を眺めることができる存在である。そのことにとって言語が本質的であることはいうまでもない。こうして「言葉をもつ動物」としての人間は、新しい欠乏と欲求に目覚めるという点で成長できるのである。それは自己自身を理解する要素である。乳児にとっては母乳が欠乏と欲求と満足のすべてであるが、やがて新しい欠乏と欲求を発見する試行錯誤と学習の長い旅に出ること、心理学の教える通りである。人は幼稚園に入り、小学校に入って、少しずつ新しい不足・欠乏を自らのこととして発見し、大きく広い文脈で新しい知識の欲求に目覚め、学習へ進むであろう。

大学は、今まで十分な理解抜きで記憶していた知識と知識紛いをすべて洗い落として零にし、その虚無の零地点に立って、自分が一体何を知っているのか、むしろ何を知らないのか、を無条件に体験する第一の道場である。ソクラテスは一人でアテネの社会自体を大学の道場としたといってもよい。アリストデモスのようにソクラテスの真似をするだけでも、ただの物真似ではなく、自分が何を欠き、何を求めているかを知る契機を含んでいる。ただしそれは極めて限定的である。やはり「出でよ、アポロドロス」である。

以上の点でアリストパネスの自然主義とは既に異なっている。またエロス神さながらに自己満足していたアガトンもソクラテスとの議論を通して、「わたしは先に言ったことを知らなかったようです」（201B）と自ら認めている。アガトンは宴会始めでも、やって来たアリストデモスをソクラテスと勘違いして、自分の間違いにすぐ気づいていた。自分が間違っていることに気づかないのは喜劇であったが、これに気づくことは悲劇である。しかし気づくことはその先へ進む重大なステップである。ソクラテスにあっては、無知の知は大悟徹底であった。そして乳児から死に至るまで、人間の欠乏と欲求のダイナミズムは生命の拡大基調であり、人生は試行錯誤と学習が続く。しかしもし芸術が「時よ止まれ、お前は美しい」というとすれば、芸術は永遠を夢見たのであろう。

第二に、アガトンはソクラテスとの対話問答の中で、「それがもっともらしい」と答えてソクラテスに窘められている、「それが必然的であるかどうか」を考えるようにと（200A）。対話問答は一問一答形式であり、細切れ言語とも小理屈ともいわれる言葉の小さなメスで一つ一つの論点を互いの間で整理し、文と文、問いと答を必然性の筋に即して結合していく推理による思考である。従ってそこで想い込み、意見を吟味批判する議論は、「もっともらしい」という蓋然性のありそうな筋ではなく、明瞭で必然的な帰結かどうかが眼目である。「もっともらしい」ということ自体が一つの想い込みだからである。しかし芸術家アガトンは百花繚乱のような言葉、美しく「見える」表現は得手でも、必然的な事の脈筋を一つ一つ追求し厳密明瞭に考える習慣がなかったことを端なくも暴露することになった。むしろエロス神を「美しく賛美する」ことは、明瞭に考えることを妨害する。美しく見える表現を与えようとすることに性急になり、それでもう大仕事をしたと思うからである。

アガトンがエロス神を賛美した言葉の一部を思い起こしておこう。エロス神は、若さ美しさに加えて、もっとも柔らかいこころに足を触れるので、神自身もまたもっとも柔らかい、と（195E）。頑固で強情な無骨者やハードな世事にかまける俗物にはエロス神は触れたまわない。纖細で柔らかい心情にこそエロスは宿るのである。恋は、社会の難儀や生活の苦労と疲れ、俗世の垢を未だ知らない若者の特権と思われる一斑の理由があった（プラトニック・ラブ）。そしてエロス神とアガトンが重ね合わさっていたように、ことは芸術でも同じである。芸術は日常生活の必要に迫られて忙しい人には無縁である。日々自分の利益と便宜と都合のやり繰りに没頭している人には、美は輝かない。美しい花を見ても、美しさ自身の関心よりは、いくらで売れるかという交換価値のことを考えるであろうし、作者が血で描いた芸術作品も商品価値で測られる。しかし美は我を忘れる没利害性の空無に輝く閃きだからである。先に指摘したように、ギリシア語の美 καλόν (kalon) は、「外」へ呼び出す、招くというニュアンスを帯びていた。美は脱自的超越価値であった。この『饗宴』冒頭のソクラテスはアガトンに招かれて、「美しい人、美しい人の許に行く」と、いつもとは違ってサンダルを履き小綺麗になっていたのである（174A）。

若く繊細で柔らかい心情の持ち主であるアガトンには、あたかもエロスの神が繊細で柔らかい足で触れるように、美しい表現と言葉遣いこそがこころの琴線に触れるのであった。エロスの神は人を詩人にするのである。

それに対していつものソクラテスは裸足で大地を歩く。町でも戦場でもゴツゴツした大地を裸足で歩く。アガトンの家に招かれた今日は特別だ。いつもは「吟味のない人生は人間には生きるに値しない」(『弁明』38A)として、生きることを吟味検討する言葉の道を歩いた。人間が生きることは生きること自身を吟味検討することだからである。対話問答とはソクラテスのその吟味検討を共同することである。荒々しく抵抗多い大地を裸足で歩くように、言葉の道も厄介が多い。それは、自分ではいくら知っていると思い、知っていると主張しても、ソクラテスはいつでも、これに対して抵抗する疑問と反論を見出すことができるからである。知識と想い込み、知っていることと知っていると思うことは、アポロドロスが始めに指摘したように厳しく区別され(173D)、「人生でもっとも重大なこと(善美のこと)は知らない」とする無知の地平が人間の大地であり、最善の生を求めて前進させる〈無知の知〉の大悟徹底こそが人間らしい知恵だったのである。その知恵はわれわれ人間の〈無知の無知〉を露出させて休みがない。

ソクラテスにあっては言葉は吟味と批判のメスであり、決して聞いて美しく響くように調整した言葉ではなかったし、また特定の効果を狙って仕組まれた言葉でもなかった。その場その時の問答の現場で浮かぶままの「ゴツゴツした言葉」(215C)で、素人以上に素人として素朴に問いかつ単純に答えようとした。真理のみを唯一の基準として、明瞭で必然性の脈筋を探りながら、恐ろしいほど率直にかつ力強く思考する以外のことはしなかったのである。しかしあらゆる想い込み、意見を吟味論駁の破壊実験にかけるような、そういうハードな思考を共同することにアガトンは耐え得なかった。ゴツゴツした言葉の大地を歩くには詩人の足が繊細すぎたのである。

そのことを示すエピソードがある。

後にソクラテスの話が終わった時、突然大声の騒ぎが起きた。新しい客の乱入である（実際はアルキビアデス）。その時アガトンが召使いに言ったのは、「もし知り合いなら呼びなさい。そうでないなら、飲み会は終わったと言いなさい」（212D）と。宴会のホストとしては常識的な反応にも見える。しかしアガトンの芸術家気質をも示している。互いに知り合って共感できる仲間は受け入れるが、見知らぬ余所者は受け付けない。芸術が及ぼすところは、不意打ちを食らわすような見知らぬ視点からの疑問・質問や仮借ない批判検討に無防備なまま曝される場ではなく、感情の共同体、気分共感体なのである。既にしてアガトン自身が詩に「エロス神は異質なものを消し去り、馴染み深いものを満たしたもう」（197D）と歌っていた。

アリストパネスの場合に指摘したように、芸術の眼目は、共通の言語地平で議論することではなく、片や独自性の作品を創造することであり、片や美しい作品を鑑賞することである。それは美の作品世界への招待であり、新しい表現創造の脱自的感動を共有することである。つまり芸術家による新しい視点、見方から世界と人生を新しく味わうことを共有することである。酒を共にしながら一人一人が自分らしい、あるいは自慢のエロス賛美を語り交わすこの宴会自体が、一種の集団陶酔の様相があった。二日酔いになるような酒ではなく適度で心地よい酒による陶酔とエロスの陶酔と芸術における陶酔が交錯する中に宴会があった。その集団陶酔は、乱入する政治家アルキビアデスの酒の暴力によって破られることになるが。

ソクラテスとの問答に戻ると、もしエロス神が美を欠き、善が美なら、善も欠くことになるだろう、とソクラテスに指摘されて、アガトンは「わたしはあなたに反論できない。あなたが仰る通りにしておきましょう」と応えて、「反論できないのは真理に対してだ」と再びソクラテスに窘められている（201C)。どんなことについても「これは真実だ。しかしわたしは受け入れない」とは言えないのである（assertability condition)。もしもそんなことを言う人がいたとすれば、その人は「われわれ」とは理解の方式が違う。狂人か異星人であって、「われわれ」との共通の言語使用に耐えない。しかしアガトンも真理には反論できないのである。

ところが議論を実行した結果、今ではアガトンは、ソクラテスが死すべき人間であることを忘れたかのように、ソクラテス個人を権威のように見ている。自分で考えるという自立思考を止めると、状況の中の偶然の一個人が権威の偶像になりうるからである。そして夢見心地のうちに偶像にしがみつこうとする。しかしたとえ正しいこと、本当のことを言う人がいたとしても、だからといってその人を権威とするのは間違っている。どんな人の主張も、たとえその人自身の極めつきの真理体験であっても、一度それが人間共通の言語で語られてその人の主張となれば、他人にとっては可能性の一つ、一つの参照可能な意見になってしまうからである（「ソクラテス以上に知恵のあるものはいない」というデルポイの神託は、人間に伝達された限りでは、つまり人間の言語で表現された限りでは、考え得る一つの可能性でしかなかった。そうであればこそソクラテスはその神託を吟味検討する道を採ったのである)。

しかしソクラテスは自分にどんな権威も求めなかった。真理を権威とした。ソクラテスだけが真理を判断の基準として互いの同意を求めつつ遂行する吟味論駁の議論の中でのみ、真理に触れるとしたのである。

それに反してアガトンは、思考が自己活動であること、「われわれ二人」の間の対話問答がその思考活動を見える形で現し、かつ活性化すること、これを理解しない。あるいは理解できない。対話問答は「われわれ二人」という同行二人でありながら、「わたし」一人の単独行をも要求する。ソクラテスがアリストデモスに「先に行け」と単独行を要求したことをわれわれは覚えているであろう(174D)。人と人を直接架け渡す橋はなかった。対話問答は対話という優しげな言葉の響きに反して、恐るべくも自他の間の無限の深淵を跨いでいる。

そこでソクラテスは、アガトンが思考の本質と意義を理解せず思考の訓練も忍耐もないために、アガトンとの対話問答は中止した。そしてアガトンとその他の人(読者を含む)の前で、〈考えるとはどのようなことか〉を見せるために、異国の女予言者ディオティマとの対話問答を具体的な形で演じてみせることとなったのである。(6) ソクラテスは権威あるものとしてではなく、自分の無知を理解し、何か欠ける故に助けと教えを必要としているものとしてディオティマの前に立つことになる。その際、アガトンとの同意点を新しい問答の出発点にしている(201D)。アガトンの立場にソクラテスが立ち、(7) ソクラテスの立場にディオティマが立つ構成のためである。ソクラテスの立場でソクラテスが言ったことを繰り返しても、物真似であって意味がない。アガトンがソクラテスとの問答から一歩退いて、自分がどのように考えていたのか、どのように考えるのがよいのか、を眺めるためである。自分で考えることを半ば見ることになる。そしてソクラテスの立場で自分なら何と言うか、どう応えるか、をアガトンが(他の人も読者も)生体実験できるようにし向けている。ソクラテスは、無知の理解と学習の意欲に活性化された思考、という自己活動を見える形で「示す」ことになる。演技するソクラテスである。自立が教えられないように、自己活動も教えられない。ただ「示す」のみだからである。

しかしディオティマの登場という『饗宴』全体にとって大きな転換となる前に、今日の宴会の主人であって、唯一ソクラテスの対話相手に選ばれたアガトンについて、若干のことを確かめておこう。アガトンはソクラテスとの問答で、エロス神は美しいとしながら、美を欲求する点でかえって美を欠く、という不整合な結論になって、

「先に言ったことは何一つ分かっていなかったらしい」と告白した時（201B）、ソクラテスは「君は美しい話をしたのだが」と応じている。アガトンは美しい話し振りだったが、自分の不整合さに気づかないまま話をした意味で、真実の理解を伴っていなかった。従って美しく見えるだけの話で仮象だということである。われわれはソクラテスがアリストデモスを宴会に誘った時に、美しいと評判のアガトンに対して、疑いを呈して、真実在と仮象のズレを問題系として目配せしていたことを想起する（詳解［4］2参照）。

同じことが善についても起きている。善いものは美しいものであり、エロス神は善も欠くであろう（201C）。エロス神の申し子アガトンは、その名前は「善（アガトン）」と響き、コンクールで優勝するほど才能に恵まれ優秀であるが、本当にアガトンであるだろうか。やはり宴会以前にソクラテスがそこに存在と現れに由来する疑いの眼差しを投げかけていたことを再び想起する（詳解［4］2参照）。

ソクラテスはアガトンとの対話を終わるに当たって、「愛されるアガトン」と呼びかけた（201C）。この呼びかけは対話問答が友愛の言語空間で成立していたことを示している、と先に述べたが、それ以上のことがあった。アガトンが求めたことは、ソクラテスから自分の価値が認められることであり、つまり愛されることである。ソクラテスが願っていることは、エロス神の化身をもってするナルチストたるアガトンが、ソクラテスとの問答を通してその自己愛の幻影から解放され、真実に目覚めることである。そしてアガトンはソクラテスとの対話問答で、エロス神は美と善を欠如することを理解することになった。それは同時に美と善の「現れ」の許にいる自分自身も美と善を欠くことを自覚するように促されたことになる。

後にディオティマは、アガトンたちの議論が「愛されるもの」と「愛するもの」を混同していた、と指摘しているが（204C）、その指示に先立ってソクラテスが最後に呼びかけた言葉「愛されるアガトン」は、アガトンが、善を欠くことを知ることを通して、「愛されるアガトン」から「善（アガトン）を愛求するアガトン」に転換するように、裏脈絡から仄めかしている。アガトンの甘やかな自己愛が、自己の〈彼方〉の善を愛するように変容することである。

今や議論の示すヴェクトルは、愛とエロスの眼目は、愛されることではなく、愛することに転換しようとしている。世の脚光を浴びて自惚れを強めたアガトンは、友人たちを自分の家に招いたが、アリストデモスをアガトンの所へ招いたソクラテスは、アガトン個人を超え、善の仮象を超えて〈善〉を愛求することへ招く危険な誘惑者なのである。しかし愛されたい人がまだいた。アルキビアデスである。がそれは後の話になる。

ソクラテスを起爆剤としてアガトンに不完全な仕方で兆したこの転換は、永遠を夢見るような陶酔から目覚めることである。アリストパネスの神話に残る自然主義のように、ただ欠乏が自然事実（hard fact）として与えられるというのではない。言葉を通した吟味検討の活動を通して、人間は欠乏自体を新しく発見するのである。自己満足から欠乏の自覚へ目覚めるのである。人間とは自分が本当は何を欠乏するか、を知らない存在であり、そしてそれを知ろうとする動物である。腹が減って食べるというような、ただ自然に発生する欠乏とその充足という事実の間に生きる動物とはまったく違っている。「欠乏」の意味が動物とは違うのである。欠乏は人間の自覚形態の一つである。そして新しい充足を探究する。こうして欠乏と充足自体が成長し変容する。そのためには言語が不可欠なのである。ソクラテスは人を対話問答に誘い、無知の無知からその自覚へ促す、煩わしい「アブ」であった（『弁明』30E）。「新宗教」「新教育」とも思われた所以である。

ソクラテスは、アテネ市民の生活の大部分を占める政治に直接参加せず（『弁明』31D、『国家』496C、『ゴルギアス』473E）、裁判においても社会常識に反して裁判の常道に馴染まぬ余所者として臨むと表明している（『弁明』

17D）。他方で、「自分だけが本当の政治をしている」（『ゴルギアス』521D）と主張する。その政治は第一義が生存と安全のためでも豊かな生活のためでもなく、「われわれ市民が最善のものであるように気遣うこと」（『ゴルギアス』515C）である。日々市民のただ中で、市民生活を超える〈善〉を、上品さの欠片もなく粗衣裸足で歩くように、「委細構わず」剝き出しのまま問うたのである。結果は「アテネの他者」に対する「憎しみ」（『弁明』21E）であった。(8)

12　ディオティマとソクラテス1――エロスは神と人間の中間者

ソクラテスの対話相手として登場するディオティマは、歴史上の実在の人だとは思われないが（その点はBury, lxxviを始め多くの学者の意見が一致している）、外国（マンティネイア）の女性と紹介されている。このマンティネイアという国名は「予言術（マンティニケー）」を響かせ、「神の誉れ（ディオ ティメ）」という名のディオティマが予言者であることを強く示唆している。(1)従って今日の宴会の出席者の誰とも、外国人・女性・予言者という三点で際立って異なり、自分たちの社会文化、生活習慣と違う立場の象徴となっている（いま一人のアテネの他者）。(2)妊娠、出産という女性特有の働きが後に詳しく言及されるが、予言者ということでは、疫病ペストの流行（紀元前四三〇年から四二六年）がアテネを襲う前に人々に犠牲を捧げさせ、流行を十年遅らせた、とわざわざ紹介されている（201D）。(3)

研究者がまったく関心を示さないこのエピソードは、それは架空の上にも架空の話と見えるからであろうが、考えてみるに値する。プラトンがわざわざ創作して挿入しているからであり、詳解［4］7で取り上げた如く、エリュクシマコスのスピーチの最後と符合する点があって、つまり予め話の種が蒔かれていたからである。超自然的なものに対する古代人の恐怖を背景に、ギリシアの予言者は、神の合図と様々な予兆によって近未来を限定された形で人々に伝えるものである。(4) 従ってたとえ予言者であっても、その言葉の力で歴史や差し迫った運命を変える奇跡ができるわけではない。人間の言葉はそれほど強い言語ではなかったし、ディオティマも全知全能ではなかった。むしろ運命の告知である。しかし悲惨な疫病を十年遅らせたのである。

この架空の物語を著者プラトンはなぜ挿入したのか。ディオティマを権威づけるためだという意見もあるが、その直前にソクラテスはアガトンとの間でいかなる特定個人も権威にならないことを指摘していた。そんな権威づけのような単純なことである筈がない。しかしプラトンの意図を探るには猟犬のような鼻利きがいる。プラトンに意味のない冗談は一つもないからである。それは歴史家トゥキディデスの『戦史』第二巻から、「それほどの疫病とこれほどの人間の破滅が起きた記憶がなかった」(47.3) という、アテネに起きた現実の惨状を知ることから始まる。

「健康であったものが、突然頭に高熱が生じ」、次々と全身に症状が及んで、「高熱のために七~九日目には死んだ」(49.1) という。国家指導者であるペリクレスも死ぬことになるこの疫病は、症状の酷さと感染力の強さが際立ち、「病気は人間の自然本性の程度を超えて酷かった」(50.17) と歴史家は述懐している。しかも「助かるといえるような治療法は一つも発見されなかった」(51.3) から悲惨であった。そこで「この病気のもっとも恐るべきことは、人が病気だと分かったら、意気消沈して (θυμία (thumia))、すぐ絶望 (ἀνέλπιστον (anelpiston)) に落ちてしまうことである。それが最大の破滅をもたらした」(51.4)。人々は自暴自棄から広範囲にわたる「無法 (ἀνομία (anomia))」に走ったからである (53.1)。惨憺たる現実であった。どんな身分の人も職業の人も能力の人も老若男女を問わず、それに対抗できる力などありはしない。

そういう疫病の流行をディオティマは十年遅らせた、と架空のエピソードをプラトンは挿入したのである。ディオティマは神のごとき知恵と力を持っていたわけではないが、魔術師のような魔法を使ったのでもない。具体的なことは何も語られていないが、ディオティマは予言者としての言葉を授けたにちがいないし、人々も信頼してしかるべく反応したにちがいない。人々に疑いや戸惑いも時にあったであろうが、それでも信頼に足る相手として受け止めた。ただ脳天気に考えもなく信用したという盲従ではなかったのである。

第一に、予言は未来の予想ではない。未来にあり得る色々な可能性の中から推定して、そういうことも十分あり得る、しかし「当たるも八卦、当たらぬも八卦」の仮定として示す予想ではない。アテネの人々はディオティマの言うことを一つの仮定としてではなく、切迫する未来、つまりほとんど偶然の顔をして人生の無限の深淵から吹き出して、人間の身魂全体の現実を侵襲する運命を洞察し対処する信頼に足る言葉として確信した。人々は「犠牲を捧げた」(201D)とあったが、それはディオティマの予言と助言の言葉が自分たちの生活の根に届いたということである。自分たちの何か重大な間違いや罪を犯した現実そのものへの深甚なる反省と改心との意味である。従ってこれまでのやり方の中で誤りを修正したり、その可能性の延長上で改革したりするのではない。アテネ市民はこれまでの考え方、むしろ人生の方向を何か根本から転向し、全面的に新しくする革新を要求されたのである。「アテネの他者」のラディカリズムである。何を考え、何を求め、何を行うにしても、そこからはっきりした意義と方向を汲み取る根源として、アテネ市民はディオティマの「他者の霊感」を受け入れたのである。

従ってディオティマの「他者の霊感」を確信する人としない人では、同じ世界に住んでも、世界が違ってくるであろう。世界の一経験要素の違いではなく、世界全体を見る根本的視点、世界を身をもって生きかつ経験する様式自体の違いになろうからである。予言は仮定ではなく、予言者は予想屋ではない。人々の人生そのものを転倒させ、甦らせ、新しくする意味で、ディオティマの助言は深く宗教性そのものであったろうが、「哲学の勧め」にも似た性格をもっていたとしてよかろう。(5) 予言という「他者の霊感」も、人々の自由と責任による新しい決意と生き方の変革と結びついていた筈だからである。『国家』第七巻の「転向」を参照すべきであろう。

こうしてアテネの人たちはディオティマの言葉を思案のうちに受け止め、それぞれの仕方で応答した。単にこころを入れ替えただけではない。考え方、意見を変えただけの改心ではない。身をもって生きる生き方を根から新しくすること、日々の行動と生活習慣を改めた結果、危険な疫病流行を十年遅らせることができた。ディオティマの助言の新しい生き方が善いと信じ、「最後は善が勝つ、それが善いことだから」と確信したことが不可能なことを可能にしたのである。アテネ市民にとって疫病流行という最悪の出来事は取り消しにならなかったが、ディオティマの言葉を経験することが、疫病流行の経験の一部となったのである。ディオティマを信頼し、その言葉に反応することを通して、出来事の受け止め方と経験の質が変容したからである。現実そのものに真正面から向き合い、避けられない運命をいかに見、いかに生きるか、を探究する点でそれまでとは重要な違いが生まれたのである。これは哲学と宗教の根本である。そして最悪のことを十年も遅延できた点で人々は幸福だった。現実にはアテネの人々は、酸鼻を極める疫病流行によって絶望に落ちたからである。

もし以上の推定が大きく間違っていないとすれば、ソクラテスが無視できるほど軽く（と見える）紹介したこの仮想のエピソードは、宗教の課題と重なりながら、生き方の根本的吟味と革新という意味の哲学と幸福が一致しうる、という〈希望〉を裏脈絡から仄めかすメッセージである。それが予言者ディオティマの（われわれ読者への）隠れた予言である（プラトンも随分お人が悪い）。それは後にディオティマが恋と哲学の道行きの究極に、生きるに値する人生つまり幸福な人生を指標することとして復活することになる（211D）。アリストパネスが幸福を死後の世においたこと（193D）と対照的であろう。

しかし問題が残る。アテネの人たちがディオティマの助言に応えて生き方を新しくし、自分たちの振る舞いを幾分かでも善いものに変えることに成功したとすれば、なぜそれが続かなかったのか。今日の宴会の出席者の誰一人としてこのエピソードもディオティマも記憶していなかった（ことになっている）。そんなことはまるでなかったかのごとくである。つまりアテネの人たちが考え方を変え、生き方を改善したとしても、一過性であった。何であれ善いもの・善いことはその持続もまた善い筈である。しかるにその時のディオティマには、口伝で教えることはあっても、哲学・宗教と徳による生き方をアテネの人々の間で持続させるための工夫（ポロス）がなかった。教育システムがなかったといってよい。善い状態を持続可能な態勢に保つ機構抜きで、当面の現実に対する暫定的対応になっただけである。ソクラテスが一つのエピソードとして簡単に触れただけであった所以であろう(6)。

それは町の通りや広場や体育場の片隅あるいは誰かの屋敷で、その時、その場で、そこにいたほんの数人と個人的な対話問答をしただけの、哲人ソクラテスの狭く厳しい局所現場主義の弱さに通じないであろうか。現場不在の人には関係しないで、「同行二人」に等しい対話当事者同士の「われわれ二人言語」の議論に執する狭さ故の弱さのことである。

ヘラクレイトスの万物流転説のように、あらゆるものが時の流れとともに過去に送られ、記憶から消えていくことは、ディオティマ自身が後に永遠不死性を語るいわゆる「小秘儀」で言及するところである。そして昔の宴会の話が人々の記憶から薄れ、曖昧模糊とした噂話としてしか残ってない、ということからこの対話篇自体が始まっていた。語り部アポロドロスが記憶の話を自分で確かめながら新しく語り直す、それが『饗宴』の全篇である。アポロドロスにそのように語らせたのが、対話篇を書いた著者プラトンである。思考という自己活動を、〈我〉と〈汝〉の間で共にする対話問答として遂行する以外は何もしなかったソクラテス、一行も書かなかったソクラテスに対して、問答の局所現場に不在の人にも有意味になる形でソクラテスの対話問答を甦らせたのがプラトンの対話篇である。『饗宴』と遠からぬ後に書かれた『パイドロス』(274B-277A)では、話し言葉と書き言葉の問題が正面切って取り上げられている。しかしその問題観はすでに『饗宴』で共有されていたであろう。もし以上の推定が正しいとすれば、『饗宴』執筆の数年前と見られる紀元前三八六年頃に、プラトンが教育・研究のシステムの中心としてアカデメイアを創建したことを想起するのも意味がある。ディオティマが恋の奥義を授けるいわゆる「大秘儀」(「恋の道行き」)では、指導と学習の重要性が浮き彫りにされている。[7] こうした一群の問題群がディオティマのエピソードを取り巻いている。

これまでの人はみな、自分のエロス神賛美を披露して満足していた。しかしソクラテスはディオティマの知恵に驚いて、学ぼうとディオティマの所へ出かけた、といっている(206B)。自分が何事かを理解する点で欠けていることを知ること、従って助けを、教えを必要にしていることを意識することは、夢見心地から解放されて目覚めることである。学習は目覚めていることの様態なのである。それまで分からなかったことの筋道が見える高い視点と広い視野から新しい展望の地平が開けることになる。もし人が「分かった、理解したぞ」とその展望の地平で安心して眠り込まずに、不安の内に目覚めていれば、学習は一層新しい欠乏に一層強く悩むことと結びついている。従って学習は目覚めていることの様態として、目覚め続けることであり、目覚めていることに気遣うことである。そして新しい視点から新しい見方を学ぶこと、一層新しく根本から学び直すことである。こうしてソクラテスとディオティマの間で問答の言葉が行き来することになる。

ソクラテスはディオティマと、エロス神自身が「何であり（本性）」、どのような性質であって、どんな働きをするか、を議論することで再出発した（201E）。アリストパネスがエロス神の能力（189C.『ソフィスト』247E参照）から、アガトンが性質（194B）から、始めたのと対比的である。さてディオティマに批判されるソクラテスは、ソクラテスに批判されるアガトンを演じることになる。目の前で見える演技を通して、アガトン（そして読者）が、「ソクラテスに反論するのは難しくないが、真理には反論できない」（201C）ことの意味を、自ら理解するように誘うためである。そうしてこそ他人の力でなく、真理の力で生きることができるからであり、そしてこのこと自身を自分で発見すべきだからである。そのためには特定の個人と明晰な理解を求める議論が載る言理（事割り）を区別することが、思考活動には不可欠であることを把握することである。

こうしてソクラテスはディオティマに疑問を投げかけ抵抗しながら、その議論に踏み入っている。その始めが「エロスは偉大な神であり、美しいもののである」（201E）ということである。この文の後半の形容詞複数属格「美しいものの（τῶν καλῶν（tôn kalôn））」は二義的で曖昧である。エロスが美しいものを愛の対象として求めるのか（197B, 201A）、それともエロスは美しいものの中の一つであるか（195A）、である。いずれもアガトンが主張したことである。ソクラテスは意図的に曖昧なまま紹介している。[8] この文の両義性がアガトンに曖昧な考えしかなかったことを浮き彫りにするためである。

アガトンは自分の二つの主張が矛盾することを知らなかった。自分の考えを主張するけれども、それがどのような含意関係の言理を持つかに無頓着であり、自分の他の考えと整合的であるかどうか、を語と語、語と文、命題と命題を付き合わせながら子細に吟味検討する関心がそもそもなかった。自分の考えを主張することに忙しかったからである。アリストパネスについて指摘したように、芸術は他人と「ゴツゴツした言葉で」議論しながら作品創造するものではなかった。自分の天性としなやかな感性で、独創性溢れる自分だけの表現を作る「私芸術」だったのである。そして直前のソクラテスとの問答で自己矛盾が明らかにされたアガトンのように（201B）、ディオティマに批判されるソクラテスを通して、矛盾なき整合性と言理に即した透明性が理解可能性の条件であることを、アガトンそしてその他の人（読者も）が追体験するように仕組まれている。

ところがそれだけではなかった。ソクラテスは「エロスは偉大な神だ、とみんな同意している」（202B）とディオティマに抵抗するからである。それは第二ステップである。先にソクラテスに批判されてアガトンが、「ソクラテスには反論ができない」としたけれども、ソクラテス個人もまたアガトンと同じように間違うことがあり得ることを示している。それが「エロスは偉大な神だ」である。既にソクラテスはアガトンと共に、エロスが善と美を欠くので、善美を欲求する、と同意していた。ところが幸福は善美を所有することであり、神々は幸福であることを認めたので、ディオティマからその論理必然上の帰結として、「これであなたもエロスが神ではないと考えていると分かるでしょう」（202D）と気づかされるのである。

何であれ自分の考えを主張することは、それが相互にどのような意味連関をもつかを配慮し、論理展開して不整合にならないように気遣うことが、自己の責任である。もし人が自分で矛盾することを考えたり主張したりすれば、例えば自分がPを主張しかつ否定するとなれば、自己が分裂して何を考えているのか分からなくなる。二つの意見の二人の人間がおり、どこに自己があるのか、自己が何であるのか、が不明になる。こころの思い、意見の首尾一貫性があるように自分自身で透明にすることが、明瞭な理解可能性の要であった。ただ厄介なことは、自分で自己矛盾に気づかなければ、自己が行方不明になっていること自体に気づかないことである（無知の無知）。人は芸術家のように自分のこころに抱く考え、自分の意見を大事にしなければならない。しかしそのためには自分の考えを、自他共通の議論の場で惜しみなく吟味検討することがいかにしても必要なのである。批判の破壊実験にかけることが不可欠である。なぜなら、人は自分で「間違った考え・思い込み・意見（δόξα ψευδής（doxa pseudês））」をもつことがあり得ないからである。

この一見すると奇っ怪な逆説は、プラトンが後に『テアイテトス』で直面したことであった。「逆説」とは、誰でも「間違った考え」をもつのは、日常当たり前の事実だからである。簡単に見ておこう。考えるとは、人が自分のこころの中で沈黙の内に一人遂行する対話問答である（189E–190A）。「ああだろうか、こうだろうか」とつおいつ自分で自分に問い、かつ自分で自分に答えようとする探究である。そこでは「問う自分」と「答える自分」が分かれている。沈黙の探究の結果、「うん、そうだ」と自分で自分に一致したとき、探究の完成であり、その結果が「考え・思い込み・意見」である（『ソフィスト』264A–B）。従ってその時、自分のこころの中に誕生しているのは、いつも「正しい考え」である。「Pだろうか、Pでないだろうか」と思案していて、あるところでこころが定まり、「そうだ、Pだ」となったら思案が終わる。従って「Pだ、しかしこれは間違いだ」とは言えない。「Pだ、しかしわたしは信じない」とも言えない。思考という探究の結果は、思考する当の人自身にはいつも「正しい答」なのである。これは経験命題ではなく、文法命題である。「思考」という言葉の使い方の命題である。

秘密は、すべて自分のこころの中のことだ、ということにある。「わたし」がこころで考え、探究し、こころが定まって、「わたしの答」を「わたし」に対して出したことが、「わたしの考え」の形成ということである。すべては「わたし」のこころ世界の中のことであり、それ以上でもそれ以下でもない。しかしそこでは、「わたしの考え・答」は「正しい考え・正しい答」ということでしかなかった。「わたし」は「わたし」に対して、「間違った考え・間違った答」を抱くことはあり得ない。

そうであるからこそ、「わたし」のこころ世界を出て、自他共通の言語地平で破壊実験にかけることが不可欠だったのである。「わたしの考え」は、「われわれ」の地平で容赦ない吟味検討によって、その意味では「われわれの考え」にまで鍛え上げなければならない。詩人もまた自己の感情を「共通なもの」にする努力をしていた。そしてソクラテスがいつも誰とでも試みた対話問答は、こころ世界の内の「わたしの思い」を破壊実験にかける作業を、「われわれ」の地平で現実と化したものである。これはプラトンも後の『テアイテトス』で根本問題として主題化し分析している。しかし、対話問答法のメカニズム自体は『饗宴』でも主題化されないまま動いている。(9)

従って「エロスは偉大な神だ、とみんな言っている」(202B) ということは、「みんな」をどれほど強調しても、何の説明にもならない。理由の理解を含まないからである。社会習慣の延長のように、何の吟味も批判もないまま「みんな」の中に滑り込んで隠れてはならない。「みんな」は誰をも含むが、誰一人いない人間様相なのである。大衆は個体なき個体集団に他ならない。(10) しかし子宮退行願望、あるいは死の退行願望のように、人は自分をほの暖かく包んでくれる半透明で薄暗い「みんな」に誘われる傾斜がある。様々の文脈で「みんな」という一般者の一例になりたがっているのである（そしていざ事があれば、各自勝手に自分の都合を言い立てて、自分を例外にしたがる)。「みんなそう言っている」とは自分で考えない時の台詞である。

そこでディオティマはソクラテスに「みんな」からの分離を要求している。退行願望から目覚めて立ち止まって考えるためである。「みんな」から外れているのは、「一人はあなた、一人はわたし」(202C)である。[11] 思考のためにはある種の切断を断行する必要がある。思考は人がたった一人、自分のこころの中に生まれる疑いと問いの不安の中で、明瞭な理解を求める自己活動だからである。そして「我」と「汝」の対話問答は、その自己活動を自他の間で眼に見える仕方で現前現勢化させ、もって明るくエネルギーに満ちて活き活きしたものにすることに他ならなかった。アガトンの家に向かってソクラテスとアリストデモスは「同行二人」であったが、アリストデモスは独り先に行くことになった。「同行二人」はそれぞれの単独行を必然的に含むことを示していたのである。[12]

さてエロスが「何であるか」を求めて、神ではなく人間でもなく、神と死すべきものの中間である神霊(ダイモン)であることを確かめた後、その中間者たる神霊はどのような能力をもつか、をソクラテスに問われてディオティマは、人間のことを神々に、神々のことを人間に、解釈して伝えるものであり、予言や呪い、魔法の類の能力と説明している(202E-203A)。「その神霊は数も種類も多く、エロスはその中の一つだ」というのである。そこで多くの神霊の中、どれがエロスか、という同定の問題が次である。それを決めるのが、「どのような性質か」であり、ディオティマはエロスの両親からその性質を引き出すことを試みている(原因に由来する結果、という説明はアガトンの方式を転用している)。

エロスは、貧窮の女神ペニアを母親とすることから、いつも困窮して、繊細さも美しさも欠き、乾燥して固く、汚れて裸足、そして帰る家もなく路上生活者である。他方、その父、工夫の神ポロスから受け継いで、美と善を追い求めてがむしゃらに進むものであり、機略に富んで生涯知恵を愛するものである。従って母親に由来して知恵がなく途方に暮れ（アポリア）、しかし父親に由来して工夫を凝らして道を開いて前進する知恵がある。エロスは知恵と無知の中間であり、知恵を愛求する哲学の本性をもつ神霊なのである（204B）。

しかしここで注意しておくことがある。なるほどポロスはその母、女神メティスに由来する知恵に与るところがあっても（203B）、偶々「巡り合わせで（τύχῃ（tuchêi））」そうなっているだけであって、自分自身の本来の知恵ではなかった。従って孫であるエロス神もメティスの知恵の遠い反映を宿すだけである。せいぜい知恵もどき、才略というほどのものである。そこでエロスは、一方では母神ペニア由来の欠乏に触発されて知恵を追求（哲学）するにあっては、生涯にわたって工夫に工夫を重ねる知略の限りを尽くしてエネルギーに満ち、他方では自分本来の知恵ではないのに、にわか成金のように巡り合わせよく自分の物になっている知恵、つまり知恵もどきに満足して、自分で勝手に解答を描いて想い込み、その空想的答を振り回してがむしゃらに何でもやってのける「恐るべき魔術師で秘薬使いでソフィスト」（203D）でもあった[13]。ポロスはアプロディテ誕生の宴会でお神酒に酔い潰れた。つまり時に何かの力に影響されてしまうのである。その寝込んだポロスと交わってペニアが生んだのがエロスであった。従ってエロスは、状況次第でまるで酒に酔ったように自分で自分のことが分からなくなり、理性のコントロールを外れて恋の暴走を起こしたり、人を誑かして一端の知恵あるものと思い込ませて麻痺させたりするかも知れない。エロスが明るい面だけではないこと、パイドロスの場合に指摘した通りである。『国家』では独裁者とエロスの狂気・暴力は結びつけられていたのである（572E–573C）。

後に酔っぱらって闖入した「招かれざる客」アルキビアデスは、自分が酔っていて人々にさらに酒を飲むことを要求した（213E）。そして共に酔うことを求めながら、知恵と徳の人、ソクラテスを情熱的に、つまり熱に浮かされ陶然として賛美した（「酒中に真あり」と自分で言っている）。それは自らの美しさ、若さ、才能、社会的威信と身分そして政治権力に酔いながら、シケリア島大遠征を仕掛けるべく雄弁をもってアテネの人々に酔うように誘った姿に重なっている（劇場型政治家が熱情的に新政策を語る時、いかに危ういか、近くは二十世紀が示している）。エロスの二面性を具現化しているのである。しかし当のソクラテスは飲んでも飲まなくてもどちらでもよく、飲んで酔っぱらうこともなかった（214A）。

13　ディオティマとソクラテス2——人間は身心ともに妊娠中

そして両親からエロス神の本性と性質を説明し終えて、ディオティマはいよいよ核心に迫りつつ、エロスの人間に及ぼす働きに論を進めている（204C）。恋する人が美しいものを恋し求めて、何の理由と意味あってその美しいものを自分のものにしたいのか、と問い進むと、ソクラテスは答に窮した。ここでわれわれはアリストパネスの指摘（192C-D）を思い出すであろう。美しい人を恋して、恋するものは、相手から自分に何が起きてくることを期待しているのか分からない、謎のような仄めかしだけだ、としていたからである。それに対してディオティマは美を善に置き換えるが、善と美の関係は必ずしも明らかではない[1]。しかし『饗宴』の始めで、美しいアガトンに呼び招かれて「美しくなったソクラテス」がさらにアリストデモスを誘ったように、美（καλόν（kalon））は善へ呼び誘う（καλεῖν（kalein））ところのものである。既に指摘したように、アガトンの名前は「善（アガトン）」と響いたのであった。『饗宴』をもっともよく理解した一人、プロティノスが「善は美の源泉であり始原」

（『美について』9.43）と言うように、美は善の予感を湛えており、あるいは善の輝きである。美は感覚経験の中にさえ浸透しつつこれを超えて、〈彼方〉まで呼び招く超越エネルギーに満ちている（訳註13・5参照）。

そこでディオティマは「人は何のために、善いものが自分のものになることを欲求するか」と重ねて問うと、それは「幸福のため」ということである（204E）。幸福は人誰しもが求めるところのことであり、かつ最終的な目的である。「何のために幸福を求めるか」は冗語でしかないからである。

そして新しい問題が生まれる。これまでの議論からすれば、一方で善を所有して幸福でありたいということは万人に共通した欲求であり、それがエロスの欲求だとすれば、万人が恋をしてエロス状態にいる筈であるのに、他方で一般には、一部の人しかエロスの人とも恋愛中とも言わないからである。金儲けの人もスポーツ好きも美食家もそして哲学者も、それぞれに幸福を追求しているのに、そういう人たちをわれわれは、恋をしているとは言わない。普通は性愛の人をこそ言うのである（205A–B）。

これは「エロス」が大きい全体としての類概念と、下位の部分に帰属する種概念の両方に跨る二義性だということである。譬えていえば、動物の中に犬やライオンと並んで動物がいるようなものである。プラトンがこの二義性で何を狙っているのか明瞭でないとする見解が多い（訳註13・13参照）。だがこれまでの分析の結果と社会の習慣的語法に齟齬があるというだけで終わるわけではない。それなら「創作」にも同じような二義性があることを指摘する必要がない。ディオティマはエロスが善と幸福の追求であることを放棄していないのだから（205D, 206B）、両者の関係はできる限りはっきりさせておかなければならない。しかしその前に思い出すことがある。

われわれはアリストパネスの神話の分析である区別をした（詳解［4］8）。第一は、人間は本性上ある切断の結果、半分の片身となり、予め根源的に欠落した存在として、失われた全体の回復を熱願する分断された性である、という存在論的性である。第二は、人間が死滅することがないように男女が子を生む生殖に直結する性である。もしその全体回復が善の実現であるとすれば、ディオティマがここで広義のエロスと狭義のエロスとして明示的に指摘するのは、存在論的性と生殖に結びつく性の二種類のエロスに対応していることになろう。直後の205D–Eでディオティマはアリストパネスを名指すことなく、求める半身を「善い半身」と修正しているが、それは存在論的性が善を目標にも根拠にもしていることを補足しながら、同時に二種類の性をここで想起することを促しているのである。もしこの対応が正しいとすれば、それを睨んで、日常の経験から見失われ忘れていることを発掘する必要がある。

アリストパネスの神話では、生殖に関わる性が登場した理由は、人間が幸いに全体回復が成就しても、死ぬことにあった。もともと原始人間自身が死すべきものであり、生殖行動をしていたのである。しかし永遠不滅の神に憧れるように神々に反抗したことが、切断という罰を受ける原因であった。そして分断後の死すべき人間を配慮したゼウスが、人間相互の関係の中に、関係のあり方として生殖を置いた時、生殖に結びつく性が人間のこととなった。生殖の性を生と死が取り囲んだのである。ここで普通の意味でエロス状態とも恋している人ともいわれる狭義の性愛のエロスは、生と死が切り離せないこと、死すべきものとして人間が性と生殖に向き合っていることを示している。そして生殖に結びつく性のエロスは、善い半身との邂逅において子という善を産出することで、死の限界に挑戦するとともに、善を支点にも媒介にもして自己の全体回復の欲求に収束し、幸福追求という類的全体の中で哲学のエロスと和解統一が期待できる新しい展望を開くことになる。

ではディオティマが次に（205B–C）、大きい類全体とその中の種が同じ名前になる二義性の類例として、「創作

(ποίησις (poiêsis))」を挙げた理由は何か。エロスの二義性とどのような意味連関があるのか。これまた明瞭ではない。

創作は、何であれ非存在から存在へ変化させる原因のことであり(205B)、職人も詩人も創作者である。職人は「技術」によって、詩人は「音楽・韻律の知識」によってである。先にエリュクシマコスが音楽の知識を強調していたし(187A–E)、アガトンもまたエロス神の知恵として創作の知識を歌いあげていた(196E–197B)。創作とは知識、技術によって生成を宰領する原因なのである。従って創作する人は、自分の知恵と力と自由と責任によって作品を作るものである。ところが大工も機織りも料理人も、すべて「創作者(ποιητής (poiêtês))」であるにもかかわらず、一般にそうは呼ばれないで、大工、機織り、料理人と呼ばれている。「創作、創作者」は詩(poetry)と詩人(poet)に限られる。日本語では創作と詩は単語が違うが、[2] ギリシア語ではともに ποίησις (poiêsis) である。創作の一部である詩が全体の名で呼ばれるのである。ではエロスの分析にどのように光を与えようか。

大工などの職人(δημιουργός (dêmiourgos))は、先に見た通り人々(δῆμος (demos))のために作品(ἔργον (ergon)>work)を作るものである。つまり人々の生活必需品をさまざまな材料と道具と己の肉体を使って技術で創作する。創作とはいっても、日常生活という文脈で所定の目的に合わせて使用される物を、世界に既に存在する素材を改変再組織して制作することが本質である。[3] その限りで職人の作る製品は人間の必要と都合をその都度満たす手段として、世界に登場する新しい物となる。そして一定の時間に亘って世界に持続し滞留して、人々に使われる。やがて古くなったり壊れたり、使われなくなって消滅していくし、別の物が次々と置き換わる。現代世界は大量生産大量消費社会であり、物の生産はいっそう忙しない生成消滅を繰り返している。

確かに技術上の工夫や改善はあるけれども、既に生活文脈で定まっている目的のための物を制作する意味では、新しいことはない。それまで夢を見たかもしれないが、誰も現実のこととは決して考えなかった目的のために新しい物を創作する発明（209A）とは違う。発明は、決して人間の可能性ではなかったことを創作する意味で、目的そのものを創作するといってよい。ライト兄弟は人間が空を飛ぶという可能性そのものを創造したのである。それだけ発明は人間の生活スタイル、行動様式そのものを新しくする点で、技術による物の制作とは異なっている。しかし一度飛行機が人間世界に登場すれば、後は制作の問題である。

その制作との対比で言えば、芸術はこころを美に触発された芸術家が、日々の生活の必要と都合という気遣いから解放された超脱性の空無の中で、自分のこころを唯一の鏡としてそこに映ずる物のヴィジョンを表現に結晶化させることである。それはその物が世界に存在する意味と真実相を、自分のかけがえない表現を通して手探りで探究しながらする作品化である。世界の中の一経験要素として日常生活の使用に供される物を制作するのとは違って、物の自由な新しい見方、つまり局所的であっても世界を新しく見て経験する仕方の創造であり、世界を新しく照らす光をもたらすことになる。神は天地創造の後、「美しい」と祝福したとある（『創世記』1.4）[4]。芸術は世界を創造するわけではないが、世界を新しく眺める切り口に人を誘うことになる。こうして無からの創造と永遠を夢見る趣がある。詩こそ天空に一瞬煌めく花火のような現実を作品に留める、創作の中の創作である。

もとより同じ詩でも叙事詩は、純粋にこころの作品たる叙情詩と違う。民族の歴史的事跡と英雄の事績を物語る叙事詩は歴史事実にまつわるけれども、歴史家が歴史事実を研究したりニュース報道が起きた事件を報告するのとはまったく違う。過去の事実を素材にしつつ、詩人一人の固有の視点から取捨選択するのはいうまでもなく、登場人物の性格と人間関係を始め、起きた事実の意味と価値、因果連関など物語の要素は大小、強弱の変容を受けつつ、詩人の新しい想像空間で新しい光を当てられている。創作であることには変わりがない。物語にあるのは、歴史事実の相貌を取りながら、事実そのものではなく、詩人の新しい洞察と解釈による意味空間の中の、半事実にして半想像からなる全体像なのである。歴史小説などその成功例は多い。

さて創作からエロスへ話は戻る。それでは万人に共通した幸福の追求がエロスであるとすれば、これにいかなる種差が加われば、普通に言う性愛のエロスという種に達するであろうか（エロスの中のエロス）(5)。金儲けの人もスポーツ愛好家も美食家も、それぞれに自分の幸福を追求している。幸福は善の所有であり、その限り自分の全体の充足であった（ここで善は小文字の「神」と似た働きをしている）。その充足はそれぞれであるが、共通しているのは、自分の勝利、利益、快楽、健康といった特定の物を各自が善と見なす事実に基づいて、それぞれの物の取得に充足の理由を置いていることである。

しかしどんな物もこの世界の生成消滅という事実地平の上のことである。「浪速のことは夢のまた夢」と太閤秀吉の夢はあっけなく潰え去った。オリンピック優勝者にとって、金メダルは過去の栄光を想起させるとともに、老いの残酷さを思い知らせることにもなろう。過去の至福の残映は廃墟となって数知れない。どれほどの物を所有して幸福を手にしたと思っても、砂が指から漏れ落ちるように残酷なほど ad hoc な暫定幸福であり、束の間のことにすぎない。アテネを望み通りシケリア遠征に動かし得たアルキビアデスは、その途次に瀆神罪で召喚され、敵国スパルタに逃亡を余儀なくされた。世の有り様次第に大きく左右される限り、幸福幸福といっても、時間を超えたと思うのは幻想である。

これは逆に今一つのことを指し示している。どんなに善い物でも、時間と生滅の事実に晒されるが、幸福は時間を超えるということである。来年家を買いたいと望んだり、政権が五年続くことを期待することはできる。しかし「来年幸福になりたい」ということは意味をもつだろうか。「十年間は健康で生きたい」と思うことはあっても、「十年間幸福でいたい」と思うだろうか。時間の持続の中に位置を占める物と違って、幸福に、「何時幸福になりたい」とか、「何年後まで幸福でいたい」と時間指定をすることは意味がないのではなかろうか。幸福は「何時までも」、つまり本質からして永久に望まれるところのことである。善の所有の希望だからである。それだけ悲劇も切なるものがあるわけである。

原始人間が半分に切断されて存在論的性を負わされた時、熱願する全体回復は、自分の外に分断された半分が与えられこれに出会うことによった。「恋に落ちる」という表現が示唆するように、恋が偶然に恵まれる僥倖にも見えるわけである。そして善と幸福の永久所有の願いも、所有の努力はあるにせよ、「三分の人事、七分の天」というように、自分の外から与えられる恵みに大いに依存するといえよう。一般に幸福が幸運と解される所以である（happy は happen であり、ギリシア語の幸福である εὐδαιμονία（eudaimonia）も「良い運に恵まれた」という意味だった）(6)。幸福も運次第と思われているからである。

従って善いものを自分の手に掴み、もって永久に幸福たらんと欲しても、世界が自分を厚遇してくれるか、それとも冷遇するか、に大きく影響されることは避けられない。これに対してディオティマはもはや何らかの善の所有に言及しない。むしろわれわれが見た創作を念頭にして、「美の中で生むこと」（206B）を挙げている。幸福追求に加わる種差にもなるのは、所有でなく、産出という活動自身である。しかしそれが何故であるかはまだ明らかではない。

ディオティマは善の所有から、善を自分の力で自分の中から生み出すことへヴェクトルを転じた。自分固有のものは本来善いものであり（207E）、自分から生まれ出たものを人は愛するからである（208B）。出産、生むことは一種の創作である。「肉の子」でも物を作るように制作するのではない[7]。世界にそれまでまったくなかった新しい存在が登場するのである。それまで誰もしなかったように、そしてこれからも誰もしないように新しく考え、新しく感じ、新しく動くかけがえない人生を始める新しい人間が登場する。それは世界の人口が一名増えるだけではない。

物はそのあった通りにありつづける滞留が本来のあり方である。朝テーブルに置いたコップは夕方まで頑固にそこにある。まるで時間が経たなかったようにそこにある。もとより他の物によって動かされることはある。もし夕方にコップを見なかったら、誰かが片付けたのである。コップが自分から動いたわけではない。旗は風にはためくし、自動車は運転手がガソリンを注入し、エンジンスイッチを入れアクセルを踏むことで動く。決して「自動」しているわけではない。そうであればこそ人が運転して自由にどこでも動いていける、つまり自分で動いていると感じることができるのである。しかし道路も山野も動かない。と思われたが、太古より不動の大地が海底プレートに動かされて日本列島も不気味に振動する。地震となってはたまらない。

生命とは自分で動く物だ、とプラトンは理解した（『パイドロス』245C–D、『法律』895A–896A）。自分で自分を動かす物が世界に登場して、新しく動き始めることが生命誕生である。従って生命誕生は物の制作とは違う。制作は人間の生活の中で決まった目的を実現するための手段となる物の創作であった。しかし自分で動く生命は、自分の動きを始める物として運動を支配しており、どれほど弱い形と程度であっても自分自身が目的といえるからである。始めること（ἀρχή（archê））は支配すること・原理たること（ἀρχή（archê））にある。それに呼応することが次にある。

207D–208Bでディオティマがほとんどヘラクレイトスの「万物流転」に似た説を紹介した。動物一匹一匹、人間一人一人が、「同じもの」と呼ばれても、「髪や肉や骨や血やその他身体の至るところで消滅しながら、常に若くなっている」(207D-E)[8]。栄養を摂取することで実現する激しい新陳代謝である(現代医学によれば血液は六ヶ月で入れ替わるという)。誕生したばかりの乳児でも、母乳による成長即ち新しい誕生を繰り返している。生き物が刻々と「自分の中に、自分のようなものを生む」ことで新生しているのである。自己保存は自分で動く生命の核心である。生命は生命自身の持続・拡大を目指しており、つまり自己を目的にしている[9]。アリストテレスは、栄養摂取による個体保存と生殖作用という種保存の生命活動は、内に外に「自分自身のようなもの」を生む同じ能力とし、植物生命に見た(『霊魂論』415a23-27, 432b10)。つまり植物こそあらゆる生命共通の根源活動である[10]。プラトンも個体保存と種保存を格別違ったこととはしていない。

以上の意味で、肉体において子を生むことは新しい生命の創出であり、英語でprocreationといわれる理由がそこにある。反対に、詩を始めとする文化の精髄は、精神の活動によって「こころの子」を作品化する創作であり、女性の妊娠と出産の営みに近いことになる。「肉の子」も「こころの子」も、自分の内から自分の能力で善いものを生む創出である。

こうしてディオティマが、妊娠と出産という女性固有のことをエロス分析に導入した理由を見通したので、「美の中に生む」という一文に戻ることができる。しかしディオティマが説明に乗り出すけれども、それ自体が難しい。この箇所のプラトンの言葉が曖昧であるし混乱しているようにも見えるからである。着手点は、「あらゆる人間は身体でもこころでも妊娠している」(206C)にある。これに続けて「年頃になると、自然と生みたくなる」と出産の欲求を指示し、そして「出産は美しいものの中に生む。それは男女の交わりが出産だからだ」と続けている。自然現象のプロセスは、性交渉→妊娠→出産であるが、ここは妊娠→性交渉＝出産、となっている。生むこと、出産には妊娠が先立つことは共通しているが、性交渉と妊娠の順序が逆になって困惑するわけだ。従ってプラトンがここで厳密な生殖科学を展開しているのでないことは間違いない。[11]生殖について新しい見方の提示なのである。

恋人は美しい人である。それとも「自分の恋人は美しくない」と言う人がいるだろうか（「もう少し美しければもっと良いが」とは言うかも知れないが、それでも「あばたもえくぼ」という修正力が効く）。そして美に誘われてこころも身体も蕩かすように熱くなる。[12]こうして恋人同士の交わりは美のオーラが包んでいる。ところがこの「男女の交わりが出産だ」という一文は研究者の評判が悪い（訳註13・23参照）。出産とはいっても、十月十日月満ちて、ということではないからである。

プラトンにとっても性は何よりも生殖に関わる区別であり、『国家』で守護者に男女平等・共有制を課した時、男女の性交渉は子をなす以上のことが期待されていなかった。生殖とは独立した、その意味では存在論的性のレベルで、愛による二人の人格的交流の意義が十分認められているとは言い難い。政策上も、出産適齢期が、男では二十五歳頃から五十五歳、女は二十歳から四十歳と定められ、男女の交わりは専ら国家のために優れた子供を生むことに限られていたのである（460D-E）。こうしてプラトンを始めとして古代世界にあっては現代人より遥かに、男女の性交渉は生殖に関わることであり、受胎・妊娠に強く結びついている。それでも性交渉が出産といわれると、違和感が残ったのである。

プラトンは性別を、男性は生ませること、女性は生むこと、としている（『国家』454D-E, 460E）。[13]今風に言えば、生ませる性と生む性である。もしここでその性区別にのってプラトンが男の立場からだけ語っていると解釈すれば、そして208Eで「身体の点で妊娠しているものは女に向かう」とあるので、それは十分あり得るが[14]、男女の結合で生ませる性としての働きは終わっている。その意味ではプラトンの言うとおり、男女の性交渉自体が出産ということになる。女の側の受胎・妊娠とその完成としての出産は、生む性の話として無視しうるからである[15]。卵子精子という生殖細胞、染色体の減数分裂などの知見は十九世紀まで人類のものではなかった。偏見といわれようが、ここは当時の男性中心主義の文化状況での話である[16]。

『饗宴』のこの箇所に関して言えば、アリストテレスの言い方の方がより精確であろう。「男は自分の外に生み、女は自分の中に生む」(『動物生成論』716a13-15, 20-22)としているからである。バランスよく男女の交わりをそれぞれ内外に子を生む「出産」として指示しているので、プラトンの言い方に符合する(これを「第一の出産」と呼んでおこう)。しかしこの出産は普通の意味の受胎・妊娠である。アリストテレスは付け加えて「生むものの内に生まれて内在しているものが女からは誕生する」と指摘しているが、これが普通の意味の出産である(「第二の出産」と呼ぶとする)。女は、男女交合において自分の内に出産し(第一)、十月十日を経て外に出産する(第二)。第二の出産は第一の出産の完成である。

プラトンが光を当てようとしていたのは、新しい生命の誕生それ自身である。それは第一の出産ということになる[17]。恋する男女の美のオーラに包まれた結合において、新しい生命が始まったという原初現実に、美の創出力を見たのである、「美しきおみなの中におのこ生む」と。それに比べたら、第二の出産は新しいものの創出ではなく、既に始まっている成長の延長であり完成であって、事後(post rem)の出来事である。男性中心主義の文化の結果というより、事柄の見方の違いであろう。すべての人間は、男と女の間かつ女の中に生まれ、そして女から生まれる。この二つの原初現実の中、新しいものの創出という点で、プラトンは前者により着目したのである。詩も発明もまったく新しい始まりだった。

もとよりプラトンが意識しなかった事態、知らなかった問題は多い。二つの出産の時間差がもたらす結果として、男はある日突然父親になるが、女は忍耐と冒険の時間をかけてゆっくり母親になる。男が浅薄なわけである。それ以上に、最近の研究では、[18] この長い時間差が胎児の成長に極めて重要であり、しかも十分成長して誕生するとなると、頭が大きくなりすぎて産道を通る時母子ともに生命の危険があるので、成長途中で生まれることになる。つまり人間は大きな脳のために、十月十日月満ちて生まれても未熟児として生まれるのである。[19] 人間にはそれだけ成長に時間が必要で、それだけ教育が重要な意味をもつことになったのである。

人間の子が十分成熟した責任と自由の個体になるには、さらに二十年近い年月の習慣と学習と自己鍛錬が必要である。しかし成長と教育はだらだらした連続ではなく、いくつかの段階をもっている。家庭で始まり、家庭と社会のインターフェースである学校を介して、社会に出る。その一つ一つの段階はいわば慣れ親しんだ馴染みの小さな世界を出て、より大きな未知の世界に出て行く過程である。まるで母親の子宮の外に出る出産・誕生に似ている。実際に母校という。そして参政権の付与は社会的ないわば「第三の出産」であり、公私ともに独立した自由人の誕生である。しかし成人式が未成熟を示す例に事欠かない。アルキビアデスは社会的には十分すぎるほど成人でありながら、自由と責任の個体として成熟する出産・誕生が困難な悲劇の例である。なおさらに「純粋な思考に出会うのは、死において」とは死の日のソクラテスの言葉であった（『パイドン』68B）。死が「第四の出産・誕生」であるかのような響きがある。

つまりこうである。出産・誕生モデルは、人間自身を理解する貴重な通路である。[20] 人間はいくつもの段階を通ってゆっくり成長する生き物である。それだけ人間の生は両義性を免れないということである。発達そのものが複雑なのである。独立していながら未熟であり、個体でありながら個体化の遂行が不完全である。可能性を孕みながら、その十分な現勢化に至らない段階をつねに引き摺っている。アルキビアデスは明らかな実例であるが、ソクラテスの後をついて歩いて真似するアリストデモス、そして昔の宴会を語り直すよう求められたアポロドロスはそれぞれ違った段階の過程にいる。アガトンとソクラテスの間の対話をソクラテスとディオティマに転換したのも、新しい段階に踏み出す一歩であった。かく見れば人間の生は可能態と現実態の間の振動といってもよかろう。成長と発展、そして停滞と衰退と堕落のダイナミックな生である。そして妊娠とは、自分の中に既に新しい何かが始まっているが、決してまだ形をなしていない未来への萌芽状態、という両義性である(21)。

つまるところ人間がさまざまな文脈で、閉じられた小宇宙で充足安定していながら、やがて内からか外からか、何かの触発で生命の脈動がその外へ超出するように促すという、肉体の面でもこころの面でも新しいことを生み出す創出力動性の構造が、人間にとって本質的であること、このことにプラトンは気づいている（そして一種の発達心理学が必要なことも）。美は外へ、彼方へ呼び招く脱自超越性であり、人間はこれに言葉で応答するところのものである。

さて元に戻れば、普通の意味の妊娠は男女の生殖行動の結果であるが、予言者ディオティマが指摘した「すべての人間は心身共に妊娠している」（206C）という妊娠は性行動以前である。「年頃になって」自然な男女の性行動が、普通の意味の妊娠をもたらすから、ディオティマがいうのは妊娠に先立つ妊娠であり、事実以前（ante rem）の原決定とでもいうべき事態のことである。いまこれを「第一の妊娠」と呼べば、普通の意味の妊娠は「第二の妊娠」に当たる。先に述べた「第一の出産」である。

もとよりプラトンはこうした書き分けをしていないが、見通しのためである。特定の男女関係に特定の時に起きる事実としての「第二の妊娠」とは違い、「第一の妊娠」は「すべての人間」のことである。つまり人間の存在自身の普遍的、本質的構造に関わる妊娠のことである。

アリストパネスの神話でも生殖機能の分化が指摘されたが（191C）、人間は異なった生殖器官を身体に帯びて誕生し、従って男女それぞれが生殖に関して異なった働きの能力をもっていることになる。男と女から、男か女が生まれるのである。その意味で人間は性的に方向づけられている（幼児の振る舞いにも性的意味の影があることはフロイトが分析している）。

プラトンが男女の関係、生殖に対する機能差をどのように理解したにせよ、そのメカニズムの詳細を知らなくても、「男女の結合が出産である」との一文は、その結合が新しい生命、「肉体の子」の創出に決定的意味を担うことを示している。そしてその限り、両親それぞれが新しい生命の誕生に異なった仕方で関与しており、その意味では男女はそれぞれ固有の仕方で新しい生命創出のいわば種子を胎蔵していると見てよかろう。妊娠以前の妊娠にあるのは、何らかの物として存在しているわけではないが、しかし無でもない。そういう種子である。しかし「第二の妊娠」では既に新しい生命が始まっている。それは出産だったのである。

人間は切断されて、予め半分を失った存在であった。「男か女」はその悲傷の痕跡であって、人間は存在論的性を帯びていた。こうして人間は性的に方向づけられていた。つまり原初の全体を回復したいという欲求に制約されているが、そこには死が組み込まれ、死に直面した性として、生殖に直結した性が登場したのである。

14　ディオティマとソクラテス3——永遠不死を求めて（小秘儀）

こうしていまや人間の性を生と死、死と創出が取り囲んでいる。個体としての自分は死んで、新しい生命の未来を生み出すという活動に方向付けられている。人間という性的存在は未来に向けて開かれた開けそのものである。身体の面でもこころの面でも、自己を破り超える未来という新しい生命を自分の中から生み出そうとする意味で、死すべき人間が、自己の中に自己を超える未来萌芽を胎蔵して妊娠中なのである。性は死であり、そして生である。妊娠中とは死すべきものの表裏の姿に他ならず、時間の中で、時間を超えて生きようとしていることにある。「妊娠も出産も死すべきものの中の不死性」であり、「神的なこと」（206C）であった。

上で強調した如く、「肉の子」が間違いなく男女二人の一致を前提にするのに対して、[1]詩を始めとする文芸・文化の作品は、人が一人、自分のこころの中で創出する「こころの子」である。芸術は自由な独創性の「私芸術」であった。しかしソクラテスが異国の女予言者ディオティマと対話問答を遂行した如く、「こころの子」の誕生は、こころを超えて「同行二人」を求めているとしたらどうであろうか。

死すべきものが永遠不滅性に参与することにソクラテスが驚いて、「本当ですか」とディオティマに尋ねると、「完璧な知者（ソフィスト）のように」（208C）答えたという。そして人間の名誉愛をめぐって、偉大な業と作品創造から生まれる、神殿さえ造られる永遠不滅の名声について雄弁に語ることになる。いわゆる「小秘儀」である。「知者のように」雄弁に語るのは、自分に並外れた知恵があると人から思われ、自分でもそう思って自惚れているソフィストの得意とするところであった。人の名誉欲を刺激して、社会で活躍したい若者にそのための知恵を教える、と称したのである。

そしてディオティマの話しぶりは、ゴルギアスの弟子でもあったアガトン[2]を思わせるような詩的表現も多用し、手が込んでいる。「死ぬ」という動詞も、ὑπεραποθνῄσκειν（hyperapothnēiskein）（犠牲になって死ぬ）、ἀποθανεῖν（apothanein）（死に別れる）、ἐπαποθανεῖν（epiapothanein）（後を追って死ぬ）、προαποθανεῖν（proapothanein）（代わりに死ぬ）と多彩である。小秘儀は、ディオティマがソフィストさながらの演技をしながら、不滅の名声による不死性を雄弁術で大仰に熱く語っている。後の恋の道行きについて、「大秘儀」が極めて簡潔にしか語られないのと対照的である。その意味は次のことにあろう。名誉名声は、自分が誰よりも豊かで「ある」と人々に「思われて」いるということであり、それを説明する小秘儀自身が、自分が並外れた人間だと「思われたい」ソフィストまがいの弁論術によって表現されている。表現がその内容に重なっていたのである。従って不滅の名声による永遠不死が、ソフィストの活躍次元である「思われ」という世界のことだと予示するものに他ならない。それだけ小秘儀のいう不死性は人間の自惚れだという裏脈絡からのメッセージである。

そこでディオティマは、エロスの本質を善と不死性の欲求とする方向の上で、動物の生殖行動と人間の名誉愛に見る凄まじい経験事実（207A, 208C）を「原因」（207A, C）から説明している。その中で身体の点の妊娠とこころの面での妊娠を区別している（208E）。名誉愛はこころのことだからである。

肉体の面で妊娠している男（性的に成熟した時の男）は、生殖につながらない少年相手よりは女の方に向かい、子作りに進むことが（男の側から）[3]指摘されている。コドロスの例が挙がっていたが、徳川将軍は死すとも将軍家は続く。長命と子々孫々に至るまでの豊穣な多産性は幸福の徴である。[4]逆にこころに関しては語り方が曖昧で、

「肉体の面よりもっとこころの面で妊娠している人」と比較級で指示されている（209A）。つまり肉体の面よりはこころ、と比較優位程度のことに他ならない。純粋にこころだけの妊娠は視野になかったのである。従ってこころと肉体を区別したけれども、人の現実のあり方としてはそれほど厳然と区別されていたわけではなかった。これは小秘儀が日常生活の事実地平の上で動いていることを示唆している。

がともかく「こころの面で妊娠している人がいる」とディオティマは指摘する。しかしディオティマの言葉の調子は皮肉混じりを表現する小辞が繰り返し使われ、そういう事実が本当かどうか疑っている雰囲気があり、「いるにはいるんだけれども」とためらいがちに示唆するニュアンスになっている（訳註14・16、19、20、22、23参照）。

それではこころに妊娠して生むのは何か。こころには生むに相応しいことがあるという。肉体の妊娠では肉身の子を生むことに終始したが、こころにはその相応しさの点で測る基準があるということに他ならない。従って妊娠・出産にもその方向や程度、内容に適不適が測られることがあることになる。それが人間の卓越性としての思慮と他の徳であり、思慮は国家と家庭における正義と節度と名指されている（209A）。正義や節度その他の徳については別に詳論が必要であるが、少なくとも社会と家庭の運営と人間関係の中で、自分自身の生き方を相応しさの点で気遣うことが、人間存在の本質次元にあるということになる。それが「こころ」ある所以である。

別の言い方をすれば、人間の生き方は、自分自身の生き方に関心をもつ生き方だ、ということであり、動物の生き方とは程度ではなく意味が違う。最近の科学の成果によれば、人間と猿の間の遺伝子の違いはほんの数パーセントという（一パーセントともいう）。今後さらに多くの共通性が発見されるであろう。しかし猿が、世界の中で自分がいま生きている事実に驚いたり疑問をもったり、あるいは自分の生き方に関心を寄せるとか生きる意味を問うたり、さらには仲間同士で議論したり意見を批判し合って学んだりするわけではない。生命の根本は生存のための努力と戦いであり、その成功報酬は生命の維持、即ち自己保存である。動物の関心は、この生存能力の大小であり生存競争の勝敗である。

ディオティマは動物の物狂おしいほどの生殖行動の「原因」に二度言及していた（207B, C）。その生命活動は「永遠に存在し不死であること」を可能な限り求めること、と原因から説明されるのである。しかし動物自身がその説明を理解しているわけではなかった。原因があることと原因を理解していることとは異なり、原因に適った振る舞いをすることと原因に従って振る舞うことは別である。動物の自然な本能は前者である。後者が人間の場合で、ディオティマは「推理によって行う」と語っている（207B）。原因を探ってこれを理解し、原因に従って判断して選択する、という言葉の透明化の働き（λογισμός（logismos））である。

従って凄まじい生殖行動も、動物自身がこれを重要だと理解して行っているわけではない。動物が死の恐怖を本能的に感じても、しかし死の意味を問うわけではないし、その生き続ける努力が永遠不死の欲求の具体化であったとしても、自分の生き方の中に永遠不死という考えをもっているわけでもない。すべてを予め心得ているように生きている。それが本能である。従って動物に善い生き方・悪い生き方を語ることは意味がない。決まった生き方の路線に乗って、その時々の周辺状況に欲求と感情で反応しているだけである(5)。そこでは生存能力が強まったり弱まったりするだけであって、動物は自分の生き方を語る言葉をもたないからである。その限り永遠不死も意味がない。

しかし人間には自分の生き方の問いがある。「何故生きているのか、どのように生きるのが善いのか、何を根拠に生きているのか、わたしとは何であるか」と問いにならない問いがある。休日にどこへ行こうかとあれこれの可能性の中から選ぶように、自分の生き方の問いを選んで問うわけではない。少なくともそういう種類の、選択することもしないことも任意に可能な凡百の問題ではない。これを選択して問いを立てる前に沈黙の内に押し迫る問い自身があるからである。そこでこの問いを意識したり忘れたり、問うたり問わなかったりすることが既にこの問いへの一定の応えになってしまう問いなのである。従ってそんな問いは無意味だし自分には関係ない、と思っても言い張っても、この問いの外へ出られるわけではない。己の脚下にこの問いの迫りがあり、人間はこの問いに引き渡された存在なのである。

それはこのように言い換えてもよい。「本当に生きているのか、自分は何ものか」とこころ密かに声なき言葉の迫りが消えることなくある。それが人間という存在、即ち我らの運命（fate）なのである。fateとは、ラテン語の「言う」という意味の動詞for（fari）の完了分詞fatumからであり、もともと「言われたこと」であり語られた言葉である。人間とは、こころの秘めやかな祭壇に声なき言葉、言葉なき言葉が訪れることが運命である存在なのである。(6)「すべての人間が心身共に妊娠している」というディオティマの謎のような言葉は、少なくともその意味の一端として、あらゆる妊娠以前の妊娠として、人間の存在の直中に、これを破り超えるまったく別秩序のコト（言＝事）、新しい始めが宿っていることを告げている。(7)こうして人間には誰でも絶えず生き方の向上と理解の深化があり、絶えず停滞と堕落がある。

そこに思慮と徳がある。人間が思慮と徳に向けて開かれているということが、自分の生き方がその相応しさの点で測られる次元である。その次元の上に好むと好まざるとに関わりなく既に置かれていることが、人間が誰でも人間の卓越性である思慮と徳を未来萌芽として胚胎していることであり、ディオティマが「こころの妊娠」と述べたことの重要な一部である。人間の存在そのものの内側に、人間を超えるものが刻印されていたからである。

妊娠とは、自分の内側に自分では決してない新しい生命が兆していることである。

『パイドロス』に、「決して真理を見たことのないこころがこの（人間という）形に到来することはないであろう」（249B）とも、「あらゆる人間のこころは本性上存在を見てしまっている。そうでなければこの（人間という）動物に到来しなかったであろう」（249E–250A）ともある。ソクラテスは「ただ生きるべきではなく、善く生きるべきだ」（『クリトン』48B）としたが、人間に生きるという事実が先にあって、その後に「善く」が添え物（post rem）のように付け加わるのではない。ただ生きているだけでは、人間が生きていることにならない。むしろ逆に、人間の存在は善く生きることへと予め既に開かれ方向づけられている、ということである。その相応しさの点で刻一刻測られつづけているということである。

次のように言うことでとりあえずのこととしよう。人間のいかなる生き方も、非道無惨な事実も、生き方の問いを無意味にも取り消しもできない意味で、声なき問いの言葉が極みなく迫る人間、むしろ問いに押し迫られる人間とは、いわば無限を受容する器（capax infiniti）である。明らかに有限な存在でありながら、予めそれを超えて問われ、その〈彼方〉から圧迫を受け続けているからである[8]。しかしそれは日常生活の中では忘れられている（非真理）。それでもあらゆる痕跡もなく消えたのではない。幽かな脈動が脚下に届いている。人が死後も生き続ける永遠不死を求める幻想が生まれるのも、また〈彼方〉から圧迫を受けている故のことだった。

さてそのこころの面での妊娠の具体現実は、「誰かある人が若い頃から」徳の兆しを現勢化して、思慮と正義と節制という徳に優れた人になった場合である（209B）。ディオティマはそういう人がいるようだとためらいがちに指摘するだけで、それが誰でありまたどのような人であり、どのような素質と能力で、どのように明確で一貫した教育と鍛錬によって誕生したのか、ということは一切言及していない。本当に徳があるかどうかは判断保留のままである。ただ「若い頃から」何か特別な才能や環境、人間関係や家系などに恵まれる幸運があったのだろう。ディオティマは「神的な人」と言うだけである。最初のスピーカーのパイドロスがエロス神を称えて、人に徳を吹き込んで神憑り（ἔνθεος（entheos））にし、本性からして最善である人に似たものにする（179A）、と語ったケースが近かろう。そしてソフィストの大御所プロタゴラスは、家庭の経営と国家の運営の徳について人を有能にするすべを報酬を取って教えると誇っていたのである（『プロタゴラス』318E-319A）。

その徳を身籠もるこころの面の妊娠でも、生む相手として美しい人を求める点では肉体の場合と同じである。テキストは興味深いことを示している。「人は妊娠中は醜い肉体よりも美しい肉体に惹かれるが、ちょうどそのようにもし美しく上品で素質のよいこころに出会えば、心身兼ね備えて美しい人に強く惹かれることになる」（209B）とある。人が美しい肉体に惹かれることは直説法で事実として表現されているが、こころの美に関しては、ἄν（ân）+接続法（ἐντύχῃ（entuchêi））の条件文と直説法現在形の帰結文の条件法であり、これはいつでも成立する一般的真理を表現する（Smyth, 527）。つまりもしこころ美しい人に出会うなら、いつでも「心身兼ね備えて美しい人」に惹かれることを真理として強調していることになる。そうするとこころ美しい人も美しい肉体が先行条件であって、その上でのことにすぎない。それが後の大秘儀と決定的に違っている（210B-C）(9)。

不死を求めるエロスを、不滅の名誉に熱中する人間の現実として分析するに当たって、肉体の面の妊娠に対してこころの面の妊娠を分けたが、心身は明瞭に分離されていたわけではなかったことになる。こころの妊娠が導入された時に、心身の区別はこころの比較優位程度だ、とした所以である。そう見れば、ディオティマが「完璧なソフィストのように」話し始めた（208C）、ということが半ば肯定的、半ば否定的の評価態度の表れだと理解できる（訳註14・10参照）。さらに徳をこころに妊娠したものが「神的」と呼ばれたことも、肯定否定の両面に亘ったアイロニーだと知ることになる。徳を現実にこころに受胎妊娠して徳ある人になるのは、小秘儀では「神的」と呼ばれたが、それが同時に否定的評価でもあった。「神的」とは、人間の知恵と力以上のことであり説明できないというニュアンスでもあって、偶然との含みもあったからである。逆説的に、先に見た動物の、原因の理解に従ったわけではない振る舞いと似ていることになる。

「徳は教えられるか」で始まる『メノン』の終わり近い99Cで、「理性による理解なしで、沢山の偉大なことを言ったりしたりすることに成功する」人を「神的（θεῖος (theios)）」と呼んでいる。[10]「本性からして最善である人に似ている」だけである。そして政治家と詩人をその仲間に入れていた。ディオティマも政治家を念頭にしているのである。

そのこころに徳を懐胎した「神的な」ものはこころ美しい人に出会えば、「立派な男はどのようでなければならないか、何をなすべきか」を教育しようとする。肉身の子よりも知恵と徳という「こころの子」を共有しようというのである（209C-D）。しかしディオティマが注意深く「美しい人に触れて親しく交わり」と但し書きしているように、「こころの子」を共にしようとすることに身体上の接触が混交している。先に見た「心身兼ね備えて美しい人」との、心身両面に亘る関係であった。従って徳の教育とはいってもその動機に美しい肉体があったので、性的快楽と交換といった面があることになる。古代アテネの教育に含まれた男同士の同性愛的要素にも快感情という傾向が抜きがたくがあったからである。その点、教育に影響力があったソフィストが徳の教育を金という報酬と交換していたのと釣り合っている。いずれの徳の教育も一種の取引なのである。

いま心身論の詳論はできないが、上に見た通り小秘儀は、われわれが日常生活を送る上で相応しい程度にこころと肉体が区別されながら、また必要な程度に自然に重なり合う形で成り立つ人間という経験事実の地平にあるといってよい。心身は区別される以上に混合した、両義的で曖昧な人間である。そこでは純粋な自己運動としての思考、純粋認識を目標とする思考は位置を占める余地がない。それだけソクラテスが市民の間で、自己活動としての思考を共同することへ招いた対話問答が際立ったのである。大秘儀は美しい肉体から始まる点では小秘儀と似ているように見えるけれども、はっきり超える道を辿ることになる。しかしまだその前に見ておくことがある。

人間の生き方の問いがあらゆる人間の日常生活に浸透して、しかし日常生活の中では隠れて見えない盲点になりかねない謎に根を置いていることを先に見たが、それだけ誰かと人間の生き方について問いを共有し、またそれを言葉によって解明し教育することは微妙でかつ難しい問題である（夏目漱石の『こころ』がその苦闘の一例である）。実際ソクラテスには自分の真似をするアリストデモスとアポロドロスが身近にいたし、今日もアガトンは安易にソクラテスを権威とし、つまり自分で考えるよりは答を求めることに性急になって対話続行を難しくしていた（201C）。そして異端児アルキビアデスもいたのである。

しかし何よりも生き方の探究と教育は、それが上手くいくとはどういう意味であり、何が成功で何が失敗か、が正確には見分けがつきにくいことがある(11)。生き方の問題は、物の制作ではないし、外国語が読めるとか幾何学の問題が解けるといったような、特定のことを上手く達成する知識や能力、技術という事実でもないからである。むしろ学校の秀才が人生の達人であるわけではないし、社会で成功して威信のあるものが善い人であるのでもない。むしろ最高の成功が最大の失敗にもなりうるのである。アルキビアデスがその際どい実例である。

ディオティマは「人は誰でも人間の子よりもそうした徳の子が自分に生まれることを歓迎するでしょう」（209B）としながら、同時にそれが困難であることも暗示している。それが「こころの子」であって、いかなる見える事実化もないからである。「徳は教えられるか」を問うた『メノン』『プロタゴラス』はその困難に直面している。「われわれの時代でもっとも正しい人」（『パイドン』118A）と言われたソクラテスが、「国家の信奉する神々を信ぜず、青年を堕落させる」（『弁明』24B-C）として国家犯罪者にされたことを思えば、もし徳を己のこころに宿し、これをもって美しい若者自身に徳を宿らせ、新しい「こころの子」を誕生させる教育に成功する人がいるとすれば、もし本当にそんな人がいるとすれば、まことに「神的な」人であったろう。評判と名誉に包まれたに違いない。しかし英明限りなきペリクレスも身内や他の若者に徳を教えることができなかった、とソクラテスは手厳しい（『プロタゴラス』319E-320A）。善き生を知識として透明化する倫理学は難しい課題を負っている。

それに比べればホメロスやヘシオドスなど立派な詩人は「羨ましい」であろう、と話を転じている（209D）。芸術家は天与の才能で自分一人の独創性の「こころの子」を創出する。しかし社会という文脈の中で誰もが共有できる、また評価もできる事実として作品を作るからである。古代ギリシアには悲劇のコンクールもあり、アガトンは優勝したのであった。似た制度は現代にもあり、もっと多岐にわたりもっと隆盛である。

ここでの詩人とは、叙情詩ではなく叙事詩の詩人である。詩人たちは神々と英雄の偉大な業と徳行を言葉で物語る。物語は肉身の子とは違う「こころの子」であるが、広く聞いたり見たりできる作品である。物の制作ではないが、それでも社会の中に置かれ、人々に鑑賞される物としての作品創造である。詩人たちの詩想に溢れ工夫を凝らした言語には、表現を通して印象を深く刻む造形力がある。またそうして語られることで神々と英雄の存在と行為は、社会の中で明瞭な輪郭をもって現前して、誰にでも接近可能なもの、共通なものとなる。「物の見へたるひかり、いまだ心にきえざる中にいひとむべし」(服部土芳「あかそふし」)と芭蕉が指摘したように、語り留めなければ、どんな偉業も一過性で忘却と共に時の彼方に消え去るからである[12]。それだけ芸術作品自体が社会の中に位置を占め、揺るがぬ物として持続して滞留することになる。本質的に私芸術である芸術作品が社会の共有財産にさえなるのである。

トロイ戦争を描いたホメロスの『イリアス』『オデュッセイア』は、古代ギリシア世界を超えて二千年以上も人々の間で読み継がれ語り継がれて、英雄たちは不滅の名誉と評判のオーラに包まれている。そして作品自体が不朽の古典であり、またその親である詩人もまた不滅永遠の名誉をもって社会の記憶に刻まれている。どの国にも建国の英雄はいるし、その物語はある。身近な例を挙げれば、明治維新から日本海海戦までの英雄たちは司馬遼太郎の『坂の上の雲』によって光が当たり、その作品も世評高く、そしてその著者自身もまた高名になった。与謝野晶子は「劫初より作り営む殿堂にわれも黄金の釘一つ打つ」と歌ったが、芸術家誰しもの願いであろう。「時よ、止まれ、お前は実に美しい」と永遠を夢見るのは、自分の自由と能力と責任によって「黄金の釘」という独創性の作品創造に生きる芸術家の特権である。

ディオティマは、さらに国家の政治という実践文脈で輝いた立法家リュクルゴス、ソロンなどの偉業と徳行の名誉を指示している。人間の活動の中でももっとも際立つのが政治である。政治家は国の基として法律と制度を自らの責任で創出する。もって一国の運命と市民の生死を左右するからである。こうして法律と制度は社会の見える基礎であり共有財である。歴史を紐解けば、リンカーンは奴隷解放宣言で有名である。近代国家の要諦である憲法のなかった日本に最初の憲法を創建したのは伊藤博文などである。

こうして死すべき人間の不死永遠の願いは、こころの子を創出する活動と作品を介して、社会の中で物語られ記憶され続ける名誉、「不死なる記憶」（208D）として具現化する。子供が子供を生み、そのまた子供を生むように、物語は物語を生み、そしてさらに生みつづける無限連鎖が起きるからである。そして人を伝説にする神殿も次々と誕生する。家康は日光において東照大権現になった。明治には日露戦争の英雄のために神社が創立された。その他、政治家、文豪・画家・音楽家そして新しい産業文化の発明家・創業者のための記念館は数知れない。現代社会では人間の活動分野が広がり、新しいタイプの国民的ヒーロー・ヒロインが誕生している。これを顕彰する物語も、映画、テレビ、アニメという映像媒体による新しい方式が誕生する。

こうした社会的記憶の秘儀、小秘儀はソクラテスでも多分参加できるだろう、とディオティマは言う（209E）。日々の生活をしている一般の人でも、青史とはいわないまでも、自分の小さな周辺社会では名をなしたいと願うだろう。名もなきままに終わることは望むまい。「その他大勢」「誰でも」の話に終ろうからである。それに対して名誉は、卓越性において自分がいかなるものであるか、という個体化遂行（自己実現）の社会的評価である。平等な人たちの中で、際立って現れる異なりの顕現態、個と成りの成就に対する社会的輝きのオーラである。

それは人が自分の行動と生き方、作品が「善い」ことを求めている証左である。自分で自分の振る舞いをどれほど「善い」と思っても、何か足りない。決定的に足りない。人は決して自分で自分を「善い」と思っても、その自己判断で十分と思うほど自惚れることができない。できると思うのが独裁者である。あるいはガキという小皇帝である。しかし「善い、と思う」ことと「善い、善いものである」こととは何か違う（『国家』505D）。「こころ」の思い込みと「こころ」を超える存在の区別である。そこで自己を水平超越する自他共通の公共地平で、「善い」と判断される間主観性の社会的評価を求めるわけである。自分のコトに善の実在性を求める点で、名誉が人間存在にとって並々ならぬ位置を占めるわけである。

まとめるならば小秘儀のいう永遠不滅の欲求が向かうのは、肉体の上では、動物とも共通する生殖行動による「肉の子」の持続した創出である。個体としては死んでも、種の永続性の中で回収される。他方で精神の上では、知恵と卓越性という「こころの子」の創出という点では文化活動全般にわたり、青年に対する市民としての徳の教育、英雄のような偉業の達成、その偉業を飾る芸術作品の創造、法律・社会制度の創建、そして人間の生活を劇的に豊かにする発明である。これらの功業は、人々に語り継がれ記憶されつづけて不朽の名声というオーラをまとった「こころの子」として、その生みの親自身の個人にまた不滅の名誉をもたらすのである。

こうして「神的な」政治家と詩の女神ムーサに息吹かれて「神懸かりになる」詩人（『弁明』22B、『イオン』533E）と発明家と呼ばれるような職人が、人間の知恵と徳の代表者として並んで登場することになる。われわれはここで、ソクラテスが『弁明』で「ソクラテス以上に知恵のあるものはいない」という神託吟味の中で批判した三人、政治家・芸術家・職人と出会うことになる。[13] ただし顕著な違いもある。『弁明』では、ソクラテスは社会的に評価されることが最も少ない職人には一斑の知恵を認めたからである。しかしここでは職人は職人でも、人間社会に新しい文明の利器をもたらす、エジソンのような発明家である。従って小秘儀では三者三様に天与の才能に恵まれ、努力の実りとして歴史に名を残す偉業の人たちで、人間に可能な永遠不死の夢を実現したものとして言及されていることになる。それは同時に小秘儀の射程と限界を示している。それを一瞥しておこう。

「こころの子」を創出して不滅の名誉を個人の不死性として回収しても、名誉はポリス共同体、国家において、という枠組みが前提されている。[14] 従ってある国の英雄としての名誉は別の国では顧みられない。敵国では悪人扱いである。歴史的評価は国という文脈において定まるからである。秀吉は日本では英雄であっても、朝鮮半島では悪人である。ディオティマも、対ペルシャ戦争に際してスパルタに与えられていた「ギリシアの救い主」という誉れ（209D）に言及している。がその称号は、テキスト外の読者は知っているように、ペロポネソス戦争後は敗者アテネでは拒否された。歴史的時間を貫く社会的記憶である限り、どんな名誉もある社会、ある国家という人間集団の「中」のことであり、相対的である。(15) 相対的な不死性とは何であるのか。時間の中の永久持続態であって、世界を超える永遠とは直接関係がなかったのではないか。小秘儀で哲学が一度も言及されなかった所以である。

名誉に関してパスカルが、「人間の最大の低劣さは、名誉を追求することである。しかしそれこそはまさに、人間の優秀さの最大のしるしである」（『パンセ』494）と書いている。人間の理性を高く評価しているので、自分が人間理性の中で優越した地位を占めない限り、満足しない、ということである。それはアリストテレスが分析した競争心に似た要素である（『弁論術』1388a32-b16）。競争心も自尊心と向上心からなるからである。しかし虚栄心でもある。他人が称賛してくれれば、それだけで「その通りだ」と無批判に錯覚するからである。

そこで名誉とは、自分が高く評価する人間理性の中で、自分の理性の力が高い位置を占めることを喜んでいる、ということの証である。大の大人が子供に褒められて喜んだりするわけがない。今日の主人公の一人、コンクールに優勝して小秘儀を体現したかに見えるアガトンも、「心あるものにとっては、思慮ある人は少数でも思慮なきその他大勢より恐るべし」（194B）と、名誉の本質に触れていた。その他大勢ならぬソクラテスから褒められることを望んでいた。人間の理性こそが名誉の要なのである。従って小秘儀は、自分の理性が生み出した「こころの子」が、厳しい時間の選別を勝ち抜いて人間理性の世界で「偉大」と評価され、他人から尊敬されることにある。こうして名誉は人間理性から始まり、人間理性の中で終わる完結性である。人間が名誉欲に甘えるには、甘えられるようにできていたのである。名誉は理性的存在の象徴であり冠飾だったからである。幸いなるかな、こころ豊かなるもの！

かくして上に見た通り始めはポリス・国家の中であるが、少数の人は地球規模の人類という理性共同体の歴史世界の中で、その名が永久に響き続けることになる（歴史個体）。実に天空で悠久の回転運動をする星辰に対抗できるような地位を人間に与えるのである。先に挙げた与謝野晶子の「劫初より」の一句は忘れがたい。

自分では何も書き残さなかったソクラテスは、プラトンの書いた対話篇によって二千年以上哲学の礎石として語られ続けてきた。またそのプラトン自身が人類の精神史上に燦然と輝く名を残した、曰く「プラトン」と。そして間違いなくこの『饗宴』もそれに大きく貢献している。また学園アカデメイアは五二九年に閉じられた後も名を残した。その脈動として後には新プラトン学派を始めとしてプラトン研究が陸続と生まれ、大小無数のプラトン学者を輩出したのである。プラトン神社は寡聞にして聞いたことがないが、プラトンの名を冠した学会なるものは世界中に数多くある。小秘儀の予告の通りである。

しかし「悠久の回転運動」も「劫初より」も永遠を意味したであろうか。死の恐怖と不安の中で時間を征服したいという幻想、終わりのない時間という迷妄が小秘儀に巣くってはいないだろうか。人間は理性的存在というけれど、天使になれるほど純粋ではないし、堕天使悪魔になるほど純粋でもない。少し向上し、少し下降することの繰り返しであることは、誰でも日々実感しているであろう。「女から生まれたものの中で洗者ヨハネより偉大なものはいなかった。だがしかし天国ではもっとも小さいものでもヨハネより偉大である」（『マタイ』11.11）は、「大小」の逆転、あるいは「大小原理」の無効を告げて、偉業功業とは異質に響く。

理性は人間の自己完結した能力ではない。確かに理性は、人間が任意に立てた目的を実現成就するための力であり、その手段を思案する道具理性として機能するけれども、それに尽きるのではない。産業革命以降、加速する技術文明が凄まじいまでの成果を人類に提供し続けているので、人類は理性を道具理性だと思い込んでいるけれども、それでは人間は文明の利器をもった頭のいい猿にすぎない（ヘラクレイトス断片83「もっとも知恵のある人間でも神に比べると、知恵の点でも美しさの点でもその他あらゆる点で猿に見える」）。笑えない猿の惑星である。しかし「猿で何が悪い」と猿は言うだろう。猿には猿以上の過剰がないのである。批判的吟味と探究に気遣いをもてなくなることに、自己完結系の夢の幻想がある。己を超えるものを消去し得た、と理性の勝利を喜ぶからである。しかし生まれようと思って生まれたわけでは決してない原初受動性と必ず死ななければならない死の運命、つまり人の生の始めと終わりが掌握不可能な開放点であり、同時に人間はそのことを知る存在であるのに、これを無意識のうちに死角にして見ないことが、人間が自分の望みをすべて理性の力で実現できる完結した自己原因であるかのような錯覚を与えるだけである。自分の目的を自分の能力で達成することに人生の意味がある、と錯覚する。しかし理性は理性を超えるものにおいて理性なのである。自己を水平超越するだけではなく、垂直に超越する次元があろうということである。

もし小秘儀の眼目が、エロスは永遠不死を欲求することにあるとすれば、それを肉体の生命の点であれ、精神の生命の点であれ、自分が死後も永久に生き続けると見なすことは肝心の点を外していることになろう。それでは死んでいないからだ。死んでも、「その後」永久に生き続ける、としているからである。死はバイパスされ、あるいは偽装されている。死後の永世不死性は、装飾を剝ぎ取れば、本質において「わたしは死にたくない」と主張しており、永久に響き渡る自己主張をしていることに他ならない。自分の生命が、どのような形にしろ、永久に続くことを要求しており、自己保存が永久に延長することの欲求の現れだからである。先に見たとおり自己保存は生命の本質であった。永世不死性とは、生命の本質が永遠に実現する夢なのである。当たり前すぎるほど、「それでは死んでない」といった所以である。

人間は不死でも何でもなく、「死すべき物」であり、死は自己が無条件に無に沈むことである。そこにはいかなる取引も穴埋めもない。割り引かれた死は死なんかではない。従って死の真実とは、「わたしは死にたくない」という切なる願いを死ぬことであり、「死後も永遠に生きたい」という自分の欲求に死ぬことである。「わたしは生きるべきだ。やりたいことがある」とする義務も、「わたしは生きる権利がある。やるべきことがある」という権利も、死はすべて無化するからである。生命は奪われ、自己保存は根底から破れる。死の真実とは、一厘一毛の妥協もなく潔く死ぬこと、空手で無に落ちることにある[16]。まるで死すべきものでないかの如く、死にたくない、永遠に生きたい、と防御線を張って死に抵抗すること、死の運命を忘却することに成功することこそ死の勝利なのである。小秘儀が人に微笑みかけて不死不滅を示し、人が「死の勝利はいずこにありや」といった時、死の勝利があったということになろう。

従ってもし霊魂不死の神話に一片の真実があるとすれば、小秘儀に反する死の逆理にある。世界の処遇を求めて偉業故の権利の主張もなく、世界に対して功業故のどんな影響力の行使の要求もなく、人が無に落ち、単純に塵に解消する。その時、そしてその時のみ、己を確固不抜の実体として怪しまなかった悲しき錯誤が崩壊し、それまで何の根拠もなく想い込んでいた「自分が世界の中心、人生の主人だ」とした生が転倒して、まったく新しい光の下で眺められることになる[17]。それが生きて死ぬこと、死んで生きることである（生死一如）。哲学は死の訓練、という周知の台詞の真意である。

その台詞が語られた『パイドン』の冒頭を一瞥しておこう。ソクラテスが死刑判決を受けてから一ヶ月あまり刑の執行が行われなかったことから話が始まっている。デロス島へ送られた祭司が帰国するまでは、国を血で汚してはならぬ、という掟があって、執行が遅れた、とパイドンが説明している（58B）。これは全体に通じる一つの象徴である。すべての人間は死すべきものであり、誰も免れぬ死の宣告を受けている。しかし執行が暫時猶予されているのである。それがわれわれの人生の時間である。最後の時は隠されているが（ultima hora latet.）、人生いつでも千秋楽、である。つまり人間の生は決して自分の持ち物ではない。いつ回収されるか分からない。一時的所有が許されているだけである。むしろ使用が許されているだけである。従って人は決して自分の人生の主人ではなかった。生は ad hoc に託された預かり物としての人生なのである（贈り物であるが、債務でもある）。従って一方で自殺は禁止され（62A–C）、他方でわたしは生きねばならない、生きる権利がある、と生きている時も死んだ後も生き残るための戦いを生きることから解放される必要と理由に開眼する方向（心身分離と表現された）が示されるのである。それを言挙げた分析へと縷々展開するのが『パイドン』である。[18]

しかしわれわれ人間は弱い。自然に盲点ができる存在である。「死後も生きたい」「永久に幸福でいたい」という切なる望みが汚染されていることに気づかない。何の根拠もないまま自己を実体として措定し、その生命の自己保存をそのまま永遠に延長したい、と自然にするからである。人間はいかなる意味でも完全に自己完結した自己原因（causa sui）でないのに、死すべきものであることを忘れるからである。一角の人間だ、一端の知恵があると思いたい。それも虚無にすぎない故の劣等コンプレックスなのである。つまり人間は自らを神としたい存在である。かつその誘惑にそそられつづける存在である。アリストパネスの神話にあった原始人間の大野心を想起するであろう。あるいは旧約のエデンの園の「禁断の木の実」に唆されたアダムとイブを思い出すであろう。

「自分の生命を得るものはこれを失い、わたし（真理）のために自分の生命を失うものはこれを得る」（『マタイ』10.29）とは逆理である。[19] それは自分の生命以上のことが自己にはあることを告げている。そして大秘儀は人間には、自分が死後も不滅の名誉によって永遠に生きつづけるということ以上のことがある、と伝えている。われわれは既に大秘儀の中に入り込んでいる。小秘義は、不死永遠を自分の努力の成功報酬としていたのである。

15　ディオティマとソクラテス4――〈美しい〉それ自体への登高（大秘儀）

ディオティマはそれまで雄弁に語ってきた小秘儀を一蹴する。そしてエロスをめぐる「最終の聖なる奥義」を話し始めている、ソクラテスが「与れるかどうか分からない」（210A）と言い放ちながら。

小秘儀にいう社会的生命の永遠不死性、つまり不滅の名誉名声に与れるのは少数の人であろうが、それを支えるのは大衆であり一般市民であり人間世界である。いまやその世界は背後に置き捨てになる。まるで「俗世に迎合するなかれ」とも響く。しかしそれは新しい途へソクラテス（アガトンたち、そして読者）が踏み入るように誘い挑発する。学習と指導のための教育プログラムを含むからである。ただしどこまで辿れるかどうかはまったく分からない。どんな尺度でも測れない、掌握不能なことが含まれているからである。それはプログラム以上のことを含むプログラムだった。小秘儀と異なる所以である。

「恋の道行き」の比喩で語られるこの奥義、大秘儀は、その中心が210Aで始まりフルストップになるEまで一続きの文である。言葉は極端に圧縮され、説明はなく、骨格の簡潔な筋だけであって、それだけ解釈も難しい。[1] しかしそれは偶然の難しさではなく本質的な困難さである。近道やうまく通り抜ける乗り物もない。むしろその困難さを理解することを理解することの一部なのである。道行きという探究が意味をもつのは、その文脈の都度毎に無知の自覚を伴い、新しい段階で知ろうとする知の欲求自体を自分で生み出す必要があるからであり、それだけ美は安易な答を受け付けないということにある（「美しきことは難きかな」『国家』435C）。

今予め語っておけば、恋の道行きという美の探究は「階段」（211C）を上るように進行する。それは同じ地平の上を水平に、まだ先があると連続して広がっていくのとは違う。階段は上下に非連続に展開するように、それぞれの次元で固有の美の位相を眺める構造である。一つ階段を昇れば、下の段とは違う新しい見方の展望が開ける。そしてさらに上の新しい階段を予感することになる。

それぞれの文脈の段階では、個々具体の美しいものを次々と際限なく追うことから離れて、その家族的類似性ともいうべき似たタイプの美を一つの全体として纏めて眺めることになる。[2] これはどの文脈の内でも偶然一個の美しいものにこころ引かれる経験があっても、たとえそれが強烈な体験であっても、それだけでは理解していることにはならないからである（後にアルキビアデスのソクラテス「体験」について考えることになる）。従って一つの美しいものを愛求する事実（欲求の直接態）よりも、なぜ自分がそれにこころ引かれて求めるか、を原因から理解し知ることが重要だ、とすることになる。そのためには当の美しい個体を離れて似たタイプの美を包括的に総覧できるように視線を動かし見方を広げなければならない。これは同時にそれまで気がつかなかった新しいタイプの美に予感を開かれるステップにもなるということになる。

こうして一つの次元の一つのタイプの美の全体から、その外に新しい展望を垣間見て驚きを強め、自分の理解の不足と不満を自ら生み出すことになる。そこで機能しているのが、文脈内という ad hoc な充足自己完結性と、内側からこれを超える彼方を憧れ求める文脈外超出性である。厄介で困難なわけだ。他人や社会や時代が必要にしているものでもなく、また単に自分が偶然に必要だと想い込んで欲求しているものでもなく、自分が何を必要にしているか、「飢える魂」として自分自身が何を本当に求めているか、を理解するために欲求を自分で自分に掘り起こすことである。こうしてこそ一歩一歩進む段階毎に現れる美が、その文脈で ad hoc に全体を満して充足を与えながら、文脈の相対性が〈超えるもの〉を発見することへ誘いとなり、通路を開くことになる。美は〈外〉へ招く力動そのものであり、招きに応じなければ、道の開き（エロスの父神ポロス）もない。つまり自分の不満（母神ペニア）を自分で発見する必要があるということである。

さて先ず注意すべきは大秘儀の導入部である（210A）。「人が正しく追究すれば、小秘儀もこの大秘儀を目標、根拠にしている」とある。大秘儀は小秘儀を消し去って非連続性の内に指示されているが、小秘儀の隠された筋の目標が大秘儀にあったことになる。従って小秘儀を追求しているとき、不知不識の内に、追求していること以上の過剰なものを追求していたことになる。永遠不死性は、これを小秘儀とは違う別の仕方で「正しく」追究する筋があったということである。(3) 別に表現すれば、偉業功業によって人は時代の主人公になり、やがて永遠不滅の星になるということは、起きるとしても、それで時間を支配し得たとするのは、錯覚である。不滅の名声とは、ポリスと世界を前提とした社会的記憶に負っていたからであり、時間を引き延ばした永久持続態（temporal eternity）にすぎなかったからである。時間の中の達成がもたらす永遠不滅の名声も、ad hoc な充満を与えるだけで、不完全な断片部分でしかなかった。小秘儀は、何か別のことを発見する手がかりにすぎなかったのである。それが見方を根源から新しくする大秘儀である。

そこで大秘儀に際立つことは、210A から 212A までに九回繰り返される言葉「正しく（ὀρθῶς（orthôs））」と

「べきである（δεῖ（dei））」である。それは逆に人間が途中で逸脱する危険の可能性があることを裏書きしている。アルキビアデスという逸脱の実例が身近にいたのである。恋の道行きは間違いなく「困難な骨折り」（210E）の道である。ああも言える、こうも言えるという可能性の中を彷徨い出ることを断念捨棄して、「できるだけ精神を集中させるよう試みる」（210E）狭き道である。こうして恋の最終最後の奥義を目指す道行きは、小秘儀と違って明確な探究方式に裏打ちされて踏むべき筋と順序のプログラムであり（肉体の美→こころの美→知識の美）[4]、これを逸脱すれば奥義には到達しない。

始めの210Aには「正しく」が三度使われて、あの「べきである」を強調している。その一つは、「導き手が正しく導くならば」である。そこでは「導く、指示する」という意味の動詞（ἡγέομαι（hêgeomai））が原形と分詞形で二度使われているが、その同じ動詞（ἡγέομαι（hêgeomai））が「信じる、見なす」という意味で、指導者の指導を受ける恋の道行きの人（哲学修行者）について210B–Cで四度使われている。道行きは「魂の浄化」（Robin, 67 n. 4）であって、そのためには進むべき「正しい」道がある。しかしそれはただ指示され「導かれる」だけであってはならない。そうでなければ恋の道行きは「魂」を売った盲従か動物の調教である。原因に適った振る舞いと原因に従った振る舞いとは違ったのである。

その「導く」と「信じる」を繋ぐのが、210Aに二度ある、恋の修行をするものの「自分自身（αὐτόν（auton））」である。この単語は有力写本にあるのに、殆どの注釈家は無視するか困惑している[5]。ἡγέομαι（hêgeomai）という動詞の二義性が示す不即不離の関係に気づかなかったからである。恋の道で哲学修行しようとするものは、あくまでも受動性に徹して導きに従いつつ、自分自身で導きを注意深く受け止め、思案しながら「正しい」と納得して「信じるべし」、つまり指導者に面々授受応答して、「わたし」自身の責任で自分に正しい方向を与えるのである。このことは大秘儀で一貫している。従って「導き」が語られるところでは背後に「わたし」自身の応答としての「信じる」が動いており、「信じる」の背後にも「導き」が脈動していることを見失ってはならない。始めの210Aで「正しく進むもの」と「正しく導くもの」がセットで言及された所以である。

では道行きを進むものは誰で、導くものは誰であるか。進むものは、恋の奥義を極めんとしている哲学修行者である。困難な道行きを耐える忍耐と勇気の持ち主であろう。そして導くものは、恋と哲学の深い経験と洞察の持ち主でなければならない（訳註15・7）。「正しく導く」ものだからである。パウサニアスのように、愛し愛される関係に入るにあって「徳のため」という動機さえあれば、徳も知恵もない人に欺されたとしても、もって瞑すべし（185A-B）、などと脳天気にはなれない。そんなことでは道元の「正師を得ざれば学ばざるにしかず」（『学道用心集』）の前ではひとたまりもあるまい。導くのは、神と人間の中間のダイモン（神霊）であるエロス[6]を具現化しているディオティマのような人物である。神の如く真理を無条件な全体のまま掌握しているわけではないが、その真理を探究の目標として既に知っているからである。

こうした道行きのプログラムの中に位置を占める指導者と教えを受けるものとは別に、ディオティマがそのプログラムについて説明している大きな文脈で、ディオティマが教え導き、ソクラテスがそれに従っていた。そこでディオティマとソクラテスは、プログラム内在文脈とは別の、第二義的に導くものと教えを受けるものである（訳註15・5で協働態と呼んだ）。しかしさらに大きな文脈、つまり裏脈絡では、導きを受けるのは、恋の奥義を極めたいと望む恋の人であり、哲学を志す「君」であり「わたし」である。恋と哲学の修行者といってよい。そして導くのは、真理の見通しをもって当の道行きを解説している予言者ディオティマ自身であり、そのディオティマを紹介（演技）しているソクラテスであり、ソクラテスにそう語らせている著者プラトンである。そして死んで不在になった「美しくなったソクラテス」である（後述）。プログラムの中で説明される指導者と修行者とは違う、説明しているディオティマと説明を受けているソクラテスの関係は、プログラムの説明が終わって211Bから語られる、〈美しい〉それ自身に出会う最終点で決定的な意味をもって現れることになる。

ところがディオティマは奥義への道行きを語り始める時、その目標を決して明示していない。また指示してはならなかった。恋の道行きは、既知既存の事実地平の中の特定対象を指示して目指すのではなく（アリストテレスの口吻をもってすれば、そうした目標への運動ではなく）、ディオティマの導きの下、その「べし」に応答して、恋する人が一歩一歩進む道の中で、今まで考えもしなかった新しいことに目覚め、そこから新しい視点、考え方、方向が生まれ、それとともに新しい欲求を発掘して自らに与えなければならないからである。所定の目的の物を制作する道具理性と技術ではなく、新しい見方を創出し、新しい光で物事を見始めるのである。道行きで目標を求める欲求自身が変容する。(7)

もし恋の道行きを故郷へ帰ることに譬えるならば、オデュッセウスが故国イサカに悪戦苦闘して帰ったのと違って、帰ろうとする活動の中で帰るべき未知の故郷を探究し発見する、こころの旅路である。(8) 懐かしいけれども、未知なのである。われわれはアリストパネスの神話において、人間が「予め失われた実存」だと指摘した。何が失われていたかさえその核心を知らない絶対的欠落であった。性はその幽かな痕跡だったのである。その点、人間は誰でも幸福を求めながら（204E–205A）、幸福の輪郭しか分からず、その内実を知らないことと対応している。

こう見てくると、「こころの妊娠」の秘密は、何を妊娠しているのか、自分が何を自分自身の内側に胎蔵しているか、を知らないことにある。妊娠とは自分の内に、自分自身ではない新しい生命が宿っていることだった。

ここでの出産とは、少しずつ秩序を追って探究するこころの旅、外へ外へとこころの内へ分け入る旅なのである。恋の道行きがその探究の、進むべき筋の方法を伴った道であった。

しかし辿るべき道の出発点は確保されなければならない。それが感覚の直接体験である。自ら身を置き生活しているこの世界に、美という存在の輝きがあることを知ることである。美は身近でつつましい物質と肉体に宿り、感覚経験の具体的文脈の中で輝き出る。(9) 一輪の花、蝶、教会や寺院の建物、天空の月、鳥の囀り、ピアノの演奏など、美は感覚の直中で具体個別の物において、何よりも一直線に我が身・我がこころの近みにただただなつかしく訴えかけ体験されるからである。しかし話は恋である。どの美でもいいというわけにはいかない。人への熱い思いこそが恋心であることは、アリストパネスの人間本性論の示すところであった。花でも鳥でもなく〈美しい人〉であり、そのもっとも直接的な具体現実としての美、すなわち知覚に現れる美しい肉体が焦点になる。そこで恋の道行きとして第一段階は、若い時に美しい肉体に赴くことから始めるべきだ（210A）。

そこで指示された美しい肉体は複数形（τὰ καλὰ σώματα（ta kala sômata））で表現されているから、恋の道行きの始めは沢山の美しい肉体に赴き、経験すべきだということになる。これは乱交の勧めにも見える、などという学者もいる。(10) もとよりそんなことではない。

親が子供に絵や音楽を教えようとするとき、大事なことは美しい絵・美しい音楽を沢山経験させることである。玉石混淆の無秩序の中に放り込んだのでは、子供は困惑するばかりで、美しいものの感受性は育たない。良いもの、立派なものを沢山経験すると、良いもの、美しいものを見る目と趣味が少しずつ気がつかない内に豊かになる。それは『国家』第三巻で文芸・音楽による性格教育としたものに他ならない（400E-402C）。

そのように恋の道行きの始めは、若い時にもっとも身近な現実としての美しい肉体に赴き、感覚経験と想像力を交えて遊ばせることである。それは美しい肉体に対する知覚的意識を目覚めさせ、美しい肉体とそうでないものを識別する体験を通して感受性を鋭敏にすることにある。美しい肉体を見て「美しい」と感じ取ることは、「快い」と知覚的、情緒的に反応できることに他ならない。沈殿した経験知としての趣味と鑑賞眼に一致しているからである。

そこで「もし導き手が正しく導くなら」、次の手順として踏むべきステップがある。自分の感受性に沿って、一人の〈美しい人〉、つまり一つの美しい肉体を自分自身が恋すべきだ、ということになる（210A）。恋は「我が片身」の恋として、多くの美しい肉体に対してとる明視の距離より半歩も一歩も自分自身に近い生の具体現実に根ざす体験の出来事だからである。肉体を見て、美しいか美しくないか、を感受性鋭く判別できるだけでは足りない。ちょうどお見合いを繰り返して、良い人とそうでない人を的確に見分けることができるようになり、人を見る目が豊かになっても、それだけで恋の喜びを知るわけでも結婚の幸福を味わうわけでもないのと同じである。あるいは骨董の目利きであっても、良い茶器を自分の生活の中で使用し、お茶を味わう現実がなければ、侘びしいだけであろう。経験知としての鑑賞眼は、どんな対象が示されても明視の距離で判別できる、「多」に対する判断力であるが、その可能性地平から現実に着地するのである。〈われ一人〉に即応すべき、一人の〈美しい人〉すなわち一つの美しい肉体を愛することに一点凝縮する。

どのようにして恋に至るか、は分からない。恋しようと思って恋するわけではないからである。がここではその心理的プロセスは目的ではない。ともかく美しい肉体に出会って、自分の感情生活の中に深く根付いている感受性に強く反応することが起きたのである。こころ揺さぶられ、我をも忘れ、恋に落ちた。アリストパネスの神話が伝えたように、半分が失われた自分に全体回復が成就したかのような充満感と、未知の世界の入り口に立つような不安と期待でこころが熱くなる。

この不安と期待のうずうずするような衝動から満足をえようと行動することも起きよう。相手を自分の物にするか性的快楽を求めようとするからである。これは〈感覚・刺激→感情・欲求→行動→所有・性的快楽〉という直接的な結びつきの発露である。動物では刺激から反応行動に自然に直結するのが普通である。それは生命維持の本能であり、美の占める余地がない。例えば、名画を見てすぐ買いたいと思う人は、名画を自分の物にしていることを想像して喜んでいるのであって（これは俺の物だ）、鑑賞すること自身ではない。あるいは美しい海と海岸を見て、すぐ「ここにリゾートホテルを建てよう」と思うような人は、目の前に顕現する自然の美を眺め楽しんでいるのではなく、そこから利益が上がることを思い描いて楽しんでいるのだ。その人は美について実は何も経験しないに等しい。しかし既にアリストパネスが、予め失われた実存の人が恋というエロスにおいて求めるのは、性的快楽の事実だけではないことを指摘していた（192D）。

ここでディオティマは指示する、「美しい言葉を生み出すべし」と。これは言語芸術家アリストパネスが決して述べなかったことである。しかしなぜ？

不思議なことが起きている。美しい一つの肉体に恋して、今ここで美の輝きにこころ満たされながら、内なる神秘か外なる神秘か、同時にそれが驚きに満ちた輝きであり、輝きの中に留まる明るい謎があるからである。アリストパネスが恋には何か謎めいたことがあるとしたが（192D）、恋の体験は強烈であっても、その体験の意味、価値、理由が本人自身には分からないのである。「恋に落ちる」という表現があるとおり、自分に何が起きているのか、自分が何を恋しているのか、まるで盲目になったように自分でも摑めない。その驚きと欠落感が、知りたい、理解したいと渇望を生み出す。明瞭でないこと自体が苦痛なのである。その焦燥が反対に闇雲の行動に駆り立てることも起きよう。しかし行動は逃避である。何の解決にもならない。美しい言葉を語るべし。

こうして恋人を、その美しい肉体を賛美し愛の歌を作り物語るのは、盲目の虜になるほど強くかけがえない恋の体験を自分で一層強く味わいたい、明瞭に知りたい、摑まえたいということに他ならない。美しい肉体を見て反応し、これを欲求して満足を求めたり所有しようとする事実化を超えて、自分の美の経験を理解しようとしている。体験の彼方、こころの地平に生まれる言語と認識の欲求である。体験だけでは、何かのきっかけで偶然に出会った美しい肉体に限局された、出会い頭でぶつかったような経験しか持たないことになる。その外は知らない。しかも自分の体験がどれだけ狭く限られたものであるかも知らない。例えば日本を訪問した外国人が東京だけしか見なかったら、日本があまねく近代的な都会だと思うだろう。現実のどの部分、いかなる局面をどのように経験しているのか気づかない、全体の見通しをもたない体験主義の危うさである。こうして美しい肉体を見て目覚めさせられた、美に対する知覚的意識が発展を始めたのである。体験と情緒的反応を超える自覚的探究に踏み出すからである。

そこで美しい肉体を愛する切実な感情と欲求にはっきりした形と輪郭を与えようと、自分の言葉で表現を与えたいのである。「恋は人を詩人にする」とは芸術家アガトンの述べたところであったが（196E）、われわれは今その隠れた意味を把握することができる。芸術は我をも知らざる美の衝動に傷ついたこころが、その快楽の欲求を満たそうとしたりその対象を所有しようとして行動に移る前に休止を置くのである(11)。美しい物を見て衝動を受けた自分の恋心をはっきり捉えたい、理解したい。そのこころの願いが行動の休止の中で探究して表現を創造させるのである。表現は言葉に限らないが、しかし言葉が核心である。美しい肉体を物語ることが、その恋を理解する様式なのである。われわれみんなが実際に詩を作れるとは限らない。しかし詩才はないとしても、詩の一つも読みたい、愛の賛歌を歌いたいと思うであろう。恋の言葉は恋人の口の端に上るのである。

それはこういってもよい。恋の神エロスに美しい賛歌を捧げたアガトンのように、自分の表現で美しく語ることが、美しい肉体を愛する恋の一部となる。従って「美しい言葉を生み出す」とは、恋自身の成長とこころの理解の深化に他ならない。美しい肉体を見て「これは美しい」と、美しい表現を加算凝縮させて新しく語り直すからである。こうして一つの美しい肉体を愛する恋は、それ自身以上のこと、過剰を含んでいる。これを言葉で表現しようとするこころの渇望を生み出すからである。驚きが深まり、理解が成長するべく外へ超出する力動性である。

こうして大秘儀の第一段は、恋とエロスの秘密が、自分の欲求を満たすことやその対象を追究して自分で獲得・所有することではなく、美を新しい見方で眺めること、理解を深めること、こころ惹かれる原因を探究すること、と示している。根源は、自分が一体何を求めているのか、を知り理解すること、その明晰な認識を生み出そうとするこころの世界の展望とその新しい欲求を開くことにある。われわれの日常生活の基底となっている一つ一つの物個体（肉体がその中心）とそれをめぐる見える事実が一蹴され、それと全く異なるこころの天地の開けである。先に人間存在にこれを破り超えながら内属する別秩序のコトとして予示したように、こころの原初の妊娠であるところの「妊娠以前の妊娠」がその重層する意味の一端を現している。ディオティマがアリストパネスを批判して、恋が求めるのはただ半身ではなく、善い半身だと批判訂正したとき（205E）、ただ半身だけならなぜ自分がそれを求めるのか説明ができないからであった。自分が本当は何を求めているのか、それを求める原因から透明に理解することが必要だ、と要求していたのである。既に伏線は張られていた。原因から理解したいという発想自体は、芸術家アガトンが指摘していた（195A）。見える事実をただ写すだけなら、現実の二番煎じであって、そんな芸術は要らない。むしろ芸術も事実以前の根源から新しく知りたい、一層深く見たいというこころの活動であった。こころを外から叩いて驚きの振動を与える美（καλόν（kalon））の招き（καλεῖν（kalein））に応じて言葉で応えること、それが人間といってよかろう。

もし以上の通りだとすれば、ディオティマの第二の指示「どの肉体の美も今一つ別の肉体の美と兄弟的類似であることに自分自身で気づくこと」（210A–B）の意味は比較的はっきりする。美しい言葉の表現を自分自らの恋心に与えることは、一つの美しい肉体を恋する自分の欲求と激情の影響から幾分か解放されることを含んでいたからである。しかしそれを現実に発展させる必要がある。そこでどのAという肉体の美でも別のBという肉体の美と二項関係の近さの中で眺めて比較して、違っているが兄弟のような類似性だ、と気づくべきだということである。そうでなければ、根拠も定かならぬまま「あれでなくこれだ」と自分の偶然の好みと趣味による狭く偏った、自閉的ともいえる想い込みしかないことになろう。しかし必要なことは、自分の体験的事実の中にこれを超えることがあることに目覚める第一歩である。そうした時、自分の愛する偶然一個の美しい肉体が、まるで特権的唯一性の美しい肉体であったかの如く執心することから解放される。より広い視野で眺めることができ、他人の視点をも取り入れた間主観性の立場に向けて踏み出すことにもなる。自分で自分の体験を超える第一歩である。自分自身の体験に根差しながら、少しずつ軸足を移すからである。体験を超える、超えさせる哲学の道の始めである。しかしそれはさらに次のことを要求する。

第二歩は、「形の美を追究すべきであるなら、あらゆる肉体の美は一つにして同一であると信じないのは、大変な心得違いだ、と気づくこと」（210B）である。美しい肉体とあるように、美は物の形に現れる。確かに音の世界にも美は輝くが、あらゆる美しい物を事実のまま取り入れるのがここでの探究ではない(12)。愛と恋のエロスという現象における美の働きを探究しているからである。そこで恋の道行きは第一に、肉体の形の美しさに探究自体を限定している（文脈設定）。第二に、まるで自国にない珍しいものを外国で見つけて喜び、そしてまた次の国へ、とただ新奇なものを求めて、浅い事実を次々と開拓するように、これの次はあれ、あれの次はこれ、と日常経験そのままにだらだらと美しい肉体を追いかけることはしない。それはただ偶然で無限定な動きに終始する体験を疑うこともない事実主義であって、何ら探究ではない。そこには何の「べし」もない。見通しと探究の筋目を構造化した全体の構想がないからである。

必要なのは、どの美しい肉体についても、もう一つの美しい肉体との狭い二項関係の中で美の兄弟的類似性に気づいたからには、それを拡張して「すべての肉体」に亘る全体的視野を確立すべきだということである。肉体の形の美という地平を一つの ad hoc な全体として視野に置くということである。その全体性を担保するのが美の一義性である。体験の対象としてどれほど違って見えても、こころに訴える「美しい！」の一義性の光を信じて、肉体の形の美しさは「一にして同一」とすることである。そうでないと、経験事実の多様性の中に彷徨い出て、探究が成立しない。つまり肉体の形の美はすべて同一、ということは、「美しい」と言わせる何か根拠になる原因がある、と信じて基礎措定することである。それは探究に値する、ということである。従って追求すべき肉体の「形（εἶδος（eidos））の美」は、ひとまとまりの包括的全体として肉体の形の美という種類（εἶδος（eidos））として捉えることになる（訳註15・10参照）。

直接の感覚経験の中に感覚を超えるものを、つまり「見える」ではなく「考えられる」様相のことを、探り出して、時間空間の上を長々と伸び広がる経験事実の地平に彷徨うことを遮断する、美の透明な一義性と完結的全体性を立てるのはこころの働きである。恋の道行きは「魂の浄化」であった。この探究の視界に焦点をもつのは、自分の都合による快感情と満足にかかわるあの人、この人という特定具体の個体ではなく、美しい「肉体」でもなく、こころに響く「美しい」肉体だからである。(13)「すべての美しい肉体を愛し、一つの肉体に激しく執着することなぞ些細なことと信じる」(210B) べきことになる。『国家』第五巻で守護者に課した妻子・家庭共有論を想起しないわけには参るまい。

さて前段に続く第二段階では、こころの美は肉体における美よりもっと価値があり重要と考えるべし (210B)。これが既に始まっていたこころの世界への明示的な転換の言葉であって、新しい見方と評価方式である。先ず注意してよいのは、この「肉体」は単数である (τῷ σώματι (tôi sômati))。第一段階で肉体の形の美しさという種類 (タイプ) を全体として視野に置いた後なので、「どの肉体か」ということはもはや意味がない。それに対して「こころ」は複数形である (ταῖς ψύχαισ (tais psychais))。人は一人、が原初現実であり、その人がその人自身である所以がこころである。言い換えれば、こころとは、かけがえない自己としての自分の生き方の意味、価値、善し悪しが測られる次元、自分の存在を気遣っている、気遣わないではいられぬ自己の次元、つまり〈わたし〉自身である。そのこころが複数である。従って多数の人間がいる地平が焦点になってくる。

ところで何かを価値があり重要だとすることは、自分の生き方が重要だとすることを何か含んでいる。従って生き方、ものの見方、考え方の根本がそれまでとは違ってくることがある。ということは、これまでの美しい肉体をめぐる話とはまったく違う方式の語り方と理解があり得ることを告げていることになる。これまでは自分の生き方を語ることがなかった、また語る必要もなかったからである。そこで新しい視点、別の考え方による新しい地平の理解に次元跳躍することになる。それが遥かに重要、ということである。階段の比喩は後の211Cにあるが、美は感覚事実としての肉体に具現充満しつつ痕跡を残してこれをすり抜け、新しい位相次元に具現化する超脱性の象徴である。それが昇る「べし」の道である。そして自己の存在の核心であるこころに美が輝く地平が開けることになる。

この次元跳躍に合わせて逆転があり得る。肉体の美ではない尺度が登場するからである。そこで肉体に見るべき華がない人でも、こころの点で上品で相応しければ、これで満足し、これを愛し、そして教育することになる。われわれは小秘儀の中でこころの妊娠を語った209B-Cの話を想起すべきである。そこでもこころに妊娠した人が美しいこころの持ち主を、「立派な男はどのようであるべきか、何をなすべきか」の点で教育する、とあったからである。がしかし小秘儀とははっきりした区別がある。

小秘儀では相手が「こころが上品でふさわしい人」といっても、結局は「心身兼ね備えて美しい人」(209B)だった。そして教育に際してその人に「触れて」とあるのは、性的接触も含意していた(訳註14・25参照)。古代アテネの教育システムに男の同性愛的要素が背景にあり、徳の教育とはいってもその動機に美しい肉体があったので、性的快楽絡みといった隠された面がある(詳解[4]14参照)。小秘儀は心身融合の人間という経験事実の地平にあった。

しかしこの大秘儀では第一段階で、美しい肉体は地平全体として登り切って脚下に踏み超えられている。確かに美は、美しい肉体に対する知覚意識の中にはめ込まれているけれども、それで自閉完結せず、その中から外へ呼び招くように地平文脈「を超える」を内蔵している。エロスの愛が別の見方を求めて変容する。それがこころの美である。

そこで肉体に華あるなしを問わず、こころ上品な若者に出会えば、これを愛する恋の人は「若者がより善くなるような言葉を生み出し探究すべきだ」とディオティマは付加していた。先にアリストパネスを批判して指摘したように、恋が失われた半身を愛する理由は、善い半身だったからである（でないと求める理由がない）。とすれば恋の人がその若者を愛するのは、善い人であること、あるいはその可能性（品性あるこころ）にある。こうして恋の人にとっては、肉体の華がなくても、品性よいこころの持ち主であれば満足することを自分で納得するであろう。その若者を愛する意味と価値は、若者をより善い人にする言葉を語って改善に寄与することで理解され、さらに新しい言葉を「探究」することで推進される（訳註15・13参照）。第一段階で美しい肉体を愛することとそれを言葉で表現することが切り離せず、むしろ後者は前者の様式であったように、今や若者をより善くする言葉を語ることが、その若者を愛する重要な一部なのである(14)。

愛は愛する対象を最善の存在にしようとする。改善の言葉の探究はその作品化の意義を負っている。ここでわれわれは重要な点に到着している。愛のエロスが新しい欲求を孕み、新しい意味を生み出すことになったからである。愛は、これまでのように自分の欠乏を充足する欲求だけであるよりも、自分の完成、充満を求めるよりも、愛する対象の完成、充満により関心を持つことになる。考えるに値すること、見るに意味あることは善や美であり、愛する対象に善と美を眺めることを喜ぶことになるからである(15)。小秘儀は、愛といいエロスといい、本質は善いものを自分に取り集める自己所有の望みであり、自分の永遠の幸福（善が永遠に自分にあること）を求めることである。不死永遠性を自分のものにしたい、と肉体の側には多産性として、こころの側には不滅の名誉として求めるものであった。大秘儀ははっきり別の路線を進んでいる。

美しい肉体という知覚経験に定位した第一段階に対して、目に見えないこころの美に超出するのが第二段階である。ただしそれはこころが多数存在する地平、つまり社会の次元であって、人間が人間らしく生きる文脈で輝く美に対する趣味と感受性を覚醒させることになる。そのためには若者に対して社会の決まりと人の活動を教えなければならない。それが社会生活の秩序と調和と統一性の源泉としての法律であり[16]、法律に沿った立派な振舞いである[17]。しかしそれは小秘儀が主張する、政治家や立法家という個人の名誉ではなく、法律という社会の善へ視点は転換する。政治家や立法家の名誉が何故讃えられるのか、その根拠の理解へ踏み出すからである。焦点は、個人とその生き方を称賛に値するものに仕上げる、原因でもあり準拠枠でもある法律と社会的振る舞いの美である。事柄を原因から説明し理解する、としたアガトンをソクラテスが高く評価し、対話問答の相手に選んだ理由を想起すべきである。

法律は、国家全体の共通の利益として、市民が幸福に生きることを目的とし、それに相応しい個人の行為をあるべきものと限定して、違反すれば裁きもする国家の制度である。法律は、事の善悪について思考の力で形成する「共通の意見」（『法律』644D）であり、人に「正しいか正しくないか」を問いかける、誰でもいつでも何度でも接近可能な「書かれた正義」（『法律』890C, 891A）である。後にアリストテレスは法律を「欲求なき理性」（『政治学』1287a32）と述べている。人は法律抜きでは、自分の感情と欲求を支配するのは難しかったからである。その意味は次のことにある。

自己保存は生命の本質であり、自己中心主義は自然本能であった[18]。生命とは生命の持続・拡大の意志と欲求である。ディオティマも動物たちの凄まじいまでの生存競争と生殖行動に言及していたし、今ひとつの生存競争である永遠不滅の名声を求めるのも人間の精神の生命願望であった。善いものを自分のものにしようと欲求し、悪いものには反発して自分から排除しようとするのは、生命の自然な傾向だからである。感情と欲求は理性に比べると不完全性であっても、人間の自然本性の一部であり、人は生命そのものに根を置いている欲求と感情の傾向と動きに誘われるのは自然なのである。『国家』第四巻が唱えた欲求／感情／理性という「こころの三部分説」は、自分のものにせんと欲求し／自分のものを守り／それを「超える彼方」を洞観する眼差し、という構造を示唆した。一方で人間は、自分の快楽苦痛、利害得失といった自分の都合を配慮することが生命の自然であり、しかし他方では、人間にとって自然な本能に従うことがどこまで自然であるか、が問題となるのである。自然の本能にどのように対処するか、は人間にとってだけ問題だからである。自然の山野を切り開いて造った高速道路が、嵐の自然災害で不通になったとき、通行できない不自然さに苛立つことになるように、「自然」はわれわれの経験とともに変容展開する概念である。

その自己中心主義の極がホメロスにある。オデュッセウスがトロイからイサカへ帰る長路の中、一つ目巨人キュクロプスの島で惨事に遭ったエピソードである（『オデュッセイア』第九巻）。仲間が食われたからである。そのキュクロプスは一人高山に住み、家族には家父長として絶対支配権を振るい、余所者は食ってしまう。つまり気遣いし配慮すべき他者がおよそいなかった。従って法律もなかったし、必要でもなかった。ギリシア人はそうした無法生活を野蛮と称したのである。「一つ目」とは自分の目でしか見ないことの比喩であり、他人の目、他人の立場を一切許さないことの意味である。余所者は呑み込むだけであり(19)、自他共通の法律の余地がないわけである。僭主独裁者に等しい（『国家』571B）。

しかしもし人間が自己保存の自然な傾向性に従うだけであれば、その自己中心主義には自己がないことになる。本能という事実があるだけで、行為の始め・原理（ἀρχή（archê））としてのかけがえない自己がいないからである。行為の始めは、多様な可能性（＝無）の大地に立って右するか左するか、自分の人生全体を視野において思案をこらし判断して最善を選択することであり、そういう始め・原理が人間だからである（『ニコマコス倫理学』1139a22–b5）。人間とは、「自分の前には何もない」として、始原から原理たろうとする存在である。生命の本能に従うだけでは、それが強烈であっても、自然の傾向性という事実が主人であって、人間の尊厳はない。

そこで人の行為が、自分の個人的欲求や利害、快楽の関係ではなく、これから離れて行為それ自体の価値で判断され選ばれて実行されれば、自然の事実を超えるその純粋さの故に美しい行為として輝き出るのである（『弁論術』1366b36–1367a6）。反対から言えば、行為を美しいと捉えることは、行為の善さを捉える様式である。美は行為の善さの輝きなのである。美は誰にとっても、自分の個人的都合という事実を忘れさせ（こころを奪われる！）、その時々の個別的状況に固着することから解放する脱自超越性の輝き（ecstasy）だった。美の扉は外に開く。あるいは美は扉を外に開かせる。すべてを「自分のために」と自分の下に引き寄せようとする自己中心主義は、与えるより自分に回収する点でブラックホールのように暗点になるであろう。一つ目巨人のように、自分の快感情の充満にすべてを呑み込もうとするからである。それでは美は輝き出ようがない。

こうして法律は誰にとっても共通な「書かれた正義」「欲求なき理性」であって、個人のその時その時の欲求と感情に起因するあらゆる自然な傾向性（自己保存の本能）に抵抗する。そういう国の結び目（『法律』793D）として、法律は個人の行為を美の輝きの中で発現させる枠組みとなる秩序系であり、法律自身もまたその「原因」として美しい。つまり法律も個人の秩序ある振る舞いも、人間理性を共通の起源とする「同族関係」の美として理解すべきなのである（210C）。美は、肉体という見える事実を超えて、社会という文脈の人間の生活と行為、つまりは人生そのものの基底脈絡に浸透している。

このように自他共通の尺度である法律の秩序の下、良き市民として振る舞うことを可能にする力は徳（ἀρετή (aretê), virtue）とギリシアでは呼ばれていた。よく見える視力が眼の卓越性であるように、人間の卓越性の能力である。英雄とはその人間力の発揮に際立って成功したもののことである。『国家』第三巻で守護者を文芸・音楽で教育すべき徳として、節制、勇気、どんなものにも囚われない自由、高邁の精神そしてその同類のものが挙げられている（402C）。その教育は、先の第一段階で美しい肉体を見る目を養うとしたことと類比している。ギリシアではまずは叙事詩であるが、ドラマその他の文芸作品を通して、美しく立派な人の振る舞いを多数経験させ、そうでないものと鋭敏に識別する感受性を豊かにすることである。

例えば『イリアス』からアキレスの熱い友愛と自己犠牲、ヘクトルの倒れるまで国を守る責務を担い通した忍耐と勇気、『オデュッセイア』からあらゆる困難をかい潜り抜けるオデュッセウスの知略、ペネロペの愛の忠実と機知、『アンティゴネ』からアンティゴネの勇気と自由の精神、そして『オイディプス王』からオイディプスの高邁の精神、の写しを見るであろう。現実社会の事実ではない意味の写しであり、叙事詩人たちが印象深く造形した範例モデルである。それだけ人間に対する理解は深まるし、行為の輝きとしての美に対してそれまでとは違った視点、より広い視野に導かれることになる。日本にも一昔前なら吉川英治がいるし、新しくは司馬遼太郎が明治開国期の困難に直面した人たちの英知と勇気を活写している。現代では詩や小説以外に、映画やテレビを始めとした映像文化も加わり、社会文化として影響力の大きい芸術・文芸の範囲は広がっている。逆に、例えばテレビゲームだけに耽っていれば、気がつかない内に少しずつ趣味と感受性が狭く方向付けられ、それ以外の文芸と世界の現実に対する感応力が枯渇するであろう[20]。

しかし法律はポリスという共同体を前提にしている。その人々の取り決めと長い伝統であり、従って国家に相対的という面がある。パウサニアスが国によって法律が違うことを話の中核にしていたし（182A以下）、ディオティマ自身も、スパルタにもアテネにも立派な立法家がおり、その他の所でもそうだ、と指摘していた（209D–E）。アンティゴネの、戦死した兄を死の危険を冒して埋葬した決然たる行為は美しく輝いたが、それは国王クレオンの定めた法律に反していた。アンティゴネは、従うべきは太古の昔よりの書かれざる神の法か、それとも人の法か、と法の究極の問いを突きつけたのである。確かに神の法に対して、人の法は社会的取り決めという面があって相対的であり、国によって違い、時代によって異なった。

そこに、神が掟として律法を与える神授説に対して、人間が人間に服従することを要求する法律を定める実定法の暴力の問題が潜んでいる。プラトンが最後の対話篇『法律』で改めて取りかからなければならなかった問題である[21]。知識自体は共通普遍性を担い、その示す真理に対しては誰も無条件に頭を垂れるが、人の作る法律はまずは罰によって強制するのであって、服従を要求する無条件な権威があるわけではなかった。

加えて法律が人間の作るものである限り、実際の法律の善し悪しも避けがたい。特定の個人やグループの利益のために作られた法律は悪法である（『法律』715B）。例を挙げれば、アパルトヘイト法などがあろう。また政治資金規正法がざる法だとはよく聞く話である。古代ギリシア社会が前提としていた奴隷制の、「戦争における敗者は勝者のものとする約定の法」（『政治学』1255a6–7）[22]を始めとする戦時法が、捕虜虐待禁止の国際法に転じたのは人類の歴史上比較的新しく、一八九九年のハーグ陸戦条約である。加えて間違った法律によって処罰された人は無数にいよう。逆に本当の不正が法律の不備によって守られたことも少なくあるまい。そしてソクラテスは民主制アテネで、法律に従った裁判によって死刑になったのである[23]。法律は改善の努力が欠かせない[24]。

もし法律が、プラトンのいう「正しい言理（λόγος（logos））に従って理性の生み出したもの」（『法律』890D）であり、アリストテレスのいう「欲求なき理性」であって、ただ当面の取り決めというだけの便宜主義でないとすれば、取り決めとなるだけの何か理由と根拠がなければならない。そしてそれを与えるのが知識である[25]。別の言い方をすれば、法律が国家の部分的な目先のことではなく、将来のこと、国家全体にわたる普遍的なことに関わる（『弁論術』1354b6）故に、立法には、その時その時の社会情勢に反応するのではない長い時間をかけた熟慮が必要なのである。法律が優れて価値があるのは、包括的な知識を根拠にして裏付けられているからである。そこに法律と人の振る舞いの美を見晴るかす地平の彼方に、新しい展望がある。

そこで恋の道行きは、法律と立派な振る舞いの背景であって、これを支える知識と理解の地平、即ち知識の美へ導かれることになる。アンティゴネが法の究極の問いを突きつけたように、法律自体が最終法廷ではなかった。法律は、個人を超える社会共通の基準を自覚させると同時に、法律が与えるのはad hocな全体秩序でしかないことに目覚めさせ、最終的には法律を「超えるもの」を探究する道に送り出す通路である。そうでなければ人は、親に「あれをしろ、これをするな」と問答無用に命令され禁止され許可されるだけの子供に等しいか、人間個人のかけがえない現実に対して、一般的行動規範を特殊ケースに自動的に適用する杓子定規な法律主義に終わるであろう。それでは自由の息吹がない。理解をもって知ること、判断することを欠くことになる。

こうして「欲求なき理性」である法律自身が、法律を超える何か基準が必要であることを気づかせ、これを探究する手がかりになるものである。一例を挙げれば、『クリトン』において死刑直前のソクラテスにクリトンが脱獄を勧めた時、ソクラテスは「悪法も法なり」などと乱暴なことを言ったのではない。法律は自動的に法律遵守を要求したのではなく、一個人ソクラテスに対する一個人の如く人格化されて対話へ呼びかけ、脱獄の正不正をかけがえない唯一性の自己の自由と責任の下で新しく考察し直すように誘っている。その時法律は傍らにいる者、監督のような立場であり（50A, 47A）、その「監督（ἐπιστάντες,ἐπιστάτης（epistantes,epistatês））」という単語は、「知っている、知識がある」という意味の ἐπίσταται（epistatai）と共鳴している。[26] 多数者の意見（δόξα（doxa））ではなく、知識こそが基準であり、ソクラテスに対話を促す監督者である法律は知識に裏打ちされていたのである。[27] 知識はしかるべき理由の説明によって根拠を与え、理解を深める道を開くからである。

以上見た通り、不足と不満を自分に掘り起こすように、つまり法律を介して、法律の中から法律を超えていきたいという欲求を自ら開発すべきである。新しい美の見方に目覚めるべきだということである。それは法律の裏付けである知識の美である。背景が前景に出てくることになる。理性の生み出した「欲求なき理性」から、新しい美に開眼して「理性の欲求」を活性化させることである。かくして知ることが前面に出る。真理への愛を呼び覚まされて、記憶と学習を総動員する新次元である。

「すべての人間は自然本性上知ることを欲求する」とはアリストテレスの『形而上学』冒頭の言葉である。生まれつき感覚すること、分けても見ることを求める、と説明を始める。しかし知ることは決して単純に自然なことではない。「人間が知ることを自然に求める」という言葉は自然に生まれたわけではない。ある反省の下に生まれた。アリストテレス自身が知ることを位置づけようとしているからである。知ることを知ろうとしているからである。『形而上学』はこの知るとはどのようなことであり、知ろうと欲求する人間とは何であり、自然とは何であるか、を総合的に探究するものである。

人間は知ることを必要にしている。人間は世界の中に棲まっているが、その世界は人間が自分の知恵と知識で創造したわけではないからである。人間は宇宙進化にもっとも遅れて最後に世界に登場してきたものに他ならない。こうして世界についての無知と不可測性が人間の条件であれば、人間は世界の中で日々世界と対決しながら、世界を知る必要がある。このような知をめぐる世界との葛藤と対決を通して、人間は自己を知ることにもなる。自分の無知をその都度克服することと、世界の中に人間が占める戦略的位置を明らかにすることが起きているからである。このように知ることは、人間にとってあってもなくても良いような付けたりではない。本性に叩き込まれている「知りたい」とする欲求によって、世界への関心が人間本性にあり、それが自らの存在への関心に返照あるいは反射増幅するのが人間である。従って学習と知ることによって、あるいは知らないことによって、更には知らないのに知っていると思い込むことによって、より豊かになったり高められたりするし、逆に悪くなったり堕落したりすることになる。人生は学校であり世界は道場である。

それに対して動物は、精妙きわまりない生命の本能によって生まれつき、それぞれの種に応じた生き方を心得ている。わざわざ知る必要がない。生まれたときに学校は終わっている。学習することも、予め選択したように、その種の生き方の中に明確にプログラム化されている。後は実地訓練だけである。従って動物に成長や堕落ということがなかった。語る意味がないからである(28)。あるのは力の大小であり、強弱のリズムという自然の事実だけである。小秘儀にあったように、能力の強弱の変化であり、生存競争と生殖行動の成功と失敗である。また神は全知の知恵である故に知る必要がない。

人間は動物の大地からすでに離陸し、しかし神の天にはまだ至らぬ中間者なのである。しかし天翔るべく翼はすでに生え始めている(『パイドロス』246A-E参照)。すべての人間は心身共に妊娠していたのである。それを生み育てるのは人間の仕事である。こうして何をどのように知るか、知るべきかをめぐって、知ることの欲求を新しく方向付け、その能力を自ら開発することによって自然を超えようとするのが自然であるのが人間である。(29) そこに思い上がりの逸脱と歯止めのきかない技術文明の危険があるにしても、である。

さて人間にとって、世界は謎と驚きに満ちている。知ることは、「なぜ？」という驚きと問いの迫りに対して、根拠ある理由の説明を求めることである。切迫する問いの事柄を丸ごと知りたい、その全体を隈無く理解したい。それは、問題の事柄全体の原因と結果の意味連関を筋目に沿って明らかにすることである。知識自体が明瞭な輪郭と必然性で構造化された一つの ad hoc な全体としての秩序系である。それが文脈ごと、分野ごとに展開する知識である。数学から自然科学、社会科学へと広がる知識の世界である。プラトンは『国家』で国家守護者の教育のため、算数、幾何学、立体幾何学、天文学、音調論とプログラムを構想した。「万学の祖」アリストテレスは論理学、知識論、弁論術、倫理学、政治学、芸術論、天文学、動物学、心理学、自然学、形而上学の創始開発に努力した。現代はさらに広範囲の専門分野の知識が精密科学として展開している。それだけ世界は一層広くなり、一層深くなっているし、これからも止むことなく進展する。現代では素人でも、二百年前のその道の専門家よりよく知っている、というのも過言ではなかろう。

ところでディオティマが法律と人の振る舞いの次に知識に導くべし、と指示した第三段階のテキストには、普通注目されない点がある。第一段階の肉体の美、第二段階のこころの美について語る語り方と顕著に違っているからである。210A–C で美に言及するときは必ず前置詞をつけた句と組で語られていた。煩瑣を厭わず挙げると、「肉体の上にある美」、「肉体の中の美」、「肉体をめぐる美」、「こころの中の美」、「振る舞いと法律の中の美」である。

その点は知識への指示の中でも確かめられる。少年や大人や振る舞いの美しさに言及したとき（210D）、「一つのもののもとにある美（τὸ παρ᾽ ἑνὶ κάλλος（to par' heni kallos））」と表現されているからである。前置詞 παρά（para）＋与格は「傍らに、側に」という意味である。美は個体事実の地平に具現化して、少年や大人の肉体、振る舞いの傍らにその性質として見出されるが、それは偶然的、部分的断片だということである。全体の見通しのない偶然の断片に情緒的に愛着しては、奴隷並み、話すにも値しないちっぽけなことだ、と断じられるわけである。[30]

いま「の中に」「の上に」「をめぐって」「の傍らに」の前置詞句を一括して、「Xの中の美」と呼ぶとする。「Xの中の美」は、Xの中に美がある、という意味でXと美は区別される。XがXである故に美しいわけでもなく、XがXである点で美しいのでもなく、偶々Xに美が宿っているというニュアンスの意味である。従って宿ってはいても、Xと美は分離可能であり、Xには「美しい」と「美しくない」がともに有意味に語ることができることになる。美はXの性質の偶然の一部だというだけである。世には美しくない肉体も振る舞いもあったし、醜怪な悪法もあった。そしてXがその性質として偶々美を所有している点を、後の211Bでは「分有（μετέχοντα（metechonta））」と表現している。美の無条件な全体全貌を尽くしているわけではなく、その断片的一部分を分けもっている、との意味である。特殊イデア論用語である。

ところが知識については違っていた（210C）。何の前置詞句もなく直截「知識の美（ἐπιστημῶν κάλλος（epistêmôn kallos））」と語られていたからである（「知識」は複数形）。知識自身に美があり、美が知識自身の性質であるということではないか。つまり知識が知識である故に美しいことを示している。その意味では知識と美は分離できず、知識はそれぞれ美の例なのである。ディオティマが即座に「広大な美を眺め」という所以である。しかし知識自身の性質として美しい、とはどういうことか。

知識は外的権威に依存しない。知識は知識自身に権威がある。あることをそれ自身の原理・原因からその理由と法則性によって一貫して説明しようとするからである。「ああもいえるが、こうもいえる」と多様に現れ、また虚偽に転じうる意見・想い込みとは違う。見方によって、立場によって違って見える、という感覚の経験とも違う。ソクラテス個人に反対することは不可能ではない（201C）、とソクラテス自身が指摘したように、特定の立場、特定個人の意見は、その断片的偶然性の故に知識自身には決定的に重要な意味をもつことがなかった。それに対して知識はそれぞれが、人の想い込みに解消しない真理を、誰にとってもいつでも紛れのない透明な一義性の自己完結した全体として示す。それだけはっきり限定された輪郭と必然性の筋の統一のとれた秩序構造と純粋さをもって自律した説明体系である。

他方で、個人の恣意的欲求や野心、生活の都合や気遣いから解放して、眺めるだけで十分充実し意味があるもの、つまり部分間の均整のとれた対称性、全体の調和、一貫して揺らがない統一性、隠れなき明瞭さ（真理性）、欠けることなき完結性の秩序、そして高貴さ、清らかさ、静かさは美の徴表である(31)。こうして真理認識を与える知識は知識であることで美しく、知識自身が美の例である。知識とその性質としての美は切り離せない。理論物理学の理論開拓の現場では、しばしば「それは美しくない」という感覚が道標になるという。素人目にもピュタゴラスの定理の美しさを認めるのは難しいことではあるまい。その知識の美しさへ進むのは、「理性の欲求」が開眼することである。理性の中に刻まれている欲求を目覚めさせることである。こうして知識を愛することは、知識の美を愛することである。

しかし人間には世界全体を無条件に眺める超越視点はありえない。人間がその目的意志と設計図から世界を作ったわけではないからである。何億年前という過去からずっと存在し続けてきた地球という世界に、人間が後から登場しただけである。こうして世界の中に棲まっており、世界の中から世界を眺めるだけであり、しかし全体を俯瞰するためには世界の外へ出る必要があったからである。有限性の人間は世界の中から、特定の文脈の視点、立場から分節化された世界を小さく眺めるだけである。従って知識には、世界全体を人間理性が扱うことができる程度に局所化するために、特定の視点から截り出した切り口をそれぞれの固有領域として設定する機能が働いている。従って知識は、その小さく張られた局所地平の上で理解を広め、洞察を深める専門知であって、存在としての存在を無条件に問うたり、存在していること自身の意味を解明するわけではない（『形而上学』1025b8–9）。

地平（horizon）とは、一つの立場としての目の前から限界（ὅρος（horos））まで伸び広がった開けである。城壁に取り囲まれた空間が人々共通共有のポリスであったように、地平とは誰でも参加希望者はその中に入って共有できる開けである。それぞれの学問知は、その固有対象の存在を前提し（個体領域設定）、定義・根本原理・展開規則を仮定して、これに従って開けた局所地平の上に成り立ち、かつ画定されて自己完結したad hocな全体性である。幾何学は点と線と図形の研究であり、動物学は動物の生殖から死に至る生活行動の研究であり、経済学は人間の生活資源の生産と分配の研究である。何でも研究して理解する「何でもあり」という統一学は夢想でしかない。有限理性の知識は、特定の視点に絞り込むことで分解能が上がるだけなのである。分解能を上げるために、現代ではさらに一層専門分化が進んでいる。世界は多数の視点と多数の知識から眺められるのである。(32)しかし専門知がその固有地平の中を開拓するだけでは、専門知としてもやがて衰退することは避けられない。いわゆる蛸壺式の専門知識の狭隘化に縛られ、自身の固有地平の限界を超える無知の深淵に驚愕することがなくなるからである。地平は本来、限界まで広がりつつ、その「彼方」も予感の内に仄めかしていたのである。

確かに「もう十分だ。これ以上探究する必要はない」（『国家』504C）とする怠惰は、知識への愛、学習愛好の躓きである。他方で知ることの限界に関わり（無知の知）、一層明晰に知ることを愛求することは、既に知恵への愛としての哲学である。どの専門の知識も、その分野地平の果てまで行き、限界の「外」の闇になお理性の眼差しを向けようとする限り、哲学を不可欠としている。それを「万学の祖」アリストテレスは、各分野の専門知・科学（ἐπιστήμη（episteme））に対して「教養の知恵（παιδεία（paideia））」と呼んでいる（『動物部分論』639a1-10）。大学の教養学部が専門学部の予備門、入門編などでないこと、むしろ専門知の総合・統合ともそれ以上とも言える意義をもっていることを指摘して余りある。

謎と驚きに満ちた世界に生きる人間が、分節化した世界脈絡に応じてそれぞれの知識の網を張っている意味で、世界は各分野の専門知識の対象となる局所地平の無限集合であり、美の大海はその知識の美の無限集合である。アリストテレスは「こころはある意味で存在するすべてである」（『霊魂論』431b21）と宣言したが、こころの広袤は三千大世界を包蔵するのである。極大の宇宙から極小の素粒子まで、世界のどんな部分にも分野にもこころの眼は探照灯の光を投射し、知の沃野を広げうる。無限集合たる所以である。

プラトンは『国家』（537B-540B）で、国の守護者に（哲人王に成長すべく）理性の視力を覚醒させ磨くために算数、幾何学、立体幾何学、天文学、音調学を二十代に課し、三十代の前半に哲学的問答の訓練、そして公務を経た五十歳から哲学に進むプログラムを構想している。[33] そのすべては「最大の学習」（519C）即ち善の知識へ凝縮収束している。

しかし『饗宴』は美である。あらゆる美を包括する美の大海を眺めながら、つまり知識の美によって理性の欲求が覚醒活性化し、もっと知りたい、理解したい、と「惜しみなく知恵を愛する哲学の中で、沢山の美しく壮大な言葉と思索を生み出す」(210D) ことになる。ディオティマは同時に全く新しい知識を告知する。「これから述べるような美の知識」である。ここには大きな飛躍、あるいは逆転がある。美の大海は「知識の美」の無限集合であった。しかしここで告げられているのは、「美の知識」だからである。

ところで知識は世界の真実相の知識として、世界が相関者である。しかし他方で、知識は人がこころで考え、発見し、証明し、理解するものである。アリストテレスは「知識はこころにある」(『範疇論』1b1-2)、とその内属性を指摘している。知識はこころに宿るのである。物理学の知識が教科書にあるわけではない。書かれた文字は、想起のための備忘録か人が理解するための補助記号にすぎない。こうして世界とこころを結ぶのは、世界の実在構造をこころに隠れなく顕現露出させる知識である。知識は、実在の真理認識であって世界を相関者とするけれども、こころの内属性という意味でこころもまた知識の相関者である。世界がいかにあるか、を隠れなき真理としてこころに開示する知識を支点にして、世界とこころは均衡しているといってよかろう。

例えば相対性理論はアインシュタインが発見するまでどこにも存在しなかった。アインシュタインが自分のこころで発見したとき、彼はそれが永遠の昔からの真理であったと実感しただろう(神の精神の中にあった?)。相対性理論の表現(記号)はアインシュタインが創出したが、その表現が表現している真理(記号以前の原記号)は自分で作ったわけではない、と知っているからである。けれどもアインシュタインが発見するまではどこにもなかったということも間違いない。言即事、となるような無条件に創造する強い記号系の言語は人間にはないけれども、どんな知識も思索もこころが操作オペレーターであり、こころで考えられ理解され、そしてこころに受け入れられて初めて人間の世界の中にしかるべき位置をもって登場することになるからである。もし宇宙から人類最後の人間が消滅すれば、宇宙は隠れなき真理の光の消えた灰と質料の残骸であろう。存在は自らを真理として成就することがないからである。

そこでこうなる。知識はこころに宿り、従って知識の美はこころの世界に煌めくのである。その知識を理解し共有するどの人においても輝く美である。こころの中に刻まれ、こころの器官（212A）である理性に填め込まれている美である。しかしそれだけこころ次第、ということもある。新しく開拓発見される知識もあるが、無知、無理解、忘却といったこころのあり方によって輝きが左右されることになる。人類レベルでは、例えばエジプトの神聖文字は、紀元四世紀以降は人類の精神から消えた。そして十九世紀になってシャンポリオンによって解読され、人類のこころに復活した。また十七世紀のフェルマーの最終定理は、フェルマー自身によって証明され（とフェルマーが書き記している）、しかしその後三百六十年間知られないまま闇に終わった。ようやくA・ワイズによって証明されて、再び人間の精神に真理として宿った。個人レベルでは、世界最高の知性の人ですら、病気や事故、老いによって知識を忘却することはあり得ることだ。客観的真理の知識もこころに宿る限り、生滅流転は避けられないことが既に小秘儀において指摘されていた（207E–208A）。美の大海というけれども、波は浮沈、生滅の比喩としても使われる。

そこでディオティマは、美の大海に乗り出して、知識の美を喜び楽しむ探究の中、哲学の美しい思索と言葉を生み出し続けた果てに、「美の知識」に至るであろうと予言する。「知識の美」から「美の知識」への逆転であった。知識自身の性質としての美から、「存在の彼方」（『国家』509B）である善の輝きであり善と同根である美、知識の根拠としての美への逆転である。それが「これから話すような美の知識」である。

210A の「始めなければならない」で始まった恋の道行きのプログラムは、ここ 210D の「これから話すような美の知識を見るに至るほど強力になり成長する」まで一続きの文である。それは階段を昇ることに譬えられるような、困難で骨折りな探究を持続しつづける忍耐を象徴しているが、その後の「突然」と対比するためである。そこで初めてフルストップを置いて文は止まり、ディオティマはソクラテスに「注意専心するように」と言葉を改めるのである。出てきた言葉が、「ここまで恋の道を教え導かれて、美しい物を次々と連続して、そして正しく」眺めてきたが、「突然」驚くべき美に出会うだろう（210E）、ということだった。プログラムの頂点はそれまでとの非連続性の強調である。惜しみなく哲学の思索と言葉を生み出し、成長し強力になっても、それの延長上のことではなく、摑みえない未知のこととして突然の出現である。

しかし本質的な連続性はある。恋の道行きの第三段階として、「知識の美」を追究してきたことである。知識の地平の上で美の大海を眺めつつ哲学に驀進する中に、「美の知識」の覚醒とそれへの転向が告知されたからである。従って人間理性の活動自身の中に、これを破り超える全く新しい何かがあったのである。それが「知識の美」から「美の知識」への逆転である。連続性の中でその内側から連続性を破る「突然」である。

知識は知識である点で美しかった。美は知識の美として、知識自身の性質だった。それだけ美は知識に相応しい形で釣り合っていたのである。どれほど驚天動地の新理論、新発見であっても、その美の位置は変わらない。知識は、人のこころが理性の力で遂行する認識努力によって、真理を発見しあるいは理解することでこころに宿る限り、こころの内属性である。従ってそれだけ知識の美はこころの活動に釣り合っていたのである。こうして知識の美は人間理性の栄光のオーラである。他方で、知識は世界がいかにあるか、の真実相を明らかにする意味で、分野それぞれの専門知識のもたらす光によって、世界の局所部分に輝く美（大海の波）でもあった。知識の美は世界にも釣り合っていたのである。

それがいまや転倒する。恋の道行きの究極は、知識の美ではなく、美の知識だったからである。211C に「美しい学習」といわれる学習・知識の性質としての美が明示され、その後で美自身の学習が明らかに対比されている。「あの美自身の学習に他ならないあの学習」と強調され、美は学習・知識に先行独立する「あの」であり、こころに優先する。人間の理性の中に、理性と知識を超越する根拠が突然現れたのである（「言葉もなく知識もなく」211A）。その逆転が小秘儀と決定的に違うところである。小秘儀では、名誉名声という不死不滅性は、人間理性の中で自分の理性が優越した位置を占めることだったからである（他人から尊敬される！）。しかしここでは理性の中に、理性を破り超えるものがある、過剰があるとのことである。「こころの妊娠」の秘密の一端はここにあったといえるであろう(34)。妊娠は、自分の中に、自分ではない新しい生命を宿すことだからである。

知識が根拠でなく、こころと世界も根源でなかった。知識の相関者であるこころを超え、知識の網が覆っていた世界も超えて、突如として宇宙全体の叡智と価値に等しい美が出現した。世界が無の中に消える驚愕の一瞬である。それが〈美しい〉それ自身、すなわち〈イデア〉との出会いである(35)。美しい肉体でも美しい法律・振る舞いでも美しい知識・学習でもなく、〈美しい〉それ自身である。心身脱落しての出会いである。

「実にこれまでのあらゆる苦労もずっとあれのためであった（ἦσαν（ēsan））」（210E）、とディオティマは付け加えている。恋の道行きはその目標を知らないまま出発し、肉体を超え、社会を超え、知識を超えて世界の果てまで突き進んだ艱難辛苦の探究が〈あれ〉のためであったか、と一挙に謎が氷解する印象深い一文である。〈あれ〉は、それ自体としては道行きのプログラムの中に書き込まれていない。しかし「ずっとあった（ἦσαν（ēsan））」という未完了過去形が示すように、その目標も正体も知らないまま美の呼びかけに応じて探究を始めた道行きの全過程が、〈あれ〉のためでありつづけていた、とのことである。探究はその求めるところのもの以上のことを始めから求めていたのである。探究の目標の全体全貌を知らぬまま恋の道行きを始めさせ（ἀρχή（archê））、その探究を「正しく」進むべく支配しつづけ（ἀρχή（archê））、歩ませていた根拠（ἀρχή（archê））が、その始めから既に己の脚下、近みにあったことに開眼したディオティマの感懐である。その直前に「ソクラテス」とパーソナルな呼びかけをした点にも、恋の道行きの探究がそもそも何であったか、を悟得した感慨が響いていよう。

さてその美の〈イデア〉は、美しさの点で生成も消滅も増大も減少もなく、ある仕方で美しく、ある仕方で醜いということもなく、ある時美しく、ある時醜いということもなく、あるものとの関係で美しく、あるものとの関係で醜いということもなく、ある人にとって美しく、ある人にとって醜いといった仕方でここで美しく、ここで醜いということもない、と語られている（211A）。この説明は、これまでの道行きのプログラムが極めて簡単に語られたのに対して、言葉の過剰に見えるほど詳しい。これは何のことか。

われわれの言語の基本は分類であり、存在と非存在を言葉で現出させる命題の肯定と否定を通した事分けである。つまりある対象について事の次第が「Fであるか、Fでないか」を言分けることである。従って「Fでない」と考えることができることが、「Fである」と語ることの理解可能性の条件をなしていた(36)。そうでなければわざわざ「Fである」と言挙げする意味がない。そしてその事分けの分類に生活上の実践反応が結びついている。世界の中の「Fである」事実と「Fでない」事実では、対処の態度が違うからである。対象とするものが大きいか小さいか、赤か青か、甘いか辛いか、敵か味方か、言分けることに生活行動が反応する。

従ってわれわれが日常言語で語る世界の中の事実についてなら、どんなものでも「美しい」と語ることが成立するなら、「美しくない」と語ることも考えることも意味があり、世の有りようと条件次第では「美しくない」に転変することがあり得る。こうして「美しい」と「美しくない」は区別されるけれども、切り離せない。一蓮托生なのである。パルメニデスは日常語法の「ある」と「ない」がそうした一蓮托生の運命だ、と明確に指摘している。人が「ない」も「ある」と同じように使い、同じように語っている限り、「存在と非存在は同一であり、そして同一でない」（断片6）[37]と。

しかし〈イデア〉については違う。ディオティマが「生成もなく消滅もなく」で始まる否定形を連ねて語る説明は、〈イデア〉について、語ることに意味があることとないことの区別がある、という文法命題である。つまり〈イデア〉について見方、立場、場所、時間、関係などのトポス（論点）で語ることは意味がない、という命題である。従って特定の見方や場所や関係などの文脈の中で「美しい」と語られるどんなものも、〈美しい〉それ自身ではないし〈イデア〉ではない、という文法命題なのである。「でもなく、でもなく」と否定詞が211A–Bで二十回も使われているのは、〈イデア〉について語ることが意味をもたない文脈を枚挙するからである。それはわれわれが日常言語で何らかの物について何事かを語る時の多岐にわたるトポスである。従って縷々述べられている否定形は、われわれが日常生活で事実を処理するためにそれぞれの文脈で言葉を使うトポスから外れていることを示している。いずれでも「ない」。事実地平が全体として遠みに消え、無が現出する。

一蓮托生論に見たとおり、あるコンテキストで「美しい」と語られるものは、少しコンテキストが違えば「美しくない」という可能性に浸透されている。どのみち世界という文脈の中の事実なのである。しかし〈イデア〉には「生成も消滅もなく」とは、生成も消滅もすることなく永遠に存在し続ける、という持続のカテゴリーの意味（temporal eternity）では全くなかった[38]。生成と消滅は「ある」と「ない」の間の変化であり、「ない」も「ある」に劣らず有意味に使えることを前提にしている。しかし〈イデア〉には「ない」と語ることが意味をもたないので、生成と消滅を〈イデア〉について語ることがおよそ無意味だということである。

それに対して何かが永遠の存在だといっても、偶々永遠の持続だというだけであって、「存在しない」と考えることは無意味ではない。すなわち非存在の可能性に脅かされながら、「永久にある、あり続ける」と言い張るように迫られているわけである。天空で悠久の回転運動をする星辰もまた、非存在（回転停止）の可能性を恐れなければならない。因みに結婚式で「永遠に愛する」と言う時、「何時までも永遠に」ということを意味したとすれば、愛の眼目を失していることも明らかであろう。

小秘儀の不死不滅性が、肉の子とこころの子の誕生による永久持続のことであることもすでに明らかであろう。決して時間を超えたり支配したわけではない。当人が死んだ後に、偶然にも幸いにして子たちが身代わりに生き続けるいみの時間上の不死であった。その胡散臭さは、死後の世界の神話にも共通する。死後の世界で未来永劫生きるというのでは、この世で時間の持続を生きることの転用か延長である。この世の「後に」「次に」生きるであろう話である。持続のカテゴリーに属している。それではこの世の生が「謎」と見るにしろ（ウィトゲンシュタイン）[39]、飽き飽きするほど退屈であるとするにしろ、生の持続を死後まで未来永劫延長しても何の解決にもなるまい。その未来の世界がこの世と同じ素材でできているのだから。

しかし〈イデア〉について、「美しくない」と考えることも語ることも意味がない。「美しくない」という可能性の影を引きずりながら、これとのコントラストで「美しい」と事分けて語ることは意味がなかったからである。従って美の〈イデア〉は、最高度に美しいものでも一番美しいものでもなかった。「美しくない」が有意味な地平の延長上に位置する「比較第一」ではなかったからである。また分有方式で、つまり他のものによって（これを根拠にして）美しい、と語ることも意味がない。いかなる可能性の影も緩みもない存在の完全充溢と一義性の自己述語（self-predication）として、〈美しい〉それ自身なのである。[40]

それと並行して、〈イデア〉は世界の中の物個体のように把握できない。「顔や手やその他の肉体部分」（211A）のように摑めないし、「動物の間に、大地の上に、そして天に存在する物」（211A）のようにも摑めない[41]。およそ〈これ〉と摑むことは不可能であり、あらゆる摑みから彼方へ退いて、ただekeinoすなわち〈あれ〉と指標するだけである（210E, 211B, C）。〈これ〉と指示できるのは、大地から広がって天蓋のかかった、われわれ馴染みのこの世界の中で、〈多〉として並列展開する物個体の中から選んだ特定対象に他ならない。曰く、この人、この花、この車、と。従って〈美しい〉それ自身は〈多〉の中の〈一〉ではないし、世界に存在するものたちの中で〈第一〉ということでもなかったし、最高の存在でもなかった。美の〈イデア〉は「それ自体によりそれ自体と共にそれ自体で唯一」（211B）である。〈あれ〉とは、誰からも共通して遠い、天外よりなお彼方の超越指標なのである[42]。

そして〈あれ〉には釣り合う言葉も知識もなかった[43]。プラトンは『国家』で、善は究極の根拠として「存在の彼方」（509B）であり、その善を間接的に示すために人間の認識能力を分類する「線分の比喩」を使った。そこではあらゆる知識（専門知・科学）は、先に指摘した通り、固有対象の存在（個体領域）の定立、基本語の定義、根本原理をあらかじめ基礎に措定している点で仮定性格があり、それに対して対話問答が切り開く「かく問い、かく答え、かくあるが善い」を与える善は、あらゆる始原に先立つ「無仮定の原理」（510B）と指摘している。善の純粋認識に比べると、人間のあらゆる知識は、想い込み・意見（δόξα（doxa））でもあり、知識と信念の両義性がある。それは「線分の比喩」で線分を対話問答法・専門知・信念・想像と四分割した時、真ん中の二つの線分が等しい長さになることに現れている[44]。

美はその善と同根であり（「善は美の源泉」（プロティノス『美について』9.43））、同じく超越越境を示している。

先に見た通り、知識の地平の連続性の中からこれを突破する意味で、「知識の美」から「美の知識」への逆転であり、その「美の知識」は、専門知として開ける知識以上の知識、知識ならざる知識として（「言葉もなく知識もなく」211A）、非連続性の「突然」が際立つのである。

神は天地創造の後、「美しい！」と祝福を与えたという（『創世記』1.4）。恋の道行きの終極、突如として出会うのは、〈美しい〉それ自身であった。あらゆる地平、文脈、場と共に世界が瞬目の内に消えて、今一つの現実に直面するのである。エリュクシマコスはエロス神を宇宙規模で語ったが、それは天蓋の下のことである。いまは世界をすっぽり覆う天蓋が外に破れ裂ける瞬間である。いわば天地創造の原初現実に出会うに等しい。あるいは宇宙全体の叡智に等しい、永遠の〈汝〉との出会いである。その前では人間のあらゆる営み、積み上げる偉業は児戯に等しい。小秘儀が小秘儀たる所以である。

しかし〈イデア〉の分離超越性を強調すれば、その〈イデア〉と他の諸々の美しいものたちとの関係は理解が難しくなる。同じ意味で「美しい」と語るのではないからである。他方で分離を緩めて〈イデア〉を「最高度に美しい」存在にした範例〈イデア〉論でも、そのモデルと写しの関係が問題を含む。結局〈イデア〉と感覚物の「分有」（211B）ということが難問中の難問である。「プラトンは共通に探究することに委ねた」とアリストテレスが報告している（『形而上学』987b14）。プラトンはやがて『パルメニデス』でその難問に直面し、根本から批判的再検討に着手せざるをえなかった。しかしそれはまた別の物語である。

一度整理しておこう。ディオティマは恋の奥義として、210A-Eで美を求めて進む「べき」正しい恋の道行きのプログラムを語った。その始めが美しい肉体の経験であった。しかしその終極である目的は指示されなかった。

「美とは何か」は全く未知であり、この奥義は未だ知られざる目標の探究である。そうであるからこそ次々と段階を踏みながら、新しい視点を生み出し、美の新しい理解に次の一歩を求める力動的プログラムになっている。美は、こころの内に遮るものなく侵襲しこれを触発しつつ、「外」へ呼び招く超越エネルギーに満ちていた。

すなわち一つの段階に立ってある視点と文脈から美を経験することは快適であり、しかもその美を理解し味わい深めることは理性の活動に固有なものとしての充足と喜びである。と同時にその理性の喜びの中に、まだ達成していない美の予感と理解の萌芽が生まれてくる。自分で自分に新しい欠乏と新しい欲求を生むのである。こうして新しい別の視点に導かれ飛躍するというダイナミズムであった。しかし道行きのプログラムは終点を示さなければ完結しない。進む「べき」正しい道であったかどうかは終極から決まるからである。それが「美の知識」であり、連続性の中からこれを破る非連続な「突然」の美の出現とその出会いであった（「驚くべき美を見るだろう」）。ディオティマは恋の秘奥を極める「正しい道」の秩序ある構造の探究言語を創出したのである（211B）[45]。

プログラムの終極点である美自体について述べた後で、ディオティマは211B半ばでさらに一歩踏み出す。「誰かある人[46]」が正しい道を具体的に進むときのプロセスを確認するからである。ディオティマの関心は211B-Cで二度「正しく」と指摘するように、恋の道を正しく進むことである。それは「〜から」が七回、「〜へ」が六回指示されるように、秩序ある段階を踏んだ飛躍である。「この世の美しいものたちから始めて、あの美を目標に昇ること」（211C）であり、階段のようにして、一つの肉体から二つの肉体へ（兄弟的類似性）、二つの肉体からすべての美しい肉体へ（一義性）、美しい肉体から美しい振る舞いへ（こころの美）、そしてさらに振る舞いから美しい学習（知識の美）へ進んで、最後に、〈あれ〉なる美自体の〈あの〉学習に到達すること、と指摘している。それは明瞭な方法に裏打ちされた段階的進行のダイナミズムである。

しかし語れるのはそこまでである。(47) プログラムに沿った進むべき「正しい」プロセスは語ることができる。また明確に語られなければならない。しかしそれがすべてではなかったのである。ディオティマは大秘儀を説明し始めるに当たって、「正しい」道を指示しながら、同時にソクラテスがその究極に達するかどうかは分からない、と付け加えていたからである（210A）。その究極（211C）をめぐってテキストに問題が多い。

211C8は「最後には美しいそれ自身を知る（γνῷ αὐτὸ τελευτῶν ὃ ἔστι καλόν（kai gnôi auto teleutôn ho esti kalon)）」である。この接続法第二アオリスト形三人称単数形γνῷ（gnôi）（知る）は、それまでの直説法の語法と動詞の不定詞の使用と一致せず、処置に困って、ある人はそれまでの構文に合わせて不定詞γνῶναι（gnônai）に訂正し、Bury, 131は接続法を生かすために接続詞ἵνα（hina）（ために）を挿入して主文から目的の従属文に変え、「最後には美それ自身を知るために」と解した（訳註15・34）。しかしいずれも恋の道行きで語られることと語られないこと（プロセスの一部とプロセスの「外」のこと）があることに気づかなかったためである。進むべき「正しい」道は、美それ自体の学習に最終的に到達すること（τελευτῆσαι（teleutêsai））である。語られることはそこまでである。人が行うべき正しさの範囲だからである。しかしそれを超えることがある。「べし」のプロセスには載らないということである。

最終段階についてはすでに211Bに指摘があった。「その時、ほとんど最終点（τέλους（telous））に触れているだろう」と。しかしディオティマが希求法で慎重に表現しているように（訳註15・30）、この接触も問題が多かった。宴会に遅れてきたソクラテスに対して、アガトンが「知恵のあるあなたに触れて、発見したことを手に入れたい」（175C）とした時にすでに出現していた。ソクラテスは、知恵を自分の物にしようと接触しても、知恵は接触をすり抜けることを強調したからである。後に登場するアルキビアデスも、ソクラテスの知恵と愛を求めて誘惑し、一晩床を共にしたけれども、「何もなかった」（219C）。伝達不可能性自体も伝達しなかった。人間は人と人の間に無限の深淵が開口していたからである。そこには人と人を取り巻く水平的超越がある。それは接触しても架橋できなかった。接触によってむしろ深淵は広がったというべきである。それまで考えもしなかった深淵、接触によっては超えられない限界に気づく筈だからである（しかしアルキビアデスは自らの経験から何も学ばなかった）。

従って接触は「ついに自分の物になった」ということも無条件な終極も意味しない。むしろ把握も摑みもすり抜けることがある。触れているのに、掌握不可能性が潜んでいる。連続の中の非連続性である。そこに人間を取り巻く垂直的超越がある。階段を上るような道行きの最後の段階は、最終点に触れているだろうが、すり抜けることがある。まだ知らないことがある。終わりよりなお終わりがある[48]。それを受けるのが孤立した接続法の γνῷ（gnôi）（知る）である。

しかし接続法は主文に対する従属節であって、独立の接続法は稀であり、説明が難しい。おおむね学者はテキストの訂正を最小限にしてかつ接続法を救うために、Bury に従って ἵνα（hina）を挿入して目的句にしたのである。しかしそれではその「最後」をこれまでの道行きのプロセスに目的として内在させることになる。「最後」が二度繰り返されることもただの強調になってしまう。ここでは底本のテキスト通り読んで、かつ一貫した意味を探ることにする。

独立接続法と否定詞 μὴ（mē）の組み合わせはホメロスにあり、恐れ、心配、疑いを表現する（〜ではないだろう）。これは「疑わしい」という皮肉の調子を含んで、プラトンお好みの用法でもある[49]。しかしここは疑いや皮肉といった否定的ニュアンスの話ではない。

さらに独立接続法にはホメロスに「予期の接続法（Anticipatory, Homeric Subjunctive）」がある。[50]形は過去形でも直説法の未来形と同じような意味になる。ただしこれはアテネ方言では稀であるという。しかしいま見たようにプラトンは疑いなどを表現する独立接続法のホメロス流用法を知っており、自分の目的のために自由に使っている。とすればホメロス式の予期の独立接続法も使うことができたと推定することは十分理由がある。これまで予期の接続法に思い至る研究者がいなかったのは、この文脈でいかにも唐突であり、またその使用法の意味を発見できなかったからである。唐突であるのは、実は道行きの最終点の「突然」に対応するものだったのである。

ここでは、恋の道行きの最後よりなお最後に、「美自体を知るであろう」と〈イデア〉の純粋認識を予期の内に述べた、と解するのがもっとも相応しいと思われる。直説法未来形でないのは理由がある。恋の奥義を求めて進むには（210A）、誰であっても進む「べき」正しい道行きがあり、その道行きの客観的（筋道だった）プログラムの終極点は、プログラムの一部として述べることができる。そうでなければ「べし」がどこにも到達点がなく空中分解してしまう。従ってその目標が未来の事実・一般的真理[51]としてプログラムの頂点として説明できた。それが直説法未来形の「驚くべき美を見るであろう（κατόψεται（katopsetai））」なのである（210E）。

しかしプログラムの一般的な説明ではなく（それは210Eで終わっている）、ここでは具体的な「誰かある人」が現実に恋の道行きを「正しく」進んで、最終段階に到達した場合のことをディオティマは語っている。その時、その人が美自体を知る、すなわち美の〈イデア〉に出会うかどうか、はディオティマでも分からないし、約束したり保証することさえできない（彼女はペスト流行を遅らせせただけで、全知全能ではなかった）。「正しさ」の先に掌握不能なことがあったからである。これまでの悪戦苦闘、理解を深めるあらゆる認識努力と釣り合わない不均衡なことがあったからである。確かに探究としての道行きがその目標に到達するために、踏むべき筋としての

「正しさ」がある。しかしこちら側の「正しい」骨折りと努力が、望むようにすべてを決めるわけではない。われわれの「正しさ」を盾にとって要求する発言権が最終法廷であると見なせば、既に浄化したはずの小秘儀の残滓があることになろう。そこでは偉大な人間の偉業功業が永久不滅性の最終決定事項だったからである。歴史に名をなす功業達成であっても、人間用の尺度が効くからこそ社会的記憶であった。しかしディオティマが伝えようとすることは、「骨惜しみなく哲学する中で、沢山の美しく素晴らしい言葉と思索を生み出し続けて……突如」（210D）とのことだった。〈イデア〉はこれに釣り合う「知識と言葉」（211A）がなかったのである。

同じ未来を語るのでも、接続法は直接法と違って客観的事実や一般的真理としてではなく、より話者のこころの翳りがかかった語法である。[52]従って道行きの終わりよりなお終わりについては、直説法の未来形より接続法の方が相応しい。[53]ディオティマのこころの思いがかかった、主観的なニュアンスの表現となるからである。まるで事実その通りだ、と予測するのではない。「美自体を知る（出会う）であろう。そうなればいいが」というディオティマの希望のこもった期待である。踏むべき道行きのプログラムの説明とは明らかに言葉の筋が違った。これまで研究者に見落とされたわけである。出会いはいつでも、予測外でありまったく新しい。

われわれはここでアリストデモスが目標のアガトンの家に着いた時、「門が開いていた」（174E）ことと対比して、再びパルメニデスを想起する。「光の国」を目指して驀進したパルメニデスを待っていたのは、「夜と昼の道を分かつ門」であり、それが「固く鎖した門」によって閉ざされていたことである（断片1）。そして「その開け閉ての　鍵もつは　罰に厳しき　女神ディケ」である。[54]もしそれと似たことを考えることが間違いでないとすれば、これまでの進むべき秩序の探究の諸段階の「正しさ」、こちら側の「正しさ」とはまったく違う、あらゆる基準の基準である正義（の女神）の決定が最後に、恋の道の修行者の「わたし」が〈美しい〉それ自身に出会うかどうかを決定する。ディオティマはそれを希望し期待するが、保証するわけではなかったのである。

誰に対する期待か。この文脈の「誰かある人」でディオティマが具体的個人を念頭にしているが、こころに留め置いて言わないことは上でも指摘した（訳註15・29）。それは哲学の道に招き、恋の道行きを親しく語りかけているソクラテスのことである。そのソクラテスが厄介な骨折りの正しい道を進んで恋の道の最終段階に到達しても、なお薄皮一枚隔てる垂直超越の深淵があった。ソクラテスがこれを超えて〈美しい〉それ自身を知ることがあるように、根拠に出会うことになるように、そうあればいいが、と希望を託した予言者ディオティマの言葉であった。

恋の道行きとして説明されるプログラムの内容と、それをディオティマがソクラテスに話して聞かせている外枠の文脈を区別すべきであることは先に指摘した。そのプログラムの説明を受けているソクラテスが、恋の修行の道を歩いた場合のことが浮き彫りにされた。とすれば著者プラトンの裏脈絡で、そのソクラテスには読者たるわれわれ、恋と哲学の修行をしようとしている「君」であり「わたし」が仮託されていることになる。

「親しい友ソクラテス」と呼びかけて、ディオティマが言葉を改めたのはまさにこの最終段階である（211D）。しかし著者プラトンはそれまでのように「ディオティマ」と名指さず、わざわざソクラテスに、「予言者（マンティス）」を響かせる「マンティネイアからの女性」と言わせている。そしてディオティマが告げたのは、「〈美しい〉それ自身を眺め観照することが、人間にとって生きるに値する」ということであって、予言者に相応しい。生きるに値する、とは人間にとって最善の生き方ということであり、つまり幸福だということである。先にペスト流行をディオティマが十年遅らせたというエピソードの隠れた意味が、哲学と幸福が一致するという希望のメッセージだとしたが、ディオティマのその予言の実質が、美を求め、知恵を愛するエロスと哲学の道行きの究極に達したいまここで露わにされたことになる。

従って世界の見方、人間の生き方で、何が重要であるか、が根から一変する。「木はその実によりて知らるべし」（『マタイ』12.33）とある通り、その変化は日々の生活の具体相に現れる。ディオティマが指摘するのは、今まで重要としていた黄金や衣服、そして会えば飲食を忘れるほど夢中になる美しい少年・青年もその肉体もろとも掻き消えるであろう（211D-E）。またそれまでは立法家が法律を通して正義の振る舞いを規範として示し、詩人たちの文芸作品が徳の偉業を範例モデルで提示し、人々が社会の習慣としきたりとしてきた市民の徳を受け入れてきただけだったことから、その代わりに真実の徳を生むだろうということである（212A）。

その人は「神に愛されるもの（θεοφιλής（theophilês））」となると言い添えている（212A）。それは至福になる意味である。もとよりこのθεοφιλής（theophilês）は二義的であり[55]、「神を愛するもの」もまた意味しうる。哲学即ち知恵を愛して、知恵そのものである神を愛するものになろうとすることは、最後に神に愛される逆転となる。「神に似たもの」になろうからである（『法律』716C–D）[56]。人間が不死になる希望を予言して（212A）、ディオティマの長い話は終わった。

パルメニデスが忌み嫌った「呪わしい出産と性の交わりを始めさせるダイモン（女神）」（断片12）と、パルメニデスを「真理探究に導いたダイモン（女神）」（断片1）を口説いて和解させ、恋とエロス、愛と性の創出力を内側から真理探究の超越エネルギーに変容させ得たのは、女神にも似たダイモニオン、女予言者ディオティマの功績であった。

しかし不死になる希望についてテキスト上（212A）に不明瞭な点が残っていた。翻訳では「もしも他の人に（εἴπέρ τῳ ἄλλῳ（eiper tôi allôi））不死ということが起きるとすれば、あの人にも（καὶ ἐκείνῳ（kai ekeinôi））起きるだろう」と訳したが、ほぼすべての訳は「もし人間に不死ということが起きるとすれば、あの人にこそ起きるだろう」としている。形容詞 ὁ ἄλλος（ho allos）は「他の人」と共に一般化して「誰であれ」を意味し、また接続詞 καί（kai）は付加の「もまた」と強調の「こそ」を意味するが、研究者はいずれも後者の意味にとったのである。人間が不死になるケース、可能性が恋と哲学の道行きとは別に他にもあるとすれば、これまで情熱的に哲学とエロスの奥義を紹介してきた予言者ディオティマの話が不整合になる、と解するからであろう。(57)

ところが間違いなく「他の人」という意味のギリシア語がテキストで使われているのである。それは Dover, 158–159 も認めた。そして Dover は 211D の「もしどこか他のところに人間に生きるに値する生き方があるとすれば」にも「他のところ」というギリシア語があることを指摘している。しかしそれ以上考えなかった。つまり誰もただ単なるレトリックとしか考えなかったということである。

しかしテキストの上から「他の人」と「あの人」が対照されている事実は否定しがたい（接続詞 καί（kai）は「あの人も」となって、対照がより明瞭になっている）。加えて同じ εἴπέρ τῳ ἄλλῳ（eiper tôi allôi）（もしも他の人に）という表現は、Bury, 133 が指摘するように、『パイドン』59A と 66A にあった。しかし Bury もそれ以上考えなかった。『パイドン』のその二ヶ所は哲学と永遠不死の関係を考察する文脈だったのである。そして『饗宴』は生の哲学、『パイドン』は死の哲学、と強い結びつきがあった。(58)

まず 59A は『パイドン』の始めにパイドンが、死に際のソクラテスが幸福そうに見え、「彼処（黄泉の国）に着いても、もし誰か他の人も幸福であるなら、ソクラテスは幸福であろう」という発言である。しかし『饗宴』

の箇所に似た εἴπερ τις πώποτε καὶ ἄλλος (eiper tis pôpote kai allos) は、ほとんどの翻訳で「もし誰か幸福であるなら」となっている（朴②、池田、Gallop, Hackforth）。

66A は、ソクラテスが哲学の営みを肉体と感覚から離れた純粋思考と解した上で、「もし誰か他の人もまた存在に的中する人がいるとすれば、その人（哲学者）はそうでないだろうか」という原文であるが、どの訳でも「誰か他の人もまた（τις καὶ ἄλλος (tis kai allos)）[59]」は省略されて、ただ「もし誰かいれば」となっている。

この二つの文脈ではソクラテスが具現化した哲学が唯一焦点であって、「もしも誰か他の人がいれば」と考える余地はなかったのか。しかし 59A 直前の 58B-C でパイドンは、アポロンに捧げられた祭礼中は血の禁忌のために、ソクラテスの死刑が一ヶ月遅れた、と説明している。その導入部は『パイドン』全篇を貫く二つのテーマ、すなわち人間は神々に仕えるものであることと浄めの重要性を指示している。[60] 実際 60D と 61B では、ソクラテスが夢のお告げにしたがってアポロン賛歌を作った、と言及され、85B ではソクラテスがアポロンの使徒だと自ら言っている。

つまり『パイドン』は死をめぐる哲学と宗教の対立と呼応の作品である。[61] 死がテーマであったから、宗教がその一端を担うのは不思議ではない。その返照結節点にソクラテスの死がある。そして件の 59A と 66A は、宗教と哲学の結びつきを色濃い背景とする文脈にあった。したがってわれわれが問題にしている「もしも」の条件文は、哲学と宗教という二つのことに跨った可能性があったのである。

85A-D でシミアスが重要な指摘をしている。死とは何であり、死んだらどうなるか、魂は永遠不死か、といった問題は極めて難しいか解答不能であり、できることは第一に、自分で答を発見するか人から学ぶこと。それが不可能なら第二に、もしも何か神の言葉を乗り物にしてより安全で危険の少ない人生を生きることが不可能であれば、最善でもっとも論駁されにくい人間の言葉をとって、これを筏にして人生の大海を危険を冒しながら渡ること。最終的答を知らないまま人生を生きる場合の二つの道の提案である。シミアス自身がこの探究法にどれだけ実質を与えているかは分からないが、ソクラテスに対して改めて質疑を繰り出し、対話問答に乗り出している。

シミアスが挙げた「神の言葉（λόγος θεῖος (logos theios)）」がどの程度オルペウス教・ピュタゴラス派の教説か、またシミアスはピュタゴラス派のピロラオスの弟子ではあったが（61D）、自身がどれだけピュタゴラス派に帰属していたか、は問題が多い(62)。しかしシミアスが開かれた精神の持ち主で(63)、自分は疑問としながらも神による啓示の可能性に言及していることは注目してよい。宗教の可能性なぞ頭からぽいと投げ捨てて知らぬ顔を決め込む、といった知的怠惰と傲慢はそこにはない。

したがって問題にしてきた59Aと66Aはそれぞれの文脈で、二つの道に跨った発言であった。存在に的中して真理に出会い、黄泉の国で幸福に過ごすことは、哲学の道以外に「誰か他の人も」可能性がある。哲学だけが唯一の可能性ではなく、宗教の道がある(64)。

そこで『饗宴』の箇所に戻るとこうなる。「もし他の人に不死になることが起きるなら、（美自体に出会って、真実の徳を生み出す）あの人にも起きるだろう」ということである。それが女予言者ディオティマのメッセージである。アテネに迫ったペスト流行に直面したディオティマが求めたのは、生き方と考え方の根本的革新であった。

小秘儀の示した永久不滅性は、政治家、芸術家、発明家といった偉大な個人に対する、不滅の名声という社会的記憶に基づくものであった。しかし青史に名をなす幸運に恵まれるのは、社会のごく少数のものである。みんなが名誉に恵まれたら、名誉は意味がなかった。ところが大秘儀はその小秘儀よりもさらに厳しい。ディオティマはソクラテスがその奥義に参入できるかどうか分からない（210A）、と話していたからである。イデアへ到る道は険阻至難であり、最後に時の彼方の永遠に出会うのは限られた少数の人になろう（難行道）(65)。大多数の人にとって、より安全でより危険の少ない道はないのだろうか（易行道）(66)。

『パイドン』の著者プラトンは、シミアスに「神の言葉」を「より安全で危険の少ない乗り物」と語らせていた。プラトンは自分の信念一路の頑迷固陋とはほど遠い。未だ知られざる「大いなる汝」を予感しないのではない(67)。偶然という仮名の元、人生を転倒する暴力になりかねない運命の閾ぎ寄せる人生の大海を、より安全に進む乗り物となる、強い「神の言葉」の可能性を知らないのではない。むしろ神と人間の連続性は、擬人神観の著しい逸脱になるほどギリシア人の深層底流にあったのである。神を人間の近みで明瞭に把握したいと望んだからである。しかし「神の言葉」の受肉托身は安易に語られてはならなかった(68)。そしてプラトンの偉大は、自分の探究とは別のもっと強い「神の言葉」の可能性を知って、なおその可能性に自らこころの散歩を許さなかったことである。弱い「人間の言葉」を探究言語として、これを筏に人生の大海に漕ぎ出す以外はしなかった。「板子一枚下は地獄」は我らが現実である。足下に開口する虚無の深淵に臨みながら、「神の言葉」ではなく「吟味し続け、検討し続ける」（『弁明』41B）探究言語を、エロスの遊戯態さながらに軽やかに醒めた熱意で実演する凛としたソクラテスを作品化し得たところに、プラトンの功績はあったと言えよう。曰く、「美しくなったソクラテス」と。

最後にソクラテスは「説得された」(212B)と言ったが、われわれ読者が説得されたかどうかは別問題である。[69] この後ディオティマへの対抗案になるようなスピーチが、ソクラテス個人に執し抜くアルキビアデスから提示されることになる。ソクラテスはディオティマの話を「自分の言葉」で語り直す形で紹介したが、われわれはアルキビアデスに抗してディオティマの話を語り直さなければならない。つまりソクラテスが思考という自己活動をディオティマとの問答という形で実演した、その演技をわれわれ自身の思考と探究のための補助線としてどのように使うか、はわれわれ自身の責任である。

16 酔ったアルキビアデスの登場――ソクラテス賛美へ

「アテネの他者」ソクラテスは、宴会に遅れてきた。これまでも政治に加わらなかったし、昨日のアガトンの公的祝賀会にも欠席した。「社会の片隅でぼそぼそと」と揶揄されるように(『ゴルギアス』455D-E)、ほんの二、三人を相手に対話問答に明け暮れるだけであった。コンクール優勝のアガトンのように、サーファーよろしく社会の潮流の波に乗る人もいるだろうが、ソクラテスは社会の流れに対してはいつも時代遅れなのである。アリストパネスは『雲』929で、ソクラテスを「時代遅れの老いぼれ(Κρόνος (Kronos))」と揶揄している(『エウテュデモス』287Bでディオニュソドロスもそう呼んでいる)。で今日も遅れてきた。[1] 今一人宴会に遅れてきた人がいる。「招かれざる客」アルキビアデスである。

アルキビアデスはアテネの名門貴族の出身で、類い希な才能と際立った美貌と若さに恵まれ、政治家・軍人として常日頃はアテネ社会の中心人物として影響力を振るっていた。まさに時代の寵児、希代の英雄である。しかし今日は私的な宴会なので公人アルキビアデスは招かれなかったが、酔っぱらっての押しかけである。既に暴力の要素がある。

アルキビアデスが酔っぱらって登場したのは、アルキビアデスの本質が酔いの状態にあるシンボルである。人は酒に酔うと、心身ともに熱くなり（『ティマイオス』60A）、こころが高揚してくる（エロス・恋を語るにはよかったが）。酔いは生理的には脳の一種の麻痺状態であり、判断力や自制力が低下するので、軽い興奮状態になるからである。さらに酒が進むと、酔いも深まり、眠りに落ちることになる。宴会でも何人かは眠り込み、アルキビアデス自身がやがて酔いつぶれてしまうし、最後までソクラテスと議論していた二人の芸術家アガトンとアリストパネスも眠り込んでいる。もっと酒が過ぎると、今日の宴会始めのパウサニアス、アリストパネスそしてアガトンのように二日酔いになって苦しむことになる（176A–B）。こうして酔いは、人間の精神生活の諸段階の中で、完全に目覚めた意識と眠り込んだ無意識状態の中間である。

そしてアルキビアデスはその生き方と性格が覚醒と眠りの中間であり、半知半解またはその二面性、両義性にある。つまり自己・人間に対する関心（ソクラテスの哲学）と社会・国に対する関心（政治）の間で、熱く情緒的に反応する、しかし揺れやすい興奮状態である。今日のソクラテス賛美の話もあっちに揺れ、こっちに揺れている。しかもそのことを知っている（215A）。それを酒のせいだとするところにアルキビアデスの危うさあるいは自己欺瞞があった。宴会でももっとも元気であったが、酔っている人は、酔ってない人と同じように、あるいはむしろそれ以上に活発で行動的なのである。

「アガトンはどこだ？　アガトンの所へ連れて行け」と叫んで騒がしく登場したアルキビアデスがこころ動かされていたのは、詩人アガトンが優勝したという成功と名誉である。(2) 美と若さと才能に恵まれて、人生と社会において自分が主人公だと確信できる、祝福されたものから今一人の祝福されたものの頭にリボンを、である（212E）。共感の熱があるわけだ。多くの人を感動させること、共感を得ることは、不思議にも芸術と政治で共通した劇場性である。しかし突然側にいるソクラテスに気づき、飛び上がるほど驚いて、その頭にリボンを結び直している（213E）。共感の夢を破る「アテネの他者」ソクラテスである。

これまでのスピーチには主導的対立項があった。それはパイドロスでは恋する人と恋しない人、パウサニアスでは天上のエロスと地上のエロス、エリュクシマコスでは健康と病気、アリストパネスでは似たもの同士のエロスと似ていないもの同士のエロス、アガトンでは美と醜である。つまりそれぞれが原理あるいはアイディアの対立である。しかしアルキビアデスにあってはソクラテスと自分、つまり人と人、個人と個人の対立である。(3)

ディオティマは大秘儀で、個体から離脱して、個体が具現化している性質としての美しさへ理解を転向することを求めたが、アルキビアデスで再び具体的生き方をする個人の文脈に戻ることになる。人が愛するのは、普遍的性質としての美だろうか。それともやはり具体的個人だろうか。(4) そしてもっとも具体的で際立った個人、ソクラテスに個人的、感情的に執着したアルキビアデスの愛が焦点となる。果たして宴会の最後にアルキビアデスを配置し、ソクラテスに次いで長いスピーチで極めつきのソクラテス「体験」と賛美を語らせた著者プラトンの意図は何だったろうか。ソクラテスを愛するとはどのようなことか。ソクラテスは何ものであったのか。

ともあれやって来た時には、アルキビアデスは頭にツタの葉を載せていた。酒と演劇の神、ディオニュソスは頭にツタの葉の飾りを頂く若者として描かれた快楽と陶酔の神である。自らも酔い、人をも酔いに誘うのがディオニュソスであるが、(5) 酔ったアルキビアデスは宴会に加わって、人々にさらに飲むことを要求している。アルキビアデスはさながらディオニュソスの弟子に見える。そしてルール通り進んでいた宴会を混乱させた。自分の都合に合わせてルールを変えたからである（エロス神賛美からソクラテス賛美へ）[6]。

それはアテネ社会にとってアルキビアデスが混乱の種だったことを暗示している。政治家は自らの威信と意見の大きい影響力に酔い、人々を野望の集団陶酔に誘うことになりかねないからである。翌年アルキビアデスが主導したシケリア島遠征軍が出発するに当たり、アテネ市民はその決議をしたときには感じなかったほどの危惧と恐怖を感じた、とトゥキュディデスは記している（『戦史』6.31）。そして目の前の大軍勢の威容を見て、また自信を取り戻した、と付け加えている。いつでもどこにでもある社会心理である。

ソクラテスの人柄に魅了されながら、しかし政治の世界での活動も捨てられない。知恵に憧れながら、自分の能力と権力の行使による劇的生活から離れられない。アルキビアデスという名前が、「アルケー（強さ）＋ビアゾー（強制する）」と響いて、力の行使に執着する力の信奉者という人柄の反映に見える。社会で影響力を発揮することに成功して、権力志向という強い傾向性を育てており、名誉欲にいつも誘惑されている。従ってアルキビアデスには、ソクラテスのような社会の片隅の私的な生き方は輝きのない老人の人生なのである（216A）。アルキビアデスに強く訴えるソクラテスとは、何よりも戦場で際立った勇気と沈着さであり、食糧不足や寒さや疲労、眠気に対する平然たる強靱さと忍耐であり、性と酒の欲求に対する揺るがぬ節制と思慮といった徳の姿であった。関心は見える事実としての実践行動であり、そこで輝く徳である[7]。

確かにアルキビアデスには真理への関心もあり、宴会の中でただ一人「本当のことを言う、嘘はない」と六回確言している（214E, 215A, 216A, 217B, 219C, 220E）。もし話に間違いがあれば、訂正するようにソクラテスに二度頼んでいる（214E, 217B）。その点ではソクラテスと関心が一致していた。他の誰もエロス賛美で真実を語るとはしなかったが、ソクラテスは賛美とは真実を語ることだと修正していたからである（198D）。しかしそれは一つには、アルキビアデスが酒の勢いとエロス感情の酔いの中で、本音を語る点で情熱的であり率直であったということである（212E, 215D, 217E）。そして第二に、後に見るように自分の隠した狙い（ソクラテスへの告発）を効果あらしむるためである（214E）。真理への関心とはいっても、自己存立と人生の真実に対する精神の視力を何ら保証するものではなかった。何のけれん味もなく真理を基準とする場に己を置き据え、何事であれ吟味と批判を通して真相を究めるべく自己鍛錬を課すということとはまったく関係がなかったからである。そのことにアルキビアデスはついに気がつかなかった。

17　アルキビアデスの話1――ソクラテス「体験」と葛藤

さてアルキビアデスはソクラテスの姿を半獣半人のシレノスの像に喩えることから話を始めている（215A）。その怪異な容貌と対照的に内に隠された素晴らしい徳の美質と黄金の神像の類似性からである。外面（現れ）と内面（存在）の二重性がソクラテスの特徴だというのである。その隠れた神像を見た、と体験を語っている（216E-217A）。それは自分だけがソクラテスの秘密を知っているぞ、という特権の主張でもある。しかし本当は何を見たのだろうか。自分が実見したという事実を述べるだけである。その経験を一貫性をもって説明しようとはしなかった。体験は現実の情報を与えるけれども、それはある視点に開ける局所情報であって、偶然の断片性を覆い隠していることは、恋の道行きの初段階で見た通りである。体験に直接与えられる現前性にしがみつくのはアルキビアデスの変わらぬ特性である。

次いでアルキビアデスはソクラテスを、その神韻縹渺たる音曲によって人のこころを魅了する半獣半人のマルシアスに譬えている。ソクラテスは楽器ではなく、日常当たり前の言葉を使って人を魅了するからである。それはソクラテス本人から聞いても、第三者から聞いても違いがなかった。その人がへたな話し手であったとしても変わらないという（215D）。そして聞く側も、大人の女であれ男であれ、また年少の若者であれ違いがないと繰り返している。「われわれ」は誰でもソクラテスの言葉に我を忘れるほどこころ蕩かされる、とその法外な影響力を強調して、「わたしは」とアルキビアデスが自分の個人的ソクラテス「体験」を語り始めるのである（215D）。曰く、ソクラテスの言葉を聞くと激しく動悸がし、涙を流し、恋の奴隷のように金縛りの目に遭い、このままでは生きている意味がないように見える。そして自分自身を理解することに欠けるのに気遣おうとせず、政治のことをしていると認めさせられ、一度同意したことを反古にして恥ずかしい思いをすることになる、と率直すぎるほどエモーショナルで激しい表現でソクラテス「体験」が語られている（215D–216C）。

それはまるで人生そのものを根底から揺るがす絶頂経験として、宗教的回心のように見えるし、ソクラテスも聖ソクラテスに見える。アルキビアデスは誰の言葉とも違うソクラテスの極めて強い言葉、心身を電撃する言葉を体験したのである(1)。このソクラテス「体験」を貴重としてしすぎることはない。人生で最も重大なこと、一人一人のこころの内奥の渇望即充足になる「何か」に出会うことが、「われわれ」の体験としても起きうるからである。

しかしわれわれはここで相関する三つのことを見ておかなければならない。第一に、ソクラテスの言葉は妙なる音楽に譬えられたように、「聞く」ことが眼目である。当該の箇所で、「聞く」という言葉が五回使われている（さらに「耳」が216Aに二度）。ソクラテスの言葉は誰が誰から聞いても、広い範囲の「聞く」人が同じように強い影響を受け、こころ深く感動することが強調されている。それに比べると、ペリクレスを始め雄弁家たちは上手く話をするけれど、と軽くいなしている。しかしソクラテスは誰の言葉であれ、ただ聞いて受け入れるに値するような権威ある言葉を認めていただろうか。アガトンがソクラテスの言葉をそのまま受け入れようとした時、自らにそんな権威を認めようとはせず、真理こそ権威だとしていたのではないか（201C）。これも先に見た通り、「ソクラテス以上に知恵のあるものはいない」という神託もまた批判的吟味という破壊実験にかけられていたのである（『弁明』21B–C）。

第二に、「目にあう」と訳した πάσχειν（paschein）という動詞が七回も使われているように、ソクラテスの言葉にこころを揺さぶられる感動体験自身が関心の中心である。聞くことと感動とは結びついている。しかし深く強く感動しても、動かされたという受動体験（πάθος（pathos），217E）であり、それだけでは偶然の一事実である。体験は所詮あるレベルで降って湧いた束の間の体験である。従って「素晴らしい」とどれほどこころ蕩かされるほど感動感嘆しても、幻想と紙一重という危うさは免れない。感動の強度は真理を保証しないからである（悪魔も天使の顔をする）。古来より聖人たちが神体験を喜びながら、苦悩する所以である。われわれのディオティマが、美しい肉体に感受性鋭くこころ揺さぶられる体験は、言葉で改めて表現し直すべきだ、と恋の道行きの初段階で指摘していた。

そして第三に、アルキビアデスは、何故そしてどのような意味で自分がソクラテスの言葉にそれほど強く惹かれ影響されるのか、立ち入ってその原因を究明しようとはしない。体験すれども理解せず、である。体験は理由の理解を含まないからである。そこには相反する二つの反応がアルキビアデスにはあった。一つは、「他の多くの人にも同じように起きる」（215E, 216C, 218A–B, 222B）と一般化して、それで理由の説明をしたつもりになっていたからである（訳註18・4参照）。しかし「多くの場合に起きること」は、思考にとって素材事実であって、そうなっている所以の原因が何かあるだろうからそれを探すべきだ、ということであって、それ以上ではない。政治家アルキビアデスは、「多くの人が同じ意見だ」ということで安心して政治的決定を下すであろうが、それは真理性を保証しているわけではない。「みんなそう言っている」ということは理由の説明を何も含んでいない、とディオティマがソクラテスに指摘していた（202B）。

二つには、アルキビアデスは自分がソクラテスの内面に隠された神々しいまでの秘密の神像を見た、と圧倒的体験に言及している（216E, 222A）。しかし何を見たのか、言分けて分析しているわけではなく、あるのは評価（evaluation）の言葉だけで、記述（description）ではない。ところが既に出席者全員のエロス神賛美に対してソクラテスは、真実を語ることを欠いた称賛の言葉は称賛にはならない、と異議申し立てをしていたのである（198D-199A）。従ってアルキビアデスは、一方では人々と共通した一般地平に訴え、他方ではそこでの自分の特権的経験事実に訴えている。〈多〉の中の際立った〈一〉というポジションを楽しんでいたのである。民主制下の政治家たるわけである。

ここでアポロドロスのソクラテス「体験」と対比してみることが意味をもつ（詳解［2］参照）。アポロドロスにも電撃的ソクラテス「体験」があったことは間違いないが（173A, D）、ソクラテスの言葉に対して違った反応を示したからである。「僕はソクラテスと一緒に議論をして時間を過ごし、ソクラテスが言うこと、することを何でも知ろうと心懸けて三年にもならない」（172C）とし、「この僕は哲学の話なら、自分でするにしろ、人から聞くにしろ、損得勘定抜きで楽しみだ」（173C）とした。ここには「他の人たちも」という一般化はない。アポロドロスの「わたし」の話だけである。といって自分だけの特権とは何の関係もなかった。アポロドロスには、「わたし」は自分の自由と責任でソクラテスと哲学に対してどう対応するか、だけが関心だった。人から悪霊に憑かれたと思われても無視したのである。そこでアポロドロスが気遣っているのは、哲学の話を自分がすることが先であり、次いで人から聞くことであって、つまり根本は自分で哲学の議論をする、自他の吟味と論駁の批判的議論に参加することである。ソクラテスと「一緒に議論をしてきた」からである。そして何より昔の宴会の話をアリストデモスから聞いて、何が重要な点かを自分で考察し判断してソクラテスにも確かめながら、「自分の言葉」で新しく語り直そうとしていたことが見逃せない。

アポロドロスも哲学の狂気について語るけれども（173E）、「ソクラテス以外の自分自身と他の人に嚙みつく」（173D）という批判的議論に従事して、その議論を「楽しんでいた」。この「嚙みつく（ἀγριαίνεις（agriaineis））」という動詞はアルキビアデスでは形容詞比較級になって、ソクラテスの言葉が「毒蛇より嚙みついてもっと激しい痛みを与える（ἀγριώτερον（agriōteron））」（218A）という意味に変わって登場している。アポロドロスはソクラテスの言葉を自分と他人を吟味論駁する議論に使ったということであり、アルキビアデスではソクラテスの言葉を聞いて、毒蛇に咬まれたような毒と痛みがあるという受動体験である。アルキビアデスがソクラテスの対話問答という議論に関心を示さなかった所以である。言葉ということでアルキビアデスが関心をもったのは、むしろ「聞く」人々に及ぼす影響力である。政治の世界で重要なことは人々を動かす言葉の力学であって、政治家アルキビアデスがその点で強く反応したのである。「哲学の言葉」（218A）は人のこころを叩き、人は毒蛇に嚙みつかれたようになって、「哲学者の狂気と酒乱ぶり」に影響されることが刺激的に表現されている。その大仰な言葉使いは強い情緒的両義性、つまりソクラテスに対してもつ強い好感と拒絶感情を示している。

アルキビアデスは最後に、最初に言い忘れたことがある、(2) とソクラテスの言葉の二重性を付加している（221D-

222A）。怪異な容貌という外面とこころの内面の美質というシレノスの二面性に通じることがあるという。ソクラテスは滑稽なほど日常卑近な生活道具と取るに足りない職人を例として使うからである。それはいかにも高尚な話にそぐわない。カリクレスが、ソクラテスはいつも食べ物や飲み物、履き物や着物、医者や靴屋、農夫などの話をする、思慮はそうしたくだらないものの話ではない、と憤慨している（『ゴルギアス』490C-491B）。実際にソクラテスは建築家や造船技術者、大工や鍛冶屋など職人の話をしているし（『プロタゴラス』319B-D）、裁判では原告メレトス相手に馬の世話の話をしている（『弁明』25B）。そういう話しぶりはソクラテスのいつものことなのだ。がそんな滑稽な話は実は皮膚のようなただ外面のことであって、ソクラテスの言葉の内側には知性と神聖さ、徳の像と善美のこと全般を秘めている（222A）、とアルキビアデスは最後のだめ押しをしている。

アルキビアデスはソクラテスのそうした滑稽な話しぶりを「傲慢なサテュロスの皮膚」（221E）と表現したように、人を小馬鹿にして誑かすような要素として剝ぎ取られるべきものと見ている（訳註18・45参照）。シレノスの黄金の神像と同じように、ソクラテスの言葉の内側の崇高な知性と神聖さ、美徳こそがもっとも重要であり、目指すべき目標であって、外側の皮膚は余分な付け足しでできればなしですませたい。しかしそれはソクラテスの言葉の働きを誤解している。

第一に、ソクラテスがいくら非難されても、日常生活の卑近な物と技術を事例にして議論するのは、人々が日々実践している生活行動が自他共通の反応であり、われわれが実践的に一致している地盤として思考の始めとなるからである。人が何を感じ、何を思い、何を考え、何を語るにしろ（それはすべて「こころ」の働きである）、その前にわれわれが既に生きている生活現場があり、そこでは例えば、椅子はその上に座るものであり、コップはお茶を飲むものであって、誰もが一致した実践的反応を示して紛れがない（こうして不思議にもアリストテレスの哲学に近くなる。がそれは長い話になる)。そして椅子もコップも作るにははっきりした技術が必要であり、誰でもできるわけではない。制作を司る知識として技術がこれまたはっきりした位置を占めている。そこには確実性があり、ソクラテスも職人に一斑の知恵を認めていた(『弁明』22D)[(3)]。

ソクラテスは誰にも共通した生活現場に繰り返し戻り、その具体的文脈で吟味し確かめる臨床的思考でなければ、言葉が気づかない内に空転(「言葉のお祭り」)することを知っていた、としてよかろう。われわれの日常生活のザラザラした実践文脈が、明瞭な理解を洗い出すリトマス試験紙にもサンドペーパーにもなるからである。ソクラテスは誰もが日々当たり前のように生きている日常生活の中で、これを薄紙一枚超える人生と自己存立の謎=忘れられていること(善く生きること)を問うたのである。人が当たり前に生きている生活現場が哲学の現場であり、あの謎を洗い出す道場である。ソクラテスはその点でいつも変わらなかった。それがメレトスには「新宗教」「新教育」と見えたけれども、しかし古来よりこの薄紙一枚の隙間を明瞭にしようとして、全哲学は力を傾注してきたのである。

第二に、なるほど崇高な知性と神々しいほどの美徳が目標であっても、ソクラテスが実行した対話問答という議論が剝ぎ取るべき外側の皮膚だというのがアルキビアデスの誤解である。ソクラテスの美徳に感動し憧れても、哲学は感動の形式ではない。明晰な認識と理解の探究である。そして議論と吟味論駁はそのための手段ではなく、その探究の内容をなしている。馬鹿馬鹿しいような事例も使いながら、重箱の隅をつつくような「小理屈」に見える言葉の小さなメスで対話問答を遂行する批判的議論は、剝ぎ取るべき「外側」なのではなかった。徳を理解し徳へ至る道の一部であった。徳は誰にも共通した知識として開かれるべきだったからである。しかし結果を求めて性急なアルキビアデスは道をバイパスして、ソクラテスの美徳という目標を直接達成したかったのである。

われわれはアルキビアデスの以上の特徴を念頭に、アルキビアデスが直面していた現実をいっそうその細部から新しく語り直さなければならない。それは、これから社会に出て行こうか、それとも哲学という謎に人生を賭けようか、とためらいと不安の中にいる青年と似ている。つまりいつに変らぬ人間の姿である。

さてアルキビアデスは能力にも若さにも美貌にも恵まれ、社会的身分、政治的威信にも恵まれて影響力抜群の青年であった。と同時に不思議なことに、その正反対のようなソクラテスに惹かれ憧れるという解きがたい二重性の直中にいた。アルキビアデスはソクラテスを「体験」したのである。一角の人物だと自認していたアルキビアデスにとって人生を根本から揺さぶる出来事だった。ソクラテス「体験」によってこころ揺さぶられ触発されて、真正直なほど正直に自ら認めたように、「このままでは自分が価値ある、意味ある生き方をしていないのではないか」という恐れと不安に摑まれたのである（216A）。ソクラテスは、「善美のこと（人生最大のこと）を知らない」（『弁明』21D）、という無知の知の零地点に佇み続けた。そこから「吟味なき人生は人間には生きるに値しない」（『弁明』38A）とし、「こころが最善であるように気遣う以上に、金と評判と名誉を気遣うことがないように」（『弁明』29D-E, 41E）、と自ら実行し人にも勧める以外のことはなかった。しかしそれは洋々たる人生が待っていると思っていた、強い独立志向の青年にとっては、人生の不思議の深淵から己が心身を揺るがす激震だったのである。

われわれの日常生活という事実地平にあって、金と力と評判がどれほど重大な「持ち物」に見えても、そして小秘儀がどれほど偉大な個人の偉大な業を称えても、人間が無条件にそのために生きているといえるような、目的にも根拠にもなる価値あるものは世界にはない（216E、『国家』604C、『法律』803B）。世界のどんなものも紛々たる事実であり、偶然性に彩られた断片部分だからである。プラトンは『国家』で、究極の根拠としての善は、あらゆるもの、あらゆる存在を超える〈彼方〉だ、とした（509B）。それは「ただ生きるべきではなく、善く生きるべきだ」（『クリトン』48B）ということに象徴されている。従って生きている自分そして自分が生きること、は第一の価値ではないし世界の最終項でもない。端的にいえば、自己は一片の塵に過ぎず、生にしがみつくことは死に他ならない、という逆理である。アルキビアデスが不安になるわけである。その理由があった。

不思議なことに、われわれは「もっとも重大」なことを知らされないまま生きている。自分が生きているその意味も価値も根拠も何も知らないで生きているからだ。誰も気がついたら、既に生きていたのである。生まれようと思って生まれたものは一人もおらず（原初受動性）、人間は存在していることの根拠を己で掌握している自己原因（causa sui）ではなかった。(4) そしていま生きようと思って生きている人もいない。既に息をしている。生きている。そこには何の自由も選択も主体性もない（運命の零地点）。すべては既に始まっている。どのように生きるか、を考えるのはその後である。自殺も既に生きている人間だけが図ることである。(5) 死は生者の死であり、非存在は存在の否定であって、その逆ではない。決定的なことが起きてしまっている。(6) 何故？　何の根拠があって？

そこで生活の事実地平を薄皮一枚めくれば、それは日常生活の中では忘れられ覆い隠されているからだが、そこには自己存立を脅かす人生それ自身の大疑団が、人間用の尺度が効かない無限の深淵のまま開口するばかりである。人間とは非＝真理である。それは「生命のパンも奇跡を行う超能力も宗教的権威も世界を買い占める富も世界を動かす権力も」（『マタイ』4.1-11）、埋めること不可能な絶対的欠落であり虚無である。人間はあらかじめ失われた実存、底割れした実存であった。人が半身に分断された性の事実は、あの絶対的欠落と虚無が、日常生活の具体現場にまで浸透する傷跡である。こうして虚無と無知の反響板としてのソクラテスの哲学が、アルキビアデスの中で炸裂炎上したのである。ソクラテス「体験」である。それは一瞬の現実体験であったかもしれない。それでもかけがえない体験であった。

しかしアルキビアデスはソクラテス「体験」において本当は何を体験したのだろうか。何を見たのか。神々しいまでの徳の神像や善美のことを語ったのだから、人生で極めて重大な何かを見たのだろうが、見たと「思った」だけではないだろうか。ただこころの「体験」だったのではないだろうか。ソクラテスの側で生きて年老いるのはご免といっていた（216B）。耳を閉じてセイレーンから逃げる思いだとしたのである。

われわれは先にディオティマによってアテネに迫った疫病が十年遅延した出来事を知っている（詳解［4］12参照）。異国の女予言者ディオティマの宗教・哲学の言葉を信じて、人々はそれぞれ自分らしく何か応答し対処した。つまりそれまでの生き方を根本から方向転換して忍耐をもって生き続けたことが、結果として疫病遅延をもたらした、と見てきた。そしてソクラテスとの同一性を己が身に担って（真似をするようにどれほど見えたとしても）、自己と言葉を惜しみなく鍛錬しようとしているアポロドロスのソクラテス「体験」も見たのである。ところがアルキビアデスはソクラテスの言葉に対して電撃的衝撃を受け、他方でそれから逃げたいとしていた。両義的で「こころ定まらない」状態だった。ソクラテスの言葉はアルキビアデスの生き方の根まで、その身魂の現実の底まで届かなかったのである。生き方の方向転換に従って忍耐をもって生き続けようとはしなかったからである。

こうしてソクラテスに内側から揺さぶられて生き方の根本的疑いと恐怖があったのに、アルキビアデスは自分でそれに直面しようとしなかった。今まで知らなかった謎、今まで考えもしなかったより困難で不安な問題の中に踏み込むより、すぐ答が欲しかったからである。アルキビアデスは感受性は鋭く情緒的反応は強いけれども、上に見たように理由の解明に踏み込むような問題で頭を悩ませたくなかった。「人間は神より奇跡を求める」（ドストエフスキー『カラマーゾフ兄弟』「大審問官」）ように、人は考えるよりも答の方を求めるものである。情緒的な安定と安心を求めるのは生命の本能だからである。しかし考えるとは頭を悩ませることに他ならない。従って性急に答を求めることがアルキビアデスには障害になった。そこでアルキビアデスは二つの道を採った。一つは直接の答をソクラテスから得ようとする道である。二つは代用品の道である。

直接の答とは、ソクラテスの知っていることをすべて聞くことである（217A）。つまり戦場での勇気を始めとする驚くべき行動力の源泉であるはずのソクラテスの知恵、ソクラテスの中に見たという黄金の神像に喩えられた美徳、これをソクラテスから直接聞いて「我が物」にしたいというのであり、それはソクラテスとのパーソナルな一致によって達成する、と考えた。若さと美貌を自負するアルキビアデスは、その一致が何よりも直接的な接触である性的接触だと錯覚したのである。性的快楽との交換である。しかしソクラテスは自らが「何物でもない、無だ」（219A, 216E）として、およそ交換など意味がないことを指摘していた。

しかしそこには知恵の伝達不可能性ということも加わった。対話篇始めに、ソクラテスがアガトンに対して、水が毛糸を伝わるように伝わればいいのに、と比喩で間接的に指摘していた（175D）。人と人、こころとこころの間には直接には架橋不可能なほど異なりの深淵が隔てていたのである。われわれも「同行二人」のソクラテスが、途中でアリストデモスに「先に行け」と要求したことを知っている。

ところが伝達不可能性自体が伝達しない。自主性、主体性が教えられないように[7]、伝達不可能性は教えられない。人が自分で経験し、知り、開眼する以外にない。ソクラテスはしつこく強要するアルキビアデスの求めに応じてその自宅に泊まったが、裸の女が毛布の下に潜り込むに等しい出来事の結果は、「父親や兄弟と寝る以上のことは何もなかった」（219C-D）。アルキビアデスは、それを稀有な節制だと高く称賛しながら、しかし同時に自分が無視されたことに恥と不満を感じている（219D）。アルキビアデスは、ソクラテスが決定的と思われた性的接触をすり抜けて摑めないことを事実によって思い知らされた（219E）、ということである。しかしより重要なことは、アルキビアデスが、「ソクラテスは一緒に寝ても何もない！」という意味を理解しなかったことである。自分がただ無視されたと不満を抱くだけである。結果、不安と困惑に道を失ったという。こうした場合、不満と不安は内攻するのが普通である。そして一層強くなる。(8)

そこで第二の道である。代用品で一時的満足と安心を得ようということである。それが政治の活動である。アルキビアデスはそのことを何か知っている。「自分には欠けることが多々あるのに、その自分自身を気遣うことをせず、アテネのこと（政治）をしている」と同意する羽目になる、と自覚しているからである（216A）。間違いなく政治の場面では自分の威信と才能が影響力を発揮し、一角の人間であると思うことができたからである。アルキビアデス自らが挙げた例によれば、市民が重装歩兵でしかなかった戦場で、貴族として馬上にあって「より安全」であり（221A）、加えてアルキビアデスを救ったソクラテスが受けるべき勲功賞を、事実に反して自分がもらっている（220E）。そしてそれをさほど不思議としなかった。むしろ誰もが認める社会的身分の輝きとして当然の権利、つまり特権の如く見なしたのである。公共政治の世界でアルキビアデスが祝福されたものであること、そしてそれを自認していることを示すエピソードである。

政治は本来、「国家全体の共通の善と利益」のためという動機によって成り立っている。しかし国家が、「正統な物理的暴力行使の独占を（実効的に）要求する人間共同体である」[9]ので、政治家の振る舞いが共通善を目的とすることから外れて私的であることは、政治の文脈では悪なのである。プラトンが『国家』で最善の国家に、「自分のもの」を優先する私的所有を廃して共有制を敷き、政治よりも自分に有意なもの、すなわち哲学があるとする人こそが、逆にそれに優先して政治を担うのが相応しい、という哲人王の逆説を構想したのも、「全体の善」を優先するからであった。アリストテレスは国制の善悪の基準を、国家共通の善を支配者が目的とするかどうか、に置いているが（『政治学』第三巻第六章）、西郷南洲も「廟堂に立ちて大政を為すは天道を行ふものなれば、些かとも私を挟みては済まぬもの也」[10]と明言している。

アルキビアデスも「自分のこと」より政治を優先させた。先に見たとおり、自分自身のことを無視して、国のことをしている、とソクラテスから批判される、と自ら認めていたからである。しかしこれは見せかけである。アルキビアデスは私事を措いて公事に関わったのではなかったからである。個人としてペリクレスに連なる高い身分と並外れた能力に恵まれたアルキビアデスは、自分の政治的な影響力の強さと成功に魅了されていた。そのことは自分でも半ば知っている（「大衆の評判に負ける」216B）。先のエピソードにあるとおりである。自分の威信と野心という私事に政治という公事の核心が半ば食い破られていた、といってよい。そうであればこそ代用品たり得たのである。政敵ニキアスとの抗争も、多分に個人的野心からする対抗心であった[11]。

こうして政治における成功体験が、自己存立の核心に炸裂した筈の、決定的欠乏と不安という根本問題とは違う方向に目を向けさせ、違う解決を求めてますますずれていくことになる。不安を隠す自己欺瞞である。アルキビアデスはその大きくなっていくずれに気づいており、それだけ一層不安になり悩まされることになる。そしてまた代用品による暫定的充足にずれていく。行きつ戻りつしながらますますずれていく螺旋階段である。

力の信奉者であり、身分、富、名声、才能、美貌、若さなど力の源を豊かにもっているアルキビアデスは、しかしいつも苛立たしい不安と恐れにいたといってよい。ソクラテスに対する両価的な態度に現れている。ソクラテスに「こころを傷つけられ」（215D-E, 218A）、その知恵に憧れながら尻込みもして、その心理的重圧と緊張に対しては「いなくなってくれればいいのに」と暗い望みを抱きつつ、同時に「そうなればそうなったでまた困る」と困惑しきっていたからである（216C）。ソクラテスに対する憧れと畏怖、と同時に反発と攻撃の気持ちという、行きつ戻りつのアルキビアデスは、それだけ「こころ定まらない」不安な状態にいたのである。それは保護してもらいたいという欲求と、自由に独立したいという欲求の間の情緒的両義性、つまりまだ「父親殺し」を遂行できない青年の姿に似ている。自己と他者の間の相応しい距離がとれないからである。特定個体の発光するオーラに魅了される個体信仰は、人を個体固着の力学で釘付けにしてしまう、と戒めたのがディオティマであった。[12]

しかしあのずれていく螺旋階段の行く末は、ずれが大きくなりすぎて元には戻れなくなる。知恵と自己の生き方への関心そのものが空洞化していたのである。若者の情緒的反応は、激しくはあっても、持続する忍耐の力強さがないからである（『弁論術』1389a7-8）。政治的行動が残るだけである。そして「理想への途を見失った者は、理想なき人間よりも、軽薄に破廉恥に生きる」（ニーチェ『善悪の彼岸』133節）ということが事態を一層悪くする。[13] 見捨てた理想（＝自分が見捨てられた理想）という見えざる〈彼方〉からの屈折した、意識しない加圧によっていっそう深い自己欺瞞になり、幻想が生まれるからである。

ソクラテスの具体的人格から加圧を受け続けたのは、アリストデモスもそうであった。アリストデモスはソクラテスを真似ることでその圧力に抗した。粗衣裸足を真似ている限りで、表面的であれソクラテスに従っていると思うことができたからである。確かに粗衣裸足ということは、地位や評判といった外見を無視するソクラテスの生き方を部分的であれ反映していた。アリストデモスは個体信仰の犠牲者であったかもしれないが、決して自分がソクラテスを理解しているとはしなかった。ソクラテスに呼び招かれてついて行くだけであり、自分が凡庸で劣ったものであることは自覚していたのである（174C）。

アルキビアデスはアルキビアデスで、馴染みの政治と公共社会を離れると、ソクラテスに揺さぶられて生き方の根本的疑いと不安があった。その時、アルキビアデスはその不安に耐えて気遣いの中に立ち止まるべきであった。自分が本当に生きているのではないかも知れない、という人生そのものの測りがたい驚愕の疑いにこころ食い破られ、自己存立の謎にこころ摑まれたら、その疑いの中に留まるべきであった。「疑い」という語はヨーロッパ語が示しているように、「二」から派生している。[14] こころが二つに裂けているからである。自己がどこまでも〈一〉なる自己でありながら、こころの中に疑い「?」が生まれて、自分で自分がしっくりこない、問う自分と答える自分が調和できないで〈二〉に分かれたままだ、という状態だからである。呑み込むこともできず、吐き出すこともできず、進むこともできず、退くこともできない。されば真理に薙ぎ倒されるまで、自分が二つに分裂したままの地点に立ち止まるべきであった。アルキビアデスは、夜を徹して何ごとかの気遣いの中で立ちつくしたソクラテスを「体験」したのではなかったのか（220C–D）。

しかしアルキビアデスは、戦場でのソクラテスの勇気と強靱さと忍耐には強く惹かれ憧れるけれども、自分自身の生き方の選択において苦痛と危険に立ち向かう正直さと勇気と忍耐がなかった。いやそもそも目の前にいるソクラテスに反論しないし反論できない（216B）。といってソクラテスの言葉を受け入れて従うこともできない。

自分で根拠ある判断と決断ができない青年なのである。ソクラテスに対する「父親殺し」を遂行することなく敗残の身のまま、人生でもっとも重大な選択にあって、くるりと後ろを向いて、ソクラテスのいない世界、つまり政治の世界に逃亡することもなく逃亡した。そこでは間違いなく自分の男らしさを開花させると思うことができたからである。すなわち多数の人の中で第一人者であり、誰から見てもどこから見てもその名「アルキビアデス」の通り力の結集した個人であった。従って自分で自分のこころを食い破る悩ましく不安な自己分裂はなく、〈二〉なき〈一〉を愉しむことができた。〈多〉に対する〈一〉として傑出していたからである。

自らを固くして守り、決して披かなかった典型がアルキビアデスの悲劇である。自己自身の問いを閉め出し、自ら閉め出されてしまったからである。そして自分の威信と野心のみというアナーキーの力に逸脱してしまった。その自己欺瞞の危うさは、アルキビアデスだけが特権的な「体験」によってソクラテスの真実を知っていると性急に思い込む錯覚に潜んでいるが（216C–217A）、アルキビアデスが自分とアテネを待っている未来を知らないのに、知っていると思い込んでシケリア島大遠征に突き進んだことに露呈した。それは十年にわたる戦争と悲惨な敗戦であった。

18　アルキビアデスの話2——誘惑物語とソクラテスの真実

われわれは「本当のことを言う」としたアルキビアデスの話のクライマックスに近づいている。アルキビアデスのソクラテス賛美は、最後に自ら認めたように、称賛であると共に非難であった（222A）。これほどソクラテスを理解して賛美の愛と愛の賛美を注いでいるのに、愛の応えがない。人のことを正当に評価せず無視するのは

「傲慢不遜」（215B, 219C, 222A）だ。こうして称賛すればするほど、欲求不満は強まり、自己防御本能と攻撃衝動からする非難の思いも強くなる。愛情は両義的であり、愛憎同様に称賛と非難とは盾の両面である。両者を繋ぐのは「本当のことを言う」ことにある。その意味は次のことにある。

アルキビアデスはソクラテスが熱愛に応えてくれないことに不満と怒りをもっている（214E）。怒りは自分を無視軽蔑する相手に復讐しようとする欲求であるが（『弁論術』1378a30-31）、それが正しいことだとしてだけ成立する。復讐は、どれほど表面的であれあるいは誤解であれ、本人には正義の実行と見なすことが本質的だからである。[1]そこでアルキビアデスは自分がいかにソクラテスを大事に思い賛美しているか、その真実を語り、そしてソクラテスがいかにそういう自分の好意を無意味なように軽視しているか、その真実を語る、としたのである。そうであってこそソクラテスに対するアルキビアデスの怒りは正しく、復讐もまた正しいことになる。もし語っていることが真実でなかったら、怒りはただの逆恨みであり、復讐などお門違いである。非難ではなくただの中傷でしかない。中傷はありもしないことを語って相手を貶めることだからである。そこでアルキビアデスは他誰とも違って、繰り返し「本当のことを話す」と言明していたのである。

それはアルキビアデスがあけすけなほど赤裸々に語った極私的体験談、ソクラテスに対して仕掛けた真剣そのものの性的誘惑物語に極まる。がその導入部について予め見ておくことがある。これまでアルキビアデスの酒の酔いについて言及が七回あり（212D, 212E, 214C, 215A, 215D, 217E）、その都度新しいステージを引き出す転回点の働きをしている。例えば212Eでは酔っぱらいを今日の宴会の仲間に入れるよう要求している。214Cでは酔っぱらいと素面では同じようにエロス神賛美では不利だとして、ソクラテス賛美に変えている。そして当面の217Eは極私的ソクラテス体験を語る条件を与えている。読解困難なテキストの意味は、しかし次のことにある。

もし、第一に、諺「酒は真実、子供がいてもいなくても」が本当でなければ、そして第二にソクラテスを賛美するにあたって、その高邁な行動を隠すのは正しくないとアルキビアデス本人が考えなければ、だれもアルキビアデスから極私的ソクラテス体験を聞くチャンスはなかった、ということである。諺はいわゆる「酒中に真あり（veritas in vino.）」である。しかし世の中には子供には聞かせられない話もある。そうであるのに酒に酔うと、人はその弁えも忘れてアナーキーになり、子供がいようがいまいが何でも本当のことを喋ることになる。アルキビアデスは酔っているので諺通り酒の力で何でも話すであろうし、またソクラテスの素晴らしい振る舞いも隠さないのが正しいと考えているので、これから自分の特別の体験を包み隠さず話すというのである。

ところが話し始める直前に、「召使いやその他のもの」は耳を閉じておくように注意している（218B）。子供や召使いなどには聞かせられない話がある。毒蛇に咬まれたような痛みと苦しみから矢も楯もたまらずアルキビアデスがソクラテスを口説き、ついには大胆に性的接触を求めて床を共にする体験談だからである。とすればアルキビアデスがこれから話すことは、弁えも忘れて酒の勢いで真相を漏らすということでないことになる。少くともそれだけではない。むしろより重要なことは、ソクラテスの振る舞いを隠すのは正しくないと判断したということである。従ってソクラテス「体験」の頂点にある性的誘惑物語は、アルキビアデスが包み隠さず述べてソクラテスを称賛＝告発する方へはっきりと照準を合わせていたことになる（「裁判員諸君」219C）。

その誘惑事件は、何も起こらなかったことで終わった。それがアルキビアデスのソクラテス「体験」の真実である。その時ソクラテスが示した驚くほど素晴らしい自制心と忍耐は、同時にアルキビアデスには傲慢なまでの拒絶でもあった。ソクラテスはアガトンには自分の知恵を認めてくれないほど傲慢不遜であったが（175E）、アルキビアデスには自分の愛を拒絶する傲慢ぶりである。しかし「本当のことを語る」ことが媒介する賛美即非難がこれほど際立つこともあるまい。愛と拒絶が真実であればあるほど際立つ悲劇にして喜劇なのである。悲劇は、恐るべき誤解が愛と共に始まっていたことである。

政治家は「大衆に愛されて国で力をもつ」（『ゴルギアス』513A）のであって（現代では選挙が力の源泉であり、内閣支持率などという尺度もある）、アテネに影響力があるアルキビアデスは、大衆に愛され大衆を愛して相思相愛であったのに、ソクラテスを愛してもソクラテスに愛されないと思って不満を抱くところに、アルキビアデスの葛藤と混乱があった。アルキビアデスはアルキビアデスで悲しいほどソクラテスを愛していたのである。ソクラテスの愛を自分の物にしようと、一夜を共にして誘ったけれども、何もなかった。かくしてソクラテスは、人を愛するように見せかけているだけで、少年のように愛されることを求めているだけだ、これが真相だ、と非難したのがアルキビアデスの締めくくりの言葉である（222B）。

ソクラテスに対するアルキビアデスの壮大な賛美の隠れた狙いは、この真相暴露であり、裁判仕立ての告発であった。その意図はいまやソクラテスにはバレバレであり、アルキビアデスを愛するように要求することにあった（222C）。いつも変わらないソクラテスに、「変われ」と求めたのである。ソクラテスを自分の期待、望みに取り込めるとしたことが、アルキビアデスの愛の錯誤である。逆に自分が変わることが一番の近道（人生の秘訣）であることに思い至らなかった。アルキビアデスが自分のこころの中には決して取り込めないソクラテスを信頼しなかった悲劇である。

ソクラテスは、「君は何を考えているのだ」（214E）と自分でも始めは気づかなかったアルキビアデスの巧妙な仕掛けに、「君は酔ってないだろう」と驚いて見せている（222C）。アルキビアデスは酔いに任せてソクラテスとの間の暴露話をしたのではなかった。人々を自分の狙いの方向に導く巧妙を極めた弁論術は、アルキビアデスをして政治の言語と言語の政治に傑出していることを示している。政治は本来、議論によって国事を決着させる活動システムであった（「言葉をもつ動物」を自覚していたギリシア人のポリスに、政治（ポリティックス）が誕生したわけである）。ところがアルキビアデスには言葉とはいっても、言葉による吟味と批判ではなく、影響力の行使が関心の中心だった。人々を自分の意見を受け入れる器としか考えなかったからである（218B）。自分が変わるのではなく、自分の考えに沿って人々が変わることをもっぱら求めたのである。

それが政治の世界で自分の力量に酔い野心にのめりこむ悲劇をもたらす結果になった。アルキビアデスは生まれと素質に極めて恵まれて、〈多〉を圧倒する〈一〉であった故に、内外の悲劇はそれだけ大きかったのである。(2) 酔っているのに酔っていない、というところに、アルキビアデスが本質的に酔っている不安定な両義性を象徴させたとすれば、それは著者プラトンの苦い皮肉混じりのユーモアである。

最後に付け加えることがある。アルキビアデスがソクラテスは「いかなる人間にも似ていない」、シレノス、サテュロスに譬える以外はないと話を終わったからである（221C–222A）。

ソクラテスは比較を絶している。ソクラテス以外のどんなに偉大な人物でも他の誰かと比較できる。従ってトロイ戦争随一の英雄アキレウスも「名においては民主政治であったが、実質は卓越した一市民による支配」（トゥキディデス『戦史』2.65.9）と称されたペリクレスも、〈多〉の中の際立った〈一〉であって、「比較第一」にすぎない。似たような名門出身の顕官顕職、英雄たちが他にもいる。しかしソクラテスは、現在の人とも過去の人とも誰とも比較できない。どんな偉人とも似ていない。二人といない独一性である（〈二〉ない〈一〉）。そういうソクラテスをアルキビアデスは先に、途方もなく捉えどころのない異能の「超人（ダイモニオン）」と呼んでいたが（219C）、シレノス・サテュロスにしか譬えようがなかったのである。しかしその譬えは正しかっただろうか。半ば当たり、半ば外れている。

ディオティマの小秘儀によると、偉大な人物の偉大な仕事と作品は人々と歴史から称賛を受け、不滅の名声が送られる筈である。アルキビアデスは不知不識の内に、ソクラテスが小秘儀のカテゴリーを外れていることを指摘したことになる。もしソクラテスが人類の中で偉大な人間として栄光に輝いていたとすれば（歴史はその通りになったが）、アルキビアデスにとってはソクラテスが随分過小評価されたものと思ったであろう。小秘儀の伝えることは、個人がその能力によって特定の顕著な仕事を実現達成した、として人々と歴史の意見（δόξα（doxa））が贈る栄光（δόξα（doxa））である。しかしそれは人間の可能性の延長に位置する顕現態に他ならなかった。それに対してソクラテスはおよそ人間の中に場所を占めることがなかった（ἀτοπία（atopia）．221D）。人間用の尺度が効かない超人である。確かにアルキビアデスは、ソクラテスにただ事でない何かがある、自己存立と人生の不可測の深淵に結びつく何かがある、ことに気づいている。しかしそこには見過ごしてはならない点があった。

ソクラテスにはデルポイ神殿の「ソクラテス以上に知恵があるものはいない」（『弁明』21A）という神託があった。しかしそれは「われわれは善美のことを知らないようだ」（『弁明』21D）を跳躍板にした吟味検討を通して、「知恵は神のもの、人間の知恵は無かほとんど無」（『弁明』23A）という無知の知に大悟徹底することに凝縮した。人は誰でも大なり小なり自分を一端のものと思うだろう。そんなことはないと言い張っても、こころの底まで澄み通った謙遜とはほど遠いことが大抵であろう。本当は一端の知恵がある、一角の人間だと認められたい、世の脚光も浴びたいと思いつつ「半ば諦めて」のことであろう。謙遜といっても泥水が混じっている。がここ、神と真理と対決するこの現場では虚飾は許されない。ソクラテスは自らを何ほどでもないとし、無に直面して凛としてたじろがなかった。虚無の零地点から何のけれん味もなく自他を批判する探究の対話問答に突き進んだだけである。政治に参与しないとして、ただ市民一人一人を相手に、共に議論することを求め、誰に対しても躊躇なく疑問を疑問とし、単純愚直に質問した。それ以上に自分だけが何か特別なことを知っている、掌握して隠しているとはしなかった。人間がただ人間であるために相応しい「人間並みの知恵」を求めるとしたのである（『弁明』23A）。どんな分野のプロもただの素人に置き据える、無知の零地点に立つ人間モデルである（『弁明』23B）。「超人」とは正反対なのである。幸いなるかな、こころ豊かなるもの、ではまったくなかった。

アルキビアデスは、シレノス像がその内に神像（ἀγάλματα（agalmata））を置いていることから話し始め（215B）、ソクラテスの内に「黄金の神像をかつて見た」（216E）とし、その言葉の内に「徳の像」（222A）があるとしてソクラテス賛美を終えた。一体像で何を見たのか、何を理解したのか。アルキビアデスが何も説明しようとしないところから判断すれば、実は本人にもよく分からなかったのではないか。確かにアルキビアデスはソクラテスの戦場などでの類い稀な勇気、忍耐、強靱さ、節制を「体験」した。驚きと畏怖を覚えるほど何事かを「体験」した。しかし体験はその体験を理解していることを意味しない。アルキビアデスが繰り返し「像」と表現していることに自ずと限界が現れていると思う。像は何らか見える事実であるが、直接見えることにおいて自らを隠すメカニズムもまた含まれているからである。アルキビアデスがそうであったように、像は両義的なのである。

以上のように考えると、アルキビアデスが「われわれが無だ」とするソクラテスの言葉に二度言及しているが（216E, 219A）、リップサーヴィス以上に出なかったのだろう。言葉を何よりも他人への影響力の道具と見るアルキビアデスが、ソクラテスの言葉を理解しなかったことは先に述べた。しかし何故アルキビアデスはソクラテスをシレノスなどと譬えたのだろうか。ディオニュソスの弟子の類いに見たのだろうか。

政治の世界で英雄を演じ、市民を集団陶酔に導くアルキビアデスは、酔っぱらってツタの飾り物を頭に登場した。「政治的天才は俳優的天才を伴うらしい」(『侏儒の言葉』)とは芥川龍之介の言葉であるが、その典型例であろう。アルキビアデス自身が酒と劇、快楽と陶酔の神、ディオニュソスの弟子に見える。その芥川が「クリストは『万人の鏡』である」と言う(『続西方の人』)。それを少し換えて、「ソクラテスは万人の鏡である」と言ってもあながち荒唐無稽ではない。[3] 人はソクラテスにどのように向き合うかにおいて、なにがしか自分自身を写し見るのである。ソクラテスに近づいて問答すれば、「いま自分がどのように生きているか、かつてどのように生きてきたか、自分自身について言う羽目になる」(『ラケス』187E-188A)からである。ディオニュソスの弟子にはソクラテスはディオニュソスの弟子に見えたのであろう。

それは「ソクラテスは何ものであるか」を明らかにしたのではなく、「アルキビアデスは何ものであるか」を明らかにしたものである。つまるところ、アルキビアデスはディオニュソスよろしく政治の世界で英雄を演じるともなく演じたが、自分自身の生と死そのものの現実を直視しようとしなかった、できなかったことを示している。

ソクラテスを「超人」にしておけば、ソクラテスとの懸絶厳しい異なりの壁の影に、自らの安心と安全が求められる、と無意識にでも思ったのだろうか(「ソクラテスが人の世にいなければよかったのに」216C)。アルキビアデスとは、ソクラテスとの自己同一を雄々しく担いつつ、その自己同一を己が身に洗い出し結実させる鍛錬抜きにしては、ソクラテスの秘密は自らを明らかにしない、という生きた、惜しむべき例証なのだろうか。「ソクラテスとは何ものか」とは、われわれ自身の生と死そのものを直視する道へ誘う暗号ではないであろうか。

19　宴が終わって

宴会は、闖入した酔っぱらいの乱暴狼藉によって目茶苦茶になってしまった。恋の神を賛美するという宴会ドラマは、美しい賛美の言葉という皮膚（ドラ）に覆われていたが、最後に皮膚はずたずたに裂けて終わってしまった。親しい人たちの間の平和なエロス談義、夜の私的な時間に開かれた芸術家の祝祭は、冷たく厳しい社会の現実の前で破れる一時の小康だった。悲惨な戦争の一年前のことである。芸術は、「時よ、止まれ。お前は美しい」と性急に永遠へ飛翔しようとするが、それも永遠を夢みる一時の慰めである。

宴の果ての残響の中、ソクラテスだけは二人の芸術家アガトンとアリストパネスと対話問答をしている。これは注目すべきことである。ソクラテスは自分から「今日は議論はこれで終わり」とはしなかったからである。その内容は語られていないが、われわれは幾分かその隙間を埋めることができるし埋めなければならない。

アリストパネスが人間の本性から話し始めたように、またアガトンが原因から説明しようとしたように、悲劇であれ喜劇であれ、表現世界の創造である芸術は、何よりも人間が人間を思考し、表現を通して人間を本質の真理から理解しようとする活動である。二人の芸術家がこのことを十分理解し自覚していたかは疑わしい。ソクラテスがエロス神賛美も、ただ美しく賛美すること、つまり美しい賛美の表現（現れ）を作ることではなく、真実を示すことだ、と修正していたように（198D–199B）、芸術もただの表現作出ではなく、それ以上が期待された。もしその人間の真実の理解に基づくならば、悲劇と喜劇には共通の基礎があるだろうし、同じ人が書けるだろうということがソクラテスの狙う眼目だった。しかしそのためには議論が必要だった、と推定できる。(1)

逆に根本の人間理解を欠いては、悲劇も喜劇もありはしない。独創性をただ人を刺激するだけの珍奇な表現の受け狙いと誤解したり、ただ気の利いた、それだけ退屈な表現を作ったりするだけの、大仰な手慰みにすぎない。がソクラテスと問答をしても、二人の芸術家はその議論、つまり面倒なほど繰り返す細かい分析と必然性の連鎖によるゴツゴツした言葉の展開について行けなかった。芸術家の頭は柔らかく繊細すぎた。それだけ半覚半眠なのである。芸術家の頭は議論によって覚醒するのではなく、美の煌めきに永遠を夢みて陶酔然としていたのである。芸術は、芸術家個人の独創的視点からする表現創造であり、「わたしのこころの子」の作品化であって、人々と共有する批判と議論の地平の上で作るのではない意味で、「私芸術」であった。誰にも共通した理性の明るみの中で言葉が働く公共世界が、朝と共に始まる前後に、酒豪の二人の芸術家も酒の酔いのうちに眠り込んだ。酒による高揚感と酔いは、芸術のそれと重なっている。プラトンは酒を実に上手く使っている。

アガトン邸を出たソクラテスはリュケイオンの体育場で身体を洗った。芸術家のための特別な日の特別なこととして行われた宴会の、酒とエロス賛美・ソクラテス賛美の熱と陶酔混じりの雰囲気をすっかり洗い流した。劇的に高揚した祝祭空間から平常底に戻り、まるで宴会などなかったかのように、ソクラテスはいつもと変わらぬ仕方で人々と問答を交わす議論で残りの一日を過ごし、夕方家に帰って休んだという。

『饗宴』は、宴会が始まる前から始まり、宴会が終わった後で終わっている。ソクラテスは、いつもとは違って「湯浴みをして」小綺麗になって宴会に出かけ、宴会が終わって「すっかり洗い流して」いつものソクラテスに戻ったのである。始めと終わりが対照的であることを印象深くすることにプラトンは成功している。それは宴会の余白が宴会自体に劣らず重要、との意味もあり、作品『饗宴』の余白も浮き彫りにしている。アリストデモスから昔の宴会のことを聞いて、これを語り直すよう「プラトンの兄弟」グラウコンに要求されたアポロドロスのように、我ら読者も『饗宴』を読み終えた今、宴が終ったようにそれぞれの家庭と仕事に戻ろうとして、背後からグラウコンに「お待ちあれ」と呼び止められるであろう（172A,『国家』327B 参照）。そこで新しい探究言語を作って語り直すことが重要であろう。つまり著者プラトンとの新しい対話問答である。

［5］いま再び、美しくなったソクラテス

ソクラテスは、詩人のように「美しく語る」ために純粋に調節された言葉ではなく、その場その時で出てくる在り合わせの言葉で、その意味では無粋無骨で不純な言葉で一貫して語り合おうとする純粋さが際立っている。つまりソクラテスは分からないことは分からないとし、不明なことは不明とする単純素朴な、それだけ無遠慮でゴツゴツした言葉で誰に対しても問い尋ね、その考えを吟味し批判するだけだった。言葉を明瞭にすること、考えを明晰にすることだけを求めたのがソクラテスである。対話問答は芸術や政治の場面のような情熱の迸りではなく、細切れ言語による醒めた活動なのである。

そういうソクラテスは思い上がり、傲慢不遜を繰り返し非難されている。コンクールで優勝した自分を冷やかして笑いものにしたと、「ひどい侮辱ですね」とアガトンが非難している（175E）。そしてアルキビアデスも何度も抗議している、ソクラテスがアルキビアデスのことを軽視しあるいは無視すると（215B, 219C, 221E, 222A）。ソクラテスは二人が大事だとし、評価してもらいたいと思うことを無視する点で、確かに思い上がりも甚だしいと

見える。しかし偶然で気まぐれからの思い上がりではなかった。

ソクラテスは社会的地位に関心を置かなかったように、世の勝ち組・負け組がおよそ問題にならなかった。小秘儀が強調した、人が自分の能力でどれほど偉大なことを達成し成功したか、人々に対してどれほど影響力を行使できるか、どんな威信と財力をもっているかということも、気にならなかった。確かにアリストデモスが真似た粗衣と裸足は、そうした無関心ぶりの現れだった。ソクラテスはアテネ社会では余剰であり、哲学が披く空無という余暇に生きていた。人の世の力を軽々と無視したのである。そんなことをすれば、人の世は殺す力があるぞ、と恫喝しても（『弁明』29D）、である。そういう危険をよく理解していたので、ソクラテスはロマンチックな夢想家ではなかった。むしろリアリストなのである。

気まぐれの思い上がりでなかったのは、真理と知恵に対して最大の謙遜を堅持していたからである。それは単純に「正直であろう」とすることであり、「本当のことを言おう」とすることである（アルキビアデスが酔いと隠した野望のために、「本当のことを言う」振りの見せかけただけだったことは既に明らかである）。そのために言葉を明瞭にして理解すること、そして真理と知恵を判断の最終的基準とし、これ以外に人間を無条件に測るものはない、としたのである。そして問答による吟味を重ねて一切容赦しなかった。自分の疑問や曖昧に思うことは誰に対しても恐れることなく指摘して止まなかった。吟味と批判抜きで受け入れるべき言葉があるとはしなかったし、語り直す必要がないほど確立した権威の考えや意見はどこにも認めなかった。こうして政治家も芸術家も仮借なく批判された。かろうじて社会で評価されることがもっとも低い職人に対して、一斑の知恵を認めただけである（『弁明』22D）。技術知があったからである。

ソクラテス自身は無知の自覚から一歩も外れなかった。そして人の思いに載らない不可測の無知の深淵を跨いで、自他の考え・意見を惜しみなく批判吟味する探究の人生を生きただけである。従って社会的なことであれ、私的なことであれ、物質上のことであれ、精神上のことであれ、何か自分の持ち物を誇って思い上がっていたのではなかった。アガトンやアルキビアデスのように、豊かな「自分の持ち物」に恵まれ、能力がありチャンスがあり、真面目であり自尊心と覇気もあって、世に成功したものの方が、その自力作善の故に、「我一人高し、我一人尊し」とする気まぐれな思い上がりに足を掬われかねない。脚下に開口する無知の深淵に気づかないからである。

ソクラテスが「過剰に真面目にならないように」とばかりに、大人の社会、その常識常道を軽々と無視した様子は子供に似ている。同じく世界と人生の深淵を覗いたヘラクレイトスの「人生は遊戯する子供（παῖς παίζων (pais paizôn)）」（断片52）を彷彿させるものがある。あるいは聖書にいう「ブドウ園の主人」（『マタイ』20.1–16）を想起させる。その主人も世の中の仕組みである労働対価制を無視して、朝から働いたものも昼から働いたものも夕方から働いたものも、その達成如何を問わず等しく約束通りの一デナリオを与えたからである。永遠は人がどれだけのことを実現成就したか、その業を測らない。小秘儀はまったく問題外だった。

今日の宴会の出席者はそれぞれ大人の世界の代表者に見える。パイドロスとパウサニアスは常識と教養の人であり、エリュクシマコスは知識人であり、アリストパネスとアガトンは天賦の才能と独創性の芸術家であり、アルキビアデスは政治的影響力の人であった。他方で、人生を遊戯と化し、何にも囚われることなく子供のごとく戯れるソクラテスは、アテネにとって過剰なはみ出しだった。宴会に一人遅れて不在であり、宴が終わって誰もいなくなって残されたソクラテスである。アテネ生まれのアテネ育ちで、アテネの中に生き、戦争以外ではアテネの外へ出なかった「アテネの他者」であった。

ところがアテネ社会をはみ出す特殊な人間、ソクラテスは例外を認めなかった。少なくとも自分を例外として囲い込むような特殊性を設けなかった。特殊な持ち物、権利、時、所、事情といった特殊条件に訴えなかった。いつも変わらず同じだった（今日は宴会のために身綺麗になったのは特別で、それも理由あってのことだった）。デルポイの神託に対しても、政治家や芸術家、高名なソフィストに対しても、人々と酒を飲む宴会でも、社交場であるギムナシオンでも、広場でも街路でも誰かの屋敷でも、裁判でも、獄中で脱獄を勧められたときも、死の当日も変わらなかった。いつも変わらなかった。それは、その時々で直面する具体的問題を人と共に考察し吟味し議論するだけだということである。その点でソクラテスはいつも変わらない、ということが極めて特殊なのである（『ゴルギアス』482B）。何が人生で重要か、という点で揺るがなかった。それは次のことにある。

ソクラテスが人に唯一要求したことは、対話問答による率直な議論だけである。首尾一貫した整合的な議論によって明瞭な理解を求めることで、首尾一貫した生き方だった。つまり首尾一貫した生き方と首尾一貫した言葉の道行きは別のことではなかったのである。知恵と真理を求める探究の言葉を磨き刻むことが、生を磨き刻むことだったからである。言葉と己の生を透明に理解する首尾一貫性を破るような、例外となる特殊性で自分を囲い込むことがなかったわけである。裁判でも、まだ小さな子供がいるから、と情状酌量を求めても良さそうだのに、そうしたことはしなかった（『弁明』34D）。

従っていかなる特殊性も重要としなかったことが、ソクラテスの特殊性である。ソクラテスはそれを「人間並みの知恵を求める」と言っていた（『弁明』23A）。人は誰でも人間であることは自明とし、自分にプラスαの何か特別な知恵と力を求めるのに必死であるが、それはプラスαあってこそ、人間らしい人間と思われるからである。そうでなければただの人だ。ただの人では生き甲斐がない。特別に人間力と知恵あってこそ、人間らしいのである。自己実現である。しかしソクラテスは、人間がただ人間であるための知恵を求めて誰に対しても吟味と批判を尽くし、自分も批判を免れるとはしなかった。その点で誰とも違った。日頃立派なことを言っていても、いざとなれば、自分を例外に置こうとするのが人の常であろう。人にはそれぞれ何かと事情があるからである。しかしソクラテスの発言からは特殊な「自分の都合、自分の権利、自分の要求」が消えている。自分自身を決して例外としない点で、ソクラテスは例外であった。それだけ「アテネの他者」であった。

ソクラテスは逆説である。「自分の事情」という事実が沈黙していた点で、人生の時間を生きている中で、既に死んでいるかの如くだったからである（『パイドン』でいう心身の浄化・分離ということだが、その意味は後に見ることにしよう）。人々はそういうソクラテスに戸惑ったのである。そしてアテネ社会の内側で、内側から炸裂する逆説は、最後に社会から排除されてしまった。ソクラテスは死んだ。その決定的不在に直面したのがプラトンである。

しかしプラトン以外にソクラテスの近くにいて個人的に親しかった三人について振り返っておこう。宴会が混乱の内に終わった後、ソクラテスとアガトンとアリストパネスがまだ起きて問答しているとき、アリストデモスは「その場にいたわけでなかった」（223D）とプラトンは書いている。ところが事実はアリストデモスはその場にいたのである。しかし朝まで眠り込んでいた。その場にいるのに、いない（訳註19・2参照）。従ってプラトンにとって、その不在とはソクラテスの対話問答の活動に参加してない、という意味になる。[1] こう見てくると一つの意味で、存在しているのに不在、がアリストデモスの在り方といってよい。アリストデモスはソクラテスの外見と行動を真似し、いつでもその後をついて行くだけであった（223D）。世の習慣、社会の意見に反対して、外見や身分、財産に引き摺られないで目覚めた新しい生き方をソクラテスから学んだ。そしてその新しい生き方の中でそれなりに安定していた、つまり眠り込んでいる。何も自分では創出することはなかったのである。ソクラテスとの関係に、半ば目覚め、半ば眠った人である。自分で哲学の活動に参加しなかったからである。

第二報告者であり、『饗宴』全篇の語り部であるアポロドロスは、ソクラテスの行動よりはむしろ、ソクラテスが人と議論して吟味論駁する言葉に衝撃を受けた。これから人生を始めようとしている若者は、「第三の出産」に近づいて熱くうずうずしており、金儲けより遥かに生き方の問題の方が気になるものである。そしてアポロドロスは自分でもソクラテスの議論を真似ている。ソクラテス以外の誰に対しても、「君たちは間違っているぞ」と批判の言葉を浴びせかけた。アポロドロスはソクラテスに出会って二、三年しかたっていなかったのである。まだホットな影響そのままである。商売の仕事の知人たちはそれを「誰にも噛みつく」（173D）と揶揄しているが、平素は穏やかだのに哲学となると激しやすい青年らしいその姿は、『パイドン』（59B）で誰もが知っている性格と紹介されている。

しかしこの時期のアポロドロスはまだ未来のソクラテス裁判を知らず、その哲学の真実全体（『弁明』17B）を知らなかったことになる。ソクラテスの哲学は、その全人格すなわちその全生涯の生と死と切り離せないからである。アポロドロスはソクラテスと共に人生の時間を生きていたからである。死というソクラテスとの決定的切断を知らず、ソクラテスの無条件な不在に一人耐える必要もなかった。しかしソクラテスの最後はほんの数年と間近に迫っていたのである。『饗宴』では、昔の宴会の記憶を手繰り寄せ、身近にいるソクラテスに聞いて確かめながらその記憶を整理して、記憶するに相応しいように「自分の言葉」で語り直したのである。記憶の再創作である。それがアポロドロスが語り得た『饗宴』、つまり表の脈絡の全篇である。しかし著者プラトンは、記憶の再創作のドラマを創作したのである。そこにプラトンによる見えない裏脈絡が包蔵されており、表裏両脈絡が『饗宴』の全体であった。「テキストと共に、テキストを超えて」とした所以である。

アルキビアデスは、ソクラテスの戦場での勇敢な行動を始めとした鮮烈な振る舞いと、人のこころに突き刺さりながら蕩かす言葉に魅了された。いずれも自分の体験に基づいている。「毒蛇に咬まれた状態」(217E) と表現しているように、直接的影響を強く受けた。その直接性がアルキビアデスを縛っている。ソクラテスがその場にいるときといないときでは態度ががらりと変わるからである。宴会に闖入したときも、隣にソクラテスがいることに気づいて飛び上がるほど驚いている (213B-C)。ソクラテスに自分で約束しながら、ソクラテスが不在になればそれを反古にして恥ずかしい (216B)、と自ら告白していた如く、ソクラテスがそこにいてもいなくても関係なく、自分の振る舞いとソクラテスが結びつく、という内的関係はなかったのである。[2]「あなたがいるところで、他の人を賛美したり絶対にしない」(214D) と強く断言したが、それは半面の弱さを隠していることにアルキビアデスは気づかなかった。もしアルキビアデスがソクラテスの言葉を聞いて心底共感し、もしソクラテスの神々しいまでの徳の姿を見たとすれば、そしてもしそれが自分にとって重大だとすれば、ただ感嘆しこころで思うだけではなく、一瞬の体験を超えて、自分の生き方そのものがその根から転倒して新しく方向づけられ、ソクラテスがいてもいなくても忍耐して、その方向に身をもって生き続ける筈であった。ソクラテスとの自己同一性を己が身に負い、その同一性を探究しつつ刻み証しすることがあった筈である。しかしそうしたことはアルキビアデスに何もなかったのである。

こうしてアルキビアデスにとっては、目で見、耳で聞き、手で触れる直接の現前がソクラテスの存在そのものであった。性的接触が究極の形だと錯覚している。それだけソクラテス個人に情緒的に固着する結果になっている。それが同時に、心理的圧迫にもなったのである。存在するときには、「いなくなってくれればいいのに」と思い、いなくなれば「それもまた困る」と、ソクラテスの感覚的現前と不在の間で揺れ続けた。それがソクラテス賛美をソクラテス非難にしていた。そしてアルキビアデスが存在の感覚的現前に固執したことは、政治に執着することと軌を一にしている。政治家は人々の動きと社会の状況という見える事実に反応しているからである。シケリア遠征の途中、瀆神罪でアテネに召喚されたアルキビアデスが、一転して敵国スパルタに逃亡したのはその最たるものである。脱獄を勧められても従わなかったソクラテスと対比する必要はもはやあるまい。

このようにソクラテスのもっとも近くにいた三人（アリストデモス、アポロドロス、アルキビアデス）に共通しているのは、時間の中を共に生きているソクラテスの感覚的直接経験である。しかし死んで不在になったソクラテスは、もはや感覚では接近できない。思えば大秘儀は、個体信仰つまり個体の知覚的現前に固着することに対して距離をとるよう要求していたのである。そして死が独特な形で入ってくる。

ソクラテスはいつでも対話問答に人を誘った。整合的で明晰な理解を求める対話問答への意志は確固として明瞭である。この『饗宴』でも宴会で一人エロス神賛美の仕方を異にして、アガトンと問答しようとして最初はルール違反だと阻止されたが、後ではそのアガトンとディオティマを相手に問答に勤しんだ。エロス賛美の宴会が酔客乱入で終わっても、まだ議論することがあった。二人の芸術家と夜を徹して議論し、夜が明けるまで続いたのである。しかしその二人も寝込んでしまった。芸術家なら、自分の作品を作る作業にいつか、「これで完成」と筆を下ろすであろう。しかしソクラテスにはまだ考えること、議論することがあった。そしてその日もいつものように夕方まで人々と対話の議論で過ごしたとある。宴会の後のこの二つのエピソードは、ソクラテスには

「これで議論は終わり」がなかったことを示している。思考は知恵と真理を気遣う忍耐の中で、新しい「自分の言葉」を求めて常に考え直す、語り直すことであった。

そこでソクラテスは自分から対話問答を止めることがなかった点で一貫している。顕著な例を挙げれば、後期の対話篇『ピレボス』の最後は、議論を拒否する快楽主義者ピレボスとその代理人であるプロタルコスより先にソクラテスが議論を諦めて退場することはない、とプロタルコスが発言して終わっている（67B）。プロタルコス自身がソクラテスとの問答を通してそう気づいたのである。

今日の宴会も最後にアリストパネスとアガトンが酔い潰れて眠り込んだから、問答を終えたが、ソクラテスは酒に酔うことがなかった、と二人の証言があった（176C, 214A）。それは酒に強かったというだけではない。そんな人なら世にごまんといる。酒も議論を求めるソクラテスを黙らせることはなかったということである。酒は人のこころを甘やかに蕩かすこの世の魅力の象徴である（この世も結構いいものですぜ）。以下に確かめる通り、われわれの知るところ、誰も、何もソクラテスの問答を終わりにはできない。エロス神の父ポロスさながらに、困難と緊張の中をつねに前に進むだけである。

ソクラテスが金で動くことはない、とアルキビアデスも指摘していたが（219E）、経済もソクラテスを沈黙させることができなかった。貧窮の母神ペニア由来のエロスさながらに、ソクラテスは貧しかった（『弁明』23C, 31B–C, 36D）。これも一つには報酬を取って教えたわけでないことであり（『弁明』31B–C）、二つには市民との対話問答に忙しく、ソクラテスは自分の能力とエネルギーと時間を自分の生活のために使う暇がなかったからである。哲学は余暇から始まった、という俗説が間違っていることは明らかであろう。哲学はそれ自身のためにそれ自身で余暇という空無の時間を作ったのである。哲学はあってもなくてもよい生活の後の余り物ではなく、日常生活に先行する事実以前（ante rem）の空漠の天地に成り立つからである。こうしてソクラテスは裁判で、もし罰金を科せられたとすれば、払えるのは「銀一ムナ」（38B）と述べている。(3) これが現在の貨幣価値でいかほどかを精確に決めることはできない。しかしクリトンなど友人、弟子たちが保証するとして、すぐ「三十ムナ」と訂正しているのだから、常識的に見てもあまりに少なすぎたということは間違いない。

確かに人間の知的能力が有限であるように、身体能力も有限であって、ソクラテスも休息が必要であることには変わりがない。従って「家に帰って休んだ」（223D）という『饗宴』最後の一文は、語り部アポロドロスの表の脈絡ではその通りである。が、裏脈絡では、ソクラテスは家で休んでも目を閉じても ad hoc な休止であって、その生き方自身は骨の髄まで人々との対話の気遣いに食い破られており、問答への眼差しと意志が消えることはなかった。眠りもソクラテスから、人々を対話問答による吟味に呼び招く責任を帳消しにできなかったからである。『プロタゴラス』は、未明の暗い内に若者がソクラテスを尋ねてきて、「手探りで簡易ベッドに」（310C）近づいて話しかけることから始まっている。ソクラテスが何事かの気遣いを眠りに優先して徹夜したことは、アルキビアデスが伝えるエピソード（220C–D）にも窺えた。

その裁判もソクラテスを黙らせることができなかった。裁判の常道に無経験な余所者のように臨み（『弁明』17D）、被告として裁判で最大の関心である筈の勝つ目的の弁論をなさず（弁明ならざる弁明だ）、原告メレトスを対話問答に招くだけだった。もし哲学を止めるといえば放免、という提案があっても哲学を止めるとはしなかった（『弁明』29C–D）。そして獄中で脱獄のチャンスを目の前にしても、「時間がない、急げ」と急かすクリトンに対して、いつもと同じように脱獄の正否を問答することを止めず、むしろクリトンが沈黙してしまうだけであった（『クリトン』50A）。

さらに死の当日もソクラテスは友人と共におり、悲嘆の声を上げる妻クサンティッペを早々に家に帰らせている（『パイドン』60A）[4]。ソクラテスには、経済事情の通り自分固有のもの（οἰκεῖον（oikeion））としての「家庭（οἰκία（oikia））第一」ということはなかった。生き方の吟味と批判という対話問答を、知人そして市民と遂行する上で妨げになる場合は、その優先順位において家庭がないかの如く振る舞った[5]。哲学は「生きるため」ということに縛られない空無に成り立つからである。その限りではソクラテスはエロスが窮乏の女神ペニアの子であったように、「家のない人（ἄοικος（aoikos））」だったのである（203D）。それはアブラハムのイサク奉献にまでさかのぼる、人間の根源的自由の背面である。ソクラテス自身、「こころ自体の飾り、つまり節制と正義と勇気と自由と真理によってこころを飾るべし」（『パイドン』114E–115A）と言っていた。「身体の世話に縛られた奴隷の生活」（『パイドン』66D）[6]、「粘り着く生の事実」（『パイドン』117A）から解放された根源的自由である。

そして最後の時まで友人との対話問答に熱心であり、「余り話に熱中しないように。毒の効きが悪くなる」と牢役人に指示されても無視した（『パイドン』63D）。かくして切迫する死も、問答をしようとするソクラテスを黙らせることができなかった。対話問答による探究という言葉への愛は、解毒作用があり、死の棘を抜くようにさえ見える（愛は死よりも強し）。「言葉嫌いは人間嫌い」とソクラテスは言っているのだから（『パイドン』89D）、言葉への愛は人間への愛であろう。言葉は、「真理は何か？」の問いの自由エネルギーを人のこころに活き活きと息吹かせるからである。友愛を論じた『リュシス』の言い方をもってすれば、ソクラテスは、世界一の権力、世界一の富、世界一の名誉、世界一の能力といったどんな「世界一」よりも、善き生を求めて問答の議論を共にできる友を求めたということである（211E）。

こうしてソクラテスは誰に対しても問いかけた。つまり対話問答へ、自己活動の思考を共同する「同行二人」へ招いた。まるでそれが善（アガトン）への誘いであるかのように誘った。思考を共同することにおいて言葉と理解を明瞭にし、真理に触れることになろうからである。家庭を始めとして「自分のもの」に固執することが決してなかったソクラテスが、唯一「自分のもの」として死守したのが、人々に問いかけ、人々とともに、知恵と知恵の見せかけ、知と無知の吟味と批判を尽くす、という神に置き定められた持ち場（τάξις（taxis））に対する無限責任であった（『弁明』23A–B, 28D–29A）。(7)「無限責任」というのは、どんな状況になっても、それを離れるということが意味をもたない限界点であり、死の恫喝によっても免除解放にならなかったからである（『弁明』29C–D）。(8)

われわれは宴会以前に、「美しくなったソクラテス」がアリストデモスをアガトンの宴会に誘ったことを知っている。自分を超えてアガトンの所へ、である。それはアリストデモスには予想外であり過剰なことであった。そして「美しい」という意味のギリシア語 καλόν（kalon）は、「招く、誘う、召喚する」という意味の動詞 καλεῖν（kalein）と共鳴することも既に見た。著者プラトンにとって、「美しくなったソクラテス」とは、人を常ならざることへ、彼方へ、善と知恵の探究現場へ誘い出す過剰のことではなかったか。

そのソクラテス自身は美しい人に夢中になる、と噂され（216D）、また本人も認めていた（177D、『プロタゴラス』309A–B、『カルミデス』155C–D）。美しい人への恋心とは、鋭敏な感受性で美の出現に驚き、世界の中で位置を占める自分の都合と利害得失を忘我自失の内に消し去り、善の予感を湛えて輝き出る美しさにこころを満たされながら、「それは何か？」は自分でもしかと摑めぬ不安にいることにある。つまり「何か？」の問いの息吹に触発され、謎の探究へ召喚されていることである。ソクラテスは眠り込まないで目覚めているように、輝く美に外からこころを叩かれ続けていたのである。己が近みに送られてくる美しい人にエロス（ἔρως（erôs））の恋心を掻き立てられ、日常生活の事実処理と社会習慣と自分なりの人生計画に固く縛られたこころを熱く柔らかく解放して、うずうずするような美の不思議と善の予感を美しい人と共同で問い尋ねる（ἐρωτᾶν（erôtân））[9] 探究へ、促され続けていた。「こころに妊娠中」の現実にいたのである。従ってこう言ってよい、ソクラテスは触発されて触発するもの、誘惑されて誘惑するものである。

このようにソクラテスの対話問答への意志は確固としたものであった。とすればソクラテスとディオティマの話が、二人の芸術家とアルキビアデスに挟まれていた理由も理解できよう。自他共通の言葉の地平で人と吟味と批判の議論を共有せず、自分の繊細な感受性と想像力で作品を創造する芸術家と、自分の弁論の力で市民に影響力を発揮した政治家に挟まれて、対照的にソクラテスとディオティマが遂行した対話問答による議論が際立つことになる。熱に浮かされたような芸術と政治に対して、哲学は無知の零地点に立つ不安はあっても、その不安とは驚きと問いの促しに生き生きと目覚めていることであり、意味もなく動揺と葛藤に苦しめられることがなく落ち着いている。問うては答え、答えては問う問答という方法なき方法、道なき道の探究に召喚されていたからである。

しかしソクラテスは哲学の衝撃を与えて人々（アルキビアデスなど）を鼓舞する力はあったが、そこに留まりたいと望まない人を引き留める力はなかった、とDover, 164は不満げに言う。しかしその理由は次のことにある。ソクラテスはいつでも誰とでも対話問答をしたが、それは相手が同意した場合に限られたのである。矛盾律が証明できないように（矛盾律は議論と証明が乗って動く乗り物である）、対話問答の意味と価値は、対話問答自身が証明することができないからである。ともかく「意味がある、価値がある」と信じて、対話問答に乗り出すだけだからである。

それに対応して、ソクラテスは問答を途中で自分から終わりにはしなかった。その時その場の状況と対話の相手の条件が、ソクラテスの問答の意志を逸らしたり変えようとしている。結局は相手が自分の都合で止めるからである（ソクラテスにやり込まれて不快になったり、親が帰るように強制したり、「用事がある」と言い訳したり）[10]。この宴会でもアガトンと問答しようとして、ルール違反だとパイドロスに阻止されていたし、アルキビアデスは対話ではなく性的接触という直接行動へ誘って、ソクラテスの心変わりを期待した。最後はみんな眠りに落ちたのである。

ソクラテスは、対話問答という自他の間の議論において真理に触れ、真理が解放される、と信じていたが、対話を強制することはなかった。対話問答は自由の遂行そのものである[11]。そこに自ずと限界があった。自由の深淵を跨ぐからである[12]。

以上に見たように、ソクラテスは日々具体的個人と問答の議論に終始して変わらなかった。いうまでもなくアルキビアデスに明らかな如く、社会情勢、生活環境、身心の条件など絶えず変動する現実状況の中で生き続けるためには、人は時間の中で、自分の事情を測りながら自ら変わりつつこれに対応しなければならない。でないと「時代遅れの老いぼれ」になってしまうか、現実の激流の中で水没するだけである。生きているとは、自ら動くことであった（詳解［4］13参照）。ところがソクラテスは異様なまでに一貫して人々との問答を求めて変わらなかった。日々の市民生活でも宴会でも、裁判でも獄中でも、死に臨んでも何も新しいことはなかった。いつも変わらず哲学し、思慮と真理をめぐる問答に人を誘うだけだ（『弁明』29D–E）。そこには一点の変化もなかった。ここで海を思うがよい。海は深ければ深いほど、海面が激しく波騒いでも、その海底は静かで動かない（『マタイ』8.23–27参照）。もし生が自ら動き変化することであるなら、動きを止め、変化しないソクラテスの境涯は死であると言ってよい。生きながらに死んでいる。生きても死んでも同じだ、という生死一如の境涯である。

しかし時間の中に存在するとは、もともと「変える」とか「変わる」と語ることが有意味だった。宴会では二度酔っぱらいが闖入したが、時間の持続の中では何でも起きうるのである。従って生きているものの意志は原則変えられる。確固とした不変の意志を生き体現していたソクラテスでも例外ではない。変えようと試みたり強制はできたのである。上に挙げたパイドロスやアルキビアデスの例があるし、クリトンもソクラテスの意志を変えられると思ったから脱獄を説得しようとしたのである。しかし死者は時間の中に存在しない。そして持続と変化から解放されている。

対話篇始めに「美しくなったソクラテス」（174A）とあった。アリストデモスとアポロドロスにとっては、いつもと違って小綺麗になったソクラテスのことである。しかしやがてまた元の粗衣裸足のソクラテスに戻るのである。およそ時間の中に存在するものは、変化する。万物流転、栄枯盛衰は世の常であった。美貌を誇ったアガトンとアルキビアデスも若さ故の美しさである。つまり「美しい」という言葉は「美しくない」と対照して語られたのである。

『饗宴』の著者プラトンはソクラテスの死後、ソクラテスの死に直面しながら『饗宴』を書いている。語り部アポロドロスと著者では意味空間が違った。「美しくなったソクラテス」もプラトンには裏脈絡の別の意味連関を担っていたのである。死者は時間の中にいないし、変化に晒されないからである。

プラトンにとってソクラテスは既に死んで不在となったソクラテスである。見たり聞いたり触れたりという感覚的現前性の彼方である。アポロドロスのように直接聞くことも「ソクラテス監修」も望み得ない。アガトンがソクラテスの議論に押されてソクラテスを揺るがぬ権威のごとく見なそうとしたとき、ソクラテスは権威であることを拒否した。むしろ真理を判断の基準とし権威とした（201E）。その意味ではソクラテスは自らが消えることを良しとしたのである。(13)

ソクラテスはアリストデモスを「アガトンの所」へ誘ったけれども、〈善〉へ導いたわけではないことに対応することがある。「同行二人」に誘ったアリストデモスに対して、ソクラテスは「先に行け」と要求して、招きつつ自ら消えていたからである（174D）。自他の間には架け渡すこと不可能な、目眩を起こすような深淵があり、「同行二人」は、同行二人なき、真理熱願の独歩行を条件として構造化していたのである。つまり「同行二人」はこの独歩行を耐えなければならなかった。対話問答は、決して自分（相手）が考えなくていいように相手（自分）が代わりに考えることでも答を教えることでもなかったのである。人は誰でもその存在が決定的に相対的でありながら、かけがえない一人、他の何ものにも還元不能、代替不可能な〈わたし〉ということが原初現実だからである。自他の間の絶対的差異を共に生きる現実態が対話問答である。「対話」という優しげに響く言葉に独歩行を見失ってはならない。人と人の間の異なりと孤独はこの対話篇の始めから主旋律の一つであった。そうでなければどうして恋と愛がテーマになったりしようか。そして死が異なりの極みである。大秘儀の道行きが一段一段であったように、少しずつ布石は打たれていたのである。

さてプラトンにとって「美しくなったソクラテス」は、生滅地平の上の存在と違って、「美しくない」と語ることが意味をもたなかった。「変わる」とか「変える」と語ることが意味をもたなかったからである。プラトンにとって、死が感覚しえないものの探究と発見に促した、ということの結果である。そしてソクラテスは死によってあらゆる変化と偶然の可能性から洗われ、純化された「美しくなったソクラテス」である。「美しくなったソクラテス」は、もはや時間の中の眠りといった ad hoc な休止もなく、思考とその共同である対話問答へ呼び招く不変の意志そのものとして現存する。このソクラテスは世界に偉大な功業と作品を残して記憶される歴史上の偉人などではない。

アポロドロスは、人々の記憶の彼方に忘れられようとしていた昔の宴会のことを記憶の中から呼び出し、記憶を保持できるように整理して語り直した。その新しく語り直した点を評価してしすぎることはないが（詳解[2]）、それでも昔の思い出話である。いまは高齢になったソクラテスの、昔の元気な姿についてこころが紡ぎ出した思い出話である。ソクラテスはまだ生きている。アポロドロスの身近に生きている。

しかし死んで不在になったソクラテスの現存は誰もその影響下に置かない。人が自分自身の理由をもって自由のうちにこれを信じて受け入れるか、それとも拒絶するか、である(14)。そこに思い出話とは絶対に違うことが含まれている。一方を受け入れると、他方はまったく意味がないことになる。従って単なる意見の相違ではない。例えば、日本経済はインフレを克服したか、という問いに対して、「克服した」と信じる人と「克服してない」と信じる人では、信念は対照的ではあっても、どちらも意味がある意見であり、何らかの確たる証拠が上がればその命題間に真偽が割り振られる。その一つは虚偽ではあっても、意味のある意見なのである。意味があるから、正しい意見と同じ地平の上に置かれ、「間違った意見」「間違った意見の人」としてしかるべく処遇されるだけである。この『饗宴』は、昔の宴会の噂に情報の精粗、正誤の違いが生じているということから始まっていた。それにアポロドロスが対処しようとして、記憶を「自分の言葉」で新しく語り直したドラマである。「同じ地平の上」のことであり、表脈絡のことであった。

それに対して死んで不在になったソクラテスの現存は、軽視することはもとより、意識しない、忘れることもまた拒絶することの様態に他ならない。「まあ　そうかもね」ということも同列である。そのように「あるか、ないか」である。人がソクラテスの現存を確信するかしないか、その選択の結果はその人にとって世界が違った世界になる。[15] 新しい遺跡や新薬の発見のような、世界の中で未知の一要素を発見するのでは、自分の人生と世界にとって偶然のプラスαでしかないが、ソクラテスの不変の意志を受け入れるか入れないか、は自分の生き方全体として何が重大で意味と価値があるとするか、の点で基準と根本枠が違うことになり、世界全体を照らす光が違うからである。世界は全体として縮んだり膨らんだりする（ウィトゲンシュタイン）[16]。

プラトンの核心に響くのは、死んで決定的に不在となった中で、「汝自らを知れ」という不壊の掟の下、知恵を愛求愛恋する永遠に揺るがない意志として声なき言葉で真理の問いと探究へ呼び招き、応答を促す「美しくなったソクラテス（Σωκράτης ὁ καλὸς γεγενημένος (Sôkratês ho kalos gegenêmenos)）」である。それ以上燃え上がることもなく、しかし消えることもなく永遠に凝結した炎である。

しかし先に「同行二人」について述べた逆理を繰り返せば、そのソクラテスの現存は人が一人孤独と苦境の中でその不在に耐えなければならないことにある（ペニア！）。つまりソクラテスの不在に関心をもって耐えつづけて自分で前進すること・成熟すること（ポロス！）、これがプラトンが直面したソクラテスの現存ということである。それが「美しくなったソクラテス」が記憶でもなく感覚的経験事実でもない意味である。[17] こうしてわれわれは、死んで不在になったソクラテスの現存に到達して、エリュクシマコスが誤解したヘラクレイトスの「反対の一致」の真正な一例に出会うことになる。恐るべし、ヘラクレイトス！

アルキビアデスはソクラテスがいる時といない時では態度ががらりと変わった。不在の中の現存の秘密に関心をもち続けて耐えようとせず、ソクラテス不在の政治の世界に逃走した。アルキビアデスは見える事実をめぐる自分の期待、望みを根拠にして、ソクラテスを信頼しなかったのである。そう考えると、プラトンにとってアルキビアデスは自らの対極というほどの位置にいるように思える。

宴会に闖入して乱し、ソクラテス賛美即非難のスピーチをしたアルキビアデスをもって終極とした著者プラトンがソクラテスの、死んだということに依存している現存を確信していることは、『饗宴』の中で語られず、しかし示されている。(18) この「美しくなったソクラテス」は変わると語ることが意味をもたず、逆に変化するものの基準として、〈美しい〉それ自身なるイデアと似た位置と役割を占めている。自己が出で会うべき、全宇宙の叡智に等しい根拠としての永遠の〈汝〉を、人間の地平に具現化する「美しくなったソクラテス」として永遠に凝結した炎のまま刻みつづけたのは、「プラトン」を仮の名とする謎の人、アリストクレスの愛であろう。「支えるものなく支えられ（sin arrimo y con arrimo）」（十字架の聖ヨハネ）刻み歩んだ一つの応答の愛である。

詳解註

[1]『饗宴』をめぐる背景とその位置

(1) カートリッジ（一七一頁）。フィンリーは両者の功名争いが根だとしている（七一頁）。

(2) クセノポン（一六―二四頁）。特にアルキビアデスが標的であった（Guthrie ②, 383）。

[2]『饗宴』の構成――昔の宴会を語り直す秘密

(1) Guthrie ③, 2.

(2) 本書と違う従来の解釈については、朴、三七二―三七四頁に簡にして要を得た解説がある。

(3) ソクラテスは、「自分のこころ以上に自分の身体、金、名誉威信のことを気遣うべきではない」（『弁明』29D–30B）とした。それが「こころの気遣い（ἡ ἐπιμέλεια τῆς ψυχῆς (hê epimeleia tês psychês)）」といわれたのである。ソクラテスの哲学の根本語の一つである。なおギリシア語の「真理」が ἀλήθεια（alêtheia）であり、(ἀ) a が否定接頭辞であって、「忘却されざる、覆い隠されざる」を意味した。

(4) 訳註1・1にあるように、この ἀμελέτητος（ameletêtos）（関心がない、準備してない）は、『弁明』25C の「無関心（ἀμέλεια（ameleia））」を強く想起させる（cf. 24C, 26B）。ソクラテスを「新宗教」「新教育」を導入した廉で、国家犯罪者として告発した青年メレトス（Μέλητος (Melêtos)）とソクラテスが問答した結果、告発の核心であった宗教と教育が深い洞察と多くの経験と時間を必要とすることであるのに、メレトスは関心を持ち続けて準備してきたわけではないことが暴露された。ただ若者らしい正義感情に駆られ、しかし軽薄さでこころ逸って（そして大人に唆されて）性急に訴えてみただけであった。ソクラテスは「名前はメレトスだが、アメレトス（無関心）だ」と皮肉っている。こうしてソクラテスは市民に、メレトスの告発は正しいかどうか判断するように迫ったのである。今日の宴会ではソクラテスは、アガトンとアルキビアデスから裁判仕立ての挑戦を仕掛けられることになる（175E, 219C）。

（5）愛の成長と愛の言葉については、Rhees ①, 157 参照。

（6）『饗宴』執筆の時期は未確定ではあるが、アポロドロスもその場にいたソクラテス最期の時を描いた『パイドン』より前とするのが自然であろう。

パイドンがソクラテスの最期を、死後「かなり経ってから」（57A）現場報告する『パイドン』では、語り部パイドンと著者プラトンはソクラテスの死に対して同じ立場になる。そうであればこそ「プラトンは病気であった」（59B）とわざわざ現場不在を指摘している。区別が意味あったからである。パイドンは三人称言語で死に至るまでのソクラテスの言動とその死を語るが、著者プラトンの不在は、その死そのものは見ることも語ることもできない、ヴェールの彼方であることを示している（山本②、五三一―五四頁参照）。語れるのは三人称の死であって、ソクラテス自身にとってソクラテスの死（〈わたし〉の死）は語れないからである（「わたしはいまこうして話し合い、一つ一つ議論を整理したりしているこのソクラテスだ」115C）。『饗宴』では語り部アポロドロスと著者プラトンはソクラテスの死の前後に位置することで区別されている。

（7）Bury, xvi.

（8）「徳とは何か」を考察する『メノン』で主人公のメノン（Μένων（Menôn））はテッサリアの傲慢な青年貴族である。そのメノンは他人が言ったことを記憶して、それを繰り返して言うことが習慣になっている（82A）。メノンは自分で考え進もうとしないタイプの人で、「留まる人（μένων（menôn））」であった。詳解註［5］10参照。

（9）「美しい、立派」という言葉の最初の学習は、子供が感嘆詞として使うことにある（Wittgenstein ④, 1-3 参照）。つまりアリストデモスはソクラテスの何に動かされ、どうして感動しているか、真似する以上に表現できない。その点はアルキビアデスと一脈相通じる。詳解［4］17参照。

（10）このグラウコンが『国家』にも登場するプラトンの兄弟であることは、訳註1・6参照。なお『国家』では『饗宴』と違って、最初から最後までグラウコンがソクラテスに付き合ってその主要な対話相手となっている。そして哲学の応援団さながらに、ソクラテスに初期対話篇にはない新しい哲学（イデア論）を語らせている。「歴史的ソクラテス」から「プラトン化したソクラテス」あるいは「プラトン」への転換である（『国家』は『クレイトポン』に応答したものだと考えたくなる）。『国家』冒頭で、ソクラテスとグラウコンがペイライエウスで夜祭り見物をした際、松明リレーを見ることになっていた（328A）。プラトンはソクラテスから松明を受け継いだのだろうか。しかしそのためには長い話が必要になる。

（11）『弁明』は裁判の現場報告ではなく、市民（読者）を対話問答に巻き込んで、彼らがソクラテスの有罪無罪のいかなる判断を下すか、を試すべくプラトンが書いた「ソクラテスによる裁判」であった。被告が弁明するのではない、裁判の常道に反した「余所者風」裁判であった。山本④、一五—一七頁参照。

（12）不在という現存が感覚経験と記憶とはレベルを異にする次元については、詳解［5］参照。

［3］『饗宴』の舞台設定

（1）例えば最後の対話篇『法律』は、クレタ島の新しい国家建設に向けて法律を作るために、三人の老人が夏至の日に早朝から一日かけてクノッソスから、ミノス王がゼウスから法律を授かったイデ山の神殿まで歩いていく道中物語である。老人とは立法に必要な人生経験の豊かさであり、炎暑の中の山行とは社会の現実の厄介な厳しさの象徴であり、夏至の日とは昼の公共生活が大で、夜の個人的私生活は小であること、一昼夜とは人間の一生と市民生活の全面にわたる法律という示唆である。

[4]『饗宴』の展開

2 「美しくなったソクラテス」の誘い

（1）藤本、一二二頁。

（2）「似たものは似たものによって知られる」という、エンペドクレス（断片109）以来の古典的な認識論の定式がある（『霊魂論』404b17, 410a29、『形而上学』1000b5）。

（3）プラトンが存在と認識の根拠としての善を太陽に譬えた比喩を、第一級のプラトン解釈者、プロティノスは、「目が太陽のようになってなければ太陽を見ることができないし、こころが美しくなっていなければ美を見ることができない」（『美について』9.30–32）と巧みに解説していた。

（4）パルメニデスについては、井上②が詳細を極めている。訳註2・9参照。

（5）Bury, 8; Dover, 82; Rowe, 131; 朴、一三頁註五。

（6）ソクラテスは元の諺を信じており（Bury, 8「諺は、それでも結局成り立つ」）、しかも「アガトンの所に」と言い換えた有効性（元の意味を駄目にすること）も疑っていないのである。

（7）井上②全篇の主旨である。

（8）『ゴルギアス』末（523C–E）の神話では、死後の世界での裁判は全員裸で出席する。裁きは、厳密に人一人の生き方の善悪だけを見て、肉体や家柄や財産などの事実を見ないことに意味がある。

（9） 余り長く真似ていると、真似ているものを自分の性格の中に取り入れて、自分の生まれつきのものであるかのように想い込むことが起きる（『国家』395C-D）。自他融合の罠であり、子宮退行願望、あるいは死への退行願望の一種である。

3 宴会の始まり――恋の神エロスを賛美して

（1） 174E3の複数属格の冠詞 τῶν（tôn）をそのまま読めば、アガトンはソクラテスをすぐ案内するように開いた門の所に複数の少年を配置していたことになる。それだけアガトンはソクラテスを待ちわびていたのである。

（2） パルメニデスの真理学習については、井上②、九一―一〇八頁参照。

（3） Hayland, 45.

4 パイドロスの話――恋の神エロスは偉大なり

（1） Hunter, 39.

（2） 「呪わしい（στυγεροῖο（stugeroio））」は、「産みの苦しみ」の意を負うと解されているが（井上②、三二九頁）、ホメロスに「呪わしい結婚」と繰り返されるように（『オデュッセイア』1. 249; 18. 272など）、人生の混乱と不幸の始まりの象徴であろう。

5 パウサニアスの長い話――二つのエロス神と法律

（1） 『プロタゴラス』315Eでも言及されている。

（2） 愛に結びつく実行行為の意義はパイドロスにあった（179C）。そこでは「名のみ親でも、実質は違う」と名（現れ）と実質（存在）の区別がなされている（訳註4・14、訳注5・1参照）。

（3）Rowe, 144-145は、パウサニアスが注意深い語り方をして、厳密な議論ではないが、よく考えられた話になっているとした。しかしそれは見せかけである。「よく考えられた話」をしているところに、パウサニアスの個人的不安があるからだ。パウサニアスが眼目になる筈の「こころ」に二度言及したのは、実は地上のエロスの場合であり、「こころよりも肉体を愛する」とある。天上のエロスが「肉体よりこころを愛する」とはどこにも言われてない。その沈黙は、「こころ」も「徳のため」という台詞も自分では十分コミットしてない不安の現れである。その意味で十分よく考えていたわけではなかった。

6　アリストパネスのしゃっくり──芸術家の野心

（1）朴の訳者解説、三八二―三八四頁に詳しい。Rowe, 146は、アリストパネスの性格づけとして、関心が身体面にあることと関係づけている。Plochmann, 334は、『ティマイオス』70Aを挙げてしゃっくりが横隔膜の不調和であることから、愛と野心の不調和があったとする。
（2）こうした芸術理解は、例えば伊藤、七―三五頁参照。他に山崎正和編『近代の藝術論』が面白い。
（3）Bloom, 96も二種類のエロス論はアリストパネスとともに消えたとする。

7　エリュクシマコスの話──エロスの統一科学

（1）エリュクシマコスの名前の二重の語呂合わせについては、訳註7・1参照。
（2）186Eで医神アスクレピオスが「われわれの先祖」と名指されている。エリュクシマコスの誇りである。
（3）アリストテレスは万物の根本元素である土・水・火・空気も熱冷、乾湿の四感覚性質から構成されるとしている（『生成消滅論』330b3-5）。例えば火は熱く乾燥したものである。
（4）アリストテレスは『動物生成論』743b25-32で、生命の熱は心臓周辺の血液にあり、しかし熱が過剰にならないように脳を冷却器官としている。アリストテレスの心臓中心主義とヒポクラテスの脳中心主義の対比については、Imai 参照。

（5）「リズムが悪い」という時は、まだリズムがとれないということに過ぎない。『法律』655A に「よい調和、よいリズム」が言及されているが、それは教育実践上の音楽についてである。

（6）Rowe, 150 は、「人が呼ぶ」「呼ばれている」はエリュクシマコスが厳密さを好む几帳面な性格からと説明しているが、ポイントはそこにはない。

8　アリストパネスの話――人間本性の切断事件と性愛の秘密

（1）エリュクシマコスは、自分の医学の知識を使って天地の間に拡大したエロス論を展開したが、歴史上のアリストパネスは『雲』で、ソクラテスのそういう怪しげな汎宇宙論を批判している。つまりエリュクシマコスはそのアリストパネスのソクラテス批判を逆転させた（Plochmann, 335）。しかしその批判の批判はもっと手が込んでいる。エリュクシマコスは医学に言及したが、人間根源の病気を癒すエロス神を知らない（189D）、とアリストパネスが批判しているからである。歴史上のアリストパネスのソクラテス批判はそのようにポイントを突くことになっているだろうか。

（2）ギリシア語は動詞の変化に単数、複数以外に、二個のものについて語る双数形がある。もし以上の解釈通りとすれば、動詞は複数でなく双数であるべきだとも見えようが、双数なら世界のリアルな事実の表現になってしまう。しかし二人に見えるだけの仮象の話であることが眼目なのである。

なおプラトンが人間の足に関心を持ち続けていることは、後期の『政治家』（266B）からも明らかである。人間の足は二本であるが、本当は正方形の対角線の長さの$\sqrt{2}$本だという。二本足では立ったままで動けない。一本足では案山子である。$\sqrt{2}$本とは足を右左と交互に対角線に動かしながら「前進する」からである。

（3）万物の生成は、原初の神的合一という無限なるものから切断・離脱という「不正」を犯した結果だ、としたのはアナクシマンドロスであった（断片1）。

（4）『ピレボス』では、「快楽だ、快楽だ」としか言わないピレボスの純粋快楽主義が理性（言葉）を欠くので、自分が体験しているはずの快楽を理解する道も閉ざされていることが指摘されている（21B-D）。快楽主義は言葉を拒否するので、ピレボスはソクラテスと議論にならず、ピレボスの代理人プロタルコスがソクラテスの相手をすることになっている。ところがプロタルコスの名前は「第一の（プロトン）始め・原理（アルケ）」という意味になり、代理人が第一の原理とは矛盾である。快楽主義の矛盾を象徴している。『饗宴』では後の恋の道行きの第一段階で言葉による表現が指示されている（210A）。

（5）新しい文化を創造したギリシア人とそれを解釈し生活に応用したローマ人が違うように、作品を創造する芸術家とそれを解釈する評論家は立場が違う。博士号をもっていない研究者でも博士論文の審査はできるのである。

（6）山崎、四三頁参照。

（7）『パイドロス』275Eに、書かれた言葉は「自分で自分を守れない」とある。議論の地平で批判すること、されることを内容として含むような言葉にならないからである。

（8）Bloom, 104は、『雲』がケチな敵意で書かれたのではなく、ある批判と警告と見なすことができるとしている。もとよりキルケゴールのように、凡庸なクセノポンと違ってソクラテスの真実を射当てていると解することができる。がそれはソクラテス理解というまた別の話である。

（9）なおディオティマがアリストパネスの話に対して「わたしの話」を対比させて修正しているが（205E）、芸術のように自分だけの「わたしの言葉」を語ることが主眼ではなかった。その直後に善いものをこそ「わたしのもの」と呼ぶことを付加していたからである。ディオティマにとって「わたしの言葉」の眼目はその独創性ではなく、善い言葉、つまり真実で正しい言葉である。しかし真実の言葉は誰か個人の持ち物のようではなく、誰にも開かれたものに他ならない。ソクラテスも自分よりは真理に優先権をおいていた（198D）。

（10）『月に吠える』序。

（11）「技術家は作られるものだが、藝術家は生まれつくもの」（コリングウッド、二七五頁）。

10　アガトンの話――恋は人を詩人にする

（1）「わたしの言葉」はアリストパネス同様に芸術家の独創性の顕示であるが、加えてアガトンにあっては自己愛の表現でもある。

（2）アガトンがソクラテス・ディオティマの先行議論だと肯定的に捉えるのは Sedley, 47-67 であるが、Rosen, 159 はアガトンを、詩と哲学の和解という後のソクラテスの課題に連なる詩人の代表と見ている。

（3）アガトンが女っぽいことは、アリストパネスにも皮肉られている（Bury, xxxiv）。アリストパネスの半身論で言えば、アガトンは女っぽい男であって、男女両性具有であり、それだけで充足して満足できる存在である。アガトンのナルティシズムは Rosen, 166–169 参照。自分の姿に見惚れてついに花になったナルキッソスは、「花」という作品をもつアガトンに相応しい（166 n. 26）。

（4）訳註10・3、4、13参照。

11　ソクラテスとアガトンの対話――賛美の言葉の虚実

（1）芸術の創造については、山崎、三〇―三二頁、コリングウッド、二六三―二八四、三一五―三二六頁参照。

（2）壮大な社会的パフォーマンスが戦死者追悼演説である。プラトンがペリクレスのそれをパロディ化しつつ分析の俎上に載せたのが『メネクセノス』である。山本④参照。

（3）カートリッジはポリスを「会員制クラブ」と呼んでいる（一五七頁）。

（4）カートリッジの言葉（三九頁）。

（5）ソフィストの無縄自縛の言葉の魔術については、山本③参照。ソフィストについては歴史的視野のより大きな文脈の研究として納富②がある。

（6）二人で行う問答をソクラテス一人で遂行する、つまり自立した思考活動を一人問答の形で演じてみせることは、『ゴルギアス』505E-506A にもある。

（7）Bury, 124 は、ソクラテスがアガトンのような非哲学的レベルに自らを置いて皮肉っているとしたが、間違いである。

（8）政治に参加しなかったように、ソクラテスは経済にも従事する暇がなかった。その貧困については、詳解［5］参照。

12　ディオティマとソクラテス1――エロスは神と人間の中間者

（1）『パイドロス』244B-D に神的狂気（マニアー）から予言術（マンティケー）に連なる語源学がある。

（2）ソクラテスは裁判に当たって自らをアテネの裁判に馴染みのない「余所者、外国風」と称している（『弁明』17D）。裁判は勝たなければならない。しかしソクラテスは裁判の常道である「勝つこと」を目的とはしなかったからである（山本③参照）。

（3）ディオゲネス・ラエルティオス I.110 によれば、七賢人の一人でクレタの人エピメニデスが紀元前五九〇年頃、疫病の流行したアテネを浄めたとある。プラトンは『法律』642E で、エピメニデスがアテネで犠牲を捧げ、ペルシャの侵攻が十年遅れると予言した、と紹介している。プラトンは故事を種にして二通りに使ったのだろう。

（4）ブルクハルト、第四章参照。ユダヤ教の預言者は、神の意志を意志とし、神の感情を感情とした（ヘッシェル参照）。

（5）ソクラテスは、ディオティマがアテネの人々にしたことと自分にエロスの話をしてくれたことを強い平行関係で見ている（「アテネの人たちにも（καὶ Ἀθηναίοις（kai Athênaiois））自分にも（καὶ ἐμὲ（kai eme））」201D）。

（6） われわれは遥か後に、アルキビアデスの強烈なソクラテス「体験」の弱さについて考えることになる（詳解［4］17参照）。

（7） Bury, xlviii は、アカデメイアの学園長プラトンが、哲学は学校で開発されるべきものとして、共同性の学校を重視したとしている。アカデメイアについては、廣川①が詳しい。山本⑥参照。

（8） 訳註12・5参照。

（9） 従って『饗宴』のソクラテスと『テアイテトス』のソクラテスは同じではない。詳解註［4］13・16参照。

（10） アリストテレスがプラトン『国家』の共有制に反対した理由の一つがそれである。みんなのものは誰のものでもないから、誰も大事にしない、と（『政治学』1262a33-36）。

（11） 親友クリトンが手配したように脱獄するのは正しいかどうか、を世界が沈黙に消えた中で吟味検討するのはソクラテスと人格化された法律である（『クリトン』50A）。

（12） 「二人一緒」と「二人それぞれ」は『ヒピアス大』の鍵となっている（山本①、三―二四頁参照）。その対話篇も美についてであった。

（13） われわれ人間は脱却しようとして脱却できない無知の地平（『ソフィスト』229C）にあって、哲学者になろうとして、哲学者になるよりは遥かにソフィストになってしまう危険な傾斜にいる。

13 ディオティマとソクラテス2――人間は心身ともに妊娠中

（1） Rowe, 179; Hunter, 87.

（2） 「創作」を「詩作」と言い換えれば、類としての詩作とその下の種としての詩の対比になって、より近い対応が可能である。さらに「詩作（Dichten）」と「思索（Denken）」の語呂合わせを遊ぶこともできる。

（3）ソクラテスが日常卑近な物を例に話すことが、アルキビアデスによって指摘されることになる（221E）。

（4）一般に「善し」と訳されるが、七十人訳ギリシア語では καλόν（kalon）であり、「美しい」である。

（5）恋の道行きについて優れた解釈を示したフェラーリも類と種を指摘するが（Ferrari, 254-255）、種を類に拡大する話と解している。しかしそれはディオティマが後にする「大秘儀」である恋の道行きの上昇ヴェクトルを前倒しして、これに過度に引かれたもので、方向が逆であろう。なお類比になる「創作」に関しては何も触れていない。

（6）訳註12・13参照。

（7）アガトンも動物の創出をエロス神の知恵と指摘していた（197A）。

（8）部品を次々と交換していっても、同じ船か。取り外した部品だけで新しく船を造ったら、同じ船か、という周知の「テセウスの船」という同一性問題の一環である。但しもっと複雑で難しい。

（9）『法律』はさまざまの法律を定めるが、変化する現実社会に対応する保全策として、「夜明け前の会議」（960B, 961A-B）と呼ぶ法律研究と教育の組織を設立することを法律で定めている。法律によって法律を「生きた法律」にする自己保存策である。

（10）もしアリストテレスが生殖活動の種維持と個体保存が共通の根をもつとするなら、女も個体保存の活動を日々続けているのだから、生殖活動でも男と似た（同じではない）活動に参与している、と考えるべきであったろう。

（11）生殖についてはプラトン以前のアナクサゴラス、パルメニデスなどでも論じられた。男性だけに生命の種を認め、女性は場所を提供するだけとか、男女どちらにも種を認めるなど論争があり、生まれる子供の性別決定も、男の睾丸の左右どちらから精液が出るかに配されたり、男の精液が女の子宮の左右どちら側で受胎するかに配されたり、諸説色々である。生命誕生はアリストテレスの時代でも未確定要素の多い領域であった。『動物生成論』第四巻第一章、パルメニデス断片17、18、井上②、三三五―三三七頁参照。

（12）現代の神経生理学によれば、人は美しい物を見れば、副交感神経が活発になってリラックスして落ち着き、逆に醜い物を見れば、交感神経が働いて緊張するという。プロティノスも似たことを言っていた。訳註13・26参照。

(13)　しかしプラトンは生む性と生ませる性の区別は国家の守護者には関係ないとしている（454E）。国家運営の政治という面から見れば単に現象上の区別（φαίνηται（phainêtai））であった。

(14)　そこでは使われている分詞、形容詞、代名詞すべて男性形である（訳註14・15参照）。男女の交わりが出産だということも、概ね男の射精行動に解されている（Dover, 147; Rowe, 183; Hunter, 88; 納富①、六〇頁）。

(15)　朴はアイスキュロス『慈しみの女神たち』から、「母というのは、子と呼ばれる者の生みの親ではない。新しく宿った子種の育ての親なのだ。子を産むのは子をはらませるものであり、母親はただ――若い芽を守り育てゆくもの」という言葉を引用している（一〇九頁註一）。Rowe, 183は、話は男の妊娠に移っており、普通にいう女の妊娠は除かれているように見えるとしている。男の視点ということではHunter, 89も同じ。

(16)　妊娠と出産という似たテーマを扱いながら、ソクラテスが自らの業を産婆術に譬える『テアイテトス』148E–151Dでは、男の妊娠と出産の世話だとしている（150B）。焦点は身体ではなくこころの妊娠だからである。なお『饗宴』のソクラテスと『テアイテトス』のソクラテスを連続した同じものと解する向きもあるが、間違いである。前者のソクラテスは自ら妊娠して知への道におり、後者のソクラテスは既に石女であり、他人が生み出す意見を吟味する産婆である（Dover, 151; Hunter, 90 参照）。

(17)　受精が即ち新しい生命の誕生であるかどうか、死の判定と同様に現代では賛否両論がある。科学技術の進歩によって事実観察の分解能が上がって、逆に曖昧で両義性の領域が拡がるからである。人間の生の始めと終わりに現代人が困惑するのも無理はない。しかし古代人にはそうした困惑はなかった。

(18)　例えば葉山。

(19)　アリストテレスは、胎児は頭が大きいこと（『動物生成論』742b15）、幼児は頭が下半身に比べて大きくてアンバランスで歩けないことを指摘している（『動物進行論』710b13）。ただしアリストテレスは心臓中心主義であり、心臓周辺の血液の熱が上がるのに対して、脳はあくまで体温の冷却器官である（『動物生成論』743b25-32）。

（20）オレゾンに学ぶことが多かった。

（21）訳者は、プラトンの想起説以外にも、個人としての自分の生まれるより遥か昔の過去に神との契約をもって民族が始まり、自分の死んだ遥か後の未来にメシアが到来するというユダヤ教を想うものである。

14　ディオティマとソクラテス3——永遠不死を求めて（小秘儀）

（1）もし性なき誕生（処女懐胎）という奇跡があったとすれば、人間にとって根本と見える性を無限に超越する愛の秘儀か、人間理性の無力を証しする秘蹟であろう。

（2）198C.

（3）ここで使われている分詞、形容詞、代名詞はすべて男性形である。その意味では女の側からは語られていない。こころの点で妊娠しているものについても同様である。訳註14・15参照。

（4）ユダヤ民族でも長命と多産性は神の恵みと幸福だった。部族、民族というグループ思考である。それに疑問符がつくのが『ヨブ』である。ヨブと幸運・不運の区別そして死の意義についてはPhillips ①, 56-60, ②, 155-161 参照。

（5）数字を識別できるチンパンジーが登場しても、数を自分たちの生き方の中で使用できるわけではない。物の数を数えたり比較したり、大きさや距離を測ったり、等価交換したり、運動の数を数えて時間を計ったりすることが数の理解を取り巻いている。

（6）ギリシア人は見ることに憑かれた視覚民族であり、言葉は集会（アゴラ）で存在顕現化の働きを帯びて自分の意見を自由に主張できる点に意義があった（民主制が誕生したわけである）。しかしユダヤ人は聞くことに憑かれた民族である。「聞け、イスラエル」（『申命記』6.4）がユダヤ民族の根本経験であった。山本⑦、一四一—一五四頁参照。

（7）ソクラテスは「思慮と真理とこころが最善であるように気遣う以前に、身体と財産と評判と名誉のことを気遣うことがないように」（『弁明』29D-E, 30A-B）とし、プラトンは善はしかと摑むことはできず、存在の「彼方」として予感するとした（『国家』505E, 509B）。ギリシア人はデルポイの神殿に掲げられていた「汝自らを知れ（Γνῶθι σαυτόν. (Gnôthi sauton.)）」を共通の掟としていた（『プロタゴラス』343B）。自己の中に自己を超えるコトがあった。

（8）人間は男と女から生まれてこの世の住人である。しかし塵（adamo）から神の息吹に息吹かれて生まれ出ずるのが神の子（Adam）である、と理解して「神の民」として生きることを神と契約したことをもって民族の起源としたのがユダヤ人である。個人としての自分の生まれる遥か以前に始めが始まっていた。その神との契約の証が律法であり、その基礎にある「汝ら、我が如く完全たるべし」（『創世記』17.1;『申命記』18.3）という完全体の掟は、誰一人守れず、しかし完全に守れない事実をもってしても一厘一毛揺るがない。

（9）別の切り口から「こころの妊娠」と大秘儀を結びつける研究が Shefield, 1-33 にある。

（10）テキスト209B の「神的な」を採る Bury, 121 も「独身で」を採る Dover, 153 も『メノン』99C を挙げているのだが、小秘儀の特徴を理解していない。訳註14・21参照。

（11）Rhees ②, 40 参照。

（12）アレント③、七五―七七、一五四―一五七頁参照。何も書き残さなかったソクラテスはその都度に人々と対話問答を遂行しただけである。この宴会終了後、ソクラテスはいつもの問答の活動に戻ったことがさり気なく書かれている。しかしその問答は現場不在の人には噂しか残らない。プラトンがソクラテスの死後、対話篇を書く課題を負ったのである。詳解［4］12参照。

（13）両者の平行関係は、Patterson にもある。しかし職人に関する非対称性は見ていない。

（14）ディオティマは 208D, 209D で「あなたたちの所」と指示して、名誉の局所性を強調していた。

（15）ペロポネソス戦争の戦死者を追悼するペリクレスの有名な演説を種に、ポリスのために死んだ兵士をポリスの「中」で称揚する政治の言語を分析する対話篇『メネクセノス』については山本④参照。

（16）やはり芭蕉最後の句、「清瀧や波に散り込む青松葉」を思う。「旅に病んで夢は枯れ野を駆けめぐる」のでは、「生涯の道の草」の完成を夢見て死ぬに死ねない執心であろう。

（17）山本⑦、一五一—一五二頁参照。

（18）詳解註［4］15・64参照。

（19）柳宗悦の前掲書から孫引きすれば、時宗一遍上人に、「地獄を恐るる心をも捨て、極楽を願ふ心をも捨て、また諸宗の悟りをも捨て、一切の事を捨てて申す念仏こそ、弥陀超世の本願には、かなひ候へ」とある（二四一頁）。

15　ディオティマとソクラテス4——〈美しい〉それ自体への登高（大秘儀）

（1）Bury, 125 はバラバラに進むスタイルはパウサニアスのパロディだというが、当たらない。以下に見るように、一つの主題（美）をめぐって明確な方針の下で探究の道行き自体が段階的に、不連続の連続の秩序で進行する。

（2）210A で「形」と訳した εἶδος（eidos）は、肉体の「形」であるが、「種類」の意味でもあった（訳註15・10参照）。各段階の位相の美を一義性においてそれぞれひとまとまりの全体としてタイプで捉える方向を指示している。

（3）小秘儀では、永遠不死性は子を生み続けるのとは「違う方式では不可能」（208B）と見えたのである。テキストの読替については訳註14・8参照。

（4）廣川②、八〇—八一頁は、前半は市民レベルの感情教育、後半の知識論からは理知の教育で連続して綜合されている、と見ている。

（5）Bury, 125; Dover, 155; Rowe, 194. しかし 210A の ἑνὸς αὐτὸν σώματος ἐρᾶν（henos auton sômatos erân）を逐語訳すれば、「一つの、自分自身が、肉体を愛し」となる。二つの語の間に挟まれた位置からも αὐτὸν（auton）は「自己自身」を浮き彫りにして、修行者自身の具体現実を強調している。

（6）Rosen, 268 は、エロス自身が導きを必要にしている、として反対している。しかし神が直接導くわけではない

(203A)。神のことは神と人間の中間の神霊が伝えるのであり、予言の働きでもあった。

（7）Moravcsik, 291は、精神分析が説明するような、意識が性欲を抑圧する構造ではなく、エロスの変容と指摘している。人間はただ欲求を充足するだけでも抑圧するだけでもなく、何を欲求するか、の点で自分を作るところのものである（Markus, 139-143）。Cornford, 128は、それを「自ら動くもの」としてのこころの働きに帰している。自己作品化は人間の使命である。

（8）パルメニデスの帰郷としての哲学については、井上②、八二―八三頁参照。

（9）実に永遠のイデアへの途は感覚に密着してこそ開かれるのである。「イデアがある」と主張する人たちが、現実から離れて「ある」として、学問上のイデア論を弄んだ、とアリストテレスが批判した点である（『形而上学』997b7-12)。

（10）Ludwig, 218.

（11）この休止が芸術誕生の揺りかごであることを強調したのは、ギリシア学者ハリソンの「古代藝術と祭式」である。なお『近代の藝術論』編者による明快な解説参照。

（12）エリュクシマコスが音楽における愛と美に触れていた（187C)。「美とは何か」を尋ねて、色と音という通約不可能な領域に跨る美の超越性については、プラトンは『ヒピアス大』で格闘している。山本①、三―二四頁参照。

（13）プラトンの愛は、独自性と尊厳をもつ個人的人格自身ではなくその美しいという性質に向けられたものだ、というヴラストスの古典的な批判がある（Vlastos, 26-31）。無条件な慈愛ではない（Kosman, 64）という点ではその通りである。しかしプラトンは愛自身よりも、愛が哲学において果たす役割の解明を目指した、というフェラーリの指摘は当たっている（Ferrari, 261）。プラトンは、物質と肉体という感覚経験の中に訪れて、ただ痕跡を残して摑めぬまま時の彼方に飛翔した美を、あらゆる経験事実と人間条件をめぐって設定されているあらゆる枠と文脈と地平を超えて呼び招く神秘のまま探究しようとしている。

（14） 個人を愛しても、何故愛しているのか、その理由、意味を理解しないでは眠りに等しい盲目の愛になるであろう（歴史的には、旧約の創造の神に対して、新約の救済の神に「動機なき愛」を指摘した二世紀の異端、マルキオンがいる）。そしてそんな愛はいつ何時憎悪に暗転することにもなりかねない。感情は両義的だからである。プラトンが求めたのは、眠りから目覚めること、新しい理解を求めることであり、理解に裏打ちされた愛である。

（15） 友愛をテーマとする『リュシス』では、まだ分析の途中ではあるが、207Dに「両親（の愛）は、君が可能な限り幸福であることを願う」とある。平凡に見える言葉の中に常識以上のことがある。

（16） 『国家』の理想国家では哲人王の支配がいわれ、法の支配と合わない、とされることに対して、『国家』にも法律の必要性が指摘されていることについては、Morrow, 577-584; Annas, 165-182参照。

（17） *ἐπιτηδεύματα*（epitēdeumata）は「決まり、制度、生き方、人の営み、振る舞い、活動」など広く意味する。おおむね緩やかに「振る舞い」と訳した。

（18） 周知の通り存在者の存在することへの固執、自己保存（cognatus essendi）を強調したのはレヴィナスであった（レヴィナス①、二三頁など）。

（19） ギリシア人は余所者を消すもう一つの方式として、余所者（ξένος（xenos））を食事で歓待する（ξενίζειν（xenizein））ことで余所者を余所者にしないことを考案した。ゼウスは「余所者を歓待する神」であった（『法律』953E、アイスキュロス『アガメムノン』61）。『ティマイオス』冒頭はソクラテスが歓待される旨の話があり、避けがたい異質の要素を受け入れて最善の作品にするという全体の筋を予め照らす働きをしている（山本⑤、八九―九〇頁参照）。

（20） 社会文化に「気がつかない内に少しずつ」影響されることを警告したのが、プラトンの慧眼である（『国家』401C-D）。

（21） 『法律』は、「立法の責を負うのは神か人間か」という設問から始まっている。主題の新しい国家を創建するクレタ島には、ミノス王が九年ごとにゼウス神から法律を与えられたという神話が背景にあったからである。ユダヤ・キリスト教の神の律法（掟）もこの神話の法律も神の命令とそれへの服従である。しかし人間が定める実定法は、人が人に服従を強制する暴力の要素が本質的にある。プラトンは強制は自由人に相応しくないとした。これは、プラトンが法律を定めた時に直面した矛盾である。そして強制と自由の和解を図ったのが、法律に対する「序文」であり、市民教育である。他律と自律、政治と道徳の統合である。「序文」と市民教育論が『法律』の半分近くを占める所以である。

（22）クセノポンはこれを「永遠の法」と呼んだ（Newman, 152）。なおプラトンもアリストテレスも前提にしていた古代ギリシアの奴隷制については、複雑な問題が多い。解決にほど遠かった（Morrow, 148–152; Williams, 106–117, カートリッジ、第六章参照）。

（23）プラトンは『法律』でソクラテス裁判を念頭にしながら、死刑に関わる場合は一日裁判ではなく三日裁判とし（856A）、一回の裁判で結審ではなく三審制を採用している（956C–D）。

（24）『法律』は、法律保全のための研究と教育の組織「夜明け前の会議」を法律で定めたが、これに在外研究が不可欠だとしている（951A–C）。基本的に一国独立主義を貫き、つまり国際関係をポリスの政治課題にしないことと著しく対照的である。知識は普遍的であり、その開拓は国境を越える。

（25）その意味で立法自体よりは哲学が優先し、哲学と高等学識研究に熟達した人なら、立法は外国人が任に当たっても良いことになる。『法律』はクレタ島の新都市のために「アテネからの客人」が中心になっている。

（26）Burnet ①, 192は『弁明』20Aに言及しながらこの共鳴を指摘している。

（27）法律は社会共通の「みんな」の規則であるが、市民一人一人が社会を超えるほどにかけがえない個人として法の下に立っている。それが個人の自由の成立条件である。決して「人々の中の一員」にすり替わることも「みんな」の陰に隠れることもできない。自分のことを偶然の一例にはできないし、無責任に連帯責任も主張できない。

アテネ市民が、アルギニュサイの海戦で水中の兵士を救助しなかった廉で十人の将軍を一括裁判にかけた時、ソクラテスがただ一人、一括裁判は違法として反対した（『弁明』32B）。それは法の中に法を超えるものを垣間見させる。法律は唯一性のかけがえない個人を、人の前とともに永遠の前に道案内するであろうからである。プラトンは『法律』で、神が立法の目的と明記し（643A）、神学を法律の序曲とした。法律を通して、法律の彼方に「神こそ万物の尺度」（716C）として、最普遍的絶対尺度を置いたのである（『マタイ』5.26「隠れたるに露わならざるはなし」）。しかし近代法は神学を捨てた。

（28）言語の有無と動物と人間の区別については、Rhees ②, 60–64 参照。

（29）この点は Lear が鮮やかであった。

（30）まずはソクラテスに情緒的に愛着するアリストデモスとアルキビアデスが思い浮かぶ。

（31）『国家』431E, 443D–E, 441E–442A, 500C, 591D、『ピレボス』64C–E、『形而上学』1078a31–b2。

（32）「万学の祖」アリストテレスが自覚的に展開した学問観である。『動物部分論』始めにそのエッセンスがある。

（33）プラトンは『国家』528B–C で、立体幾何学が必要であるのにまだ十分発見されていない、と指摘している。指導者の不在と国家的研究体制の不備を問題視している。研究と教育の共同組織が不可欠である。アカデメイアを念頭に置いていただろう。

（34）その消息に応接するように、アリストテレスは理性だけは「外から到来して神的」（『動物生成論』736b28, 737a 9–10, 744b21）と記している。

（35）「イデアは出で遭い」とは井上忠の言葉である（井上①、特に「出で遭いへの訓練」「イデア」「イデアイ」参照）。イデアは有りとし有るものを有らしめる根拠であり、かつ自己自身の根拠である。自己はこれに出で遭うことで自己である。

アリストテレスが「イデアは場の中にはない筈だ」（『自然学』209b33–34）と注意書きをした。どんなものであれ存在するのは、広がる時間空間の中に展開する事実として何らかの場の中にあることだ。われわれ自身が特定の場所に位置を占めて生きている。家（οἰκία（oikia））は自分を守る固有の場所（οἰκεῖον（oikeion））に他ならない。そしてわれわれが何かを見、何かを考えるのは、何らかよって立つ場においてである。つまりある立場に立って、その立場から開けてくる視野を場として、その中で考え発言する以外にない（自分の立場・他人の立場、男の立場・女の立場、親の立場・子供の立場、市民の立場・政府の立場、自国の立場・外国の立場などなど）。場においてあることはそれだけ有限だということになる。エッシャーの騙し絵のように、一つの立場で見れば、それ以外の立場のことは隠れて見えなくなるからである。

しかしイデアの「何であるか？」の問い迫りは、特定の立場からの発言、場においてあることの思考をすべて破壊実験にかけて容赦がない。そして自分がそこに生きて安定を得る場所、自己を支える筈のあらゆる立場を崩壊させて無を現出させる（無知！）。イデアは実に自己を虚無の中に立てるのである。心身脱落しての出会い、とした所以である。ディオティマはそれを「瞬間」とした（山本⑦、一三三―一三五頁参照）。

(36)「万物流転」の哲学者ヘラクレイトスが主張したとされる「反対の一致」の意味の一部がこれである（一蓮托生論）。しかし「存在」の哲学者パルメニデスは、「ない」は決して考えられない、として否定なき「ある」を主張した。従って日常言語のことでは全くなかった。なお次註参照。

(37) 日常言語では「ない」も「ある」と同じように有意味に使うからである。曰く、「金がない、力がない、策がない」等々。無神論は「神は存在しない」と主張する。「神は存在しない」は意味のある命題なのである。そうであればこそ証明しようと論を立てるわけである（無神「論」）。しかし「存在しない」と証明しようとすればするほど、それほど躍起になって存在を否定している神の存在が逆に浮かび上がる逆理がある。無神論は、「神は存在する」も「神は存在しない」も考えても語ってもおよそ意味がない、とする絶対虚無主義とは違う。

(38) 211A–B の「永遠に存在する」は持続の意味の永遠とは違う。

(39) Wittgenstein ①, 6.4311.

（40）「ない」は考えられない、意味がないとして、「ある」を立てる存在の道を取ったパルメニデス（断片2.3）のプラトン版である。

（41）より原文に近い意味でいえば、美しい顔や手足、美しい鳥、美しい花、美しい星のように現れるわけではないこと。

（42）天空にかかるものが、一転してこころの内よりもなお内に照応浸透することは、古くは天上のハーモニーを唱えたピュタゴラスから、カントが無限性に導くとして挙げた、「頭上の星々の天とこころの内の道徳律」（『実践理性批判』「結び」）にも、感傷をこめていえば「真砂なす数なき星のその中に　我に向かいて光る星あり」（正岡子規）にも窺える。しかし星々は天蓋にあって、天外のことではなかった。

（43）この不均衡については、レヴィナス②、一八五―一八九頁参照。

（44）線分ABをAC（知識）とCB（想い込み）に分け、そのAC：CBの比例でACとCBそれぞれを再分割してAD（対話問答法）とDC（学問知）、CE（信念）とEB（想像）とすれば、DC=CEとなる。この等しさに特別な意味を求めない向きもあるが、学問知が知識と信念にまたがる両義性の比喩である。算数は数の存在を前提にし、幾何学は大きさのない点、幅のない線を仮定する。ニュートン力学は運動体を質量がある点とし、相対性理論は光速不変を前提にしている。

（45）こうしてイデア論を語るディオティマをめぐって、それは歴史的ソクラテスを離脱したプラトンの象徴であるかの議論が起きることになる。おおむねイデア論は「成熟したプラトン」のものとする（Cornford, 129; Markus, 134; Reeve, xxix; Sedley, 50-51）。Bury, xxxixは、プラトンがイデア論を架空のディオティマではなく、歴史上の人物に語らせたら、プラトン独創のものではないニュアンスになってしまうので避けた、としている。ディオティマは「プラトン化したソクラテス」なのである。しかしここでの関心はそこにはない。

（46）訳註15・29にある通り、ディオティマは具体的個人（ソクラテス）を念頭にしているが、明示的には語らない。

(47) エロスは最終段階までの導きで、それ以上ではないこと（Moravcsik, 294）に符合する。
(48) Bury, 131 は、211C に二度「最後に」が繰り返されているのをただの強調と解して見損ねた。
(49) Smyth, 404; Goodwin, 287-288.
(50) Smyth, 405, 525.
(51) 直説法未来形を一般的真理を表す Gnomic Future（Smyth, 428）と解する。
(52) 接続法 subjunctive は、直説法のように完全に独立した文でなく、別の文に従属しているという意味である（Smyth, 403）。独立接続法でも隠れた別の文に従属している。話者のこころの陰りがかかっているとする所以である。「～と願う」とディオティマの希望で括られている。
(53) γνῷ（gnôi）の直前の動詞「最後に到達する」はもともと不定詞（τελευτῆσαι（teleutêsai））であったのに（その主語は主格ではなく、211C の ἀρχόμενον（archomeon）と χρώμενον（chrômenon）の対格が適合する）、有力写本が接続法（τελευτήσῃ（teleutêsêi））にしたのは、直後の接続法 γνῷ（gnôi）に引かれたためと考えれば、γνῷ（gnôi）の接続法をより説得力あるものにするであろう。
(54) 訳は井上②、一三頁（八八—八九頁参照）。
(55) 全く別の文脈で Dover, 137 は、「ディオティマ」という名が「神の与えた誉れ」と「神に帰す誉れ」の二義的であることを指摘している。もしその通りとすれば、そこには Dover が想定もしなかった二義性が隠れていたことになる。
(56) 知恵を愛し哲学することでソクラテスに似たものになることなく、自分流の熱愛の「正しさ」を盾にソクラテスの愛を要求したのがアルキビアデスである。アリストデモスは彼なりにソクラテスに似ようとしていた。
(57) Rowe, 200.
(58) Robin, vii.

（59）Burnet ②は「もまた（καὶ（kai））」を削除するが、B写本通り読む。59Aとも合致する。
（60）Gallop, 75.
（61）ソクラテスもプラトンも理性主義者であるが、宗教的であり、宇宙も人生も意味があると信じていた（Hackforth, 101）。
（62）Burnet ②, 9, 81-82; Hackforth, 101-103; Gallop, 146-149 参照。
（63）Hackforth, 101; Gallop, 146.
（64）プラトンが哲学の道を一歩も外れなかったソクラテスに生涯最後の言葉として、「クリトン、われわれはアスクレピオスに鶏を捧げなければならない。忘れずにそうしてくれ」（118A）と言わせたことを新しく考え直さなければなるまい（「債務を負う」という ὀφείλομεν（opheilomen）は一人称複数形で表現されている）。ソクラテスを人生という病気から快癒させるようなことは問題にならない、とこれまで一蹴されてきた（Hackforth, 190 n. 2; Gallop, 225）。しかしそれは表面的である。62B-Cで家畜と主人の関係からする、簡単な自殺禁止論が展開されているが、骨子は、どの人間にとっても、望む望まぬに関係なく生は既に始まっており（原初受動性）、今生きている現実、つまり誰も自分の人生の主権者ではないという生に対して、人間は神（絶対主権者）に協力して仕上げることが何かあるということである（詳解註［4］15・68、17・5参照）。もし人間にその応答責任があるとすれば、死によってさえ解決にも帳消しにもならない無限責任であったろう（運命 fate は神の声なき語り phêmê, fama, fatum である）。『弁明』最後の言葉は、人の人生全体の善悪は神以外の誰にも分からない（42A）、ということであった。
（65）『国家』494Aに、大衆には哲学的叡智は無理だ、とある。さらには算数、幾何学、天文学でさえ、厳密な探究は容易ではないし可能でもない、と指摘がある（『法律』818A）。ただし『国家』と違って、『法律』は可能性の拡張に努力している。

　しかし恋の道行きが至難であるとしても、だからといって無意味になるわけではない。各段階それぞれに美を新しく経験し、理解を深化させうるからである。階段の有効性であろう。

(66) 「南無阿弥陀仏」の一句にすべてが結集凝縮する、一遍の易行道を解き明かした柳宗悦『南無阿弥陀仏』も忘れがたい。

(67) 『弁明』31A参照。『ソフィスト』266D-267Aでは、哲学者は神の道化師という示唆がある。ヴェイユの『前キリスト教的直感』という本もある。山本⑦、一一三—一五八頁参照。

(68) 初期の『エウティプロン』13Dの「敬虔は、神々に対するある種の奉仕だろう」という一文は、その直後の「神がわれわれの奉仕を使って仕上げる極美の作品とは何か」(13E)と合わせると、与格「神々に対する(θεοῖς(theois))」が「神々にとって」とも読めるのである。主人と奴隷の逆転の予感を湛えて戦慄を呼ぶ。「我らが能う限り我らの身に担い、我ら自身の上に刻みつけ続けているもののみが、我らの道を開く」逆理である(詳解註[4]15・64参照)。遥かに聖クリストフォロスを想起させるでもあろうか。芥川龍之介に『きりしとほろ上人傳』がある。

(69) 『国家』最後に、つまり詩人追放という芸術批判の後に、死後の世界を物語る「エルの神話」は、エルが死後の世界で忘却の水を飲まなかったので生き返った時、あの世の話が忘却されないで「救われた」(621B)とある。しかしそれは「救われたか?」という疑問なのである。死後の賞罰論は一般に訴求力は強いけれども、そうした賞罰論を拒絶して「正義は何であり、それ自体で善いか」を追求してきたのが『国家』全体である。従って『国家』最後のエルの神話はどれだけ真実であるのか、つまりそれまでの議論と整合的であるのか、どのように統合するのか、(裏脈絡から)著者プラトンが読者に問いかけているものに他ならない。

16 酔ったアルキビアデスの登場——ソクラテス賛美へ

(1) 『ゴルギアス』冒頭で、ソクラテスはゴルギアス雄弁の祭典に遅れてきた、とカリクレスに非難されている(447A)。

(2) 招かれなかったアリストデモスをアガトンの所へ誘ったのはソクラテスであった。繰り返し見たように、そのアガトンは「善（アガトン）」とも響いたのである。

（3）Plochmann, 336.

（4）プラトンの愛は、個人への人格的愛ではなく、美しさという性質への愛だ、と批判したのは Vlastos であった。詳解註［4］15・13参照。

（5）ディオニュソスは集団陶酔を誘う神である（ハリソン、一九四―一九六頁）。

（6）Guthrie ③, 395 は、アルキビアデスにとってソクラテスは半神半人の神霊ダイモンであって、エロス神の具現だからルール違反にならないとする。がアルキビアデスが自分の個人的都合でルールを変えたことは間違いない。

（7）Robin, cviii はこのソクラテスは、後のストア派の超自然的、超人間的「賢人」を予表するとしている。しかしソクラテスは宴会で一緒に飲むことを楽しんだ（社交性）。そして何よりも人との議論を喜んだ（第二の社交性）。

17　アルキビアデスの話 1——ソクラテス「体験」と葛藤

（1）生前のキリストに会ったことのないパウロのダマスコ「体験」については、山本⑦、一四三―一五四頁参照。

（2）アルキビアデスは自分の話が首尾一貫した話し方ではなく、話がぶれることを始めに弁解めかして漏らしていたが（215A）、それを酒のせいにしていたことが誤解なのである。一つ一つのことをその筋目に即して分析し秩序立てて理解するという、明晰な言葉の鍛錬を自らに課すことがなかった。そういう意味ではいつも半ば陶酔然としていたのである。

（3）小秘儀にいう歴史に残る芸術品や大発明と違う民芸という、製品に名を刻むこともない無名の工人に、「凡夫成仏」の道を見たのは柳宗悦である。

（4）生まれることが人の選択になるとすれば、という奇っ怪なテーマが芥川龍之介『河童』である。現代では生殖医療の進歩とともに難しい問題が次々と生じているけれども、人間の根源的制約は変わらない。

(5)　従って自殺は既に始まっていることを始まってなかったことにしたい全否定である。過去訂正不可能性に抗して、あったことをなかったことに変えたい転換は、一方では存在の真理に応えることの拒絶であり（『パイドン』62B–C)、他方では無からの創造の対極に当たる。つまり自殺は転倒した神の模倣である。詳解註［4］15・64参照。

(6)　非存在のいかなる可能性も峻拒する現実について、アリストテレスは「生きていることは（同時に）生きてしまっている」と不思議な表現をした（『形而上学』1048b27)。

(7)　ソクラテスは自分の真似をするアリストデモスに、「真似などするな」とは言わなかった。そういう影響力さえ行使しようとはしなかったからである。

(8)　アベルとともに同じように神に捧げものをしたカインは神から顧みられなかった。怒りから顔を伏せたという（『創世記』4.5)。対話の拒絶である。

(9)　ヴェーバー、九頁。

(10)　『西郷南洲遺訓』（岩波文庫）五頁。

(11)　フィンリー、七一頁。

(12)　他者に対する「いなくなってくれればいいのに」という存在滅却の暗い望みは、自分が受け入れることができる程度に薄められた殺人願望である。禁断の木の実を食べたアダムとイヴの間で始動している（山本①、七五―七六頁参照)。そしてその子カインが初めて実行した。しかし親と偉大な先人を乗り越えるためには、一種の「父親殺し」が不可欠でもある（プラトン自身、『ソフィスト』での存在分析に際して、パルメニデスを念頭に「父親殺し」(241D)を遂行する)。自由への成長と自立が難しいわけである。しかし一般に他人との共生は、自他の適切な距離を生きるわけであるから、自分の世界が決定的に縮減して、死がある光を投射し始める。しかしアルキビアデスは、ソクラテスに自分に合せて「変れ」と要求している。

(13)　アルキビアデスは、自らが主導した第二ペロポネソス戦争の始め、瀆神罪でアテネに召喚されたとき、敵国スパルタに逃亡し、そこでスパルタ王妃との不倫からさらにペルシャに逃亡している。

（14） dis>distazô（ギ）; duo>dubito（ラ）; double>doubt（英）; deux>douter（仏）; zwei>zweifeln（独）。

18　アルキビアデスの話2――誘惑物語とソクラテスの真実

（1） 自分が不正な仕打ちを受けていると怒るのは、『国家』の魂三部分説で言えば気概の部分であり、国家で言えば軍人である（440C-D）。軍人アルキビアデスに相応しい。しかしどこまでも若者なのである。

（2） 『国家』491Eに、平凡な生まれつきの素質は教育を間違えても、害は少ないが、最善の素質の場合は特別に悪いことになる、とある。『饗宴』ではその両端がアリストデモスとアルキビアデスに現れている。アリストテレスも『ニコマコス倫理学』1144b8-14で、恐るべき手腕は、その目的と教育によって、大きな善にも（思慮という凄腕）、悪にもなる（悪辣）、と指摘する。陶片追放という制度を生み出したギリシア人は、権力が腐敗することをよく知っていた。名声と力のある市民しか追放されなかったのである（フィンリー、四八―四九頁）。

しかし「凡庸な悪」もまた結果において大きいことは、アレント②が剔抉したことであった。このことは、『国家』が意図したように、政治家を最善の支配者に育成することが、最善の国家に近づく一番の道であるけれども、話半分にすぎないことを暗示している。プラトンも『ティマイオス』冒頭で、『国家』が支配者という国の「頭」の論にすぎなかったことを示唆している（山本⑤、八三―九六頁参照）。やがてプラトンは最後の対話篇『法律』で立法と市民教育論に着手している。

（3） この視点から、プラトン、クセノポンそしてアリストパネスのソクラテス像を比較考察することもそれなりに面白いであろう。

19 宴が終わって

（1）『国家』第3巻395Aで、「一人一業」という自然分業原理に従って、同じ人間が喜劇と悲劇の両方を創作することはできない、と主張されている。『国家』は実物と像の強い二元論を採っており、芸術模倣論で一貫している。そこで芸術は、実在そのものを作る制作ではなく、実在をある観点から写す像（現れ）、つまり表現を作るものである（イデア→実物→像、と表現は存在の真理から「第三番目」となる）。現れと観点は切り離せず、従って喜劇の観点から表現を作ることと悲劇の観点から作ることとは、自ずから違っており、自然分業論に従えば、それぞれに相応しい素質の別の人の仕事になる。

しかしここ『饗宴』は芸術を違った仕方で取り上げており（参加者の中、二人は芸術家だ）、芸術の位置づけも『国家』とは違っている。芸術は人間の真実の理解に基づく筈だ、そうであるならば、ということである。存在の真理に基礎を置くことでは、『国家』と違ったわけではなかった。

［5］ いま再び、美しくなったソクラテス

（1）アリストテレスは、国にいる、国家の内に存在しているとは、ただ国に住んでいることでも国の政治権力に従うことでもなく、国政の活動（権力の発動）に参加すること、としている（『政治学』1275a22–23）。アリストテレスが人間を本性上の政治動物としたのは、人間が本性上言葉をもつ動物であって、言葉で事態を決する生き物だからであった（1253a2–18）。従って眼目は、国権の発動に言葉をもって参加することである。

（2）『国家』に、透明人間になれる魔法の指輪（ギュゲスの指輪）の話がある（359D–360D）。人は透明人間になっても不正をしないだろうか、という課題である。

（3）経済 economy とは οἰκονομία（oikonomia）であり、「家（οἰκία（oikia））のこと」だった。本来私的なことなのである。しかしソクラテスが最初から貧しかったわけではない。自前の武具のためにある程度の財産が必要であった重装歩兵として従軍したからである。貧しくなったのは神の使命で哲学に専心してからである（Burnet ①, 98）。「長年家のことを気遣わなかった」（『弁明』31B）と言っている。

この銀一ムナが現代日本でいくらになるかは、時代が違いすぎて決定が難しい。三十ムナが一九五〇年代の七十五ポンドほどという計算もあるが（Guthrie ②, 384 n. 1）、為替と物価の変動があって精確を期しがたい。むしろありうるのは当時のアテネ社会経済の中の相対的比較であろう。

トゥキディデスは当時の海軍の船員の平均賃金が一日一ドラクマと記録しているので（『戦史』6.31）、一ムナは百日分である。アリストテレスは『ニコマコス倫理学』1134b21で戦争捕虜の請け戻し価格が一ムナと記述している。『法律』では武器を放棄した兵士に対する罰金が、財産によって四階級に分けた最下級市民には一ムナとある（945B）。プラトンはソクラテスを最低クラス相当と考えたのであろう。『弁明』20Bにはソフィストのエウエノスの授業料が五ムナで「それほど高くない」とある。以上を総合すれば、一ムナが極端に少ないということはないが、決して高額でないことは推定できる。

（4）ただし夕方子供と共に再度訪れている（116B）。

（5）優先順位ということでは、「先ず」父親の葬式に出たいとした弟子に対して、イエスが「死者は死者をして葬らしめよ」と言い、「先ず」家族に別れを告げたいとした弟子には、「手を鋤に置いて後を振り返るものは神の国に相応しからず」（『ルカ』59-62）と言ったことを想起する。核心は、無条件に第一に求むべきは何か？　である。

（6）もとより食べるための生産労働は人間の基礎条件であり、「額に汗して」は人間の真率の姿である。それでもユダヤ教に安息日があるように、根源的自由は人間実存の生命の息吹である。日本でもお盆は、死者を思い、生死を越境して日常生活と生産労働を休止するであろう。アリストテレスは実践倫理学を完成させた『ニコマコス倫理学』最終巻で、実践を超える観照を置いている。

(7)　自己の唯一性を他者への責任から理解したのはレヴィナス（②、二四八―二五三頁）である。

なお「持ち場を死守」という表現はパイドロスのスピーチ（179A）以外でも『クリトン』51Bにある。もしも不正をして脱獄すれば、「国家全体を君という部分に関して破壊することになる」（50B）からである。つまりソクラテスが脱獄すれば、市民の中の偶然の一人が不法行為をするという事実だけでなく、「君という部分に関して」国家全体を崩壊させることになるとのことである。「画龍点睛を欠く」というように、曲率無限大になって一部を欠けば全部を欠いてしまうことになる逆理である（パルメニデス断片8.33）。そういう全体負荷のかかった部分というかけがえない位置をソクラテスは占めており、一人で凝縮集約した国家全体に直面する持ち場、守備位置のことである。

プラトンは『法律』（706A–707D）で、戦局不利なら軍船へ退却しても「恥ずかしくない逃亡」と呼ばれた海戦に対して、重装歩兵が戦列を組んで持ち場を死守する陸戦の方を高貴だとしている。従ってペルシャ戦争の時、サラミスの海戦よりもマラトンとプラタイアの陸戦の方が勝利に重要だったとする（これは歴史事実の話ではなく、人間の振る舞いの評価の意味である）。歩兵は一人が崩れれば、蟻の一穴同様に、全体が瓦解するからである。歩兵は一即全、の構造を担うのである。なおアリストテレスは、人間の個人性と社会性の結節点である徳を分析するに当たって、戦場で死の恐怖に耐える勇気から始めている（『ニコマコス倫理学』第三巻第六章）。生の終わりが徳の始めなのである。

(8)　世界のどこにも安定と安心を保証されて憩う場所がなかった点で、「狐には穴蔵あり、空の鳥に塒あり。されど人の子には枕するところなし」（『マタイ』8.20）というイエスの言葉と通底する。

(9)　ἐρῶς（erôs）とἐρωτᾶν（erôtân）の結びつきは、『クラテュロス』398C-Eと訳註3・16参照。

(10)　『メノン』は、珍しくソクラテスが「もう行く時間だ」と言って終わっている（100B）。しかしそれは、徳は正しい考えだという結論をメノンが受け入れたので、メノンにそれをアニュトスに対して説得させ、「徳とは何か」の問題まで戻って自分で考え直すように、「留まる人」メノンを前進させるためである。詳解註［2］8参照。

（11）プラトンが創建したアカデメイアが徹底して自由の学園であったことは、廣川①に詳しい。今に至るまで大学のモデルである。

（12）最後の晩餐でイエスが、「ここにわたしを裏切るものがいる」と言ったとき、ユダが「わたしではないでしょうね」と尋ねたのに対して、イエスは「それは君が言ったことだ（su eipas.）」と応えている（『マタイ』26.25）。直接的な肯定でも否定でもなく、ユダ自身を自由の深淵に送り返している。なおソクラテスとアルキビアデスの関係を、夏目漱石『こころ』と比較するのも面白いであろうが、立ち入らない。

（13）「わたしはかつて誰の先生になったこともない」（『弁明』33A）。周知の通り、親鸞（『歎異抄』六）もイエス（『マタイ』23.8）も同様の発言をしている。それは不在になった同伴者、不在にならなければ本当の助け手にならない助け手、という人間の自由に源を置く逆理を透かし彫りにしている（「わたしが去らなければ、君たちには助けるものがこない」『ヨハネ』16.7）。

（14）Phillips ①, 181-183 参照。

（15）どちらの世界もそれぞれ意味がある、とはならない。両者に共通性がない意味で（『クリトン』49D 参照）、All or Nothing. の「あるか、ないか」（パルメニデス断片8.16）である。訳者は「たとひ法然上人にすかされまひらせて、念仏して地獄におちたりとも、さらに後悔すべからずさふらふ」という親鸞の言葉（『歎異抄』二）を想起するものである。「後悔」が意味をもたない境涯だからである。プラトンにも似た覚悟の程があったろう。なお McDowell, 370 は、アリストテレス倫理学の文脈であるが、この無意味化を「沈黙させる（silencing）」と表現している。

（16）Wittgenstein ②, 73. ①§6. 43. ウィトゲンシュタインは、「頭上にドイツ機（敵機）がいる」と信じることに対して、「最後の審判」を信じることの違いを指示している（④, 53）。ウィトゲンシュタインをめぐっては Rhees と Phillips に教えられた。

(17)　プラトンと違って、アリストデモスとアポロドロスがそれぞれ自分流でソクラテスを真似できたわけである。

(18)　プラトンは『第二書簡』で生涯を振り返りながら、自らの書き物を「美しく若くなったソクラテス」の手になると記している（314C）。それは、プラトンが「美しくなったソクラテス」を我が身に担いつつ、逆にそのソクラテスに担われているという逆理を美しく表現したもの、だと思う。

あとがき

翻訳・訳註・解説を作るに当たり、プラトンと乱取りをするつもりで「テキストとともに、テキストを超えて」を基本とした。書かれた文字しか読まないと、思考にならない。ソクラテスの人格力に圧倒されたアリストデモスのように、プラトンの筆力に圧倒されて、死んだ言葉が自分の血になってしまう。プラトンが書いたことを自分がずっと昔から考えていたように錯覚するからである。それでは自由に考えるべき道を失ってしまう。芭蕉にも「古人の跡を求めず、古人の求めたる所を求めよ」（柴門辞）とある。

翻訳に取りかかって、完成するまで三年半かかった。予想以上に時間がかかったのは、最初の一行から最後の一行まで完全犯罪者プラトンの手口が巧妙で、解決どころか、痕跡を見つけ出すにも手がかかったからである。その時もっとも助けになったのは、やはり数々の先人の仕事である。注釈では、文献学の点では百年前の R. G. Bury, *The Symposium of Plato* であり、哲学の点では C. J. Rowe, *Plato: Symposium* である。そして久保勉、鈴木照雄、森進一、朴一功の諸先輩の翻訳である。それぞれポロスさながらに工夫された良い日本語であり、参考にさせていただいた。その他参照した研究は多かった。

三年半毎日テキストを眺めるに際して、ギリシア語初級クラスの学生のように Liddell-Scott のギリシア語辞典、Smyth の文法書そして Denniston の The Greek Particles を机の傍らに置いていた。学生に戻ってわくわくするようにギリシア語と格闘しながら楽しむことができたのは、望外の幸せであった。そのため学生の読書ノートのような趣になった点もあったが、その当否は読者の判断に委ねる。

本書の原稿ができて、今年の四月末に東京大学出版会の小暮明氏に出版のご相談をした。出版会で検討の結果、幸いにして実現の運びとなったが、出版事情の悪い社会状況の中、大部で厄介な本書の出版をお引き受けいただけたのはまことに有り難く、改めて東京大学出版会にお礼申し上げる。また最初に申し出を取り上げ、最後に本が誕生するまで「産婆」とも「同行二人」ともいうべき編集の、構成から校正の細部に至る骨折り仕事を申し分なくやっていただいた小暮明氏には、こころより感謝申し上げる。お蔭でより良いものになったと思う。

原稿が九割できていた昨年九月二十日早暁、井上忠先生が亡くなられた。先生彫心鏤骨の『パルメニデス』が示すパルメニデスと『饗宴』の間に思わぬ共鳴をいくつか発見できたが、本書を見ていただくことができず、残念であり、また怠惰を恥じた。本書を、先生のご霊前に捧げ、我が家のディオティマに感謝をそえて贈る。

山本　巍

二〇一五年十二月二十九日

訳・解説者略歴
1945 年　愛媛県に生まれる
1970 年　東京大学教養学部卒業
1981 年　東京大学助教授
1990 年　東京大学教授
現　在　東京大学名誉教授

主要著書
『ロゴスと深淵――ギリシア哲学探究』（東京大学出版会，2000 年）
『聖書の言語を超えて――ソクラテス・イエス・グノーシス』（共著，東京大学出版会，1997 年）
『受難の意味――アブラハム・イエス・パウロ』（共著，東京大学出版会，2006 年）
「アテネとエルサレム――言語と存在をめぐって」（『共生学』第 7 号，上智大学，2013 年）など

饗宴　訳と詳解

2016 年 6 月 21 日　初　版

［検印廃止］

訳・解説者　山本《やまもと》 巍《たかし》

発行所　一般財団法人　東京大学出版会
代表者　古田元夫
153-0041 東京都目黒区駒場4-5-29
http://www.utp.or.jp/
電話 03-6407-1069　Fax 03-6407-1991
振替 00160-6-59964

組　版　有限会社プログレス
印刷所　株式会社ヒライ
製本所　牧製本印刷株式会社

ISBN 978-4-13-010129-5　Printed in Japan

索　引

[人名]

あ 行

か 行

た 行

な 行

は 行

ま 行

[作品]

あ 行

か 行

さ 行

た 行

な 行

は 行

ま 行

ら 行

[事項]

あ 行

か 行

さ 行

た 行

な 行

ま 行

は 行

主な文献

引用は筆者名と頁数による.

注釈・翻訳

Bury, R. G., *The Symposium of Plato* (Cambridge, 1969 (1st ed., 1909)).
Dover, K. J., *Plato: Symposium* (Cambridge, 1980).
Nehamas, A. & Woodruff, P. [N-W], *Plato: Symposium* (Reeve, C. D. C. ed., *Plato on Love* (Indianapolis, 2006).
Robin, L., *Le Banquet* (Paris, 1966).
Rowe, C. J., *Plato: Symposium* (Warminster, 1998).
久保勉『饗宴』(岩波文庫, 1952 年).
鈴木照雄『饗宴』(世界の名著『プラトン I』中央公論社, 1966 年).
森進一『饗宴』(新潮文庫, 1968 年).
朴一功『プラトン　饗宴/パイドン』(京都大学出版会, 2007 年).

参考文献

Annas, J., "Virture and Law in the *Republic*" (R. Patterson et al. ed., *Presocratic & Plato*, Parmenides Publishing, 2012).
Bloom, A., The Ladder of Love (S. Benardete ed., *Plato's Symposium*, University of Chicago Press, 2001).
Burnet, J. ①, *Plato's Euthypro, Apology of Socrate and Crito* (Oxford, 1970).
———②, *Plato's Phaedo* (Oxford, 1967).
Clay, D., "The Tragic and Comic Poet of the *Symposium*" (J. P. Anton & A. Preus ed., *Essays in Ancient Philosophy*, Albany, 1983).
Cornford, F. M., "The Doctrine of Eros in Plato's *Symposium*" (G. Vlastos ed., *Plato A Collection of Critical Essays II*, Anchor Books, 1971).
Denniston, J. D., *The Greek Particles* (Oxford, 1970 (1st ed., 1934)).
Ferrari, G. R. F., "Platonic Love" (R. Kraut ed., *The Cambridge Companion to Plato*, Cambridge, 1992).
Gallop, D., *Plato Phaedo* (Oxford, 1975).
Goodwin, W. W., *Greek Grammar* (Boston, 1900).
Guthrie, W. K. C. ①, *A History of Greek Philosophy*, vol. 1 (Cambridge, 1962).

———②, vol. 3 (1969).

———③, vol. 4 (1975).

Hackforth, R., *Plato's Phaedo* (Cambridge, 1955).

Hyland, D. A., *Plato and the Question of Beauty* (Indiana University Press, 2008).

Hunter, R., *Plato's Symposium* (Oxford, 2004).

Imai, M., "Aristotle on Debate about the Central Organ of the Human Body in the 5th and 4th Centries BC" (*HISTORIA SCIENTIARUM*, vol. 22-1, 2012), p. 1-21.

Irwin, T., *Plato's Moral Philosophy* (Oxford, 1977).

Kosman, L. A., "Platonic Love" (W. H. Werkmeister ed., *Facets of Plato's Philosophy*, Van Gorcum, 1976).

Lear, J., *Aristotle: The Desire to Understand* (Cambridge, 1988).

Liddelle, H. G. & Scott, R., *A Greek-English Lexicon*, revised by H. S. Jones (Oxford, 1968 (1st ed., 1843)).

Ludwig, P. W., "Eros in the *Republic*" (G. R. E. Ferrari ed., *The Cambridge Companion to Plato's Republic*, Cambridge, 2007).

Markus, R. A., "The Dialectic of Eros in Plato's *Symposium*" (G. Vlastos ed., *Plato A Collection of Critical Essays II*, Anchor Books, 1971).

McDowell, J., "The Role of Eudaimonia in Aristotle's Ethics" (A. O. Rorty ed., *Essays on Aritotle's Ethics*, California University Press, 1980).

Mitchell, R. L., *The Hymn to Eros* (University Press of America, 1993).

Moravcsik, J. M. E., "Reason and Eros in the 'Ascent'-Passage of the *Symposium*" (J. P. Anton & G. L. Kustas ed., *Essays in Ancient Philosophy*, Albany, 1972).

Morrow, G. R., *Plato's Cretan City* (Princeton, 1993).

Newman, W. L., *The Politics of Aristotle*, vol. II (Oxford, 1887).

Patterson, R., "The Ascent in Plato's *Symposium*" (*Proceedings of the Boston Erea Colloquim in Ancient Philosophy* 7, 1991).

Phillips, D. Z., ① *Recovering Religious Concepts* (Angar, 2000).

———②, *Wittgenstein and Religion* (Macmillan, 1993).

Plochmann, G. K., "Supporting Themes in the *Symposium*" (J. P. Anton & G. L. Kustas ed., *Essays in Ancient Philosophy*, Albany, 1972).

Rhees, R., ① *Without Answers* (London: Loutledge, 1969).

———②, *Rush Rhees on Religion and Philosophy* (D. Z. Phillips ed., Cambridge, 1997).

———③ *In Dialogue with Greeks*, vol. II (D. Z. Phillips ed., Ashgate Publishing Company, 2004).

Reeve, C. D. C., *Plato on Love* (Indianapolis, 2006).

Rosen, S., *Plato's Symposium* (Yale University Press, 1968).

Sedley, D., "The Speech of Agathon in Plato's *Symposium*" (B. Reis ed., *The Virtuous Life in Greek Ethics* (Cambridge, 2006)).

Sheffield, F. C. C., "Psychic Pregnancy and Platonic Epistemology" (*Oxford Studies in Ancient Philosophy* 20, 2001).

Smyth, H. W., *Greek Grammar* (Harvard, 1966).

Taylor, A. E., *Plato: The Man and His Work* (Methuen, 1971).

Vlastos, G., "The Individual as an Object of Love in Plato" (*Platonic Studies*, Princeton, 1973).

Warner, M., "Love, Self, and Plato's Symposium" (*The Philosophical Quarterly*, 29, 1979).

Williams, B., *Shame and Necessity* (California University Press, 1994).

Wittgenstein, L., ① *Tractatus Logico-Philosophicus* (Routledge & Kegan Paul, 1971).
〔『論理哲学論考』(野矢茂樹訳，岩波文庫，2003 年)〕

――――　② *Notebooks 1914-1916* (G. H. von Wright & G. E. M. Anscombe ed., Harper Torchbooks, 1961).

――――　③ *Lectures and Conversations on Aesthetics, Psychology & Religious Belief* (C. Barret ed., Oxford, 1970).

――――　④ *Culture and Value* (G. H. von Wright ed., Oxford, 1989).
〔『反哲学的断章』(丘沢静也訳，青土社，1988 年)〕

H・アレント①『エルサレムのアイヒマン』(大久保和郎訳，みすず書房，1994 年).

――――②『責任と判断』(中山元訳，筑摩書房，2007 年).

――――③『政治の約束』(高橋勇夫訳，筑摩書房，2008 年).

伊藤整『藝術は何のためにあるか』(中央公論社，1976 年).

井上忠①『根拠よりの挑戦』(東京大学出版会，1974 年).

――――②『パルメニデス』(青土社，1996 年).

S・ヴェイユ『前キリスト教的直感』(今村純子訳，法政大学出版局，2011 年).

M・ヴェーバー『職業としての政治』(脇圭平訳，岩波文庫，1992 年).

M・オレゾン『性の神秘』(伊藤晃・竹田宏訳，春秋社，1974 年).

P・カートリッジ『古代ギリシア人』(橋場弦訳，白水社，2001 年).

クセノポン『ソクラテスの言行録 I』(内山勝利訳，京都大学出版会，2011 年).

R・G・コリングウッド「藝術の原理」(山崎正和編『近代の藝術論』).

ディオゲネス・ラエルティオス『哲学者列伝　上』(加来彰俊訳，岩波文庫，1984 年).

F・ニーチェ『善悪の彼岸』(竹山道雄訳，岩波文庫，1967 年).

納富信留①『饗宴　プラトン』(NHK 出版，2013 年).

――――②『ソフィストとは誰か？』(ちくま学術文庫，2015 年).

葉山杉夫『ヒトの誕生』(PHP 新書，1999 年)．

J・ハリソン「古代藝術と祭式」(山崎正和編『近代の藝術論』)．

廣川洋一①『プラトンの学園アカデメイア』(講談社学術文庫，1999 年)．

――――②『古代の感情世界』(岩波書店，2000 年)．

M・I・フィンリー『民主主義』(柴田平三郎訳，講談社学術文庫，2007 年)．

藤本隆志『ウットゲンシュタイン』(講談社学術文庫，1998 年)．

J・ブルクハルト『ギリシア文化史 3』(荒井靖一訳，ちくま学芸文庫，1998 年)．

A・J・ヘッシェル『イスラエル預言者　上下』(森泉浩次訳，教文館，2001 年)．

柳宗悦『南無阿弥陀仏』(岩波文庫，1986 年)．

山崎正和編『近代の藝術論』(中央公論社，1979 年)．

山本巍①『ロゴスと深淵――ギリシア哲学探究』(東京大学出版会，2000 年)．

――――②「哲学の端初――わたしは死んだ再考」(『比較文化研究』第 13 号，東京大学教養学部，1973 年)．

――――③「聖書の言語空間――イエスとソクラテス」(宮本久雄・山本巍・大貫隆『聖書の言語を超えて』，東京大学出版会，1997 年)．

――――④「戦死者追悼演説と哲学の言語――プラトン『メネクスノス』と『ソクラテスの弁明』」(『哲学・科学史論叢』第 3 号，東京大学教養学部，2001 年)．

――――⑤「プラトニズムとグノーシス主義」(大貫隆他編『グノーシス　陰の精神史』，岩波書店，2001 年)．

――――⑥「アカデメイア――その歴史と哲学の運命」(宮本久雄他編『大学の智と共育』，教友社，2011 年)．

――――⑦「アテネとエルサレム――存在と言語をめぐって」(『共生学』第 7 号，上智大学，2013 年)．

E・レヴィナス①『存在の彼方へ』(合田正人訳，講談社学術文庫，2004 年)．

――――②『神・死・時間』(合田正人訳，法政大学出版局，1996 年)．

プラトン
『ソクラテスの弁明』『クリトン』『エウテュプロン』『パイドン』『クラテュロス』『メノン』『ゴルギアス』『プロタゴラス』『イオン』『ヒピアス大』『ラケス』『カルミデス』『リュシス』『メネクセノス』『パイドロス』『国家』『エウテュデモス』『テアイテトス』『ソフィスト』『政治家』『ピレボス』『ティマイオス』『法律』『第二書簡』『第七書簡』
アリストテレス
『範疇論』『自然学』『霊魂論』『動物部分論』『形而上学』『ニコマコス倫理学』『政治学』『弁論術』『生成消滅論』『動物生成論』

『饗宴』に関連する歴史

『饗宴』で言及されたことは ｛ ｝ で示している.

紀元前	出来事
469	ソクラテス生まれる
450頃	アルキビアデス生まれる
443頃～429頃	ペリクレス主導のアテネの絶頂期
432	ソクラテス, ポテイダイア戦参加 ｛アルキビアデスがその折りの数々のエピソードを紹介｝
431	対スパルタのペロポネソス戦争始まる
430～426	アテネに疫病が流行 ｛ディオティマが流行を十年遅らせたことになっている｝
429	ペリクレス疫病で死去
428/7	プラトン生まれる
424	ソクラテス, ボイオティア地方デリオンでの戦闘に参加 ｛退却時のエピソードをアルキビアデスが紹介｝
423	アリストパネスの『雲』上演される
421	ニキアスの和約
417頃	和平派ニキアスと主戦派アルキビアデスの抗争
416	詩人アガトン, 悲劇コンクール優勝 ｛翌々日の祝賀会が『饗宴』の実質舞台. アポロドロスの子供の頃｝
415	アルキビアデスの大演説でアテネは, シケリア島へ大遠征軍を送る（ペロポネソス戦争再開）. アルキビアデスに瀆神罪の嫌疑がかかり, 本国へ召喚命令. 敵国スパルタに逃亡. この頃プラトン, ソクラテスに出会う
413	アテネ遠征軍全滅
410	アルキビアデス, スパルタ王妃と不倫関係の結果, ペルシャに逃亡
408	アルキビアデスがアテネに戻る. 熱狂的に受け入れられて, 陸海軍の総司令官になる. スパルタ海軍に敗れ, 失脚しトラキアに亡命
407頃	アガトン, パウサニアスとともにアテネを離れて, マケドニア王の許へ行く ｛これを「数年前」と語っている｝

406	アルキビアデス亡命先で暗殺される
404	アテネ，スパルタに最終的に降伏（ペロポネソス戦争終わる）．アテネにスパルタ後押しの三十人独裁制始まる．その恐怖政治は多数の市民を殺して九ヶ月で終わる．民主制復活
405～400頃	アポロドロスが知人に昔の宴会の真相を話す｛この架空の出来事が『饗宴』の内容．アポロドロスがソクラテスと交わり始めたのは二，三年前であり，今も続いていると語っている｝
399	ソクラテス死刑（70歳）
393頃	プラトン初期作品を書き始める
387	プラトン，ディオニュシオス一世の招きでシケリア島シュラクサ訪問．青年ディオンに出会う
385頃	プラトン，アカデメイア創立．『饗宴』『パイドン』『国家』執筆
367	プラトン，ディオンの求めでディオニュシオス二世の教育のためシュラクサを訪れるも，政争に巻き込まれ監禁される．帰国後，後期対話篇執筆
361	プラトン，ディオニュシオス二世の招聘を断っていたが，ディオンのために再びシュラクサを訪問するも，再度監禁され，翌年帰国
347	プラトン死亡（80歳）